経営診断要論

岸川善光 [著]
Kishikawa Zenko

同文舘出版

◆ はじめに ◆

　21世紀初頭の現在，企業システムをはじめとする各種経営システムを取巻く環境は，高度情報社会の進展，地球環境問題の深刻化，グローバル化の進展など，歴史上でも稀な激変期に遭遇している。このような環境の激変に伴って，経営診断に関する「時代の要請」も激変しつつある。例えば，戦後，わが国の経済成長に多大の貢献を果たし，経営診断の実践における中核的存在の1つであった中小企業診断制度は，近年，法的にも実務的にも大きく変容し始めた。

　一方，このような状況において，経営診断論のテキスト・参考書の刊行が途絶えて久しい。本書は，経営診断に関する「時代の要請」に応えることを目標として，理論的には国内外における直近の研究成果を踏まえ，かつ実践的にも有効なテキスト・参考書の刊行を目指したものである。

　本書は，姉妹書『ケースブック経営診断要論』と2冊1セットで，大学（経営学部，商学部，経済学部，工学部管理工学科等）における「経営診断論」，大学院（ビジネス・スクールを含む）における「経営診断特論」のテキスト・参考書として活用されることを意図している。また，中小企業診断士試験（第1次試験，第2次試験）の受験参考書として，さらに，現役の経営コンサルタントが自らの実務を体系的に整理する際の自己啓発書として活用されることも十分に考慮されている。

　本書では，「経営診断とは，各種経営システムの目的の実現，問題解決（ソリューション）の実現，イノベーションの実現を図るために，経営システムを分析・評価し，問題点を抽出し，課題および解決策を策定・提示し，課題および解決策の実現を支援する，一連の専門的サービスのシステムである」と定義している。この定義に基づく様々な議論は，後述するように，従来のテキスト・参考書と比較すると新たな論点を付加したものである。

　本書の特徴の第一は，体系的な経営診断総論（第1章～第3章）に基づいて，経営診断の対象領域として，経営システムの診断，経営管理システムの診断，業務システムの診断，業種別の診断，新規・拡大領域の診断，の5つの領域を

厳選したことである。この5つの対象領域について，図表による視覚イメージを重視しつつ，文章による説明と併せて理解するという立体的な記述スタイルを採用した。

　特徴の第二は，経営診断に関する「理論と実践の融合」を目指して，理論については「一定の法則性」を常に意識しつつ考察し，実践については経営診断技法や方法論に言及するなど，理論的にも実践的にも，類書と比較して明確な特徴を有している。ただし，記述内容は基本項目に絞り込んだため，応用項目・発展項目についてさらに研究したい読者は，巻末の詳細な参考文献を参照して頂きたい。

　特徴の第三は，伝統的な経営診断論の論点に加えて，①経営診断の目的として，問題解決（ソリューション）およびイノベーションの重視，②経営診断のプロセスとして，支援概念の重視，③経営診断の特性として，経営診断のプロフェッション化，④経営診断の主体・客体として，協働創出モデルの提示など，新たな論点を組み込んだことである。新たな論点を付加したことによって，今後の経営診断論は，幅と深さをより求められるであろう。

　これらの3つの特徴は，実は著者のキャリアに起因する。著者はシンクタンク等において，四半世紀以上にわたり経営コンサルタントとして，数多くのクライアントに対して，経営診断・支援に従事してきた。その後，大学および大学院で「経営診断論」「経営診断特論」を担当するにあたり，理論と実践のバランスのとれたテキストの必要性を痛感したのが本書を執筆した動機である。

　本書は「経営学要論シリーズ」の第8巻として刊行される。既刊の第10巻『ベンチャー・ビジネス要論』，第6巻『イノベーション要論』，第3巻『経営戦略要論』，さらに姉妹書である『経営管理入門』『図説経営学演習』に引き続き，同文舘出版の秋谷克美氏をはじめとする編集スタッフにはいろいろとお世話になった。「最初の読者」でもある編集スタッフのコメントは，今回も極めて有益であった。記して格段の謝意を表したい。

2007年8月

岸川　善光

◆ 目 次 ◆

【第1章】経営診断の意義　　1

1．環境変化と経営診断 ………………………………………… 2
　① 環境の変化　2
　② 企業経営のパラダイムシフト　4
　③ 経営診断ニーズの拡大・変化　7

2．経営診断の定義 ……………………………………………… 9
　① 先行研究の概略レビュー　9
　② 類似概念との比較　10
　③ 本書における経営診断の定義　12

3．経営診断の目的 ……………………………………………… 13
　① 経営システム目的の実現の支援　13
　② 問題解決（ソリューション）の支援　16
　③ イノベーションの支援　18

4．経営診断の特性 ……………………………………………… 19
　① 経営診断のプロフェッション化　19
　② 臨床経営学　21
　③ 経営の論理と診断の論理の接合　22

5．経営診断の原則 ……………………………………………… 23
　① 従来の経営診断原則　23
　② 支援概念の必然性　25
　③ 経営診断・支援原則の概要　26

【第2章】経営診断論の生成と発展　29

1. 合理性の診断 …………………………………………… 30
① 古典的管理論・組織論の概要　30
② 能率技師による合理性の追求　36
③ 経営診断の生成期　38

2. 人間性の診断 …………………………………………… 39
① 新古典的管理論・組織論の概要　39
② 人間関係論・行動科学による人間性の追求　44
③ 経営診断の転換期　47

3. システム性の診断 ……………………………………… 47
① 近代的管理論・組織論の概要　47
② 意思決定論・システム論によるシステム性の追求　53
③ 経営診断のシステム化　54

4. 条件適応性の診断 ……………………………………… 55
① 適応的管理論・組織論の概要　55
② コンティンジェンシー理論による条件適応性の追求　58
③ 経営診断の条件適応化　59

5. 戦略性の診断 …………………………………………… 59
① 戦略的管理論・組織論の概要　59
② 戦略的思考による戦略性の追求　65
③ 経営診断の戦略化　66

6. 社会性の診断 …………………………………………… 66
① 社会的管理論・組織論の概要　66
② マクロ=ミクロ思考による社会性の追求　71
③ 経営診断の社会化　72

【第3章】経営診断の体系　75

1. 経営診断のフレームワーク　76
① 伝統的な経営診断のフレームワーク　76
② 伝統的な経営診断基準　79
③ 経営診断のフレームワーク・診断基準の革新　81

2. 経営診断のアプローチ　82
① 各種アプローチの概要　82
② 分析型アプローチとプロセス型アプローチ　84
③ 経営診断の目的とアプローチとの関係性　86

3. 経営診断のプロセス　87
① 先行研究の概略レビュー　87
② 診断・指導・支援　90
③ 本書における経営診断のプロセス　90

4. 経営診断の対象領域　92
① 従来の経営診断の対象領域　92
② 企業集団，工業集団，商業集団などの診断　93
③ 経営診断・支援の対象領域の拡大　95

5. 経営診断に関する知識・技法　96
① 中小企業診断士試験の内容　96
②「経営の論理」の重要性　99
③ 経営診断技法　100

【第4章】経営システムの診断　　105

1．経営システムの意義 …………………………………… 106
- ① 経営システムの定義　106
- ② 経営システムの目的・使命　107
- ③ 経営システムの体系　108

2．環境－戦略－組織適合の診断 ………………………… 110
- ① 環境－戦略－組織適合の意義　110
- ② 環境と経営戦略の適合性　113
- ③ 経営戦略と組織の適合性　114

3．顧客適合の診断 ………………………………………… 115
- ① 顧客適合の意義　115
- ② 製品・市場適合の診断　117
- ③ 競争適合の診断　119

4．インターフェース適合の診断 ………………………… 121
- ① インターフェース適合の意義　121
- ② ドメイン適合の診断　121
- ③ 業務システム適合の診断　124

5．内部適合の診断 ………………………………………… 125
- ① 内部適合の意義　125
- ② 経営資源適合の診断　125
- ③ 組織適合の診断　130

【第5章】経営管理システムの診断　　133

1．経営管理システムの意義 ……………………………………… 134
① 経営管理システムの機能　134
② 経営管理の体系　136
③ 経営管理システムの診断　140

2．人的資源管理システムの診断 ………………………………… 141
① 人的資源管理システムの意義　141
② 人的資源管理システムの概要　143
③ 人的資源管理システムの診断チェックリスト　145

3．財務管理システムの診断 ……………………………………… 146
① 財務管理システムの意義　146
② 財務管理システムの概要　147
③ 財務管理システムの診断チェックリスト　151

4．情報管理システムの診断 ……………………………………… 152
① 情報管理システムの意義　152
② 情報管理システムの概要　154
③ 情報管理システムの診断チェックリスト　159

5．法務管理システムの診断 ……………………………………… 159
① 法務管理システムの意義　159
② 法務管理システムの概要　162
③ 法務管理システムの診断チェックリスト　167

【第6章】業務システムの診断　　169

1. 業務システムの意義 …………………………………… 170
① 業務システムの機能　170
② 業務システムの類似概念　171
③ 業務システムの診断　173

2. 研究開発の診断 ………………………………………… 175
① 研究開発の意義　175
② 研究開発機能の概要　176
③ 研究開発の診断チェックリスト　179

3. 調達の診断 ……………………………………………… 180
① 調達の意義　180
② 調達機能の概要　182
③ 調達の診断チェックリスト　184

4. 生産の診断 ……………………………………………… 184
① 生産の意義　184
② 生産機能の概要　185
③ 生産の診断チェックリスト　191

5. マーケティングの診断 ………………………………… 192
① マーケティングの意義　192
② マーケティング機能の概要　193
③ マーケティングの診断チェックリスト　197

6. ロジスティクスの診断 ………………………………… 198
① ロジスティクスの意義　198
② ロジスティクス機能の概要　200
③ ロジスティクスの診断チェックリスト　202

CONTENTS

【第7章】業種別の診断　　205

1．製造業の診断 …………………………………… 207
① 製造業の空洞化　207
② 「ものづくり」の重要性と高付加価値化　209
③ 製造業の診断チェックリスト　212

2．卸売業の診断 …………………………………… 212
① 流通の近代化　212
② 新たなビジネス・モデルの構築　213
③ 卸売業の診断チェックリスト　216

3．小売業の診断 …………………………………… 217
① 業態の多様化　217
② 店舗オペレーションの革新　218
③ 小売業の診断チェックリスト　222

4．サービス業の診断 ……………………………… 222
① サービス経済化の進展　222
② サービス業の課題　224
③ サービス業の診断チェックリスト　228

5．物流業の診断 …………………………………… 229
① 物流業の概況　229
② 物流業の課題　231
③ 物流業の診断チェックリスト　234

6．農林水産業の診断 ……………………………… 235
① 農林水産業の現況　235
② 農林水産業の課題　237
③ 農林水産業の診断チェックリスト　240

【第8章】新規・拡大領域の診断　　　243

1．NPOの診断 …………………………………………… 244
- ① NPOの意義　244
- ② NPOの組織特性　246
- ③ NPOの診断チェックリスト　250

2．コミュニティの診断 …………………………………… 251
- ① コミュニティの意義　251
- ② 地域振興とコミュニティ・ビジネス　253
- ③ コミュニティの診断チェックリスト　258

3．企業間関係の診断 ……………………………………… 259
- ① 企業間関係の意義　259
- ② 企業間関係の革新　262
- ③ 企業間関係の診断チェックリスト　264

4．工業集団の診断 ………………………………………… 265
- ① 工業集団の意義　265
- ② 集積の高度化・多様化　268
- ③ 工業集団の診断チェックリスト　271

5．商業集団の診断 ………………………………………… 272
- ① 商業集団の意義　272
- ② 集積の高度化・多様化　274
- ③ 商業集団の診断チェックリスト　278

【第9章】経営診断の主体　　281

1．経営コンサルタント ……………………………………… 282
① 経営診断の担い手　282
② 経営コンサルタントに必要なスキル　283
③ 経営診断の主体と経営診断のアプローチとの関連性　285

2．中小企業診断制度 ………………………………………… 286
① 中小企業診断制度の生成と発展　286
② 中小企業診断士の役割　288
③ 中小企業診断士の活動分野　289

3．経営コンサルタント業界 ………………………………… 291
① 全日本能率連盟　291
② 中小企業診断協会　292
③ コンサルティング・ファーム，シンクタンク　293

4．経営コンサルタントの職業倫理 ………………………… 297
① プロフェッションの要件　297
② 職業倫理の重要性　298
③ 行動規範　298

5．世界の経営コンサルタント ……………………………… 299
① 米国の経営コンサルタントの概況　299
② 欧州の経営コンサルタントの概況　300
③ アジアの経営コンサルタントの概況　301

【第10章】経営診断論の今日的課題　　303

1．環境性の診断 ……………………………………………… 304
① 現　状　304
② 今後の課題　305

2．社会性の診断 ……………………………………………… 308
① 現　状　308
② 今後の課題　309

3．人間性の診断 ……………………………………………… 313
① 現　状　313
② 今後の課題　314

4．革新性の診断 ……………………………………………… 316
① 現　状　316
② 今後の課題　318

5．グローバル性の診断 ……………………………………… 321
① 現　状　321
② 今後の課題　323

6．関係性の診断 ……………………………………………… 324
① 現　状　324
② 今後の課題　326

参考文献 …………………………………………………………… 327
索　引 ……………………………………………………………… 344

◆ 図表目次 ◆

図表1-1	環境対応（環境適応と環境創造）	
図表1-2	環境要因	
図表1-3	経済価値と社会価値が共に実現する持続可能な成長	
図表1-4	「人間性，社会性，環境性」への対応課題の変化	
図表1-5	診断・支援における視点の拡大	
図表1-6	各種経営システムにおける価値の提供と対価	
図表1-7	物理的定義と機能的定義	
図表1-8	企業と利害関係者との関係	
図表1-9	あるべき姿と現状とのギャップ	
図表1-10	プロフェッションと社会との関係	
図表1-11	経営診断学の位置付け	
図表1-12	経営診断原則（その1）	
図表1-13	経営診断原則（その2）	
図表1-14	新しい「診断原則」と「業務指針」の内容	

図表2-1	職能別職長組織	
図表2-2	ガント・チャート	
図表2-3	マズローの欲求5段階説	
図表2-4	2つのリーダーシップ研究の相違	
図表2-5	意思決定のプロセス	
図表2-6	意思決定の技法	
図表2-7	成長ベクトル	
図表2-8	多角化戦略のタイプ	
図表2-9	価値連鎖の基本形	
図表2-10	環境問題に対する企業の姿勢の変化	
図表2-11	「経営経済性」と「経営公共性」の関係	

図表2-12	社会的責任の階層構造	
図表2-13	経営戦略の体系と社会戦略	

図表3-1	伝統的な経営診断論のフレームワーク	
図表3-2	経営診断の実施の手順	
図表3-3	経営診断のプロセス	
図表3-4	経営診断のプロセス	
図表3-5	経営診断のプロセスの異同点	
図表3-6	機械論パラダイムと生命論パラダイム	
図表3-7	経営診断・支援領域の拡大	
図表3-8	中小企業診断士試験第1次試験科目	
図表3-9	中小企業診断士試験第2次試験科目	
図表3-10	経営学の関連領域	
図表3-11	経営学の隣接科学	
図表3-12	強みと弱みの分析	
図表3-13	製品・市場マトリクス	
図表3-14	ロジックツリーの考え方	
図表3-15	コーチング・カウンセリング・コンサルティングの違い	

図表4-1	システムの構造	
図表4-2	各種の協働システム	
図表4-3	経営システムの基本構造	
図表4-4	ストラテジック・フィット	
図表4-5	戦略的適合の全体像	
図表4-6	経営戦略の構成要素	
図表4-7	十字チャート（太陽熱利用の給湯システムの例）	
図表4-8	7Sモデル	
図表4-9	ニーズ・シーズマトリクス	

図表4-10	製品・チャネルマトリクス	
図表4-11	製品・市場構造マトリクス	
図表4-12	競争の基本戦略	
図表4-13	ドメインとビジネス・モデルの比較分析	
図表4-14	経営資源の分類	
図表4-15	経験曲線	
図表4-16	プロダクト・ライフ・サイクル	
図表4-17	限界収穫逓減と限界収穫逓増	
図表4-18	PPM（ボストン・コンサルティング・グループ）	
図表4-19	組織の発展モデル	
図表5-1	経営管理者の階層	
図表5-2	経営管理者の階層による職能の相違	
図表5-3	経営管理者の階層別にみたスキルの相違	
図表5-4	雇用・経営環境の変化に伴う雇用システム・労働市場の構造改革	
図表5-5	ヒトの管理のパラダイムシフト	
図表5-6	人間性尊重の人事制度の内容	
図表5-7	財務管理の体系	
図表5-8	貸借対照表の構造	
図表5-9	資本の循環過程	
図表5-10	損益分岐点図表	
図表5-11	中小企業の経営指標（製造業）	
図表5-12	経営情報システムの科目内容と出題状況	
図表5-13	情報管理システムの変遷	
図表5-14	従来型情報システムから戦略的情報システム（SIS）へ	
図表5-15	M社のビジネス・モデル	
図表5-16	経営法務の科目内容と出題状況	
図表5-17	会社の種類別特色	

図表5-18	知的財産権の種類
図表5-19	内部統制システムの概念図
図表5-20	株式会社における機関設計

図表6-1	業務システム
図表6-2	研究開発
図表6-3	新製品の分類
図表6-4	製品・技術マトリクス
図表6-5	調達の位置付け
図表6-6	定量発注方式
図表6-7	定期発注方式
図表6-8	生産システム
図表6-9	生産管理技術の体系
図表6-10	特性要因図
図表6-11	マトリクス図法
図表6-12	POP生産時点情報管理システム
図表6-13	生産・販売・物流統合CIMの概念図
図表6-14	自動化レベルの推移
図表6-15	マーケティング情報システム
図表6-16	ワン・トゥ・ワン・マーケティングにおける転換点
図表6-17	マネジリアル・マーケティングと関係性マーケティング
図表6-18	プッシュ型マーケティング戦略とプル型マーケティング戦略
図表6-19	生産コストと流通コスト
図表6-20	ロジスティクスの類似概念
図表6-21	物流ネットワークの概念
図表6-22	ロジスティクスの特徴としての重要度
図表6-23	SCM（サプライ・チェーン・マネジメント）の発展過程

図表7-1	日本標準産業分類（1993年改訂→2002年改訂）	
図表7-2	日本とアジアの輸出入関係	
図表7-3	垂直的分業から水平的分業へ	
図表7-4	わが国製造業の売上高・世界市場シェアマップ	
図表7-5	生産システムの変化に伴い工場内で必要とされる人材	
図表7-6	卸売業の主要機能	
図表7-7	卸売・小売業の産業分類別事業所数，従業者数，年間商品販売額	
図表7-8	直接取引と間接取引の取引回数の差	
図表7-9	卸売業の改革（地域卸を中心として）	
図表7-10	小売業の業態別の事業所数，年間商品販売額の前回比	
図表7-11	サービス産業の問題点	
図表7-12	サービス財の特質と基本戦略	
図表7-13	輸送機関別国内貨物輸送量	
図表7-14	輸送機器に関する技術開発の現状（主要事例）	
図表7-15	アウトソーシングの種類	
図表7-16	アメリカ・ランドブリッジとカナダ・ランドブリッジ	
図表7-17	わが国食料自給率の推移	
図表7-18	日本のGDPと農業総生産の占める比率	
図表7-19	米沢郷牧場の自然循環農業集団リサイクルシステム	
図表7-20	最近の農業分野への異業種・新規参入事例	

図表8-1	NPO法で認定されている17の事業分野	
図表8-2	わが国における法人の分類	
図表8-3	NPOセクターと社会システム	
図表8-4	経済社会セクターの3種類	
図表8-5	営利組織体と非営利組織体の主な相違点	
図表8-6	コミュニティ・ビジネスの領域	
図表8-7	期待されるコミュニティ・ビジネスの効果	

図表8-8	"風薫る健康のまち：由仁"「ハーブのあるまちづくり事業」	
図表8-9	自然資源（活用技術）の再生を通して好循環を実現しつつある例	
図表8-10	コミュニティ・リソース活用診断・支援	
図表8-11	自動車の下請構造概念図	
図表8-12	企業間の関係は系列からパートナーへ	
図表8-13	クローズド型経営とオープン型経営	
図表8-14	供給連鎖における機能連鎖と関係性のつながり	
図表8-15	産地の形成期	
図表8-16	産地診断の主要調査内容	
図表8-17	工場団地組合運営上の問題点（M・A）	
図表8-18	集積のメリット	
図表8-19	欧米先進事例から抽出したクラスター成功促進要素	
図表8-20	中心市街地活性化策のイメージ	
図表8-21	商店街の機能	
図表8-22	商店街の活性化対策	

図表9-1	中小企業診断の類型	
図表9-2	中小企業への診断・支援の内容	
図表9-3	クライアントから評価された内容	
図表9-4	診断・支援の基本的姿勢	

図表10-1	環境ビジネスの市場規模	
図表10-2	循環型社会形成促進基本法および関連法	
図表10-3	企業活動と環境コミュニケーション	
図表10-4	日本における企業の社会的責任の実践	
図表10-5	ステイクホルダーの企業評価軸の例	
図表10-6	新しい企業存立条件の枠組み	
図表10-7	「社会性」診断のチェックリスト	

図表10-8 「人間性」診断のチェックリスト
図表10-9 BPRの対象領域
図表10-10 イノベーションの企業内的過程
図表10-11 イノベーションの企業外的過程
図表10-12 国際市場浸透度
図表10-13 海外展開の採択時における直接投資と業務提携のメリット・デメリット
図表10-14 アライアンス・モデル

第1章 経営診断の意義

近年，経営診断に関する「時代の要請」は激変しつつある。例えば，戦後，わが国の経済成長に多大の貢献を果たし，経営診断の実践における中核的存在の1つである中小企業診断制度は，法的にも実務的にも大きく変容した。

本章では第一に，環境変化と経営診断の関係性について考察する。具体的には，環境変化と企業経営，企業経営のパラダイムシフト，経営診断ニーズの拡大・変化の3点に絞って理解を深める。そして，従来の経営診断の概念では，「時代の要請」「社会の要請」に応えることはできないであろうことを理解する。

第二に，経営診断の定義について考察する。経営診断の定義に関する先行研究のレビュー，診断の類似概念・関連概念（分析，監査等）のレビュー，さらに，経営診断の目的，プロセス，特性，主体・客体の4点を必要条件として，本書における経営診断の定義を導出する。

第三に，経営診断の目的について考察する。本書では，経営診断の目的を，経営システム目的の実現の支援，問題解決（ソリューション）の支援，イノベーションの支援の3つと捉え，それぞれについて理解を深める。

第四に，経営診断の特性について考察する。経営診断のプロフェッション化，臨床経営学としての経営診断の本質，経営の論理と診断の論理の接合の3点に焦点を絞って，経営診断の特性について理解を深める。

第五に，経営診断の原則について考察する。従来の経営診断原則についてレビューを行い，その後，支援概念の重要性について言及する。そして，本書で提示する経営診断・支援原則の概要について理解する。

1 環境変化と経営診断

❶ 環境の変化

　企業は環境の中で生産活動を営む組織体であるので，企業の存続・発展を実現するためには，環境にうまく対応することが不可欠である。すなわち，企業はあたかも「生き物」のように，環境の変化に対応することによってのみ，その存続・発展が可能になる。ここで環境とは，「企業の経営活動に対して，その活動を制約したり促進したりする外的要因のこと」である。一般に，企業と環境は相互に影響しあう関係にある。

　もともと企業は単独で存在することはできない。なぜならば，すべての資源や情報を単独の企業で保有することはほとんど不可能であるからである。換言すれば，企業は環境の構成要素の1つである他の企業に対して，資源や情報を依存しているということに他ならない。他の企業に資源や情報を依存しようとすれば，企業は本来的に「オープン・システム」にならざるを得ない。

　上述したように，企業と環境との関係は，一般に，相互に影響しあう関係にある。企業は「生き物」として，環境の変化に対応しなければならない。ところで，この環境の変化に対応するパターンとして，環境適応と環境創造の2つが挙げられる。

　環境適応とは，図表1-1に示されるように[1]，環境の変化を受けて，企業がその行動を事後的に変えることである。そこでは，環境の変化を認識し，環境変化への対応策を策定し，具体的に環境変化に対応するという手順が踏まれる。従来，環境対応という場合，この環境適応のことを指すことが多かった。

　他方，環境創造とは，企業が環境そのものを主体的に創造することである。例えば，リサイクル技術を開発し，リサイクルの重要性を広く社会に提案して，リサイクル・ビジネスを創出した企業の事例はこの環境創造に該当する。この場合，リサイクルの価値を環境が認知しない限り，リサイクル・ビジネスは存

第1章 経営診断の意義

図表1-1 環境対応（環境適応と環境創造）

(出所) 岸川善光［2002］43頁。

在し得ないので，その価値を認めてもらうための啓蒙活動や提案活動が極めて重要になる。

　企業の経営活動の観点から企業環境をみると，その主たる要因として，図表1－2に示されるように[2]，①経済環境，②政治環境，③社会環境，④自然環境，⑤市場環境，⑥競争環境，⑦技術環境の7つが挙げられる。環境変化とは，これらの企業環境の要因が変化することであり，企業の経営活動に対する制約および促進の様態が変わることに他ならない。

① 経済環境：景気の変動，為替レートの変動，金利の変動，株価の変動など経済的要因の変化。
② 政治環境：経済政策の変動，産業政策の変動，規制緩和の動向，戦争・テロ等の動向など政治的要因の変化。
③ 社会環境：少子・高齢化などの人口動向，価値観・規範・慣習・行動様式の変化など社会的要因の変化。
④ 自然環境：気温・湿度・日射量などの気候・地理的要因，さらに公害問題，地球環境問題など自然環境的要因の変化。
⑤ 市場環境：顧客ニーズの変動，市場規模の変動，市場成長率の変動，市場のグローバル化など市場的要因の変化。
⑥ 競争環境：競合企業（competitor）の変動，競争メカニズムの変動，新規参入の可能性など競争的要因の変化。
⑦ 技術環境：生命科学の進歩，バイオ関連技術の進歩，先端情報技術の進歩など科学技術的要因の変化。

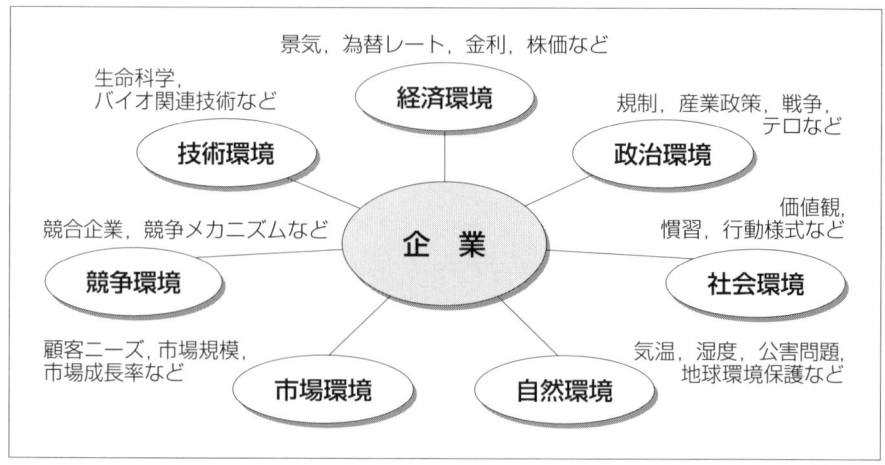

(出所) 岸川善光 [2006] 3頁。

❷ 企業経営のパラダイムシフト

　上述した環境変化に対応するために，各企業の経営課題が大きく変化しつつある。企業はどのような経営課題を認識しているのであろうか。中小企業診断協会 [2004a] は，次の4つの経営課題を重点課題として挙げている[3]。

① IT革命への対応：ITの活用によって「いつでも・どこでも・誰でも」情報にアクセスできるユビキタス（ubiquitous）環境の実現が間近に迫ってきた。政府の「e-Japan重点計画」では，国民生活に密着した医療，食，生活，中小企業金融，知，就労，労働および行政サービスの7分野において，IT革命の恩典を実感できる社会の実現を目指している。企業活動においても，例えば，ITを基盤としたSCM（サプライ・チェーン・マネジメント）のさらなる進化が欠かせない。このように，企業のIT革命への対応は不可欠の経営課題である。

② グローバル化への対応：わが国の海外直接投資は，1980年代後半から1997年まで一貫して増加し続けた。しかし，通貨危機を契機として1998年以降は急速に低下した。近年，BRICs（ブラジル，ロシア，インド，中国）諸国の経済発展にみられるように，経済のグローバル化は急速に進展している。わ

が国の企業にとって，企業活動のグローバル化に対応することは喫緊の経営課題であることはいうまでもない。ISO，国際会計基準など，各種グローバル・スタンダードへの対応も欠かせない。
③ 日本的雇用制度の見直しへの対応：21世紀に入り，日本的経営の「三種の神器」（終身雇用制，年功序列制，企業別労働組合）の崩壊が声高に叫ばれている。終身雇用制，年功序列制を中核とする日本的雇用制度には，長期にわたる高い経済成長，若年層が多い従業員の年齢構成など，いくつかの前提を必要とする。その前提が崩れると，日本的雇用制度の見直しは避けられない。日本的雇用制度を見直すことは，人材の戦略的活用を図る人的資源管理の良否に直結するので，今後の重要な経営課題として位置付けられる。
④ 環境配慮型経営の要請への対応：環境問題は，公害対策の時代（1970年代まで），環境対応の時代（1980年代まで），環境保全の時代（1990年代まで）を経て，環境共生の時代（2000年代）に入りつつある[4]。「循環型社会形成促進基本法」など環境に関する法的な規制も強化されつつある。環境共生の時代において，環境配慮型経営は，単に「社会性」を追求するだけではなく，競争優位を獲得する絶好の機会でもある。すなわち，「社会性」と「戦略性」の追求が何ら矛盾しない時代が到来した。いわゆる「戦略的社会性」の追求が重要な経営課題となりつつある。

このように，経営課題が大きく変化していることは，換言すれば，企業経営のパラダイムシフトが不可欠になりつつあることを示している。すなわち，図表1－3に示されるように[5]，パラダイムシフトの第一として，経済価値と社会価値を共に実現する持続可能な成長の実現が何よりも重要になりつつある。
① 経済価値の創造：経営革新（イノベーション），創業（ベンチャー・ビジネス），企業再生・事業再生など。
② 社会価値の創造：社会貢献活動（メセナ，フィランソロピー），環境問題への対応，従業員の人間性の尊重など。

パラダイムシフトの第二として，ゴーイング・コンサーンとしての持続可能な成長の実現が挙げられる。ゴーイング・コンサーンとしての持続可能な成長の実現のためには，具体的には，経営の革新，経営基盤の安定・強化などが各

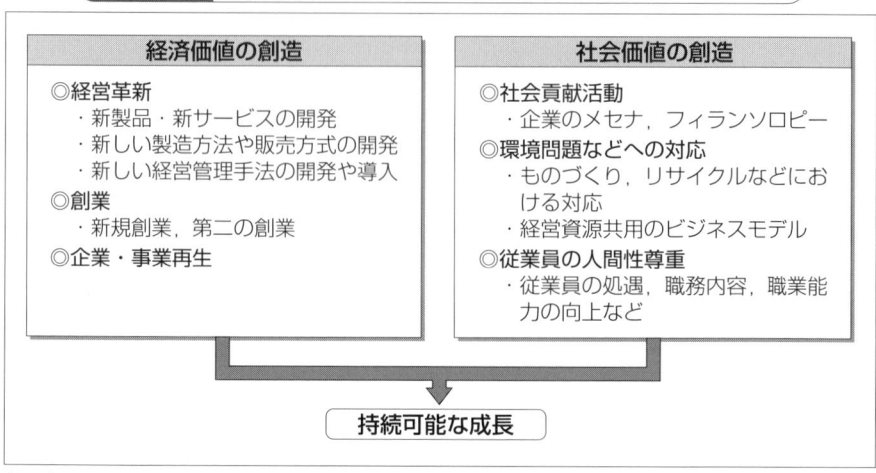

(出所) 中小企業診断協会編 [2004a] 45頁。

企業において不可欠の課題となる。

　パラダイムシフトの第三として，図表1－4に示されるように[6]，人間性，社会性，環境性の重視が挙げられる。企業経営のパラダイムシフトに呼応して，三上富三郎 [1992] および日本経営診断学会編 [1994] は，比較的早い時期に，経営診断の重要な視点として，人間性，社会性，環境性について指摘しており，その内容は正鵠を得ていると思われる。

　まず，人間性の重視として，三上富三郎 [1992] は，労働時間の短縮（時短），労働分配率の向上，ゆとりと豊かさの実現，生きがいの向上，社員（従業員）満足度の向上などを挙げている[7]。しかし今後は，人間性の重視については，従来の企業主導によるゆとりの実現ではなく，社員（従業員）の「自己責任」による各種の選択を企業が支援する，いわば多様なゆとりの実現に変わるであろう。

　次に，社会性の重視として，日本経営診断学会編 [1994] は，地域貢献，文化芸術貢献，フィランソロピー，ボランティア，身障者雇用，などを挙げている[8]。社会性の重視については，社会的責任の範囲が拡大し，情報開示，説明責任，法令遵守が常識化するものと思われる。社会性の重視は，「世のため人のため」というビジネス本来の主旨を考えると，望ましい方向であることはい

図表1-4 「人間性，社会性，環境性」への対応課題の変化

	これまでの対応	今後の対応課題
人間性	[企業主導によるゆとりの実現] ・週休2日制の導入などによる労働時間の短縮 ・社会性を重視する評価基準への変更 ・女性の積極的採用と登用	[社員の自己責任を企業が支援するゆとりの実現] ・仕事の選択意識の高まりへの対応 ・男女雇用機会均等法強化への対応 ・雇用システムの多様化，多様就業型ワークシェアリング ・育児・介護法制の強化，労働法制の改正への対応
社会性	[狭い範囲の社会的責任への対応] ・製造物責任などの生産者責任の重視 ・企業内・企業グループ内での雇用 ・一部企業でのフィランソロピー・メセナなど実施	[広い範囲の社会的責任への対応] ・企業活動の全般について，その不正行為（例えば，虚偽表示，乱脈経理，クレーム隠し）に対して厳しい社会的制裁，これに対して情報開示，説明責任，法令遵守 ・終身雇用制から，社会全体で雇用を保障（企業は雇用流動化への対応を支援）
環境性	[生産者責任への対応] ・公害防止，省エネなど，主として生産者責任に対応 ・先進的企業におけるISO14000の導入（全社的対応）	[流通・マーケティング責任にも対応] ・拡大生産責任の導入など，法規制の強化 ・マーケティング活動による対応 ・環境や高齢者，障害者にやさしい製品づくりやマーケティング ・反社会的活動に対する厳しい社会的制裁 ・環境会計，環境報告書などによる情報開示
(背景)	企業としての「社会的責任」の考え方	経済・社会の構造改革への対応の一環として「社会価値共存による経済価値の創造」を実現

(出所) 中小企業診断協会編［2004a］27頁。

うまでもない。

また，環境性の重視として，三上富三郎［1992］および日本経営診断学会編［1994］は，省資源・省エネ製品の計画，包装の見直し，リサイクリング，エコビジネス，廃棄物の削減などを挙げている[9]。環境性の重視については，企業の生産責任だけではなく，流通・マーケティング責任にも範囲が拡大し，環境会計，環境報告書などによる情報開示が求められる。

❸ 経営診断ニーズの拡大・変化

上述した環境変化，企業経営のパラダイムシフトに伴って，近年，経営診断

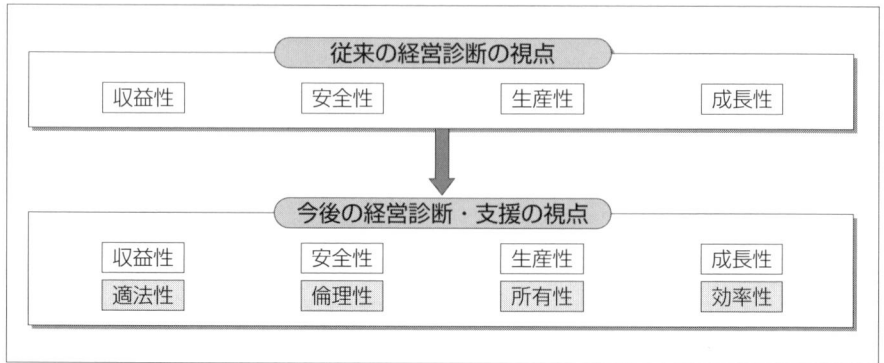

（出所）中小企業診断協会編［2004a］32頁。

のニーズは大きく拡大・変化しつつある。

　従来，経営診断の視点として，図表１－５に示されるように[10]，収益性，安全性，生産性，成長性の４つが重視されてきた。換言すれば，従来の経営診断は，これら４つを包含する「経済性」の向上を主たるニーズとした経営診断であったといえる。

　企業経営のパラダイムシフトの具体的な方向として，上述した人間性，社会性，環境性の重視が挙げられるようになると，経営診断も企業経営の動向に対応して変化することは不可避の課題である。すなわち，経済性（収益性，安定性，生産性，成長性）に加えて，人間性，社会性，環境性を加味した経営診断が求められる。また，中小企業診断協会［2004a］が示したように，適法性，倫理性，所有性，効率性の実現も，経営診断のニーズとして高まるであろう。

　このように，経済性（収益性，安定性，生産性，成長性），人間性，社会性，環境性，適法性，倫理性，所有性，効率性，さらには，第10章で考察する革新性，グローバル性，関係性の向上など，多様な経営課題を実現するために，今後，経営診断のニーズは，拡大・変化の一途をたどることが予測される。

　また，企業システムにとどまらず，NPO，コミュニティ，企業間関係などの各種経営システムにおいて，経営診断のニーズは今後ますます拡大すると思われる。従来の経済性（収益性，安定性，生産性，成長性）に偏重した経営診断では，「時代の要請」「社会の要請」に応えることはできないであろう。

2 経営診断の定義

❶ 先行研究の概略レビュー

わが国では第2次世界大戦後，1948年に中小企業庁が設置され，中小企業診断制度が発足した。中小企業診断制度は，政府の中小企業振興政策の柱の1つであり，世界でも有数の制度・内容として各方面から評価されてきた。

この中小企業診断制度にみられるように，「実践としての経営診断」は様々な主体によって着実に進展し，それに伴って，実践の理論的裏付けとして，経営診断に関する学問分野の確立が必要とされた。

経営診断という概念は，理論的には，日本経営診断学会の初代会長であった平井泰太郎［1962］が，臨床医学と経営診断とのアナロジー（比喩）として，臨床医学の中核概念の1つである「診断（diagnosis）」概念を，経営の領域に援用し，「経営診断学（論）」という新たな学問分野を提唱したことにはじまるとされている[11]。

以来，主として日本経営診断学会に所属する研究者を中心として，経営診断に関する理論的な研究が蓄積されつつある。まず，経営診断の定義に関する先行研究の中からいくつかを選択して，その概略について簡潔なレビューを行うことにする。

高野太門［1970］は，「経営診断とは，経営を分析し，経営の総合的評価を行うとともに，経営の欠点を見出し，改善勧告案を作成し，経営指導を行うことである」と定義した[12]。

並木高矣［1975］は，「企業診断とは，企業経営の実態を分析調査して，その性格・特色や問題点を発見し，経営合理化のための改善案を立案し，勧告ならびに指導を行うことである」と定義している[13]。

三上富三郎［1992］は，「経営診断とは，経営および経営活動を計数的・非計数的に分析し，総合的に経営の評価を行うとともに，経営上の欠陥を発見し，

改善の勧告ならびに指導を行うシステムである」と定義した[14]。

　日本経営診断学会編［1994］は，「経営診断とは，経営および経営活動を定量的・定性的に分析し，総合的に経営の評価を行うとともに，経営上の欠陥についての改善勧告を行い，同時に将来に向けての戦略的路線の提言を行う一連のシステムである」と定義している[15]。

　ILO［1996］は，「経営コンサルティングとは，独立した専門的助言サービスで，経営管理上やビジネスの問題点を解決し，新しい機会を発見して捕捉し，学習を向上し，変革を実施することによって，組織の目的・目標を達成する上で，経営と組織を助力することである」と定義した[16]。

　上述したように，わが国の研究者による経営診断の定義は，「分析⇒評価⇒問題点⇒改善案⇒勧告⇒（指導）」という経営診断の「プロセス」に着眼した定義という点で共通している。他方，ILOの定義のように，経営診断の「特性」「目的」「機能」に着眼した定義もいくつか存在する。

❷ 類似概念との比較

　経営診断の「診断」という概念には，①分析，②監査，③指導，④支援，⑤教育，⑥訓練，⑦リサーチ，⑧助言，⑨コーチング，⑩メンタリングなど，類似概念・関連概念が多数存在する。診断について深く理解するために，まず，診断の類似概念・関連概念について簡潔にみてみよう。

① 　分析：複雑な物事の性質を調べるために，細かく要素に分解して，それを成立させている成分・要素などを明らかにすること。経営分析，財務諸表分析，工程分析，価値分析，機能分析など，経営診断の最初のプロセスにおいて，該当領域に関する「分析」は欠かせない。

② 　監査：監督し検査すること。業務執行に対して，第三者が批判性をもって調査・検討・吟味し，所期の目的を実現すること。会計監査，業務監査に大別される。診断と監査は，目的，対象，主体，方法，制度など，諸局面において多くの類似性がある。経営監査，社会監査などは，経営診断にも一定の影響を及ぼしている。

③ 　指導：目的に向かって教え導くこと。旧・中小企業指導法においては，総

第1章 経営診断の意義

合指導所などの公務員（官）による上からの「指導」によって，中小企業者に対する画一的な施策メニューが提示された。なお，経営診断のプロセスにおいて，経営コンサルタントが自ら提示した解決策について実施指導を行う場合，これも「指導」と呼ばれる。

④ 支援：支え助けること。援助すること。旧・中小企業指導法から新・中小企業支援法に改正され，「支援」概念の重要性が急増した。官による上からの「指導」ではなく，民間能力を活用した「支援」が法律理念の中核となり，中小企業者の必要に応じた幅広い支援が重視されている。

⑤ 教育：教え育てること。知識・技術を身につけさせ，才能・能力が発揮できるように，一定の方向に導くこと。経営コンサルタントが経営診断を通じて体得した実践的な知識・経験を，新入社員教育，管理者教育，経営者教育など，各種教育の場面で活用することは現実に多い。この場合，厳密にいえば，経営コンサルタントではなく，インストラクターと呼ばれる。

⑥ 訓練：特定のテーマを実際に習熟させること。一定の目標に到達させるために実施する実践的教育活動のこと。意思決定，プレゼンテーション，クレーム処理，情報処理技術，人事考課，品質管理など，特定のテーマについてある一定の目標に到達させるために，経営コンサルタントが訓練を担当することがある。この場合も厳密にはインストラクターと呼ばれる。

⑦ リサーチ：ある事項を明確にするために行う調査研究のこと。シンクタンク（野村総合研究所，日本総合研究所等）では，このリサーチを主要業務とする場合が多い。ビジョン，経営戦略の策定等においてリサーチは欠かせない。リサーチに基づいた政策・戦略中心の経営診断が増大しつつある。

⑧ 助言：傍から言葉を添えて助けること。口添え。囲碁で「傍目八目」という言葉があるように，多くの分野において，傍からみたほうが当事者よりも物事の本質や問題点がよく見えることが多い。ここに助言の価値がある。経営診断においても，助言は重要な機能として認識されている。2001年の中小企業診断士試験制度に関する法律の改正に伴って，後述するコーチングと合わせて，中小企業診断士第１次試験の１つとして「助言理論」が新設された[17]。

⑨ コーチング：専門の訓練を受けたコーチがクライアントに対して，「自ら

考えるための効果的な質問」を投げかけ，クライアントの可能性を引き出すこと。主要な技法としては，質問，フィードバック，承認などが挙げられる。
⑩ メンタリング：知識・経験の豊富な人（メンター）が，現時点では未熟な人（メンティー）に対して，自分の経験や知識，人脈などを活用して，キャリア，心理・社会的な側面から総合的・具体的に支援すること[18]。キャリア目標の達成が目標とされ，自立に対する支援行動がその中心となる。

❸ 本書における経営診断の定義

上で，経営診断の定義に関する先行研究のレビューを行い，診断の類似概念・関連概念についても簡潔なレビューを行った。

次に，これらを踏まえて，本書における経営診断の定義を行う。定義にあたり，①経営診断の目的，②経営診断のプロセス，③経営診断の特性，④経営診断の主体・客体の4点を必要条件とする。

第一に本書では，経営診断の目的として，経営システム目的の実現の支援，問題解決（ソリューション）の支援，イノベーションの支援の3点を念頭に置く。その内容については，本章第3節で考察する。

第二に，経営診断のプロセスとして，①経営システムの分析・評価，②問題点の抽出，③課題および解決策の策定・提示，④課題および解決策の実現の支援の4つのプロセスを念頭に置き，その内容については，第3章第3節において考察する。

第三に，経営診断の特性として，①プロフェッション，②専門的サービス（無形財）の提供，③臨床経営学の3点を念頭に置き，その内容については，本章第4節において考察する。

第四に，経営診断の主体・客体として，①新たな主体と客体の認識，②協働創出モデル（コンソーシアム・プロジェクト等）の2点を念頭に置き，その内容については，第3章第1節および第2節において考察する。

これらの4つの必要条件を踏まえ，本書では，「経営診断とは，各種経営システムの目的の実現，問題解決（ソリューション）の実現，イノベーションの実現を図るために，経営システムを分析・評価し，問題点を抽出し，課題およ

び解決策を策定・提示し，課題および解決策の実現を支援する，一連の専門的サービスのシステムである」と定義して議論を進めることにする。

この定義は，問題解決（ソリューション）およびイノベーションの重視，支援概念の重視，経営診断のプロフェッション化，新たな主体・客体モデルとしての協働創出モデルの提示など，類書と比較すると多くの特徴を有している。

3 経営診断の目的

❶ 経営システム目的の実現の支援

＜価値の創出・提供と対価の獲得＞

企業システムをはじめとする各種経営システムの目的は，図表1－6に示されるように[19]，第一義的には，価値の創出・提供とその対価を獲得することである。ここで価値とは，各種経営システムの顧客機能（顧客ニーズ）を充足する経済的効用のことであり，対価の源泉である。顧客機能（顧客ニーズ）を充足することができなければ，顧客は対価を支払ってはくれない。その意味で，価値の提供すなわち顧客機能（顧客ニーズ）の充足と対価の獲得は，各種経営システムの基盤であり，その他の何ものよりも優先されるべき課題である。

図表1-6　各種経営システムにおける価値の提供と対価

経営システム	価値の提供	対　価
企　　業	財およびサービス	利　　益
行 政 体	公共サービス	税　　収
病　　院	医療サービス	医療収入
学　　校	教育サービス	授 業 料
宗教団体	心のサービス	お 供 え

（出所）岸川善光［2002］29頁を一部修正。

ここで価値という用語を使用しているのには理由がある。それは製品（サービスを含む）をそのまま価値と勘違いすると，重大な問題が発生するからである。図表1－7に示されるように，レビット（Levitt,T.）[1960]は，「マーケティングの近視眼（marketing myopia）」という有名な論文の中で，ドメインを定義する際，①物理的定義，②機能的定義の2つの方法を示した。

　物理的定義とは，既存の製品に基づいて，しかも物理的実体に着目したドメインの定義のことである。図表1－7でいえば，1/4インチのドリル，鉄道会社，映画会社，バレンタイン・チョコレートがその事例である。物理的定義は，カバーする事業の領域や範囲が空間的にみても限定的で狭く，時間的にみても限定的で，変化や発展の方向性を示すことが困難な，まさに「マーケティングの近視眼」的な定義の方法である。

　機能的定義とは，製品や技術そのものではなく，製品や技術がどのような機能を顧客に提供するかという顧客志向の視点にたって，ドメインを定義する方法である。図表1－7でいえば，1/4インチの穴，輸送，娯楽，愛が顧客の視点からみた機能，ニーズであり，このような視点からドメインを定義することを機能的定義という。

　価値は，顧客機能（顧客のニーズ）を充足する効用のことであり，対価の源泉であるので，企業システムをはじめとする各種経営システムの目的を定義する場合，ドメインの定義に限らず，レビット[1960]のいう機能的定義による価値，顧客機能（顧客のニーズ）の定義が欠かせない。顧客に価値を届けるための機能・経営資源を組織化し，それを調整・制御するビジネス・システムの

図表1-7　物理的定義と機能的定義

物理的定義	1/4インチのドリル	鉄道会社	映画会社	バレンタイン・チョコレート
機能的定義	1/4インチの穴	輸　送	娯　楽	愛

(出所) Levitt,T.[1960] 等を参考にして筆者が作成。

構築など，価値の創出・提供，対価の獲得のためには多くの課題がある。

＜社会的責任の遂行＞

ところで，企業システムをはじめとする各種経営システムには，通常，多くの利害関係者（stake-holder）が存在する。企業システム（株式会社の場合）を例にとると，①株主，②従業員，③消費者，④取引業者，⑤金融機関，⑥政府，⑦地域住民などが，企業システムの主な利害関係者である。

各種経営システムと利害関係者の間には，法律，契約，規則，商慣習などに基づく相互関係が成立しており，貢献と誘因が相互に期待されている。この貢献と誘因の相互関係がすなわち利害の源泉となる。例えば，企業システムの場合，図表1－8に示されるように[20]，法律，契約，規則，商慣習などに基づく貢献と誘因の相互関係が利害関係者との間に存在する。

これらの企業システムをはじめとする各種経営システムの利害関係者に対する義務のことを社会的責任という。例えば，企業システムであれば，企業の社会的責任という。上述した利害関係者に対して，法律，契約，規則，商慣習などに基づく義務を遵守することは当然のこととして，次のような義務，すなわ

図表1-8　企業と利害関係者との関係

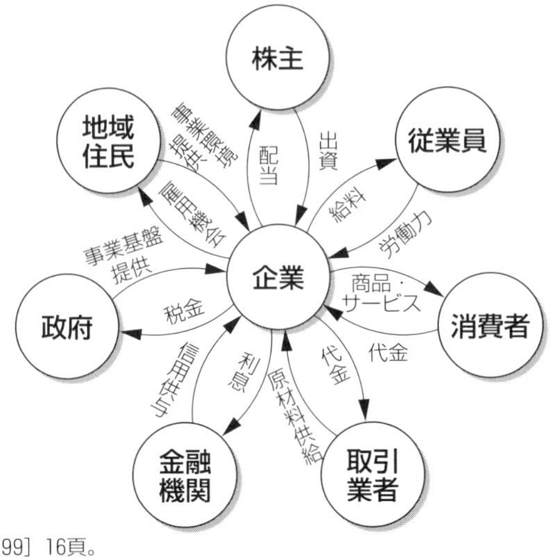

(出所) 岸川善光［1999］16頁。

ち社会的責任があるとされる。
① 株主：適正な配当，株価の維持など。
② 従業員：適正な給与，雇用の安定，安全で快適な職務環境の維持など。
③ 消費者：適正な価格・品質の製品・サービスの提供など。
④ 取引業者：対等な立場にたった互恵的取引など。
⑤ 金融機関：対等な立場にたった互恵的取引など。
⑥ 政府：適正な納税など。
⑦ 地域住民：生活環境の維持など。

　今日では，直接的な利害関係者に対する義務だけでなく，ひろく一般社会からの要請に応えることも，社会的責任に含まれるようになりつつある。例えば，地球環境保護への協力，社会的弱者に対する配慮，製造物責任の遂行などに加えて，文化支援活動（メセナ）や慈善事業（フィランソロピー）などへの参加も社会的責任の一部とみなされるようになった。企業システムをはじめとする各種経営システムの存続・発展のために，社会的責任の遂行は，重要な経営課題であることを認識すべきである。

　<経営システムの存続・発展>
　価値の創出・提供とその対価の獲得を第一義的な目的とし，それらを通じて利害関係者に対する義務すなわち社会的責任を遂行するためには，各種経営システムの存続・発展が不可欠の課題となる。換言すれば，各種経営システムの存続・発展こそ，当該経営システムにとって究極の目的といえるかも知れない。

　上述したように，①価値の創出・提供と対価の獲得，②社会的責任の遂行，③経営システムの存続・発展の3つを各種経営システムの目的と理解すると，経営診断の目的の第一は，各種経営システム目的の実現を図るために，当該経営システムを分析・評価し，問題点を抽出し，課題および解決策を提示し，課題および解決策の実現を支援することであるといえる。

❷ 問題解決（ソリューション）の支援

　通常，どの経営システムにおいても，図表1－9に示されるように[21]，あるべき姿（A）と現状（B）との間には，ギャップ（G）が存在する。このギャ

ップ（G）のことを問題点という。問題点は，宝の山であり，伸びる余地でもある。ちなみに，ギャップ（G）のない状態は，一種の「生き物」である各種経営システムにとって「死」を意味する。

あるべき姿（A）－現状（B）＝ギャップ（G）の算式から，ギャップ（G）を解消するには，下記の4つの方法がある。
① Aなし：あるべき姿（A）を描かない。現状肯定。
② Bなし：現状（B）をシビアに認識しない。夢・ロマンに逃げる。
③ Aあり，Bあり，A⇒B：あるべき姿（A）を描き，現状（B）をシビアに認識するが，ギャップ（G）の大きさに怯えて，あるべき姿（A）を現状（B）に引き下げる。
④ Aあり，Bあり，B⇒A：あるべき姿（A）を描き，現状（B）をシビアに認識することによって，ギャップ（G）を浮き彫りにし，努力して現状（B）をあるべき姿（A）に引き上げる。この④の方法によるギャップ（G）の解消のことを「問題解決（ソリューション）」という。

上述したように，真の「問題解決（ソリューション）」を行うには，あるべき姿（A）－現状（B）＝ギャップ（G）の算式から明らかなように，あるべき姿（A）を描くことが欠かせない。換言すれば，真の「問題解決（ソリュ

図表1-9 あるべき姿と現状とのギャップ

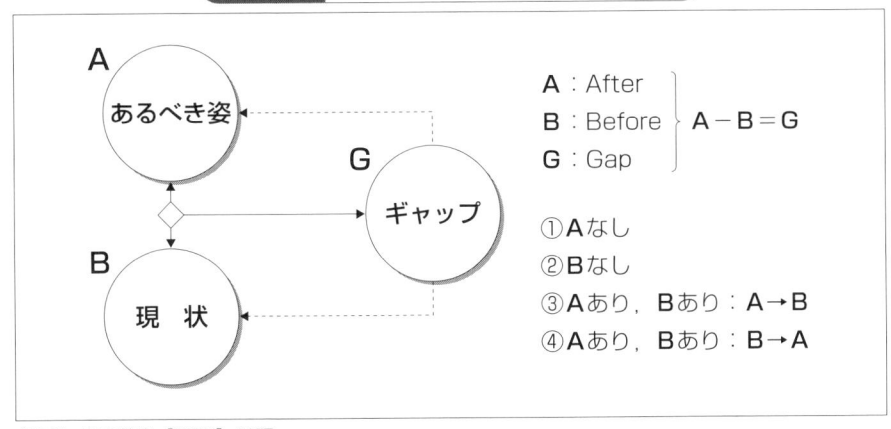

A：After
B：Before $A-B=G$
G：Gap

①Aなし
②Bなし
③Aあり，Bあり：A→B
④Aあり，Bあり：B→A

（出所）岸川善光［2006］20頁。

ーション)」を実現するためには,あるべき姿を描くことによって可能になる「問題発見」が必要不可欠である。

　経営診断の目的の第二は,各種経営システムにおける「問題発見」から「問題解決(ソリューション)」までのプロセスを効果的に支援することによって,各種経営システム目的の実現に貢献することである。

❸ イノベーションの支援

　各種経営システムの存続・発展のためには,イノベーションが欠かせない。イノベーションは,もともとシュンペーター(Schmpeter,J.A.)[1926]によって規定された概念である。すなわち,シュンペーター[1926]は,経済発展を企業者(entrepreneur)による創造的破壊の過程ととらえ,それは生産要素の新結合(new combination)によって実現されることを示唆した。この生産要素の新結合のことをイノベーションという。

　シュンペーターは,イノベーションの具体例として,①新しい財貨,②新しい生産方法,③新しい販路の開拓,④原料あるいは半製品の新しい供給源の獲得,⑤新しい組織の実現の5つを例示した[22]。

　シュンペーターが示した5つの具体例でも明らかなように,イノベーションはいわゆる改善とはその特徴が異なる。すなわち,イノベーションは通常,従来のやり方と比較してある種の非連続性(断絶性)があり,内発的で均衡破壊的な特性を有している。

　シュンペーターが経済学の分野においてイノベーションの概念規定を行ったのに対して,経営学の分野においてイノベーションの概念を積極的に導入したのはドラッカー(Drucker,P.F.)である。ドラッカーは,企業者の機能であるイノベーションとマーケティングを行うことによって,企業活動本来の目的である「顧客の創造」を達成できると考えた[23]。ドラッカーもまたシュンペーターと同様に,創造的破壊の必要性について繰り返し言及している。

　上述したシュンペーターやドラッカーのイノベーションの研究は,「イノベーションとは何か」という本質的な命題に依拠した研究である。近年では,野中郁次郎[2002]の研究に見られるように,「知識創造」がイノベーションの

本質であるといわれるようになってきた。ちなみに、シュンペーターが主張した創造的破壊，ドラッカーが主張した顧客の創造のいずれも知識創造による新たな価値の創出を意味するといっても過言ではない。

岸川善光編［2004］は，これらの先行研究を踏まえて，イノベーションの本質を「知識創造による新価値の創出」と認識し，その上で，イノベーションを「知識創造によって達成される技術革新や経営革新により新価値を創出する行為」と位置付けている[24]。

経営診断の目的の第三は，各種経営システムにおけるイノベーションを効果的に支援することによって，各種経営システムの目的の実現に貢献することである。

4 経営診断の特性

❶ 経営診断のプロフェッション化

経営診断の定義の項で，経営診断の特性として「一連の専門的サービスのシステム」であると述べた。一連の専門的サービスとは，経営診断のプロフェッション化を念頭に置いた概念規定である。

プロフェッション（profession）とは[25]，「特定の称号を用いて，他人の求めに応じ報酬を得て，高度の学識と熟練に基礎づけられた専門業務の提供を，しばしば独占的に行うことが社会的に認められた職業である[26]」とされている。

伝統的なプロフェッションとして，①医学：医師，②法学：弁護士等，③神学：神父，④会計学：公認会計士，税理士などが挙げられる。これらの伝統的なプロフェッションとされる職業は，他の職業と比較して何がどのように異なるのであろうか。

まず，プロフェッションの要件についてみてみよう。プロフェッションの要件として，下記の5点が挙げられる[27]。

① 学問に基づいた知識と高度な技術：伝統的なプロフェッションをみると，

いずれも従事する職業の基礎として，医学，法学，神学，会計学という専門的な学問領域が存在する。長期間にわたる体系的な訓練を通じて獲得される知識・理論に支えられた職業であるという共通項がある。
② 資格認定制＝ライセンス：従来，高度な職業上の能力を保有するかどうかは，その職業に従事する者が職業上の自治として判定していた。しかし，現在では，プロフェッションと資格認定制＝ライセンスは，切り離して考えることができない関係になっている。
③ 専門職業団体：独占的業務に関わる権益の保護を図るため，医師会，弁護士会，税理士会などの専門職業団体が形成されている。ちなみに，プロフェッションという用語は，一人一人の個人を指すのではなく，全体としての職業を意味する。
④ 自己規制，自律性：上記の専門職業団体に自己規制の仕組みが設けられ，自律性を有している。職業倫理規定，業務基準などによって，自己規制，自律性の保持が図られている。
⑤ 公共の利益：公共の利益ということは，誰に対しても開かれている（オープン）ということである。医者，弁護士などの伝統的なプロフェッションにおいて，あからさまな「自利的行動」は社会的な承認が得られないのみならず，特定の業務独占権を認められた職業上の特性になじまない。

次に，プロフェッションと社会との関係についてみてみよう。プロフェッションと社会との関係は，図表１－10に示されるように[28]，プロフェッションの活動（①業務活動，②教育・調査活動，③自治活動）と，それぞれの活動に関連する社会の構成員（①依頼人，②高等教育機関，③公益（行政））との間において，独特の関係性を有している。

業務活動では，報酬の決め方など他の職業と大きく異なる点がある。他方，依頼人との関係を踏まえつつ，同業者との競争は避けられない。教育・調査活動では，大学（大学院を含む）などの高等教育機関との間に，人材と知識に関する双方向の提供・支援関係がある。自治活動では，当該プロフェッションに業務独占権を与えた社会選択が誤りではなかったことを，自ら明らかにする責務がある。

第1章 経営診断の意義

図表1-10　プロフェッションと社会との関係

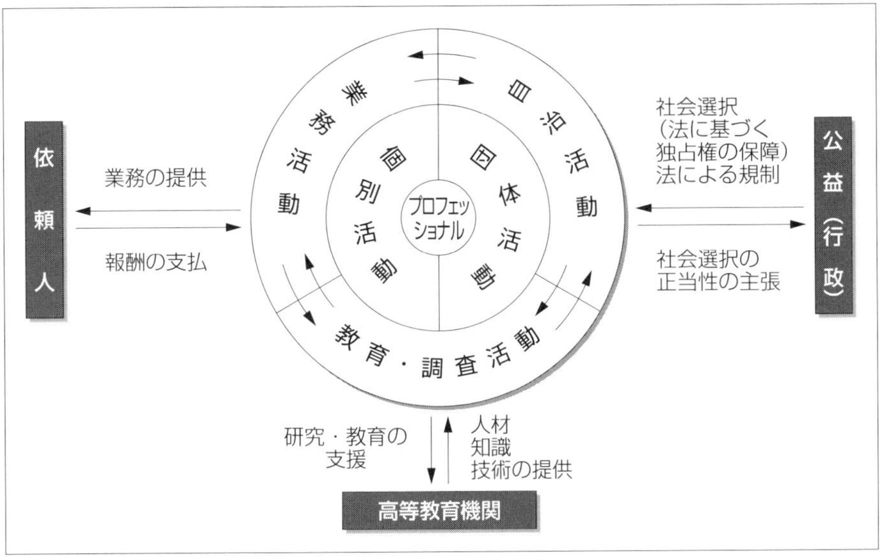

(出所) 鳥羽至英＝川北博編［2001］10頁。

　経営診断は，上述したプロフェッションの要件をある程度有しており，中小企業診断士に対して，特定分野において業務独占権に近い権利がすでに与えられている。しかし，医学部出身者に限定される医師，ロースクール出身者に限定される司法試験受験資格など，伝統的なプロフェッションと高等教育機関との関係と比較すると，経営診断と高等教育機関（例えば，ビジネススクール）との関係は，まだそこまで密接な関係性を有していない。また，公益（行政）との関係も，①医学：医師，②法学：弁護士等，③神学：神父，④会計学：公認会計士，税理士などの伝統的なプロフェッションと比較すると今後の課題が山積している。しかし，経営診断のプロフェッション化は，今後ますます進展するものと思われる。

❷ 臨床経営学

　経営診断という概念は，臨床医学の中核概念の1つである「診断」概念を，経営の領域に援用した経緯があり，臨床経営学という特性を色濃く有する。
　医学の体系は，様々な分類基準があるものの，概略下記のとおりである。

① 医学総論：医学概論，医学史，医事法など
② 基礎医学：解剖学，病理学，生理学，生化学，組織学など
③ 予防医学：細菌学，衛生学，産業医学など
④ 臨床医学：診断学（内科，小児科，産婦人科，外科，整形外科，眼科，耳鼻咽喉科，皮膚科，泌尿器科，歯科など），手術学，麻酔学など

他方，経営学の体系を医学のアナロジー（比喩）として示すと，概略下記のとおりである。
① 経営学総論：経営学概論，経営学説史など
② 経営学各論：経営管理論，経営組織論，経営戦略論など
③ 経営診断論：経営診断総論（経営診断概論，経営診断学説史など），診断学（経営システムの診断，経営管理システムの診断，業務システムの診断，業種別の診断，新規・拡大領域の診断），診断技法など

上述した医学と経営学の体系の内，ここで直接的に関連のある臨床医学と経営診断論を取り出して，異同点を簡潔に示すと，下記のとおりである。
① 臨床医学と経営診断論の類似点（対象と主体を抜粋）
　・臨床医学：対象⇒人間（生命体），主体⇒ドクター
　・経営診断論：対象⇒経営システム（生命体），主体⇒ビジネス・ドクター
② 臨床医学と経営診断論の相違点（診断基準と事例を抜粋）
　・臨床医学：基準⇒診断基準の整備，事例⇒臨床事例の蓄積
　・経営診断論：基準⇒診断基準の未整備，事例⇒診断事例の未整備

このように，経営診断は，対象，主体など多くの点で類似点があり，まさしく臨床経営学の特性を有するものの，アナロジー（比喩）として採用された臨床医学と比較すると，診断基準の整備，診断事例の蓄積など多くの局面において，本来臨床経営学として蓄積すべきテーマが未解決のまま放置されている。

❸ 経営の論理と診断の論理の接合

三上富三郎［1992］および日本経営診断学会編［1994］は，図表1－11に示されるように[29]，概念をパターン認識と定義した上で，さらにその概念を①本属的属性，②偶有的属性の2つに区分した。そして，経営学の本属的属性は

第1章 経営診断の意義

図表1-11 経営診断学の位置付け

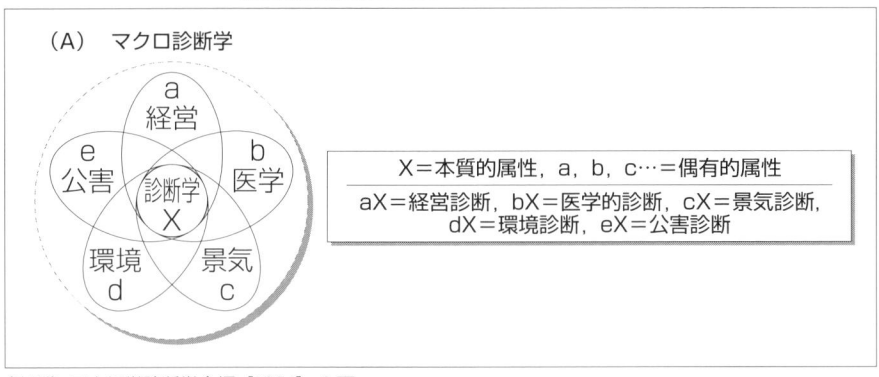

(A) マクロ診断学

a 経営
b 医学
c 景気
d 環境
e 公害
診断学 X

X＝本質的属性，a，b，c…＝偶有的属性
aX＝経営診断，bX＝医学的診断，cX＝景気診断，
dX＝環境診断，eX＝公害診断

(出所) 日本経営診断学会編［1994］2頁。

「経営」であり，経営診断の本属的属性は「診断」であるので，経営診断学を経営学の中の1つの学問領域として位置付けるべきではないと主張している。

他方，日本経営診断学会の初代会長をつとめた平井泰太郎［1960］は，経営診断論を経営学の中の1つの学問領域と位置付けている[30]。

筆者は，前に医学と経営学の体系を比較し，臨床医学と経営診断論のアナロジー（比喩）として述べたように，経営診断論は経営学の外延的存在ではあるものの，経営学の範疇に含まれる重要な学問領域であると認識している。経営学も経営診断論も，その対象は各種経営システム（活動，構造）であり，主体，目的，研究対象，方法論などに相違はあるが，経営診断論を経営学の中の1つの学問領域として位置付けるべきではないという主張は妥当ではない。むしろ，経営の論理と診断の論理の特性の違いを踏まえつつ，両者の接合を図ることこそ重要であろう。

5 経営診断の原則

❶ 従来の経営診断原則

経営診断を実施するにあたり，準拠する一般的な法則のことを経営診断原則

という。経営診断の特性を凝縮した根本的な法則ということもできる。

従来,多くの研究者によって経営診断基準が提示されてきた。例えば,高野太門［1974］は,図表1－12に示されるように[31]),経営診断原則を,①基本原則,②派生的原則の2つに区分して提示した。

日本経営診断学会編［1994］では,図表1－13に示されるように[32]),①診断

図表1-12 経営診断原則(その1)

基本原則	実態把握の原則	自主自発性の原則	診断員倫理の原則	勧告指導の原則	総合性の原則
派生的原則	・環境適応の原則 ・問題明確化の原則 ・個別性特殊性均衡性の原則 ・分析比較の原則	・受診企業協力の原則	・中立性の原則 ・費用効果の原則		

(出所)高野太門［1974］6頁。

図表1-13 経営診断原則(その2)

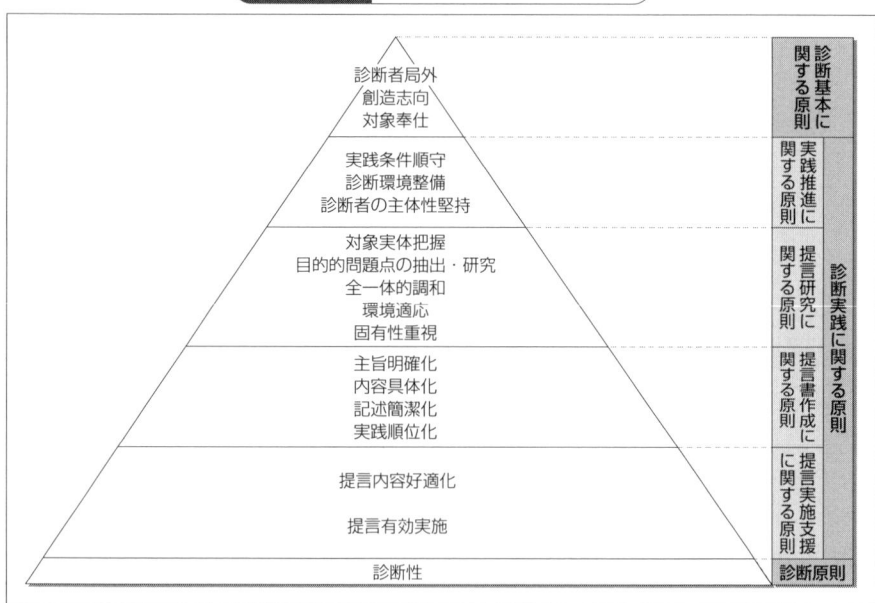

ピラミッド図(上から下へ):

- 診断者局外／創造志向／対象奉仕 — 診断基本に関する原則
- 実践条件順守／診断環境整備／診断者の主体性堅持 — 実践推進に関する原則
- 対象実体把握／目的的問題点の抽出・研究／全一体的調和／環境適応／固有性重視 — 提言研究に関する原則
- 主旨明確化／内容具体化／記述簡潔化／実践順位化 — 提言書作成に関する原則
- 提言内容好適化／提言有効実施 — 提言実施支援に関する原則
- 診断性 — 診断原則

右側括り:診断実践に関する原則

(出所)日本経営診断学会編［1994］12頁。

基本に関する原則，②診断実践に関する原則（実践推進に関する原則，提言研究に関する原則，提言書作成に関する原則，提言実施支援に関する原則）に層別分類し，その内容を図示している。

図表1-12の経営診断原則（その1）と，図表1-13の経営診断原則（その2）の間には，丁度20年の月日が流れている。図表1-12の時代の経営診断では，「勧告」が重要な位置付けを占めており，図表1-13の時代の経営診断では，勧告から提言へ，さらに提言の実施支援が視野に入りつつあることが読み取れる。

❷ 支援概念の必然性

上述したように，近年，勧告から提言へ，提言から実施支援へと，経営診断の重点が大きく変化しつつある。特に，支援概念の重要性が強調されるようになりつつある。その根底には，いくつかの要因が考えられる。

第一の要因として，1999年の中小企業基本法の改正，2000年の中小企業指導法から中小企業支援法への改正など，中小企業を取り巻く関連法規の改正が挙げられる。これらの関連法規の改正が経営診断に大きなインパクトを与えた。

具体的には，中小企業診断士は，通商産業省令に基づく資格から中小企業支援法に基づく国家認定資格へ格上げされた。そして，中小企業診断士は公的支援事業に限らず，民間で活躍する経営コンサルタントであるとされた。

第二の要件として，問題解決（ソリューション）の方法論の変化が挙げられる。すなわち，従来の問題解決（ソリューション）の方法論は，第3章で考察するように，分析型アプローチが主流を占めていた。分析型アプローチをそのまま援用したのが経営診断における「勧告書方式」であるといえよう。

そこでは，分析が重視され，主体・客体二元論が前提とされてきた。ところが，問題解決（ソリューション）を効果的に推進するためには，問題解決（ソリューション）のプロセスにおいて，協働・自律性・自主性を重視する支援概念が不可欠になりつつある。第3章で考察するように，ワークショップ型アプローチ，コンソーシアム型アプローチなど，いわゆるプロセス型アプローチが問題解決（ソリューション）の方法論として脚光を浴びつつある。プロセス型

アプローチの理論的根拠の1つが支援概念であることはいうまでもない。

このように，協働・自律性・自主性を重視する支援概念が経営診断において不可欠になりつつある。すなわち，従来の主体・客体二元論に基づく第三者性，中立性などはさして重要な問題ではなく，問題解決（ソリューション）のプロセスの適合こそが重要であるという認識が広まりつつある。

❸ 経営診断・支援原則の概要

中小企業診断協会では，中小企業診断士が経営診断を行う際の基本的なあり方などを示した「経営診断基準」を1973年に制定した。その後，1993年にその後の経営環境の変化を踏まえ，「経営診断基準」を20年ぶりに全面的に改定した。ところが，前述したように，1999年の中小企業基本法の改正，2000年の中小企業指導法から中小企業支援法への改正など，経営診断における環境は激変したので，従来の「経営診断基準」を全面的に見直し，2002年12月に，「経営診断・支援原則」として改訂した。

新しい「経営診断・支援原則」は，図表1-14に示されるように[33]，①「経営診断・支援原則」，②「中小企業診断士業務遂行指針」の二本立てとして構成されている。

「経営診断・支援原則」では，第1章が「環境変化と企業経営」と題して，①企業経営を取り巻く環境変化，②企業行動に求められる経営方針が述べられている。第2章は「中小企業診断士の役割」と題して，①経営資源の補完とその活用支援，②持続可能な成長を意識した診断・支援，③経営基盤の安定，再生などの診断・支援，④部門別診断から経営システム診断・支援への重心移動，⑤診断・支援対象の拡大，⑥中小企業施策活用・提言実現化の支援が述べられている。

「中小企業診断士業務遂行指針」では，第1章「中小企業診断士の活動分野など」，第2章「診断・支援のあり方」，第3章「中小企業診断士に必要とされる知識・能力」の3章編成をとっており，かなり具体的な業務遂行指針を提示している。

第1章 経営診断の意義

図表1-14　新しい「診断原則」と「業務指針」の内容

```
┌─────────────────────────────┐  ┌─────────────────────────────┐
│  中小企業を取り巻く環境の変化  │  │    新たな経営体などの出現    │
│ ○ITや技術革新               │  │ ○TMO, NPOなど               │
│ ○国際化                     │  │ ○第3セクター                │
│ ○日本的雇用制度の見直し      │  │ ○医療，福祉，農業などの      │
│ ○社会・環境配慮型経営の要請  │  │   新しい分野                 │
│ ○労働法制，株式会社法制，    │  └─────────────────────────────┘
│   金融市場の整備            │
│ ○規則改革・競争政策の促進    │
└─────────────────────────────┘
```

【「経営診断・支援原則」の内容】

- **企業行動に求められる経営方針**
  - ○経営革新・創業による経済価値の創造
  - ○社会価値共存による経済価値の創造
  - ○コーポレートガバナンスを意識した経営

- **中小企業診断士の役割**
  - ○経営資源の補完とその活用支援
  - ○持続可能な成長を意識した診断・支援
    - ・経営革新による持続可能な成長
    - ・社会価値と経済価値が共に実現する持続可能な成長
  - ○経営基盤の安定，再生などの診断・支援
  - ○経営部門別診断から経営システム診断・支援への重心移動
  - ○診断・支援対象の拡大（新産業，地域社会，国際社会など）
  - ○中小企業施策活用・提言実現化の支援

【「中小企業診断士業務遂行指針」の内容】

- **中小企業診断士の活動分野など**
  - ○中小企業診断士の中小企業支援法における位置づけ
  - ○期待される活動分野
  - ○診断・支援の範囲
  - ○診断・支援の対象産業分野

- **診断・支援のあり方**
  - ○診断の基本的プロセス
  - ○診断・支援の基本的姿勢

- **中小企業診断士に必要とされる知識・能力**
  - ○中小企業経営全般に関する幅広い知識
  - ○創業・経営革新，再生に関する専門的知識
  - ○民間経営コンサルタントとしての基本能力
  - ○コーチング・カウンセリング能力
  - ○中小企業施策および中小企業関連法律

（出所）中小企業診断協会編［2004a］4頁。

1）岸川善光［2002］43頁。
2）岸川善光［2006］3頁。
3）中小企業診断協会編［2004a］5-15頁の内容を要約し，筆者が一部内容を修正した。
4）岸川善光他［2003］11-16頁。
5）中小企業診断協会編［2004a］45頁。
6）同上書27頁。
7）三上富三郎［1992］266頁。
8）日本経営診断学会編［1995］48頁。
9）三上富三郎［1992］266頁，日本経営診断学会編［1995］48頁。
10）中小企業診断協会編［2004a］32頁。
11）日本経営診断学会編［1994］1頁。
12）高野太門［1974］3頁。
13）並木高矣［1975］3頁。
14）三上富三郎［1992］8頁。
15）日本経営診断学会編［1994］4頁。
16）ILO［1996］9-10頁。
17）ただし，2006年の中小企業試験制度の改訂に伴って，第1次試験から削除された。
18）本田勝嗣［2000］34頁。
19）岸川善光［2002］29頁を一部修正した。
20）岸川善光［1999］16頁。
21）岸川善光［2006］20頁。
22）Schmpeter,J.A.［1926］訳書182-183頁。
23）Drucker,P.F.［1943］訳書49-55頁。
24）岸川善光編［2004b］6頁。
25）プロフェッションという用語に該当する適切な言葉がない。そのために，専門職，専門職業など様々な訳語が存在する。
26）鳥羽至英=川北博他［2001］4頁。
27）同上書6-9頁。
28）同上書10頁。
29）三上富三郎［1992］5頁。
30）平井泰太郎=清水昌編［1960］1-2頁。
31）高野太門［1974］6頁。
32）日本経営診断学会編［1994］12頁。
33）中小企業診断協会編［2004a］4頁。

第2章 経営診断論の生成と発展

本章では，経営診断論の生成・発展のプロセスを下記の6つに分類し，生成・発展に関する「一定の法則性」を導出する。

① 合理性の診断…古典的管理論・組織論
② 人間性の診断…新古典的管理論・組織論
③ システム性の診断…近代的管理論・組織論
④ 条件適応性の診断…適応的管理論・組織論
⑤ 戦略性の診断…戦略的管理論・組織論
⑥ 社会性の診断…社会的管理論・組織論

第一に，古典的管理論・組織論の概要についてレビューし，そこで追求された合理性に対して，どのような経営診断が行われたのか，能率技師の働きなどを通して考察する。

第二に，新古典的管理論・組織論の概要についてレビューし，そこで追求された人間性に対して，どのような経営診断が行われたのか，行動科学者の働きなどを通して考察する

第三に，近代的管理論・組織論の概要についてレビューし，そこで追求されたシステム性に対して，どのような経営診断が行われたのか，意思決定論，システム論などを通して考察する。

第四に，適応的管理論・組織論の概要についてレビューし，そこで追求された条件適応性に対して，どのような経営診断が行われたのか，コンティンジェンシー理論の観点から考察する。

第五に，戦略的管理論・組織論の概要についてレビューし，そこで追求された戦略性に対して，どのような経営診断が行われたのか，経営戦略の診断を中心に考察する。

第六に，社会的管理論・組織論の概要についてレビューし，そこで追求される社会性に対して，どのような経営診断が必要とされるかについて考察する。

1 合理性の診断

❶ 古典的管理論・組織論の概要

　経営管理論・経営組織論（以下，管理論・組織論）の出発点をどこに求めるかについて，研究者によって様々な見解があるものの，ここでは，①テイラー（Taylor,F.W.），②フォード（Ford,H.），③ファヨール（Fayol,H.），④ウェーバー（Weber,M.）の4人の学説を，古典的管理論・組織論の典型としてその概要について考察する。

＜テイラー＞[1]

　テイラーは，「能率の父」「経営管理の父」，あるいは「経営学の父」などといわれている。また，創成期の能率技師（コンサルタント・エンジニア：現在の経営コンサルタント）としても名高い。

　テイラーの所論は，『差別出来高給制』（*A Piece Rate System*,1895），『工場管理』（*Shop Management*,1903），『科学的管理の諸原理』（*The Principles of Scientific Management*,1911）の3冊によって知ることができる。

　テイラーが1903年に著した『工場管理』は，作業の管理に科学的な方法を導入した労作として知られている。テイラーは同時，労働者の組織的怠業とその対抗策として経営者が強行する賃率引下げの悪循環は，仕事の結果を客観的に測定できる尺度が欠如していることに起因すると診断した。診断を踏まえて，仕事の結果を測定する尺度を設定することを重視し，この尺度のことをテイラーは課業（task）と呼んだ。課業とは，「達成すべき公平な一日の仕事量」を意味する。

　この課業を確立するため，テイラーは，①日々の高い課業（労働者は簡単には達成できないような課業を，毎日明確に示されなければならない），②標準的条件（課業の遂行にあたり，課業を確実に遂行し得るような標準的な諸条件と用具が与えられなければならない），③成功に対する高い支払（労働者が課

業を達成した場合には，高い賃金が保証されなければならない），④失敗の場合の損失（労働者が課業を達成できなかった場合には，労働者の損失としてのペナルティが課せられなければならない），の４つの課業管理の原則を提示した。さらに，課業は一流の工具でなければ達成できない程度に難しいものにすべきであると述べている。

テイラーは，上述した課業管理の原則を具現化するための施策として，職能別職長組織の採用を提唱した。テイラーの職能別職長組織とは，図表２−１に示されるように[2]，計画職能を担当する職長として，①順序・手順係，②指図票係，③時間・原価係，④工場規律係の４つに分け，現場監督職能を担当する職長として，①準備係，②速度係，③検査係，④修繕係の４つに分けた組織のことである。

計画職能を担当する４人の職長は，労働者の課業を設定し，さらに課業を達成するための手順，方法，用具，時間，原価，賃率などを事前に指図票等の文書で労働者に指示した。その課業を具体的に決定するために，工場内の労働者の作業を分析し作業要素に分解した。さらに，それらの要素的作業を成し遂げるのに必要な時間を分析した。前者を作業研究といい，後者を時間研究という。

作業研究および時間研究は，現在でもIE（industrial engineering）の基本として各産業分野に広く普及している。課業管理の第一原則である日々の高い課

図表2-1　職能別職長組織

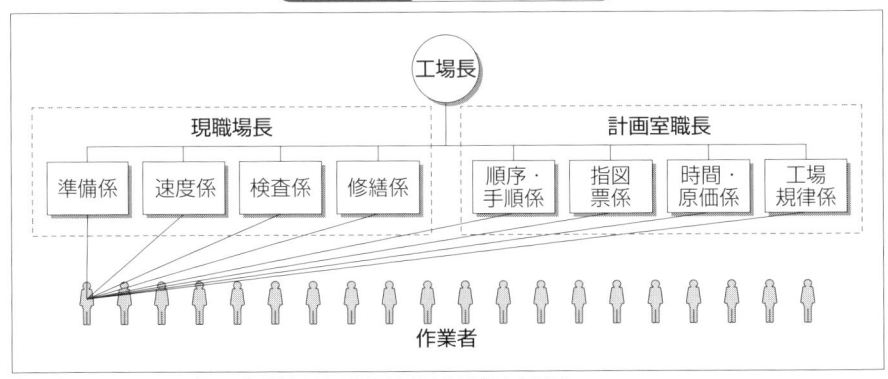

（出所）Taylor, F. W. [1903] 訳書122-125頁を筆者が要約し図表化。

業，第二原則である標準的諸条件の2つがここで具体化される。

　他方，現場監督機能を担当する職長は，直接的に労働者の作業を指導して，課業の達成を促すのである。ここで重要になるのが，課業管理の4つの原則の内，成功に対する高い支払と失敗の場合の損失を具体化するために考案された差別出来高給制度である。差別出来高給制度は，課業を達成した労働者に対する報奨と，課業を達成し得ない労働者に対するペナルティという2つの側面をもつ賃金制度である。

　テイラーは，課業を客観的に設定することにより，労働者の組織的怠業などの問題を解決し，労働者には高い賃金を，経営者には低い労務費を両立しようとした。これを「高賃金・低労務費」の原則という。このように，テイラーの『工場管理』は，作業の標準化による課業の確立を中核とした工場の作業管理システムを展開した著作として位置付けられる。

　さらに，テイラーは1911年に『科学的管理の諸原則』を発表した。ここでは，『工場管理』で展開した課業管理をより一般化して科学的管理と呼んだ。科学的管理は，1910年に米国東部の鉄道会社の運賃値上げが州際委員会に申請された際，荷主側が鉄道会社に対して猛烈に反対し，テイラーの科学的管理を導入して経営の合理化を図れば，運賃の値上げは不必要であると主張したいわゆる「東部賃率事件」を契機として広く世間に知られるようになった。

　テイラーは1906年に「米国機械技師協会（ASME）」の会長に選任された。さらに1912年に創立された「テイラー協会」を通じて，科学的管理は急速に普及した。ところが，テイラーが提唱した課業管理や科学的管理に対して，様々な問題点が指摘されている。例えば，人間の労働をモノとして客観的に観察し標準化するやり方に対して，労働組合から労働者の機械視として反対を受け，ついに1911年，国会の特別委員会に喚問される騒ぎになった。さらに，テイラーの科学的管理は，作業の科学化に終わり，管理の科学化にまでは至っていないという指摘が数多くの研究者によってなされている。

　このように，テイラーの科学的管理に対して，様々な問題が指摘されているが，今日のわが国において，科学的管理の影響は多大なものがある。特に，科学的管理から発展したIEは，自動車産業や家庭電器産業などにおける近代的

工場管理の基礎として，今も確固たる意義をもっている。差別出来高給制度は，今日ではテイラーが提唱した形態とは異なるものの，目標設定時のインセンティブとして多用されている。職能別職長組織も，ライン・アンド・スタッフ組織として発展し，現代の組織の基本形態の1つとして存在する。

＜フォード＞[3]

フォードは，40歳の頃（1903年），フォード自動車会社を設立し，今日では自動車王として広く世間に知られている。そのフォードが当時の産業界に蓄積された様々な管理技術的な英知を結集したのがフォード・システムと呼ばれる生産管理システムである。フォード・システムは，フォーディズム（Fordism）と呼ばれるフォードの経営理念，経営思想を土台としているので，主著『フォード経営』（*Today and Tomorrow*,1926）に基づいて，まずフォーディズムについてみてみよう。

フォーディズムの最大の特徴は，「奉仕（サービス）主義」に基づく「高賃金・低価格」の実現を目指したことである。ここで奉仕（サービス）とは，一般大衆に対する奉仕（サービス）であり，「高賃金・低価格」とは，従業員に対する高賃金と一般大衆（顧客）に対する低価格の実現の両立を目指したものであることはいうまでもない。大衆市場を相手とする巨大企業に相応しい近代的な経営理念の出現といえよう。このフォーディズムを土台として，標準化と移動組立法（コンベア・システム）を2つの柱とするフォード・システムが構築された。

標準化の対象は，部品・工程・作業・機械・工具・工場など広範囲にわたり，専用化や専門化など標準化のための施策が実施された。その中でも，部品の規格化による互換性の確保が特に重視された。なぜならば，フォードが理想としていたのは「永遠に使える機械」の提供であったからである。

移動組立法（コンベア・システム）は，作業の標準化を前提として，時間強制性を伴う移動組立ライン（moving assembly line）によって，作業能率を飛躍的に向上させることを目指したものである。移動組立法（コンベア・システム）の実施のために，工具や工員の配置の改善，移動組立や運搬装置の工夫，部品供給方法の改善など，大量生産の礎石となる諸施策が導入された。

フォード・システムのメリットとして，大量生産システムの確立を挙げることに異論はあるまい。実際に，有名なＴ型フォードによって，自動車の大衆化と労働者の生活向上は一部達成された。

　他方，デメリットとして，過度の標準化を指摘することができる。例えば，1908年に発売されたＴ型フォードの色はすべて黒色であった。この時「黒色でさえあれば顧客がどんな色を注文しても応じます」という有名な発言が記録されている。このような過度の標準化は，フォードに挫折をもたらせた。一般大衆の所得の向上とともに，フォードが特別の好みをもたないと仮定した潜在顧客の95％が，堅牢第一のＴ型フォードに飽き足らず，他の車を求め始めたからである。また，移動組立法（コンベア・システム）のもつ時間強制性は，労働者の思考や行動の自由を奪い，人間性の抑圧という深刻な問題を引き起こした。

＜ファヨール＞[4]

　ファヨールは，フランスのコマントリ・フールシャンボール鉱山会社において，社長として30年間（1888年―1918年）にわたり，経営の采配をふるった。他方，1916年に主著『産業ならびに一般の管理』を刊行し，晩年は「管理学研究センター」を設立し，経営管理の研究と普及に注力した。

　ファヨールは，『産業ならびに一般の管理』において，事業内容の複雑性や事業規模の大小にかかわりなく，必ず遂行しなければならない機能を経営の本質的機能と規定し，①技術活動（生産，製造，加工），②商業活動（購買，販売，交換），③財務活動（資本の調達，運用），④保全活動（財産と従業員の保護），⑤会計活動（財産目録，貸借対照表，原価，統計），⑥管理活動（予測，組織，命令，調整，統制）の６つを挙げている。

　これら６つの機能を事業目的に向かって統合する機能が経営であり，管理機能は６つの本質的機能の１つとして位置付けられている。このようにファヨールの管理論では，経営機能と管理機能が明確に区別されていることに特徴がある。

　次に，ファヨールの管理に関する所論をみてみよう。ファヨールは，管理機能を，①予測（活動計画（目標，方針）の立案），②組織（物的構造，社会的構造の構成），③命令（従業員の機能化），④調整（活動・努力の結集・一元

化・調和），⑤統制（規準・命令）の5つの要素に分割している。

さらに，ファヨールは，管理の一般原則として，①分業，②権限・責任，③規律，④命令の一元化，⑤指揮の統一，⑥個人的利益の全体的利益への従属，⑦従業員の報酬，⑧集権化，⑨階層組織，⑩秩序，⑪公正，⑫従業員の安定，⑬創意，⑭従業員の団結の14項目を提示した。

これらのファヨールの所論は，管理過程を重視する管理過程学派の元祖として位置付けられている。管理過程学派は，正統派，伝統派，古典派など様々な名称がつけられており，今も管理論の主流の1つをなしている。

<ウェーバー>[5]

ウェーバーは，1922年に主著『経済と社会』を刊行したドイツの有名な社会学者である。ウェーバーは，理念的な組織モデルとしての官僚制組織について定式化した。ウェーバーのいう官僚制組織の特質は，下記の4つに集約することができよう。

① 権限のハイヤラーキー：組織目的の遂行に必要な職務が体系的に確立され，その遂行に必要な権限（命令権限と強制手段）が規則によって与えられている。さらに，法の支配を前提としてはいるものの，権限のハイヤラーキーによる支配・服従は妥当性を有する。

② 規則の体系化：組織目的の遂行に必要なすべての職務について，一連の規則と手続きが存在し，発生しそうなすべての事態に対する対策が，理論的にも実務的にも網羅されている。具体的には，業務分掌規定や職務権限規定などをさす。

③ 文書主義：職務はすべて文書を手段として遂行される。この文書主義は非人格化とか非情性と呼ばれることもある。すなわち，私情によって職務の遂行が左右されることのないように，すべての職務は原則として文書によって処理される。

④ 専門化：組織構成員は，専門知識や能力に基づいて選抜される。具体的には，門閥や出自などには一切関係なく，専門知識と能力さえあれば採用され昇進する。

ところで，ウェーバーによって最も合理的な組織として提示された官僚制組

織ではあるが，今日では，非能率，形式主義，顧客軽視，事なかれ主義，画一主義など，ありとあらゆる罵詈雑言があびせられており，多くの弊害が指摘されている。

官僚制組織の弊害を考察する場合，様々な原因が考えられるが，主な原因として，①機械モデル（組織構成員を機械の歯車・人形・ロボットと同一視しており，一定の刺激に対して一定の反応を示すことを期待している）の採用，②クローズド・システム（職務内容をあらかじめ規定するなど，環境の変化に対して閉じており，環境変化に対応できない）の採用の2点が挙げられる。

❷ 能率技師による合理性の追求

古典的管理論・組織論の特徴を整理するために，上述した古典的管理論・組織論の概要からキーワードを抽出してみよう。①テイラー（課業，標準化，職能別職長組織，作業研究，時間研究，差別出来高給制度），②フォード（標準化，時間強制性，大量生産システム），③ファヨール（経営機能と管理機能，管理過程，管理原則），④ウェーバー（権限，規則，専門化）の4人の学説のキーワードを抽出すると，19世紀末葉から20世紀の初頭における管理・組織上の問題解決を図るために，管理・組織に関する経験，知識，技法を体系化する際，合理性を強く意識していることが分かる。

すなわち，古典的管理論・組織論は，主として仕事の仕組みとしての組織の構造や管理過程に焦点をあて，その合理性を追求したことに最大の特徴がある。合理性の追求の方法論として，テイラーの所論でみたように，認識の対象が作業現場に偏重するなど問題はあるものの，命題設定⇒仮説設定⇒仮説検証といった科学的な方法が古典的管理論・組織論に一部援用されている。

ところで，古典的管理論・組織論で追求された合理性に対して，どのような経営診断が行われたのであろうか。米国における当時の代表的な能率技師の働きを通して考察することにする。

第一に，能率技師について考察する場合にも，テイラーを最初に取り上げる必要がある。テイラーは，古典的管理論・組織論の提唱者の1人であると同時に，1893年，能率技師として独立し，経営診断においても，創成期における代

テイラーは，能率技師として，課業管理，職能別職長組織，差別出来高給制度の普及など，様々な試みを積極的に行い，多くのクライアントにおいて顕著な成果をあげた。特に，一流労働者による作業を詳細に観察・測定し，最速作業時間の発見に注力した。これらの時間研究（time study）は，課業設定の基本となった。

第二に，テイラーの高弟であるガント（Gantt,H.L.）について考察する[6]。ガントは，ミッドベール製鋼所時代にテイラーを知り，その後もテイラーの業務を補佐した。ガントの業績として，ガント式タスク・ボーナス方式（賃金制度）の開発，ガント・チャート（ガント式日程図表）の開発などが挙げられる。ガントもテイラーと同様に能率技師として独立し，18年間に50社を指導した。ガント・チャートは，図表2-2に示されるように[7]，日程計画と進捗度管理の2つの機能を同時に果たすことができ，また簡単に修得できるために，広く普及した。

第三に，ギルブレス（Gilbreth,F.B.）について考察する[8]。ギルブレスは，動作研究（motion study）の開発者として知られており，動作研究に基づく作業改善を得意とした能率技師である。ギルブレスは，「動作研究は時間研究に先行する」と規定し，動作研究を特に重視した。具体的には，微細動作を17の動素に分け，それに自分の名前を逆綴りして「サーブリック（therblig）」と

図表2-2 ガント・チャート

部品名	数量	1月			2月				3月			
		17	24	31	7	14	21	28	6	13	20	27	2
イ	80												
ロ	65												
ハ	70												
ニ	50												
ホ	15												
ヘ	65												
ト	40												

（出所）中小企業診断協会編［1975］486頁。

呼び，微動作分析のツールとした。この動作研究は，工程分析とともに方法研究（method engineering）の一環をなす技法であり，唯一最善の方法（one best way）を発見する技法として位置付けられる。動作研究は，時間研究とともに現代IEの源流といえよう。

第四に，エマースン（Emerson,H.）について考察する[9]。エマースンは，大学教授出身の異色の能率技師である。テイラーやギルブレスとも交流があり，思想的にも共通する部分が多いものの，独自の立場を貫いた。例えば，科学的管理法という用語を使わず「能率（efficiency）」という用語に固執した。エマースンは，主著『能率の12原則』（*The Twelve Principles of Efficiency*,1912）において，①明確な理想の決定，②常識，③有力な助言，④訓練，⑤公平な扱い，⑥信頼できる記録，⑦差立（作業分配），⑧標準と日程，⑨諸条件の標準化，⑩作業方法の標準化，⑪作業指導書，⑫能率報酬，の12項目を提示した。エマースンらしい項目もいくつか含まれるが，大半はテイラーの考えを借用していることが分かる。

❸ 経営診断の生成期

上述したように，古典的管理論・組織論の時代は，実は，経営診断の生成期でもあった。すなわち，管理・組織に関する知識の一般化・体系化が一定程度高度化すると，管理・組織に関する経営診断が可能になる。これは，心臓・肝臓など生体の病理に関する知識の一般化・体系化が一定程度高度化すると，診断が可能になるプロセスと同様である。

古典的管理論・組織論は，主として合理性を追求したので，合理的な管理，合理的な組織について一定の規範ができた。その規範と照らしながら，当時の能率技師たちは経営診断を行ったといえよう。

古典的管理論・組織論の時代に開発された動作研究・作業研究など，現代IEの源流となった技法は，現在の生産管理の領域における基本的な診断技法として今も重要な位置付けを占めている。

2 人間性の診断

❶ 新古典的管理論・組織論の概要

　古典的管理論・組織論による合理性の追求によって，経営管理，組織の水準は飛躍的に向上した。一方，合理化された仕事の仕組みによって人間性が抑圧されるなど様々な歪みが発生した。これを受けて，①メイヨー＝レスリスバーガー(Mayo,G.E.=Roethlisberger,F.J.)，②リッカート(Likert,R.)，③マグレガー(McGregor,D.)，④ハーズバーグ(Herzberg,F.)，⑤マズロー(Maslow,A.H.)などの新古典的管理論・組織論が台頭した。新古典的管理論・組織論は，人間の集団に焦点をあてることによって，新しい経営管理のあり方，組織のあり方を提唱することになった。

＜メイヨー＝レスリスバーガー＞[10]

　メイヨーとレスリスバーガーによる新しい管理論・組織論は，有名なホーソン実験（Hawthorne Research）から生まれた。ホーソン実験とは，米国の大手電話機製造会社，ウェスタン・エレクトリック社のホーソン工場において，ハーバード大学大学院教授であるメイヨーとレスリスバーガーを中心とする一連の実験（臨床的アプローチ）のことである。この実験は1927年から1932年にわたって行われ，ロックフェラー財団が財政的に支援した。

　ホーソン工場では，メイヨーらの指導を受ける以前に，作業環境と作業能率の相関を調べる実験を始めていた。具体的には，照明と作業能率との相関関係を調査する照明実験が２年半にわたって行われた。実験の結果，照明度に関係なく作業能率の向上がみられた。

　次いで，リレー（継電器）組立実験が行われた。この実験の目的は，作業能率と労働条件（賃金制度，休憩時間，軽食サービスなど）との相関を明らかにすることであった。６人の女工を選抜し，２年間かけて調査したものの，結果は実験者たちの仮説を覆すようなものであった。すなわち，作業時間の変化に

関係なく作業能率は上昇し続けたのである。メイヨーらはこの実験が中期にさしかかった頃，ホーソン工場の幹部から指導の依頼を受けて実験に参加した。

メイヨーらは，リレー（継電器）組立実験のデータを分析した結果，作業者の態度や感情の重要性に着目した。そして21,000人の従業員を対象として面接調査を実施した。面接調査を通じて，能率の論理（logic of efficiency）ではなく，感情の論理（logic of sentiment）が重要であることを発見した。感情の論理の重要性は，バンク配線実験でも同様に確認された。

こうしたホーソン実験によって，感情の論理の重要性や，インフォーマル組織の重要性が強調された。インフォーマル組織とは，仲間意識によって自然発生的に，無意識に，非論理的に，下から発生する組織のことである。特に，インフォーマル組織の発見は，従来のフォーマル組織に基づく厳しい監督と金銭的刺激を中心としたそれまでの動機付けに大きな転換を促す要因となった。これは人間観の転換でもあった。すなわち，従来の合理的な「経済人」という人間観から，集団における人間関係および心理的満足を重視する「社会人」としての側面が重視されるようになったのである。

メイヨー＝レスリスバーガーらの研究は，経営管理の具体的な施策として，提案制度の導入や従業員福祉の向上策を促した。ただし，合理性や経済人としての人間観を過度に否定し過ぎると，企業経営にとってマイナスになることがある。

＜リッカート＞[11]

新古典的管理論・組織論の重要なテーマの１つにリーダーシップ論がある。リーダーシップとは，組織の目的達成を促進することを目的として，組織構成員の行動に影響を与えるリーダーの能力のことである。この領域で顕著な業績をあげた研究者としてリッカートが挙げられる。

リッカートは，ミシガン大学社会システム研究所の所長として，同研究所の実証的調査研究を指導するかたわら，統計調査的方法や集団実験的方法を駆使して，独自のリーダーシップ論を展開した。彼の所論は，『経営の行動科学』（*New Patterns of Management*, 1961），『組織の行動科学』（*The Human Organization*, 1967）の２冊の主著で知ることができる。

リッカートは，多くの実証的調査研究を通じて，仕事，給与，待遇などの満足度と生産性の高低とは直接に結びつかず，むしろ生産性の高低は管理システムの形態と相関があることを立証した。ちなみに，リッカートは管理システムの形態を，①リーダーシップ，②動機付け，③コミュニケーション，④相互作用の影響力，⑤意思決定の過程，⑥目標の設定，⑦統制の7つの変数によって測定し，下記の4つに分類した。

① 　システム1：独善的権威主義システム
② 　システム2：温情的権威主義システム
③ 　システム3：相談システム
④ 　システム4：参加的システム

リッカートはこの分類で，業績の低い組織をシステム1とし，最も望ましい管理システムをシステム4と定義した。そして，システム4の参加的システムには，次の3つの原則が必要不可欠であると述べている。

① 　支持的原則：上司は部下が部分の経歴，価値，欲求，期待などに関連して，組織のあらゆる相互関係，人間関係の中で自分が支持されているという実感をもたせるようなリーダーシップをとらねばならない。
② 　集団的意思決定の原則：高い業績を上げるためには，全体と個，さらに集団間のコミュニケーションと相互作用が不可欠であり，高い業績を上げようという雰囲気を醸成し，迅速な意思決定と実施が重要である。
③ 　高い業績目標の原則：組織構成員は，雇用，昇進など多様な欲求をもっている。これらの欲求は経済的に成功しなければ満たすことができない。経済的成功は高い業績目標をもってはじめて実現できる。

＜マグレガー＞[12]

マグレガーは，ハーバード大学で博士号（心理学）を取得し，MIT経営学部教授，スローンスクール教授として活躍した。主著は『新版・企業の人間的側面』（*The Human Side of Enterprise*,1960）である。

マグレガーはこの著書において，X理論－Y理論と呼ばれる所論を展開した。X理論というのは，伝統的な古典的管理論・組織論が前提としている人間観をさす。他方，Y理論はX理論と対極にある人間観をいう。

まず，X理論における人間観からみてみよう。マグレガーによれば，X理論では人間の性質や行動について，次のような人間仮説をもっているという。
① 人間は，生来仕事が嫌いである。
② 大抵の人間は，強制されたり，統制されたり，命令されたり，処罰すると脅されたりしなければ，企業目標の達成に向けて十分な力を出さない。
③ 普通の人間は，命令されることが好きで，責任を回避したがり，あまり野心をもたず，安全であることを選ぶ。

それに対して，マグレガーがX理論と対極にあるとしたY理論の人間仮説は次のとおりである。
① 仕事で心身を使うのは人間の本性であり，これは遊びや休憩のときと同様である。普通の人間は生来仕事が嫌いではない。
② 外から統制したり，脅したりすることだけが，企業目標達成に向けて努力させる手段ではない。人は自分で進んで身を委ねた目標のためには，自分にムチ打って働くものである。
③ 献身的に目標達成に尽くすかどうかは，それを達成して得る報酬次第である。
④ 普通の人間は，条件次第では責任を引き受けるばかりか，自ら進んで責任をとろうとする。
⑤ 企業内の問題を解決しようと比較的高度の想像力を駆使し，創意工夫をこらす能力は，大抵の人に備わっている。
⑥ 現代の企業においては，日常，従業員の知的能力はほんの一部しか生かされていない。

マグレガーのX理論－Y理論に基づいた管理論は，目標による管理（management by objectives）やスキャンロン・プランによる経営参加制度などが挙げられる。目標による管理は，今日のわが国の企業で広く普及している。

<ハーズバーグ>[13]

新古典的管理論・組織論の重要なテーマの1つに動機付け（モチベーション）の問題がある。ここで動機付けとは，組織構成員の仕事に対する意欲を高めることである。すなわち，自ら積極的にしかも責任をもって仕事をする意欲を起

こさせることをいう。この領域で顕著な業績をあげた研究者としてハーズバーグが挙げられる。ハーズバーグの所論は、その主著『仕事と人間性』（*Work and the Nature of Man*,1966）で知ることができる。

ハーズバーグは、1950年代に米国のピッツバーグで約200人の会計士と技術者を対象として、職務に関する満足要因と不満要因に関する実証研究を行った。この実証研究の結果、職務の満足要因となるのは、①仕事の達成感、②業績の承認、③仕事そのもの、④責任の度合、⑤昇進などであり、逆に、不満要因となるのは、①会社の経営方針、②監督方式、③給与水準などであることが判明した。彼は、職務の満足要因を動機付け要因と呼び、不満要因を衛生要因と呼んだ。

これだけであれば、ハーズバーグの主張は単なる調査研究の域を出ない。ハーズバークの功績は、上述した動機付け要因と衛生要因が全く異なる種類のものであることを発見したことである。例えば、衛生要因の改善によって職務の不満を解消することはできるが、職務の満足を生み出すことはできないのである。それまでの常識としては、満足と不満は同一次元での充足と欠如にあると思われていたので、動機付け要因と衛生要因が全く別ものであるという発見は大きな衝撃を与えた。

＜マズロー＞[14]

新古典的管理論・組織論の最後に、人間関係と動機付けとの関係について1つの手がかりを示したマズローの欲求5階層説について考察する。マズローの所論は、その主著である『人間性の心理学』（*Motivation and Personality*,1970）で知ることができる。

マズローの欲求5階層説とは、図表2－3に示されるように[15]、人間の欲求の階層を5つに分類したものである。彼の分類では、欲求の階層は低次のものから高次のものへと、次の5つによって構成される。

① 生理的欲求（physiological needs）：食欲、性欲など人間の生存にかかわる本能的な欲求。
② 安全欲求（safety needs）：不安や危険を回避したいという欲求。
③ 社会的欲求（social needs）：何らかの集団に所属し、他人と愛情を交換

図表2-3　マズローの欲求5階層説

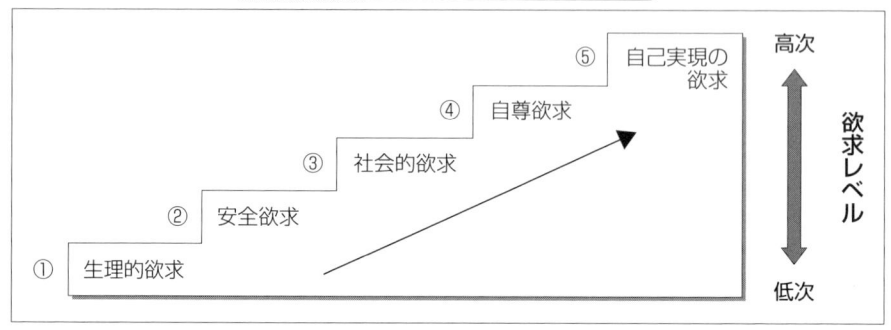

```
⑤ 自己実現の欲求        高次
④ 自尊欲求
③ 社会的欲求                   欲求レベル
② 安全欲求
① 生理的欲求            低次
```

(出所) Maslow, A. H. [1970] 訳書56-72頁に基づいて筆者が図表化。

しあいたいという所属と愛の欲求。
④　自尊欲求（esteem needs）：自尊心を満足させたいという欲求。
⑤　自己実現欲求（self-actualization needs）：自分がもっている潜在的な能力を実現したいという欲求。

マズローは，5階層の欲求の内，①～③を「欠乏欲求」，④～⑤を「成長欲求」と名付けている。そしてこの両者の間には質的な違いがあるという。すなわち，欠乏欲求は他から与えられるものによって欲求の充足が行われるが，成長欲求は自己の内側から湧き上がってくるものによって充足される。

ここで，マズローの欲求5階層説に照らして，テイラーの科学的管理における動機付けとメイヨー＝レスリスバーガーらの人間関係論における動機付けがどの段階のものであるかについてみてみよう。テイラーの科学的管理における動機付けは，課業の達成者に高い報酬を支払って生活を保障するという働きかけであり，①～②の階層への働きかけである。メイヨー＝レスリスバーガーらの人間関係論では，③の階層の欲求への働きかけを重視していることがわかる。

❷ 人間関係論・行動科学による人間性の追求

以上，新古典的管理論・組織論として，①メイヨー＝レスリスバーガー，②リッカート，③マグレガー，④ハーズバーグ，⑤マズローの所論について概観した。新古典的管理論・組織論は，心理学，社会心理学を基礎とした学際的な行動科学に基づいて，人間行動の研究，人間性の追求を重視した学派として位

置付けることができる。古典的管理論・組織論は，合理性の追求を第一義として，業務遂行の機構とその機構を作動させる管理過程を中心に考察したが，新古典的管理論・組織論では，合理性の追求の反動もあり，業務を遂行する人間主体の側面が重要な研究対象となった。

　新古典的管理論・組織論は，人間の行動を理解し，組織の目的に結び付けるための条件設定を重視したため，人間関係，動機付け，リーダーシップ，訓練，コミュニケーションなどについて，管理者に対して実践上役立つ多くの提言を行っている。今も多くの企業で，職務充実，職務拡大，目標管理，自主管理，小集団活動，ＱＣサークルなど，新古典的管理論・組織論に基づく多くの施策が広く普及している。

　ところで，新古典的管理論・組織論で追求された人間性に対して，どのような経営診断が行われたのであろうか。米国における行動科学者の働きなどを通していくつか考察することにする。

　第一に，面接実験，人事相談，モラール・サーベイなど，人的資源管理（Human Resource Management：HRM）に関する診断が急増したことが挙げられる。すなわち，人間性の追求による個人の活性化と組織の活性化の両立を図ることを目的として，労働者の不満，不安など人的資源管理に関する問題点が様々な角度から抽出され，それに対する問題解決策が体系的に実施されるようになった。

　第二に，リーダーシップに関する行動理論（behavioral theory）が展開されるようになった[16]。それまでのリーダーシップ論は，特性理論（trait theory）が主流であったが，オハイオ州立大学とミシガン大学を中心としたリーダーシップに関する研究は，最も包括的な行動理論として知られている。

　1940年代にオハイオ州立大学で行われた研究は，リーダーシップ行動を，①構造形成（initiating structure），②人間配慮（consideration）という２つの次元によって把握できると結論付けた。構造形成とは，リーダーおよびフォロワーが組織の中で果たすべき役割・行動の次元であり，人間配慮とは，リーダーが組織内の人間関係に配慮する行動の次元である。

　一方，ミシガン大学におけるリーダーシップの研究では，リーダーの行動を，

①生産志向性（production oriented），②従業員志向性（employee oriented）によって把握できると結論付けた。生産志向性は，フォロワーの作業遂行や組織目標の達成にかかわるものであり，従業員志向性は，職場の人間関係の円滑化にかかわる行動次元である。

オハイオ州立大学の研究では，①構造形成，②人間配慮という2つの次元が独立した次元と考えられたのに対して，ミシガン大学の研究では，①生産志向性，②従業員志向性の2つは1つの次元の対極にあると位置付けられた。

図表2-4に示されるように[17]，オハイオ州立大学の研究では，構造形成と人間配慮の両方とも高いリーダーの場合，フォロワーの生産性や満足度が高くなる傾向があるとされたが，ミシガン大学の研究では，生産志向性の高いリーダーよりも，従業員志向性の高いリーダーのほうがフォロワーの職務満足度だけでなく，生産性も高くなると結論付けている。

上述した以外にも，リーダーシップに関する調査研究として，テキサス大学のブレーク＝ムートン（Blake,R.R.=Mouton,J.S.）[1978]による「マネジリアル・グリッド」（業績への関心と人間への関心の二次元モデル），オハイオ州立大学のハーシー＝ブランチャード（Hersey,P.=Blanchard,K.H.）[1977]の「有効なリーダーシップ・スタイル」など多くの研究業績が生まれた。また，それ

図表2-4　2つのリーダーシップ研究の相違

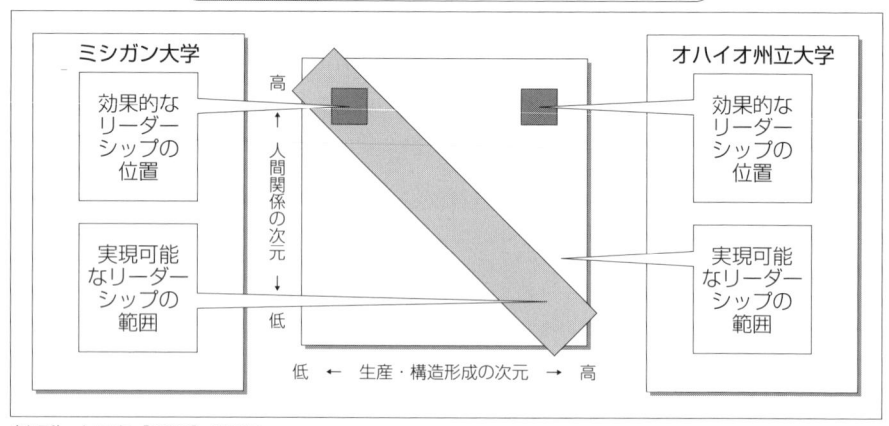

（出所）上田泰［2003］229頁。

らの研究業績に基づいて、行動科学者らによる人的資源管理、リーダーシップなどに関する診断が多数行われた。

❸ 経営診断の転換期

新古典的管理論・組織論によって人間性を追求した時代は、経営診断の転換期であった。すなわち、古典的管理論・組織論によって合理性を追求した時代のアンチテーゼと位置付けることができる。

第一に、人間観が大きく変化した。従来の合理的な「経済人」という人間観から、人間関係や心理的満足を重視する「社会人」という人間観に変化した。このことは、動機付け、リーダーシップ、コミュニケーションなどの規範が変わるということに他ならない。

第二に、組織観が大きく変化した。合理的な仕事の構造や管理過程から、人間集団の側面へと組織観が変化すると、動機付け、リーダーシップ、モラールなどの規範も当然変化する。

「あるべき姿」としての規範が変われば、経営診断の重点も当然変化する。能率技師と行動科学者の取組みをみれば、その変化は一目瞭然といえよう。

3 システム性の診断

❶ 近代的管理論・組織論の概要

現実の企業は、古典的管理論・組織論で強調された仕事のための合理的機構としての側面と、新古典的管理論・組織論で強調された仕事を行う人間主体としての側面をもつ複雑な統一体である。

したがって、合理性の追求をテーゼ、人間性の追求をアンチテーゼ、システム性の追求をジンテーゼとして、統合理論が要請されることはごく自然の成り行きといえる。近代的管理論・組織論は、上述した古典的管理論・組織論と新古典的管理論・組織論の統合理論としての位置付けが期待された。

近代的管理論・組織論は，組織を「意思決定（decision making）のシステム」とみなす理論である。ここでは，①バーナード（Barnard,C.I.），②サイモン（Simon,H.A.），③サイアート＝マーチ（Cyert,R.M.＝March,J.G.）の学説について概観する。

<バーナード>[18)]

バーナードは，1909年にアメリカ電信電話会社（AT&T）に入社し，1927年から20年間，AT&Tの関連会社の1つであるニュージャージー・ベル電話会社の社長の職にあった。

バーナードの主著『経営者の役割』（*The Functions of the Executive*,1938）は，経営者としての体験と思索を凝縮したもので，経営管理論および経営組織論の発展に「バーナード革命」といわれるほど多大のインパクトを与えた。

バーナードの理論は，従来の理論と比較すると，組織のメカニズムを解明する理論として決定的に優れていた。『経営者の役割』は極めて難解ではあるものの，組織の理論とそれに基づく経営者の役割が明らかにされている。

バーナード理論の長所の中でも，①組織観，②人間観，③「有効性」と「能率」の区分の3点は，それまでの理論では存在しなかった画期的なものであるといえよう。

まず，バーナードの組織観からみてみよう。バーナードは組織を理論的に説明するために，「協働システム（cooperative system）」という概念を導入した。バーナードのいう組織（公式組織）は極めて抽象化されており，「組織とは，2人またはそれ以上の人々の意識的に調整された諸活動または諸力の体系」と定義された。

このように定義された組織には，次の3つの基本要素が不可欠とされた。

① 共通目的（a common purpose）：組織構成員の努力が自発的に相互に調整され，全体として統合されるためには，共通目的が明確に組織構成員に理解されていなければならない。

② 協働意欲（willingness to co-operate）：組織構成員が自発的に組織目的を受け入れて，その目的を達成するためには，協働意欲が不可欠である。

③ コミュニケーション（communication）：コミュニケーションとは，共通

目的と協働意欲を結合し統合するものである。組織構成員に組織目的の内容を正しく伝達することによって，すべての組織構成員にその内容を支持してもらわなければならない。

この3つの基本要素をもつ最小規模のものを「単位組織」と呼ぶ。組織が成長するには，そこに第二の組織が加えられなければならないので，その結果，組織は必然的に2つの組織の複合体，すなわち「複合組織」にならざるを得ない。このようにバーナードの組織観は，システム論的組織観の性格を色濃くもっている。

次に，バーナードの人間観について考察する。バーナードの人間観は，古典的管理論・組織論の人間観である「経済人」仮説，新古典的管理論・組織論の人間観である「社会人」仮説とは大きく異なる。

バーナードによれば，人間は物的，生物的，社会的な存在であり，各種の制約から逃れられない存在である。一方，その合理性には制約があるものの，自由意思をもち，様々な動機に基づいて自己の行動を選択する主体的な存在でもある。また，人間には，非人格的・機能的側面（組織人格）と，人格的・個人的側面（個人人格）とが併存しており，個人はこの両人格の人的統一体として存在しているとした。

バーナードの人間観は，上でみたようにかなり難解ではあるが，従来の人間観を統合したいわば「全人」仮説といえよう。おそらくバーナードは，社会科学の方法的基盤としての人間観の重要性をよく理解していたのであろう。

さらに，バーナード理論の第三の長所としてあげた「有効性」と「能率」との区分についてみてみよう。バーナードは，組織の目的の達成度のことを「有効性」と定義し，個人の動機の満足度のことを「能率」と定義した。

バーナードの「有効性」と「能率」という新たな概念は，組織の目的と個人の動機は，対立し得るものであると同時に統合し得るものであることを提示したかったからである。すなわち，合理性によって得られる「有効性」と，人間性によって規定される「能率」を踏まえた統合理論としての特性がここでもみられる。

<サイモン>[19]

サイモンの研究分野は，経営管理論，心理学，コンピュータ科学など広範囲にわたっている。1978年には，組織内部の意思決定過程に関する先駆的研究によってノーベル経済学賞を受賞した。サイモンの主著は，『経営行動』（*Administrative Behavior*,1947/1976），『新版システムの科学』（*The Science of the Artificial*,1969/1981），『意思決定の科学』（*The New Science of Management Decision*,Revised ed.,1977）の3冊，さらにマーチとの共著『オーガニゼーションズ』（*Organizations*,1958）である。この中でも『経営行動』は，バーナードの『経営者の役割』から多大の影響を受けつつ，バーナード理論をさらに発展させたものである。今でも『経営行動』は近代的管理論・組織論のみならず，経営学の分野における名著の1つに数えられている。

サイモンは『経営行動』において，組織における人間行動の分析を踏まえて経営行動を分析するという分析手法を採用した。サイモンの分析の基本的な特質は，人間行動が行為そのものとしてではなく，行為に先立ってなされる選択すなわち意思決定の過程として把握されている点にある。このように，サイモンの管理論・組織論は，管理と組織が意思決定の観点から一貫して分析されていることに最大の特徴がある。

サイモンの理論は，管理論・組織論において，多くの論点を提示しているが，その中から，①意思決定プロセス，②意思決定の前提，③人間観，④組織均衡の4点について概観する。

第一に，意思決定プロセスについてみてみよう。ここで意思決定（decision making）とは，行動に先立って，いくつかある代替案（alternatives）の中から1つを選択する一連のプロセスのことである。

サイモンの意思決定プロセスは，図表2－5に示されるように[20]，①情報活動（問題を発見し明確にする活動），②設計活動（問題を解決するために，実行可能と考えられる複数の代替的な問題解決策を探索する活動），③選択活動（実行可能と思われる複数の代替的な問題解決策の中から，最適と思われる案を選択する活動），④検討活動（実行に移した問題解決策の結果について，様々な観点から批判的に検討する活動）の4つのプロセスによって構成される。

第2章 経営診断論の生成と発展

図表2-5 意思決定のプロセス

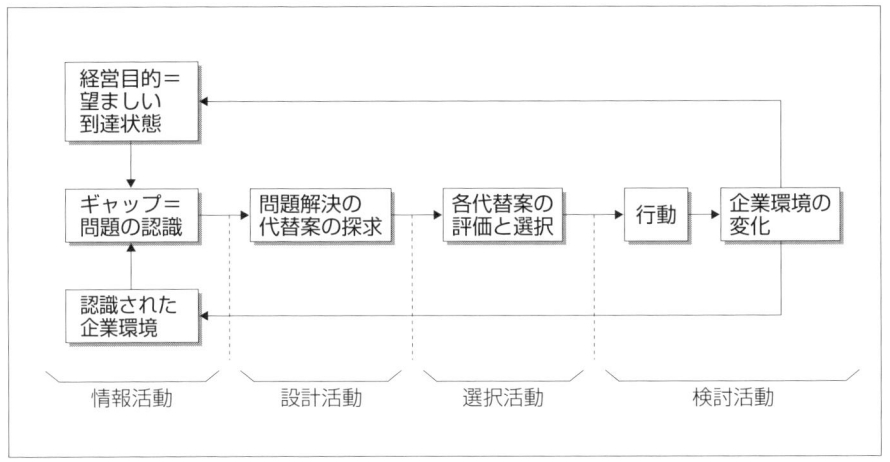

```
経営目的＝望ましい到達状態
　　↓
ギャップ＝問題の認識 → 問題解決の代替案の探求 → 各代替案の評価と選択 → 行動 → 企業環境の変化
　　↑
認識された企業環境

[情報活動]　　　[設計活動]　　　[選択活動]　　　　　　　[検討活動]
```

(出所) Simon,H.A.［1977］訳書55-56頁に基づいて筆者が作成。

　第二に，意思決定の前提について考察する。意思決定の前提は，上でみた意思決定プロセスのいわば出発点である。サイモンは，意思決定の前提を，価値前提と事実前提に分解した。価値前提とは目的を意味し，事実前提とは手段を意味する。意思決定は価値前提である目的（最終目的）の設定から始まる。価値前提は，それ自体は経験的に検証が不可能な，すなわち正しいとか正しくないといえない意思決定の前提である。価値前提の正しさが検証できないとすれば，意思決定が正しいか正しくないかの問題は，設定された目的を所与として，その目的を達成するために必要な手段を選択しているかどうかという問題に限定される。サイモンのいう「合理性」とは，こうした意味の正しさのことである。

　サイモンのいう「客観的合理性」を満たすためには，①すべての可能な代替的行動の列挙，②これらの代替的行動の結果の予測，③価値体系に基づく行動の結果の評価の3点が不可欠である。しかし，現実にはこの3点を満たすことはできない。つまり，「限定された合理性」というサイモンの命題はここから生まれた。

　第三に，サイモンの人間観についてみてみよう。サイモンは，上でみたように「限定された合理性」しか達成し得ない現実の人間を「経営人」と呼び，古典的管理論・組織論で客観的合理性を達成し得るとした「経済人」と区別した。

サイモンはこの「経営人」を前提として意思決定のシステムの議論を展開したのである。

第四に，サイモン理論において，組織均衡の概念は，個人と組織をつなぐ重要な鍵概念である。組織均衡とは，具体的には，組織が組織構成員に提供する「誘因」と，組織構成員の組織に対する「貢献」との均衡のことである。組織の存続・発展のためには，組織構成員の組織に対する「貢献」の質量が，組織が組織構成員に提供する「誘因」の質量を上回らなければならない。

組織には様々な組織構成員が存在する。どの組織構成員も個人の目的を達成するために組織に参加する。したがって，組織目的は個人目的が直接的あるいは間接的に反映されるはずである。サイモンが組織における人間行動の分析を踏まえて，経営行動を分析するという分析手法を採用した理由がここにある。

＜サイアート=マーチ＞[21]

サイアート=マーチの『企業の行動理論』(A Behavioral Theory of the Firm,1963) は，企業理論と組織論の統合の試みとして高く評価されている。また，『企業の行動理論』は，バーナード=サイモン理論の展開としても高く評価されている。サイアートとマーチは，上述したサイモンと同様に，カーネギー・メロン大学に所属したので，カーネギー学派と呼ばれることがある。

サイアート=マーチは，従来の企業理論にみられる企業者個人の意思決定ではなく，組織の意思決定として分析することによって，現実の企業の行動を記述した。分析に際しては，コンピュータによるシミュレーション・モデルが用いられた。当時この分野で，現実のデータを用いてモデル（理論）の有効性を検証する方法論を開発したことは特質に値する。

組織における意思決定プロセスを解明するために，①組織目的の理論，②組織期待の理論，③組織選択の理論，④組織統制の理論の4つの下位概念が展開された。

また，これらの下位概念を展開する過程で，サイアート=マーチの企業の意思決定論の中核概念として，次の4つの概念が開発された。

① コンフリクトの準解決：コンフリクトは，目的ごとの局部的な合理性の追求，受容可能な意思決定水準の採用などによって解決される。

② 不確実性の回避：短期的な意思決定を行い，不確実性の高い遠い将来の出来事を正確に予想することを回避する。
③ 問題解決策の探索：問題解決策を探索する際，単純な方法を採用し，それがうまくいかない場合により複雑な方法を採用する。
④ 組織の学習：組織は経験によって学習し，適応行動をとる。

❷ 意思決定論・システム論によるシステム性の追求

　以上，①バーナード，②サイモン，③サイアート＝マーチの所論について概観した。近代的管理論・組織論は，一時期，管理論・組織論の主流を占めた。現代においても，組織を「意思決定のシステム」とみなし，システム性を追求することの意義はいささかも薄れていない。

　近代的管理論・組織論は，行動科学的フレームワークを用いる点では，新古典的管理論・組織論と共通している。しかし，中心的な認識対象は，作業でも人間集団でもなく組織の意思決定である。組織が行動するのは擬制に過ぎないのであって，現実には組織行動は「組織のなかの人間の行動」なのである。近代的管理論・組織論のアプローチは，技術論ではなくて，組織の本質や性格に関して記述的分析を行うことに特徴がある。

　組織を「意思決定のシステム」とみなし，システム性を追求すると，①意思決定のプロセス，②意思決定の種類，③意思決定の技法など，意思決定に関する分野における知識の一般化・体系化が進展する。

　まず意思決定のプロセスについてみてみよう。図表2−5で示したサイモンの意思決定のプロセスは，その体系性と汎用性の高さのため，経営診断における問題解決（ソリューション）のプロセスの標準形としてもそのまま援用されている。本書における経営診断のプロセスの考察でもベースの1つとなっている。

　次に，意思決定の種類についてみてみよう。組織を「意思決定のシステム」とみなしたので，必然的に意思決定の細分化が進展した。具体的には，①戦略的意思決定，管理的意思決定，業務的意思決定など経営資源の変換プロセスに着眼した分類，②トップ・マネジメント，ミドル・マネジメント，ロワー・マネジメントなど組織階層の違いに着眼した分類，③製品・市場分野（事業分野）

図表2-6　意思決定の技法

	伝統的意思決定技法	現代的意思決定技法
定型的意思決定	① 慣習 ② 事務手続： 　標準処理手続 ③ 組織構造： 　共通の期待 　下位目標のシステム 　明確な情報経路	① オペレーションズ・リサーチ 　数学的解析 　モデル 　コンピュータ・シミュレーション ② コンピュータ・データ処理
非定型的意思決定	① 判断，直観，創造性 ② 経験法則 ③ 経営者の選択と訓練	下記に応用されるヒューリスティック問題解決法 ⓐ 意思決定者の訓練 ⓑ ヒューリスティック問題解決のコンピュータ・プログラム化

(出所) Simon,H.A.[1977] 訳書66頁。

の違いに着眼した分類など，経営診断の実践の場面で援用される分類はこの時代に形成されたものが多い。

さらに，意思決定の技法についてみてみよう。図表2－6に示されるように[22]，サイモン［1977］は，意思決定の性質の違い（定型的意思決定・非定型的意思決定）を踏まえ，さらに意思決定技法の新旧によって，意思決定の技法を4つの象限に分類している。これらの意思決定技法は，経営診断においてもそのまま援用される場合が多い。

❸ 経営診断のシステム化

上述したように，近代的管理論・組織論による意思決定の分野における知識の一般化・体系化によって，同時並行的に，①システム化の診断，②経営診断のシステム化が進展した。

コンピュータによるシミュレーション・モデルの開発に刺激を受けて，OR（オペレーションズ・リサーチ）技法の開発，各種統計技法の開発，多変量解析に代表される新たなデータ解析技法の開発など，今日の経営診断で用いられる診断技法が数多く開発され，その活用範囲が拡大した。

システム化の診断，経営診断のシステム化の背景には，知識の一般化・体系

化による「因果関係」の追求の範囲が広がったことが根底にあるといえよう。「因果関係」の追求,「目的－手段関係」の追求など,この時代から経営診断の分野において,方法論に関する議論が次第に増えてきた。

4 条件適応性の診断

❶ 適応的管理論・組織論の概要

　管理論・組織論の発展の経緯は,図式的かつ弁証法的にいえば,古典的管理論・組織論（合理性の追求）をテーゼ,新古典的管理論・組織論（人間性の追求）をアンチテーゼ,近代的管理論・組織論（システム性の追求）をジンテーゼとして位置付けることができる。

　しかし,一般的にどの研究分野においても,理論がより洗練化され精緻化されるにしたがって,一般性や普遍性よりも,条件性や相対性が強調される傾向がある。管理論・組織論にもこのことはあてはまる。

　企業における環境適応の問題は,前述した近代的管理論・組織論でも一部取り上げられていたものの,それは極めて抽象度の高いものであった。今日の管理論・組織論において,企業と環境との関係は,理論的にも現実的にも極めて重要な課題である。

　ここでは,①バーンズ＝ストーカー（Burns,T.=Stalker,G.M.）,②ウッドワード（Woodward,J.）,③ローレンス＝ローシュ（Lawrence,P.R.=Lorsch,J.W.）の所論について概観する。

＜バーンズ＝ストーカー＞[23]

　バーンズ＝ストーカーは,伝統的産業からエレクトロニクス分野に進出したスコットランドの企業20社の事例研究を行った。事例研究の目的は,環境（特に,技術と市場）の変化とそれに対応するための企業の管理システムとの関係を明らかにすることである。事例研究の成果は,主著 *The Management of Innovation*, 2nd ed.［1968］によって知ることができる。

バーンズ＝ストーカーは，この事例研究を通じて，「機械的システム」と「有機的システム」という概念を開発した。

　「機械的システム」の主な特性は，①職務の専門化，②権限・責任の明確な規定，③組織の階層化，④テクニカル・スキルの重視，⑤上司および組織に対する忠誠心などであり，古典的管理論・組織論でみたウェーバーの官僚制組織モデルに極めて近似しているといえよう。

　他方，「有機的システム」の主な特性としては，①職務の融通化，②相互作用による調整，③ネットワーク型の構造，④環境対応のためのスキル，⑤組織の成長に対する貢献などが挙げられる。

　事例研究の結果，「機械的システム」は安定的な環境条件に適しており，「有機的システム」は環境の不確実性が高まったときに有効性を発揮することが判明した。問題は，環境の不確実性が高まったときに，「機械的システム」を「有機的システム」に適切に移行させることができるかということである。事例研究では，組織内の権力闘争など様々な要因によって逆機能が発生するので，「機械的システム」から「有機的システム」への移行は困難であることが述べられている。

＜ウッドワード＞[24]

　ウッドワードは，女性として歴代2人目のロンドン大学教授に就任した。主著として，『新しい企業組織』（*Industrial Organization：Theory and Practice*, 1965）と『技術と組織行動』（*Industrial Organization：Behavior*, 1970）の2冊がある。

　ウッドワードは，サウス・エセックス研究（英国製造業200社の実証研究：1953-1963）の主導者として知られている。ウッドワードの関心は，組織と技術との関係を明らかにすることであった。ここでいう技術とは，生産技術のことであり，製造方法と製造プロセスを含んでいる。

　ウッドワードは技術を，単品生産技術（例えば，注文服，電子工学設備），大量生産技術（例えば，自動車，鉄鋼），装置生産技術（例えば，石油，化学）の3つに分類し，それと組織構造の関係を調査した結果，次のことを発見した。

① 技術と組織構造の関係は，技術が複雑になる（単品生産技術から装置生産

技術へ移行すること）につれて，責任権限の階層，経営管理者の統制範囲，管理監督者比率，スタッフ比率のいずれも増大する。
② しかし，技術スケールの両極端（単品生産技術と装置生産技術のこと）では，バーンズ=ストーカーのいう「有機的システム」が支配的である。
③ 中間領域（大量生産技術）では，「機械的システム」が支配的である。
④ 業績の高い企業ほど，技術カテゴリーの中間値または平均値に近い。これは技術と業績との適切な相関を設定できることを示唆している。

サウス・エセックス研究の結果，「技術が組織構造を規定する」という命題を生み出した。これは具体的には，採用する生産技術の複雑性が異なれば，それに応じて有効な組織化の方法も異なるということに他ならない。

＜ローレンス=ローシュ＞[25]

ローレンス=ローシュは，共にハーバード大学経営大学院の教授で，条件理論（コンティンジェンシー・セオリー）の概念を提唱した。彼らの主著は『組織の条件適応理論』（*Organization and Environment : Managing Differentiation and Integuration*, 1967）である。

ローレンス=ローシュは，組織を「環境に対して計画的に対処できるように，個々のメンバーが様々な活動を調整し合っている状態」と定義した。この定義は，組織はオープン・システムであり，メンバーの活動は相互に関連し合っているという彼らの認識に基づいている。

その上で，ローレンス=ローシュは，組織の分化と統合のパターンと環境との関係に着目した。彼らがいう分化とは，「異なる職能部門の管理者の認知的・感情的志向の相違」であり，分化の程度は，①目標志向性，②時間志向性，③対人志向性，④構造の公式性という4つの次元で把握される。統合とは，「部門間の協力状態の質」であり，統合の程度は，①統合のパターン，②統合の手段，③コンフリクト解消の型という3つの次元で把握される。

他方，環境の不確実性は，①情報の不確実性，②因果関係の不確実性，③フィードバックの時間幅で定義される。

事例研究の結果，組織−環境関係の仮説として，次の3点を指摘した。
① 環境が安定するほど組織の構造は安定する。

② 組織の構成員は，環境に適応する目標を発展させる。
③ 組織の業績は，環境の要求する分化と統合を同時に達成することと関係がある。

具体的には，安定した環境に対応している組織は，分化と統合を達成するために官僚制構造をとり，不安定な環境に適合的に対応している組織は，有機的形態を採用することによって，分化と統合の同時極大化を図っていたのである。

❷ コンティンジェンシー理論による条件適応性の追求

上述したように，適応的管理論・組織論は，①環境とは何か，②環境をいかに認識し，いかに対応するか，ということに焦点をあわせた理論である。そこでは，条件適応性がひたすら追求される。

適応的管理論・組織論では，不確実性など企業の内外を問わず与件とされている何物かを環境という。例えば，適応的管理論・組織論の１つの分野として台頭しつつある「組織間関係論」では，企業を取り巻く他組織を主たる環境要因としている。

適応的管理論・組織論では，あらゆる条件に普遍的に妥当する唯一最善の管理の方法や組織の存在を否定し，条件が異なれば有効な管理の方法や組織化の方法も異なるという前提のもとで，特定の条件ごとに，有効な管理の方法，有効な組織化の方法を，実証的に追求することに最大の特徴がある。

適応的管理論・組織論は，特定の条件（国，業界，企業，市場，技術など）を設定し，「この場合は～」と範囲を限定するので，典型的な「中範囲理論」の特性を有する理論ということができる。

適応的管理論・組織論によって条件適応性を追求する中で，「環境－戦略－組織」の「適合パラダイム」が重要な課題として台頭した。この適合パラダイムは，経営環境や経営戦略さらに経営組織の構成要素を一端バラバラに分解し，次に各構成要素間の適合（fit）やバランスを構築する考え方である。

各構成要素間の戦略的適合（strategic fit）は，経営戦略論において一時期集中的に議論された[26]。「適合パラダイム」は，システム工学的な方法論によって支持されている。

第2章　経営診断論の生成と発展

❸ 経営診断の条件適応化

　先述したように，経営診断論は，日本経営診断学会の初代会長であった平井泰太郎が医学分野における「診断」概念を経営分野に援用して以来，本質的に，①特殊性，②個別性を重視してきた。

　一般的な診断基準だけでは，診断対象である個別企業（クライアント）の徴候（symptom）の分析ができないことだけをみても，特殊性，個別性の追求は不可欠の要素であるといえよう。すなわち，上でコンティンジェンシー理論による条件適応性の追求について概観したが，経営診断においても，クライアントの置かれている条件が違えば，問題点，課題，解決策，支援策は全く異なるのである。

　経営診断論は，その意味で，コンティンジェンシー理論と同様に，典型的な「中範囲理論」の特性を有する理論ということができる。また，「環境－戦略－組織」の「適合パラダイム」と同様に，対象とする個別企業（クライアント）の経営システムの構成要素を一端バラバラに分解し，次に各構成要素間の適合やバランスを考えて，新たな経営システムを再構築する考え方も共通する。

　このように，適応的管理論・組織論は，経営診断の条件適応化という面で，大きなインパクトを与えた理論といえよう。

5　戦略性の診断

❶ 戦略的管理論・組織論の概要

　上でみたように，適応的管理論・組織論は，環境（条件）というものの存在を明示的に研究テーマとして取り込むことによって，管理論・組織論の領域を拡大した。この環境という概念を不確実性や他組織に限定せず，広く企業活動を促進しあるいは制約する外的要因と解釈し，外的要因とのかかわりの中で企業の将来の発展の方向を構築することを重視するのが戦略的管理論・組織論で

ある。ここでは，①チャンドラー（Chandler,A.D.Jr.），②アンゾフ（Ansoff,H.I.），③ポーター（Porter,M.E.）の3人の所論について概観する。

＜チャンドラー＞[27]

チャンドラーは，名門デュポン一族の1人であり，バーバード大学の大学院教授として活躍した。米国経営史学会の第一人者としても有名である。チャンドラーの主著は，『経営戦略と組織』（Strategy and Structure,1962）である。他にも，『経営者の時代』（The Visible Hand,1977）など多くの著作がある。チャンドラーは，環境の変化に創造的に対応した企業の経営戦略と組織構造との関係を，比較研究を通じて実証的に研究した。

『経営戦略と組織』は，大企業4社の事例（デュポン，GM，スタンダード・オイル，シアーズ・ローバック）を中心として，職能部門制組織から「近代的分権制」組織としての事業部制組織への移行過程をまとめたものである。そこでは，デュポンの製品多角化による事業部制組織の成立，GMの市場細分化による複数事業部制組織の導入と総合本社の創設，スタンダード・オイルの地域別事業部制の導入，シアーズ・ローバックの地域別事業部制の失敗について，克明な比較研究がなされている。

チャンドラーは，この4社の比較分析に基づいて「組織構造は戦略に従う（structure follows strategy）」という有名な命題を提唱した。この命題は，具体的には，企業は環境変化に対応するために新しい成長戦略（量的拡大，地理的分散，垂直的統合，多角化など）を採用する際，成長戦略の違いによって必要とされる組織構造が異なるという比較分析がその裏付けとなっている。

＜アンゾフ＞[28]

アンゾフは，ランド・コーポレーション，ロッキード・エレクトロニクス副社長を経て，1963年にカーネギー・メロン大学の教授に就任した。その後，バンダービルド大学経営大学院教授として独自の経営計画論を展開するかたわら，シェル石油，GE，IBMなど多くの企業で経営コンサルティングにも従事した。アンゾフの主著は，『企業戦略論』（Corporate Strategy,1965）と『最新・戦略経営』（The New Corporate Strategy,1988）の2冊である。

アンゾフ［1965］は，意思決定の種類を，①戦略的意思決定（製品・市場の

第2章 経営診断論の生成と発展

図表2-7　成長ベクトル

市場＼製品	現	新
現	市場浸透	製品開発
新	市場開発	多角化

(出所) Ansoff,H.I.[1965] 訳書137頁。

選択，多角化戦略，成長戦略など，企業と環境との関係にかかわる意思決定)，②管理的意思決定（組織機構，業務プロセス，資源調達など，経営諸資源の組織化に関する意思決定)，③業務的意思決定（マーケティング，財務など各機能別の業務活動目標，予算など，経営諸資源の変換プロセスの効率化に関する意思決定）の3つに分類した[29]。

　これらの意思決定の中で，アンゾフは，戦略的意思決定を重視した。具体的には，戦略的意思決定の中でも，特に製品・市場戦略を重視した。製品・市場戦略では，どの製品分野，どの市場分野に進出するかの決定は極めて重要であるからである。

　アンゾフは，図表2－7に示されるように[30]，製品と市場をそれぞれ現有分野と新規分野に分け，その組合せによって，①市場浸透戦略（market penetration strategy)，②市場開発戦略（market development strategy)，③製品開発戦略（product development strategy)，④多角化戦略（diversification strategy）の4つの製品・市場分野に区分している。アンゾフはこれを成長ベクトルと呼んだ。成長ベクトルは，現在の製品・市場分野との関連において，企業がどの方向に進むかを決定するツールである。

　次に，アンゾフの成長ベクトルの内，多角化についてもう少し詳しくみてみよう。チャンドラーやアンゾフの頃から，多角化はいつも製品・市場戦略ひいては経営戦略の中心的な課題であった。しかしながら，多角化によって成長の機会を見出すことは現実にはなかなか困難であり，共通の経営資源（共通経営要素）をもたない分野に進出するのでリスクも大きい。換言すれば，共通の経

図表2-8 多角化戦略のタイプ

顧客＼製品	新製品	
	技術関連あり	技術関連なし
同じタイプ	水平型多角化	
従来と全く同じ顧客	垂直型多角化	
類似タイプ	(1)*	(2)*
新しいタイプ	(3)* 集中型多角化	集成型多角化

（左側縦軸：新しい使命（需要））

*(1) マーケティングと技術が関連しているもの
*(2) マーケティングが関連しているもの
*(3) 技術が関連しているもの
(出所) Ansoff,H.I.[1965] 訳書165頁。

営資源（共通経営要素）を有機的に結合することによって生まれる効果が得られにくいからである。ちなみに，共通の経営資源（共通経営要素）を有機的に結合することによって生まれる効果のことをシナジー（synergy）という。シナジーとは，いわば相乗効果のことであり，①販売シナジー，②生産シナジー，③投資シナジー，④経営管理シナジーの4つに区分される[31]。

これだけ大きなリスクを伴う多角化が，なぜ実務的にも理論的にも注目されるのであろうか。多角化戦略の動機とは何であろうか。多角化の動機は企業ごとに異なるものの，一般に，①製品のライフサイクル，②利益の安定，③余剰資源の活用の3つに集約されることができる[32]。

次に，多角化のタイプについてみてみよう。アンゾフ［1965］は，多角化のタイプとして，図表2－8に示されるように[33]，①水平型多角化，②垂直型多角化，③集中型多角化，④集成（コングロマリット）型多角化の4つに分類している。

＜ポーター＞[34]

ポーターは，競争戦略の世界的権威として知られており，「現代の孫子」とでもいうべき存在である。主著は，『競争の戦略』（*Competitive Strategy*,1980）

および『競争優位の戦略』(Competitive Advantage, 1985) の2冊である。

『競争の戦略』は，競争戦略論の金字塔といわれている。ポーター［1980］によれば，業界の魅力度と業界内の競争的地位が収益性を規定する。ポーターは，特定の事業分野における業界の収益性を規定する要因として，①新規参入の脅威，②代替製品・サービスの脅威，③買い手の交渉力，④売り手の交渉力，⑤業者間の敵対関係の5つを挙げた[35]。

また，ポーター［1980］は，競争優位のタイプおよび顧客ターゲットの範囲という2つの概念を組合せて，次の3つの競争の基本戦略を提示した[36]。

① コスト・リーダーシップ戦略（cost leadership strategy）：同一製品・サービスを，競合企業と比較して低コストで生産し，コスト面で優位性を確保する。

② 差別化戦略（differentiation strategy）：自社の製品・サービスに何らかの独自性を出し，顧客の「ニーズの束」に対して競合企業との差をつけることによって，相対的かつ持続的な優位性を保つ。

③ 集中戦略（focus strategy）：市場を細分化して，特定のセグメントに対して経営資源を集中する。

『競争優位の戦略』は，競争戦略において競争優位をいかに獲得するかについて考察したものである。ここでは競争優位を診断し，強化するための基本的なフレームワーク（分析枠組み）として，「価値連鎖（value chain）」という新たな概念が提示された。

企業を全体として捉えても，具体的な競争優位を獲得することはできない。競争優位は，企業における開発・製造・マーケティング・物流・サービスなど，企業のすべての活動の中から生まれる。具体的には，それぞれの活動のコスト・ビヘイビア，活動の差別化などによって，競争優位を獲得することができる。

価値連鎖は，企業のすべての活動およびその相互関係を体系的に検討するためのフレームワークである。価値連鎖は，企業間価値連鎖である「価値システム」というさらに大きなシステムの1つの構成要素として位置付けられる。

価値連鎖は，図表2-9に示されるように[37]，主活動と支援活動の2つによって構成される。なお，ここでいう価値とは，「顧客が企業の提供するものに

図表2-9　価値連鎖の基本形

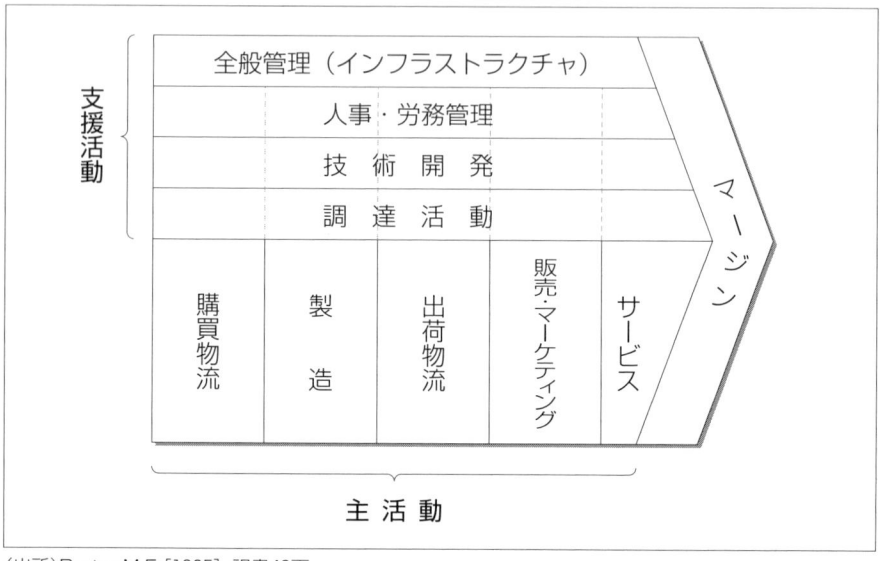

```
支援活動 ┌─ 全般管理（インフラストラクチャ）─┐
         │      人事・労務管理                │ マージン
         │      技  術  開  発                │
         └─    調  達  活  動                ─┘
            購買物流│製造│出荷物流│販売・マーケティング│サービス
                        主 活 動
```

（出所）Porter,M.E.[1985] 訳書49頁。

進んで支払ってくれる金額のこと」である。

価値連鎖の主活動としては、次の5つが挙げられる。

① 購買物流：原材料仕入業務、品質検査、部品の選択と納入など。
② 製造：コンポーネントの製造、アセンブリー、機器調整とテスト、メンテナンス、設備稼動など。
③ 出荷物流：受注処理、出荷など。
④ 販売・マーケティング：広告宣伝、販売促進、セールス、チャネル管理など。
⑤ サービス：修理、サービス代理店、スペア部品供給など。

また、価値連鎖の支援活動としては、次の4つが挙げられる。

① 全般管理：企業全体の経営管理。
② 人事・労務管理：募集、訓練、賃金管理など。
③ 技術開発：オートメーション、システムの設計、機器設計、情報システム開発、市場調査、サービス・マニュアルなど。
④ 調達活動：原材料、エネルギー、コンピュータ・サービス、輸送サービス

などの調達。

❷ 戦略的思考による戦略性の追求

上述したように，戦略的管理論・組織論は，環境という概念を不確実性や他組織に限定せず，広く企業活動を促進しあるいは制約する外的要因と解釈し，外的要因とのかかわりの中で，企業の将来の発展の方向を構築することを重視している。戦略的管理論・組織論の中核は，経営戦略に関する議論であることはいうまでもない。

岸川善光［2006］は，「経営戦略とは，企業と環境とのかかわり方を将来志向的に示す構想であり，組織構成員の意思決定の指針となるもの[38]」と定義しており，経営戦略に関する議論の中で，企業と環境とのかかわり方を第一義的に重視している。

経営戦略を策定するためには，戦略的思考が不可欠である。戦略的思考に関する先行研究を概観すると，①Cannon,J.T.［1968］が取り上げたクラウゼヴッツの「適応」，②ポーター［1998a］の「差別化」「独自の価値」，③野中［2002］の「差別化概念の創造」，④伊丹［2003］の「差別化」「集中」「タイミング」「波及効果」「組織の勢い」「アンバランス」「組合せの妙」などが戦略的思考の本質として挙げられている[39]。

先行研究で指摘されている戦略的思考を踏まえた上で，企業と環境とのかかわり方を将来志向的に示すためには，さらに情報創造（information creation）と自己組織化（self-organizing）が欠かせない。

① 情報創造：企業にとって意味のある新しい情報を獲得し，創造し，その結果，次元の異なる思考や行動様式を形成すること[40]。
② 自己組織化：システムが環境との相互作用を営みつつ，自らのメカニズムに依拠して自己の構造をつくり変え，新たな秩序を形成すること[41]。

この情報創造と自己組織化という2つの概念は，「生き物」あるいは「生命体」としての企業にとって，多面的な相関関係を有している。すなわち，情報創造は，価値ある情報を創造すること（イノベーション）によって，企業の生命を維持（存続・発展）するために必要不可欠であり，一方，自己組織化は新

たな情報を創り出すことによって，企業の進化を図るためにこれも欠かせない。

このように，情報創造と自己組織化は，ともにイノベーションを経営戦略に取り込むための重要な概念といえよう。企業と環境とのかかわり方，すなわち戦略性を追求する上で，情報創造と自己組織化は，今後新たな鍵概念としてますます重要性が高まるであろう。

❸ 経営診断の戦略化

戦略的管理論・組織論の進展によって，企業と環境とのかかわり方，すなわち経営戦略に関する知識の一般化・体系化が進展し，経営戦略論という独立した学問領域がすでに確立されつつある。経営戦略に関する様々な概念や経営戦略の策定技法もあわせて開発されつつある[42]。

戦略的管理論・組織論による戦略性の追求という現象は，一方で，経営診断の戦略化を促進した。具体的には，経営戦略に関する問題解決（ソリューション）の過程で，経営コンサルタントの役割が急激に増大した。経営戦略に関する問題解決（ソリューション）の主体，すなわち経営診断の戦略化の主体となったのは，ボストン・コンサルティング・グループやマッキンゼーなどをはじめとする外資系コンサルティング会社であった。

これらの外資系コンサルティング会社によって，SWOT分析，経験曲線，プロダクト・ポートフォリオ・マネジメント（PPM），PIMS，7Sモデルなど，多くの問題解決（ソリューション）技法かつ経営診断技法が開発され世界中に普及した。外資系コンサルティング会社は，ハーバード・ビジネス・スクールなどビジネス・スクール出身者（MBA＝経営学修士）の花形就職先である。

6 社会性の診断

❶ 社会的管理論・組織論の概要

社会的管理論・組織論は，従来の管理論・組織論の枠組みを拡大して，「企

業と社会」がどのようなかかわり方をするか，社会的ニーズをどのように取り込むかなど，いわゆる「社会性」を追求する管理論・組織論である。社会的管理論・組織論について考察する場合，様々な観点があるものの，ここでは，①地球環境問題，②企業倫理，③企業の社会的責任の3点を取り上げ，社会的管理論・組織論が「時代の要請」となりつつある現状について考察する。

<地球環境問題>

わが国では，旧環境庁以来，地球環境問題として，①地球温暖化，②オゾン層の破壊，③酸性雨，④海洋汚染，⑤生物多様性の減少，⑥森林の減少，⑦砂漠化，⑧有害廃棄物の越境移動などが取り上げられてきた。

アーサー・D・リトル社環境ビジネスプラクティス［1997］によれば，このような地球環境問題に対する企業の取組み姿勢は，図表2-10に示されるように[43]，①反発，②受動的対応，③能動的対応，④差別化と徐々に変化しつつある。現実に，環境ビジネスの市場規模は，急速に拡大している。

地球環境問題は，近年，企業経営に多大のインパクトを与えるようになりつつある。例えば，自動車業界における燃料電池車の開発競争についてみてみよう。自動車業界における燃料電池車の開発競争は，第一義的には，環境負荷の軽減を目的にしているが，燃料電池車の開発を製品開発戦略さらには経営戦略の観点から捉えると，自動車業界における当該企業の生存を賭けた新たな戦略

図表2-10 環境問題に対する企業の姿勢の変化

反発 (Reactive)	受動的対応 (Responsive)	能動的対応 (Proactive)	差別化 (Competitive)
30年以上前	5〜25年前	日本の現状	米国の現状

（出所）アーサー・D・リトル社環境ビジネスプラクティス［1997］29頁。

分野として位置付けることができる。もしも「トップランナー方式」が普及すると，燃料電池車の開発は，まさに企業の生死を賭けた経営戦略になる。このように，従来の戦略分野とは次元を異にする環境経営戦略は，今後ますます重要性を増すことは間違いない。

ところで，世界の環境先進企業の特徴についてみてみよう。井熊均編［2003］は，環境先進企業に共通する優れた特徴として，①厳密な環境マネジメント体制，②ステークホルダーとのコミュニケーション努力，③社会的責任項目への配慮，④環境配慮型製品・サービスの積極的展開，⑤事業活動における環境負荷低減の5点を挙げている[44]。この5項目は，環境経営戦略論の基軸とも合致しており，今後，研究および実践の両面で一層の進展・進化が期待されている。

＜企業倫理＞

近年，不正や不法などの企業犯罪をはじめとする企業不祥事が，一流企業を含めて多発している。経営者に直接起因するこのような企業不祥事の原因を調査すると，企業倫理（business ethics）に関するものが多い。

鈴木辰治＝角野信夫編［2000］が指摘するように，企業倫理は，「企業と社会」とのかかわり方が，企業からの観点ではなく，社会からの観点にあり，従来の観点とは全く異なる。すなわち，「企業⇒社会」というアプローチではなく，「社会⇒企業」というアプローチが企業倫理ということになる[45]。

日本における企業倫理の研究は，主としてドイツの「道徳規準論」や米国における「社会的責任論」で展開された理論を中心として行われてきた。わが国の企業倫理の研究は，雪印乳業・雪印食品，三菱自動車，浅田農産などの企業不祥事を契機として，最近とみに盛んになってきたが，その研究は日本独自のものというよりは，主として米国の「企業の社会的責任（corporate social responsibility：CSR）」に関する研究を基礎として行われている[46]。

水谷雅一［1995］は，図表2-11に示されるように[47]，今後の企業倫理のもつ基本的視点を，①「効率性原理」「競争性原理」，②「人間性原理」「社会性原理」の2つに求め，その対話的かつコミュニケーション的な均衡を図ることが企業倫理の実践であると述べた。

水谷［1995］のいう経営経済性とは，効率と競争によって利益増大を図る経

図表2-11 「経営経済性」と「経営公共性」の関係

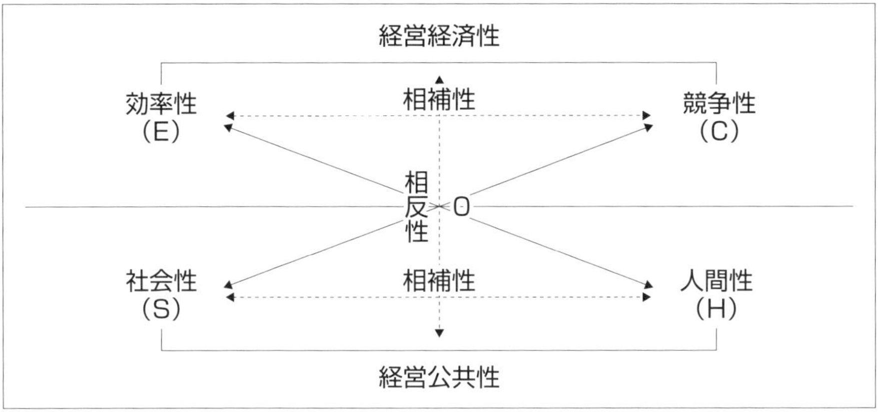

```
                    経営経済性
        効率性      相補性      競争性
         (E) <- - - - - - - - -> (C)
            \         |         /
             \       相        /
              \      反   O   /
               \     性      /
              /              \
             /       |        \
            /                  \
        社会性      相補性      人間性
         (S) <- - - - - - - - -> (H)
                    経営公共性
```

(出所) 水谷雅一 [1995] 52頁。

済合理性の追求思想であり, 経営公共性とは, 企業を社会的公器とみる考え方に近いコンセプトである。

従来, 図表2-11に示される「効率性原理」と「人間性原理」の相反性と均衡化は, 主として企業内部の経営のあり方として捉えられてきた。他方, 近年では, 主として企業外部における「競争性原理」と「社会性原理」の相反性とその克服が重要な課題となりつつある。

企業倫理を取り上げざるを得ない社会的背景として, ①企業不信の高まり, ②成熟化社会の進展, ③グローバル化の進展, ④市場経済体制の普遍化, ⑤地球環境問題の深刻化などが挙げられる。

＜企業の社会的責任＞

上述した地球環境問題や企業倫理にみられるように,「企業と社会」との関係性が重要な論点になりつつある。このことは, 第1章で述べた企業システムをはじめとする各種経営システムの社会的責任の範囲が拡大しつつあることを示している。図表2-12に示されるように[48], 狭義の社会的責任（法的責任, 経済的責任, 制度的責任）だけでなく, 地球環境保護への協力, 社会的弱者に対する配慮, 製造物責任の遂行など, 広く一般社会からの要請に応えることも, 社会的責任に含まれるようになった。さらに, 文化支援活動（メセナ）や慈善事業（フィランソロピー）など, 社会貢献といわれる活動も社会的責任の一部

図表2-12　社会的責任の階層構造

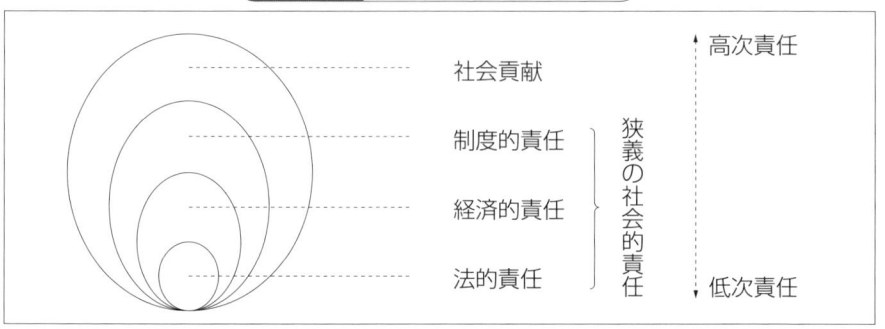

- 社会貢献 —— 高次責任
- 制度的責任 ┐
- 経済的責任 ├ 狭義の社会的責任
- 法的責任 ┘ —— 低次責任

(出所) 森本三男 [1994] 318頁。

とみなされるようになりつつある。

「企業⇒社会」という観点に加えて,「社会⇒企業」という観点から管理・組織を認識すると, 必然的に管理論・組織論の対象領域が拡大する。従来の管理論・組織論では, 主として「企業⇒社会」という観点から, 市場性, 営利性, 効率性などを重視してきたが, さらに「社会⇒企業」という観点を加えると, 社会性, 倫理性, 人間性, コンプライアンス（法令遵守）, 価値観, ビジョナリーなどを重視した管理・組織が求められる。

図表2-13　経営戦略の体系と社会戦略

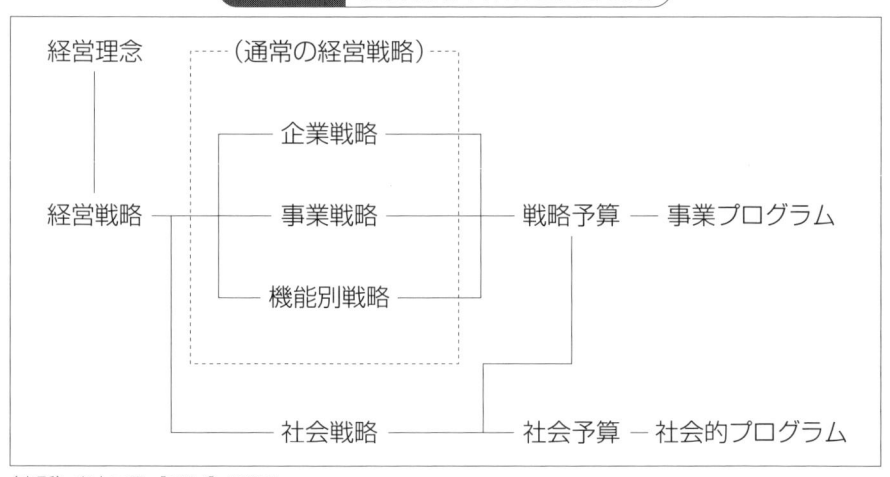

```
経営理念 ─┬─ (通常の経営戦略)
          │    ┌─ 企業戦略
経営戦略 ─┼────┼─ 事業戦略 ──── 戦略予算 ── 事業プログラム
          │    └─ 機能別戦略
          │
          └─ 社会戦略 ──── 社会予算 ── 社会的プログラム
```

(出所) 森本三男 [1994] 330頁。

森本三男［1994］は，図表2-13に示されるように[49]，かなり早い時期から社会戦略を経営戦略の体系に組み込んでいる。社会戦略の狙いは，企業市民（corporate citizenship）の概念で議論されているように，本来の企業活動に加えて，社会をよりよいものにするために，応分の社会貢献を果たすことである。

社会戦略においては，その軸足が「顧客満足」から「社会満足」に変わる。「戦略的社会性」を基盤として，企業倫理をもちつつ，「社徳」の高い企業活動を目指す社会戦略であれば，それはほぼ例外なく利益に還元されることが，多くの事例によって実証されている。企業活動は，つまるところ，「世のため人のため」になる存在でなければならない。

❷ マクロ=ミクロ思考による社会性の追求

「企業と社会」との関係は，システム論的にいえば，サブシステムと全体システムとの関係にある。サブシステムである企業（ミクロ）の存続・発展が全体システムである社会（マクロ）の存続・発展の原動力になるという側面を否定はしないものの，全体システムである社会（マクロ）が破壊されると，サブシステムである企業（ミクロ）の存続が危うくなるのは当然の帰結である。

この「マクロとミクロのジレンマ」に関する問題は，①「マクロの合理・ミクロの不合理」，②「ミクロの合理・マクロの不合理」といわれる現象によって多くの研究者が注目してきた問題である。「マクロとミクロのジレンマ」を克服し，「マクロとミクロの両立」を図らない限り，マクロもミクロもその存在自体危うくなる。

「マクロとミクロの両立」を図るためには，マクロ=ミクロ思考が不可欠である。「マクロとミクロの両立」は，具体的には，社会性と市場性の両立である。自動車業界における燃料電池車やハイブリッド・エンジンの開発をみれば，このことは一目瞭然である。地球環境問題という一見社会（マクロ）の問題を解決することが，実はすでに自動車業界における企業（ミクロ）の経営戦略の生命線の1つになっている。

❸ 経営診断の社会化

　上述したように，社会的管理論・組織論の進展によって，「企業⇒社会」という観点に加えて，「社会⇒企業」という観点から管理・組織を捉えると，必然的に管理論・組織論の質量が拡大・進化する。

　社会的管理論・組織論の進展に伴って，経営診断の重点も自ずと変化する。従来の経営診断では，主として経済性を重視してきたが，「社会⇒企業」という観点を加えると，企業倫理，コンプライアンスなどが求められる。これらの社会的ニーズをどのように取り込むか，また取り込むべきか，これらの社会性の追求は，近年戦略性を帯びつつある。

　2000年代以降，「戦略的社会性」という観点が実践的にも理論的にも「時代の要請」として取り入れられ始めた。この背景には，社会貢献，社会満足，企業倫理，社徳など，社会的管理論・組織論が追求する社会性あるいは「戦略的社会性」の追求が，実は「市場性」「営利性」の追求と矛盾しないという現実がある。今後，経営診断の社会化はますます進展するものと思われる。

---

1) テイラーについては，Taylor,F.W.［1895］，Taylor,F.W.［1903］，Taylor,F.W.［1911］の他に，Merrill,H.F.［1966］，北野利信編［1977］，車戸實編［1987］，Wren,D.A.［1994］，Crainers,S.［2000］，宮田矢八郎［2001］などの学説史を参照した。
2) Taylor,F.W.［1903］訳書122-125頁を要約し，図表化した。
3) フォードについては，Ford,H.［1926］の他に，北野利信編［1977］，車戸實編［1987］，Crainers,S.［2000］，宮田矢八郎［2001］などの学説史を参照した。
4) ファヨールについては，Fayol,H.［1916］の他に，Merrill,H.F.［1966］，北野利信編［1977］，車戸實編［1987］，Wren,D.A.［1994］，Crainers,S.［2000］，宮田矢八郎［2001］などの学説史を参照した。
5) ウェーバーについては，Weber,M.［1920］，Weber,M.［1922］の他に，Wren,D.A.［1994］，宮田矢八郎［2001］などの学説史を参照した。
6) ガントについては，Merrill,H.F.［1966］で取り上げられているGantt,H.L.［1908］の論文抜粋の他に，中小企業診断協会編［1975］，Wren,D.A.［1994］などを参照した。

7) 中小企業診断協会編［1975］486頁。
8) ギルブレスについては，Merrill,H.F.［1966］で取り上げられているGilbreth,F.B.［1923］の論文抜粋の他に，Wren,D.A.［1994］，Crainers,S.［2000］などの学説史を参照した。
9) エマースンについては，Merrill,H.F.［1966］で取り上げられているEmerson,H.［1912］の論文抜粋の他に，Wren,D.A.［1994］，Crainers,S.［2000］などの学説史を参照した。
10) メイヨー=レスリスバーガーについては，Mayo,E.［1933］，Roethlisberger,F.J.［1952］の他に，Merrill,H.F.［1966］，北野利信編［1977］，車戸實編［1987］，Crainers,S.［2000］，宮田矢八郎［2001］などの学説史を参照した。
11) リッカートについては，Likert,R.［1961］，Likert,R.［1967］の他に，北野利信編［1977］，車戸實編［1987］などの学説史を参照した。
12) マグレガーについては，McGregor,D.［1960］の他に，車戸實編［1987］，宮田矢八郎［2001］などの学説史を参照した。
13) ハーズバーグについては，Herzberg,F.［1966］の他に，北野利信編［1977］，宮田矢八郎［2001］などの学説史を参照した。
14) マズローについては，Maslow,A.H.［1970］の他に，宮田矢八郎［2001］などの学説史を参照した。
15) Maslow,A.H.［1970］訳書56-72頁を図表化した。
16) リーダーシップの行動理論については，上田泰［2003］226-246頁を主として参照した。
17) 上田泰［2003］229頁。
18) バーナードについては，Barnard,C.I.［1938］の他に，北野利信編［1977］，車戸實編［1987］，Wren,D.A.［1994］，Crainers,S.［2000］，宮田矢八郎［2001］などの学説史を参照した。
19) サイモンについては，Simon,H.A.［1947/1976］，Simon,H.A.［1969/1981］，Simon,H.A.［1977］の他に，北野利信編［1977］，車戸實編［1987］，宮田矢八郎［2001］などの学説史を参照した。
20) Simon,H.A.［1977］訳書55-56頁に基づいて筆者が図表化した。
21) サイアート=マーチについては，Cyert,R.M.=March,J.G.［1963］の他に，北野利信編［1977］，車戸實編［1987］，宮田矢八郎［2001］などの学説史を参照した。
22) Simon,H.A.［1977］訳書66頁。
23) バーンズ=ストーカーについては，Burns,T.=Stalker,G.M.［1968］の他に，高柳暁・飯野春樹編［1991］など，条件適応理論に関する学説史を参照した。

24）ウッドワードについては，Woosward,J.［1965］，Woosward,J.［1970］の他に，北野利信編［1977］，車戸實編［1987］などの学説史を参照した。
25）ローレンス＝ローシュについては，Lawrence,P.R.=Lorsch,J.W.［1967］の他に，車戸實編［1987］，宮田矢八郎［2001］などの学説史を参照した。
26）戦略的適合を重視した代表的な研究者として，伊丹敬之［1984］などが挙げられる。
27）チャンドラーについては，Chandler,A.D.Jr.［1962］，Chandler,A.D.Jr.［1977］の他に，北野利信編［1977］，車戸實編［1987］，Crainers,S.［2000］，宮田矢八郎［2001］などの学説史を参照した。
28）アンゾフについては，Ansoff,H.I.［1965］，Ansoff,H.I.［1979］，Ansoff,H.I.［1988］の他に，北野利信編［1977］，車戸實編［1987］，Crainers,S.［2000］，宮田矢八郎［2001］などの学説史を参照した。
29）Ansoff,H.I.［1965］訳書6頁，またはAnsoff,H.I.［1988］訳書4-8頁。
30）Ansoff,H.I.［1965］訳書137頁。
31）同上訳書100頁。
32）詳しくは，岸川善光［2006］117-119頁を参照されたい。
33）Ansoff,H.I.［1965］訳書115頁。
34）ポーターについては，Porter,M.E.［1980］,Porter,M.E.［1985］Porter,M.E.［1998a］,Porter,M.E.［1998b］の他に，車戸實編［1987］，Crainers,S.［2000］，宮田矢八郎［2001］などの学説史を参照した。
35）Porter,M.E.［1980］訳書18頁。
36）同上訳書61頁。
37）Porter,M.E.［1985］訳書49頁。
38）岸川善光［2006］10頁。
39）詳しくは，岸川善光［2006］10-12頁を参照されたい。
40）野中郁次郎＝寺本義也編［1989］13頁。
41）今田高俊［1999］396-397頁。（神戸大学大学院経営学研究室編［1999］，所収）
42）詳しくは，岸川善光［2006］を参照されたい。
43）アーサー・D・リトル社環境ビジネス・プラクティス［1997］29頁。
44）井熊均編［2003］30頁。
45）鈴木辰治＝角野信夫編［2000］1頁。
46）同上書8頁。
47）水谷雅一［1995］52頁。
48）森本三男［1994］318頁。
49）同上書330頁。

第3章 経営診断の体系

本章では，総論のまとめとして，経営診断を体系的に理解するために，5つの観点を設定し，それぞれの観点から経営診断について考察する。

第一に，経営診断のフレームワークについて考察する。まず，伝統的な経営診断のフレームワークおよび経営診断基準についてレビューを行い，それを踏まえて，経営診断のフレームワークおよび経営診断基準の革新が必要であることを理解する。

第二に，経営診断のアプローチについて考察する。経営診断に関する各種アプローチの概要を理解した後で，分析型アプローチとプロセス型アプローチの異同点について考察する。また，経営診断の目的と経営診断のアプローチとの関係性について理解を深める。

第三に，経営診断のプロセスについて考察する。経営診断のプロセスに関する先行研究のレビューを行い，異同点や特徴について理解する。従来の分析・勧告に偏重した経営診断のプロセスを革新するために，診断・指導・支援の概念について考察する。そして，本書における経営診断のプロセスを導出する。

第四に，経営診断の対象領域について考察する。まず，従来の経営診断の対象領域について層別・分類を行う。その後，経営診断領域が拡大しつつあることを理解する。

第五に，経営診断に関する知識・技法について考察する。経営診断に関する知識・技法は，様々な観点から分類できるものの，中小企業診断士試験の試験科目を軸として理解を深める。経営診断論は学際的アプローチが不可欠であるので，経営診断論の関連分野について理解する。また，経営診断技法についても理解を深める。

1 経営診断のフレームワーク

❶ 伝統的な経営診断のフレームワーク

　従来，経営診断のフレームワークを構成する要素として，図表 3 - 1 に示されるように[1]，①「診断の論理」を規定する要因としての特質とアプローチ，②「診断の論理」と「経営の論理」の接合，③経営診断論の研究対象，④経営診断の主体，⑤経営診断の目的，⑥経営診断の対象，⑦経営診断基準，⑧技術論・制度論・政策論・規範論の 8 項目が挙げられてきた。まず，この伝統的な経営診断のフレームワークについて，簡潔にレビューを行うことにする。

　第一に，経営診断のフレームワークにおいて，「診断の論理」の重要性が強調されてきた。例えば，日本経営診断学会編 [1994] は，「かくかくの経営がなされているか否かについて診断しなければならないといった議論は，経営診断論としては全く無価値であり，ナンセンスでさえある。それは，『診断の論理』に立脚していないからであり，また，いわゆる循環定義のエラーを犯している」と述べている[2]。循環定義のエラーとして，三上富三郎 [1992] は，「教育学とは教育に関する学問である」という例を挙げて説明している[3]。

　ところで，ここでいう「診断の論理」とは，どのようなものであろうか。日本経営診断学会編 [1994] と三上富三郎 [1992] は，「診断の論理」を規定する要因として，①特質，②アプローチの 2 つを挙げている[4]。

　まず，経営診断の特質についてみてみよう。日本経営診断学会編 [1994] は，経営診断の特質として，中立性，局外性，評価性，勧告性，指導性，さらにサーベイ理論を挙げている[5]。そして，これらの特質に基づいて，自己診断の除外，アウトサイド・スペシャリストとしての経営コンサルタントの規定などがなされている。

　次に，経営診断のアプローチとして，①学際的アプローチ，②システムズ・アプローチ，③徴候的アプローチ，④因果的アプローチ，⑤状況的アプローチ

第3章 経営診断の体系

図表3-1　伝統的な経営診断論のフレームワーク

特質
- 中立性
- 局外性
- 評価性
- 勧告性
- 指導性

経営診断学
診断の論理
サーベイ理論

アプローチ
- 学際的アプローチ
- システムズ・アプローチ
- 徴候的アプローチ
- 因果的アプローチ
- 状況的アプローチ
- 社会・生態的アプローチ

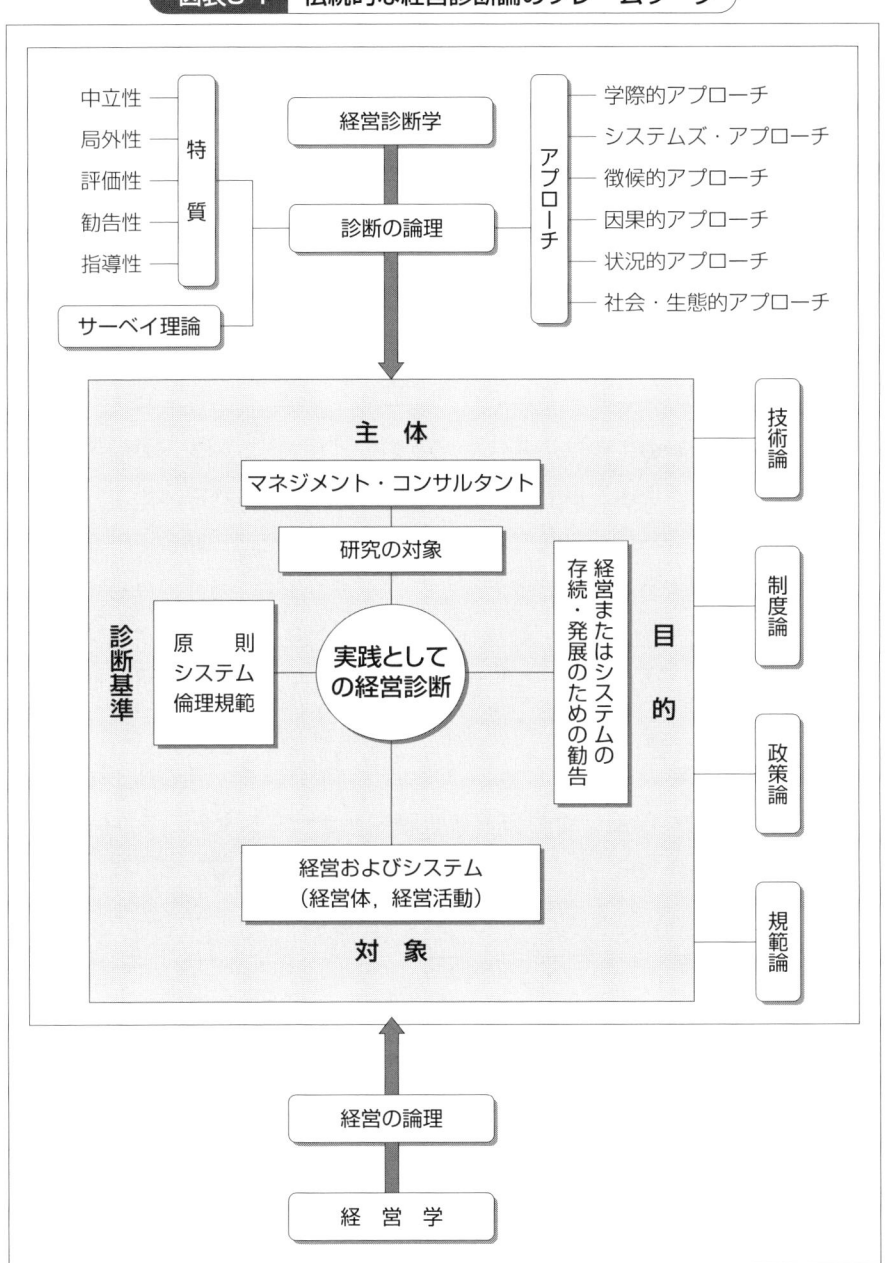

主　体
マネジメント・コンサルタント

研究の対象

診断基準
原則
システム
倫理規範

実践としての経営診断

経営またはシステムの存続・発展のための勧告

目　的

技術論
制度論
政策論
規範論

経営およびシステム
（経営体，経営活動）

対　象

経営の論理

経　営　学

（出所）日本経営診断学会編［1994］　3頁。

⑥社会・生態的アプローチの6つを挙げている[6]。経営診断のアプローチについては，節を改めて後述する。

　第二に，上述した経営診断の特質とアプローチを踏まえて，「診断の論理」と「経営の論理」の接合が重視されてきた。すなわち，経営診断は，「診断」を本質的属性とするけれども，対象が経営であるので，経営学で提唱される「経営の論理」と接合（joint）しなければならないというものである[7]。

　第三に，経営診断論の研究対象についてみてみよう。経営診断論の研究対象は，「実践としての経営診断」であるという共通認識が存在する。「実践としての経営診断」という場合，経営診断の主体・目的・対象・診断基準などがその中心的な課題となる。

　第四に，経営診断の主体は，経営コンサルタントである。個人の経営コンサルタントとしては，中小企業診断士，経営士などが挙げられる。また，日本能率協会，タナベ経営，船井総合研究所など，わが国において数多くのコンサルティング・ファームが活発な活動を行っている。さらに，野村総合研究所，日本総合研究所，三菱総合研究所などのシンクタンクも，その大半がコンサルティング部門を有している。これらの経営診断の主体は，医学とのアナロジーを踏まえてビジネス・ドクターと呼ばれることがある。

　第五に，経営診断の目的についてみてみよう。経営診断の目的は，経営またはシステムの存続・発展のための適切な勧告とされてきた[8]。これには，分析・評価⇒経営上の欠陥（問題点）⇒改善案⇒勧告⇒（指導）という経営診断のプロセスが暗黙裡に想定されている。

　第六に，経営診断の対象は，経営およびシステム（経営体ならびに経営活動）とされてきた。すなわち，個別経営体だけでなく，個別経営体の集合，相互関係性も経営診断の対象として含まれる。また，企業だけでなく，企業以外の経営システムが含まれる。

　第七に，経営診断基準についてみてみよう。経営診断基準とは，①経営診断原則，②経営診断システム（経営診断プロセス），③倫理規範によって構成される。経営診断基準については，項を改めて後述する。

　第八に，経営診断論のフレームワークに含まれる事項として，技術論・制度

論・政策論・規範論が存在する。技術論は，主として経営診断技法の開発・蓄積に関する領域である。制度論は，国・地方行政体による公共診断制度などが中心的な課題となる。政策論としては，中小企業診断制度の行政面の政策が主たる課題となる。規範論は，経営診断倫理規範が中心的な課題となる。

❷ 伝統的な経営診断基準

　経営診断論の研究対象である「実践としての経営診断」は，わが国において質量ともにますます進展しつつある。しかしながら，経営診断基準は，現段階では未確立の状態であるといえよう。

　日本経営診断学会の元会長であった三上富三郎［1992］は，「経営診断基準とは，経営診断を遂行するにあたっての基本となるルールである」と定義し，診断基準として，①診断原則，②診断システム，③診断倫理などを挙げた[9]。

　経営診断基準は，経営診断に関する基本的なルールであるので，論理的で合理性を具備し，かつ規範的な特性を有する。以下，主として日本経営診断学会編［1994］と三上富三郎［1992］に準拠して，伝統的な経営診断基準について簡潔にレビューを行う[10]。

　第一に，経営診断の原則については，すでに第1章第5節において考察した。すなわち，図表1－13に示されるように，診断原則は，診断基本に関する原則，診断実践に関する原則の2つに大別される。

　診断基本に関する原則は，さらに次の3つの原則に細分化される。
① 　診断者局外の原則：経営診断の主体は，局外者かつ診断に関する専門能力の保有者でなければならない。
② 　創造志向の原則：過去の単なる伝承や維持ではなく，新しい要素を導入して，改めて全体を再構築しなければならない。
③ 　対象奉仕の原則：監査などと異なり，経営診断において強制診断はあり得ない。あくまで問題解決策の実施は，経営診断の依頼者である経営者が行うべきであり，診断者は奉仕の立場にとどまるべきである。

　診断実践に関する原則は，さらに次の4つの原則に細分化される。
① 　実践推進に関する原則：診断の実践において，実践条件を順守すべきこと，

診断環境を整備すること，診断者の主体を堅持すべきこと。
② 提言研究に関する原則：提言研究において，対象実体を的確に把握すること，目的に合致した問題点を抽出すること，全体的調和を保つこと，環境適応を図ること，固有性を重視すること。
③ 提言書作成に関する原則：提言書作成において，提言の主旨を明確化すること，内容の具体化を図ること，簡潔な記述を行うこと，実践順位を明確化すること。
④ 提言実施支援に関する原則：提言実施支援において，提言内容の好適化を図ること。

第二に，診断システムについて考察する。診断システムの中心は経営診断のプロセスに他ならない。従来，分析・評価⇒経営上の欠陥（問題点）⇒改善案⇒勧告⇒（指導）という「勧告書方式」に準拠した経営診断のプロセスが暗黙裡に想定されてきたが，果たしてそれは妥当性を有するであろうか。本章第4節において，経営診断のプロセスについて考察する。

第三に，診断倫理について考察する。三上富三郎［1992］は，診断倫理規範として，次の12項目を挙げている[11]。
① 受託判定の規範：公序良俗に反する企業や効果が期待できない企業については経営診断の受託拒否をすべきである。
② 能力限度受託の規範：経営コンサルタントの能力を超える診断は受託を辞退すべきである。
③ 同時競合診断禁止の規範：競合関係にある同業2社の診断を同時に行うことは自粛すべきである。
④ 自主性確保の規範：利害関係者の要求に迎合することなく，経営コンサルタントとしての自主性を確保し，それを貫かねばならない。
⑤ 清潔性の規範：経営コンサルタントは道義的に清潔でなければならない。
⑥ 違法幇助禁止の規範：受託企業の違法行為を幇助するような勧告や指導を行ってはならない。
⑦ 機密保持の規範：経営コンサルタントは，経営診断によって知りえた機密を他に漏らしてはならない。

⑧ 受診企業利用禁止の規範：経営コンサルタントの立場を利用して，自己の利益を図る行為をしてはならない。
⑨ 適正報酬の規範：報酬基準を逸脱し，不当な報酬を要求してはならない。
⑩ 責任勧告の規範：「切り張り勧告書」や「レディーメイド勧告文の組合せ勧告書」など無責任な勧告をしてはならない。
⑪ 標榜禁止の規範：自己宣伝，自己誇示のために，他を標榜してはならない。
⑫ 自己啓発の規範：常に自己啓発，自己研修を怠ってはならない。

❸ 経営診断のフレームワーク・診断基準の革新

　先述したように，経営診断論の研究対象である「実践としての経営診断」は，1999年の中小企業基本法の改正，2000年の中小企業指導法から中小企業支援法への改正などによって，近年大きく変化しつつある。「実践としての経営診断」の中心的な課題は，経営診断の主体・目的・対象・診断基準などである。「実践としての経営診断」の変化に伴って，経営診断のフレームワークや診断基準の革新が必要不可欠になりつつある。

　まず，経営診断の主体についてみてみよう。従来，中小企業診断士に代表される伝統的な経営コンサルタントは，医学とのアナロジーによってビジネス・ドクターと呼ばれることもあった。

　この場合，主体・客体二元論に基づいて，主体である経営コンサルタントと客体であるクライアントは意識的に峻別された。主体である経営コンサルタントは，ビジネス・ドクターとして，「勧告書方式」の標準的なプロセス（分析・評価⇒経営上の欠陥⇒改善案⇒勧告）を踏むことが想定されてきた。この考え方は，中小企業指導法の時代の経営診断には概ね妥当性を有していた。

　ところが，外資系コンサルティング・ファームやわが国を代表するシンクタンクにおいて，主体・客体二元論に基づく「勧告書方式」はほとんど採用されていない。むしろ，主体・客体一元論ともいえるコンソーシアム・プロジェクト（協働創出プロジェクト）を創設し，主体である経営コンサルタントと客体であるクライアントが経営診断のプロセスを共有しつつ，経営システムの目的の実現，問題解決（ソリューション）の実現，イノベーションの実現のために

協働する事例が急増している。また，経営コンサルタントが経営診断のプロセスに介入するプロセス・コンサルティングの進め方も，ワークショップ型コンサルティング（例えば，IEワークショップ，VEワークショップ等）やアクション・リサーチ型コンサルティング（組織開発等）など様々な方法論が開発されている。

今後の経営診断の主体について考察する場合，従来の「勧告書方式」で想定されてきた経営診断の目的と，本書で定義した経営診断の目的，すなわち，各種経営システム目的の実現の支援，問題解決（ソリューション）の支援，イノベーションの支援の違いを明確に認識すべきである。経営診断の目的が変化すれば，経営診断の主体に関する認識も当然変化することが予測される。

次に，経営診断の対象について考察する。従来，経営診断の対象は，経営およびシステム（経営体ならびに経営活動）とされてきた。経営およびシステムの中には，個別経営体だけではなく，個別経営体の集合や相互関係性も経営診断の対象として含まれる。また，企業だけでなく，企業以外の経営システムも含まれることはすでに述べたとおりである。経営診断の対象は，近年，質量共に拡大しつつある。このことは本章第4節において考察する。

このように，近年「実践としての経営診断」の変化に伴って，経営診断のフレームワーク，経営診断基準の革新が同時並行的に進展しつつある。これらの変化に対応するために，すでに第1章第5節で考察したように，中小企業診断協会は，2002年に従来の「経営診断基準」を全面的に見直して，「経営診断・支援原則」を制定した。そして，「経営診断・支援原則」を実現するために，「中小企業診断士業務遂行指針」を併せて制定した。

2 経営診断のアプローチ

❶ 各種アプローチの概要

経営診断のアプローチとして，下記の6つのアプローチが挙げられる[12]。以

下，日本経営診断学会編［1994］および三上富三郎［1992］に準拠して，経営診断の6つのアプローチについて概観する。

① 学際的アプローチ（interdisciplinary approach）：個別科学では捉えきれない新たな現象や研究課題に対して，複数の科学を活用して，それぞれの立場から多面的に取組む研究方法のことである。経営診断論における学際的アプローチでは，経済学，商学，会計学，法学，心理学，社会学，工学，統計学などが隣接科学として挙げられる。

② システムズ・アプローチ（systems approach）：経営診断を1つのシステムと捉えて，一定の独立した機能をもつ部分・要素が相互に関連性を保持しつつ，全体として特定の目的・機能を果たすように設計することである。経営診断のシステムでは，一定の独立した部分・要素として，機能，情報，資源などが挙げられる。経営診断では，これらの機能，情報，資源を組合せて，特定の目的・機能を実現するように設計する。

③ 徴候的アプローチ（symptom approach）：臨床医学の最も重要な基礎として，病気の徴候が挙げられる。経営診断においても，その基礎として経営上の徴候は極めて重要である。しかしながら，経営診断に関する分野では，徴候に関する知識・データの蓄積はまだ十分とはいえない

④ 因果的アプローチ（causality approach）：原因－結果の因果関係を重視する研究方法である。現象に対して原因究明を行い，真因を突き止めることを重視する。原因・真因を突き止めることは，問題点の抽出だけでなく，課題，解決策の策定において極めて重要である。因果関係を明確化するためには，診断事例の集積が不可欠である。

⑤ 状況的アプローチ（contingency approach）：経営組織論においてコンティンジェンシー・アプローチが重視されるように，経営診断においても，個別性・特殊性を踏まえた条件適応性の追求は極めて重要である。条件性を踏まえて問題点を抽出し，課題・解決策を策定しなければならない。換言すれば，経営診断において一般的な解は存在しないといえよう。

⑥ 社会・生態的アプローチ（socio-ecological approach）：エコノミーとエコロジー，ミクロとマクロ，企業と社会など，当該システムとその環境との相

互作用を重視する研究方法である。一見矛盾する概念のように見えて実は矛盾しないというテーマに不可欠のアプローチである。近年，地球環境問題などに対して，この社会・生態的アプローチは必須のアプローチになりつつある。

❷ 分析型アプローチとプロセス型アプローチ

経営診断のアプローチは，上述した6つのアプローチの他に，観点を変えると，①分析型アプローチ，②プロセス型アプローチの2つに類型化することができる。

分析型アプローチは，ガリレイ，ニュートン以来の近代科学の方法論である主体・客体二元論と要素還元主義に基づく「知の作法」に準拠して，対象に焦点をあて，要素を詳細に分析するという特徴がある。

中小企業指導法の時代の「経営診断基準」に基づいた「勧告書方式」は，分析型アプローチの典型である。すなわち，経営診断の主体としての経営コンサルタントが，主体・客体二元論と要素還元主義に準拠して，クライアントの経営上の問題に対して，分析・評価⇒経営上の欠陥（問題点）⇒改善案⇒勧告という経営診断のプロセスを踏む。シャイン（Schein,E.H.）［1999］は，この分析型アプローチのことを「医師－患者モデル」と呼んでいる[13]。

他方，プロセス型アプローチは，ILO［1996］によれば，「コンサルタントは，専門的知識の提供や解決策の提示をするのではなく，変革の媒体として，自己のアプローチ，方法，価値観を伝達し，クライアント自体が自らの問題を診断し，是正を図るように支援する」ことに主眼をおく[14]。

シャインは，プロセス型アプローチにおいて，コンサルタントとクライアントとの関係性の構築，援助関係・支援関係の構築の重要性を強調している。そこには問題点および解決策を現実的に保持しているのはクライアントであるという明確な前提がある[15]。

プロセス型アプローチには，さらに多くのバリエーションが存在する。第一に，IEやVEのようにすでに確立された問題解決技法を中心に組立てられたIEワークショップ・コンサルティング，VEワークショップ・コンサルティング

などのワークショップ型コンサルティングが挙げられる。IEワークショップ・コンサルティング，VEワークショップ・コンサルティングは，問題解決のプロセスを12プロセス程度に分割し，コンサルタントが提示するプロセスおよび技法に基づいて，クライアントが自ら問題点を抽出し，課題の設定および解決策を策定し，さらに解決策を実施するというアプローチである。

　第二に，OD（組織開発）におけるアクション・リサーチ型コンサルティングが挙げられる。アクション・リサーチ型コンサルティングにおいて，コンサルタントは，クライアントの相互作用，組織学習を促進するためのプロセスを事前に準備し，クライアントがそのプロセスを共有することによって，自ら問題点を抽出し，解決策を策定・実施するというアプローチである。

　第三に，シンクタンクで多用されるコンソーシアム型コンサルティングが挙げられる。解決すべき課題に関連する利害関係者を集めて，関係体の構築，場の構築を行い，コンソーシアム全体で問題解決のプロセスを共有しつつ，相互に知識・情報を持ち寄って問題解決を図るアプローチである。業界全体の問題解決，新規ビジネスの創出など，すでに多くの成功事例が蓄積されつつある。

　上述した分析型アプローチとプロセス型アプローチには，それぞれ利点・欠点がある。分析型アプローチの利点として，経営コンサルタントとしての局外性，客観性を保持しつつ，かつ専門性に基づいて経営診断を行うので，クライアントの問題点および課題を正確に指摘することが期待できる。分析型アプローチの欠点としては，クライアントの個別性・特殊性を踏まえた経営診断が常に可能か，さらに当事者としてのクライアントが第三者である経営コンサルタントの指摘を実際に実行するかという実施面での不安がつきまとう。

　プロセス型アプローチの利点は，ある程度高度な知識・情報を保有するクライアントにおいて，経営コンサルタントとクライアントが協働して問題解決に取組むという基本的なスタンスが支持されるケースが多い。協働・自律性・自立性を重視する支援アプローチの典型である。また，問題点および解決策を現実的に保持しているのはクライアントであるという前提にも多くの支持がある。欠点としては，プロセスを共有したから所期のアウトプットを産出できるという保証がないこと，問題解決のプロセスの専門家であっても，クライアン

トの問題点，課題，解決策を抽出・策定できるとは限らないという不安がある。

❸ 経営診断の目的とアプローチとの関係性

　経営診断のアプローチは，経営診断の目的を実現するための手段として位置付けられる。具体的には，経営診断の目的と経営診断のアプローチはどのような関係性を有しているのであろうか。

　本書では，「経営診断とは，各種経営システムの目的の実現，問題解決（ソリューション）の実現，イノベーションの実現を図るために，経営システムを分析・評価し，問題点を抽出し，課題および解決策を策定・提示し，課題および解決策の実現を支援する，一連の専門的サービスのシステムである」と定義して議論を進めている。

　各種経営システムの目的の実現を図るためには，まず必要条件として，問題点・課題・解決策を正しく抽出・策定しなければならない。そのためには，クライアントの置かれた状況，解決すべき課題に応じて，学際的アプローチ，システムズ・アプローチ，徴候的アプローチ，状況的アプローチ，社会・生態的アプローチを，適宜選択して採用する必要がある。

　また，分析型アプローチとプロセス型アプローチを必要に応じて補完させつつ，解決策の実施の局面まで担保できるシナリオを策定しなければならない。実施されない解決策を策定しても何の意義もない。実施の局面まで見通すシナリオおよび支援策は，極めて重要な十分条件といえる。

　問題解決（ソリューション）のためには，「問題発見」から「問題解決」に至るプロセスを効果的に組立てる必要がある。問題解決（ソリューション）のプロセスを組立てたら，次のステップとして「問題発見」に適したアプローチ，「問題解決」に適したアプローチを効果的に組合せる必要がある。

　イノベーションのためには，どの局面で，「知識創造による新価値の創出」が可能になるかを見極める必要がある。新しい財貨，新しい生産方法，新しい販路，原料あるいは半製品の新しい供給源，新しい組織，新しいビジネス・モデルなど，イノベーションの実現のためには，新たな知識を創造することがその前提となる。知識創造のためには，関係体の構築，場の構築など，経営診断

第3章 経営診断の体系

のプロセスを再編成しなければならない。

このように，経営診断の目的と経営診断のアプローチは，極めて密接な関係性を有しており，個別に分離して考察してもほとんど意味はない。

3 経営診断のプロセス

❶ 先行研究の概略レビュー

先述した経営診断基準の内，経営診断システムの中心的な課題は，経営診断のプロセスである。経営診断のプロセスについて考察するにあたり，まず経営診断のプロセスに関する先行研究のレビューを行う。

並木高矣［1975］は，図表3－2に示されるように[16]，経営診断の実施の手順を，①診断の依頼，②情報の収集，③情報の分析，④問題点の摘出，⑤改善案の作成，⑥勧告の6つのステップに区分した。

日本経営診断学会編［1994］は，図表3－3に示されるように[17]，経営診断のプロセスを，①予備診断，②本診断，③勧告の3つのプロセスに区分し，さらに必要に応じて，④指導を追加的機能とした。

新井信裕［2001］は，図表3－4に示されるように[18]，経営診断のプロセスを，①経営分析による実態把握，②経営環境分析，③経営資源分析，④経営課

図表3-2 経営診断の実施の手順

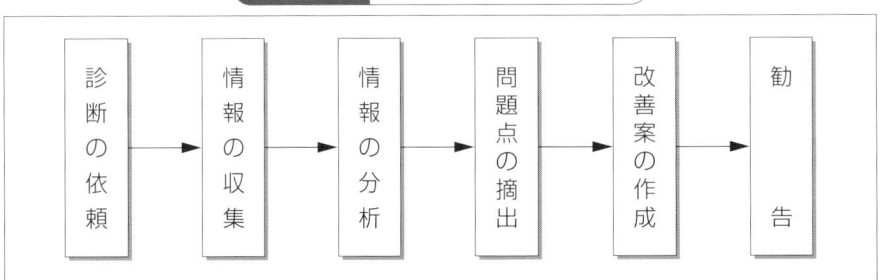

診断の依頼 → 情報の収集 → 情報の分析 → 問題点の摘出 → 改善案の作成 → 勧告

（出所）並木高矣［1975］14頁を筆者が一部修正。

図表3-3　経営診断のプロセス

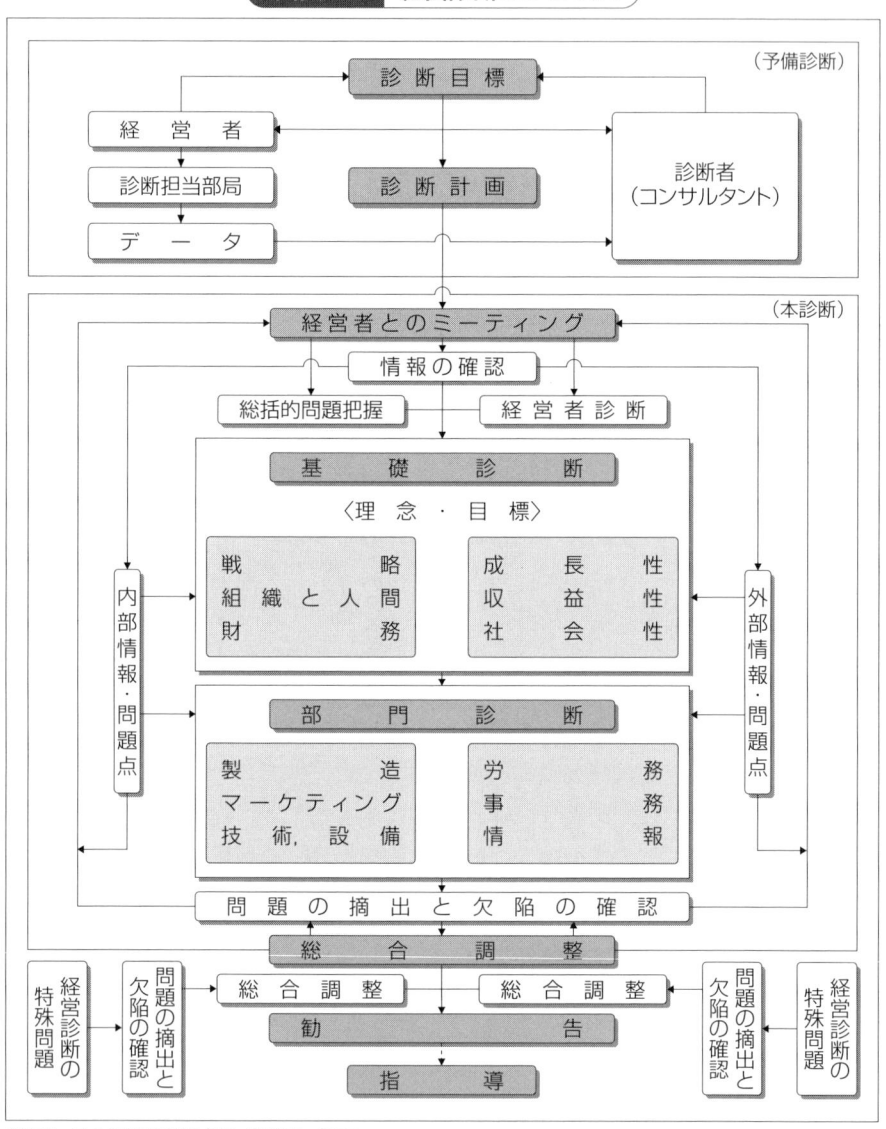

（予備診断）
- 診断目標
- 経営者
- 診断担当部局
- データ
- 診断計画
- 診断者（コンサルタント）

（本診断）
- 経営者とのミーティング
- 情報の確認
- 総括的問題把握
- 経営者診断
- 基礎診断　〈理念・目標〉
  - 戦略／組織と人間／財務
  - 成長性／収益性／社会性
- 部門診断
  - 製造／マーケティング／技術，設備
  - 労務／事務／情報
- 内部情報・問題点
- 外部情報・問題点
- 問題の摘出と欠陥の確認
- 総合調整
- 経営診断の特殊問題／問題の摘出と欠陥の確認／総合調整
- 総合調整／問題の摘出と欠陥の確認／経営診断の特殊問題
- 勧告
- 指導

（出所）日本経営診断学会編［1994］20頁。

題抽出，⑤経営改善提言，⑥全体最適調整，⑦経営診断勧告，⑧経営改善実行支援・経営革新実現支援，⑨経営診断成果確認，⑩事後支援の10のプロセスに区分している。

第3章 経営診断の体系

図表3-4　経営診断のプロセス

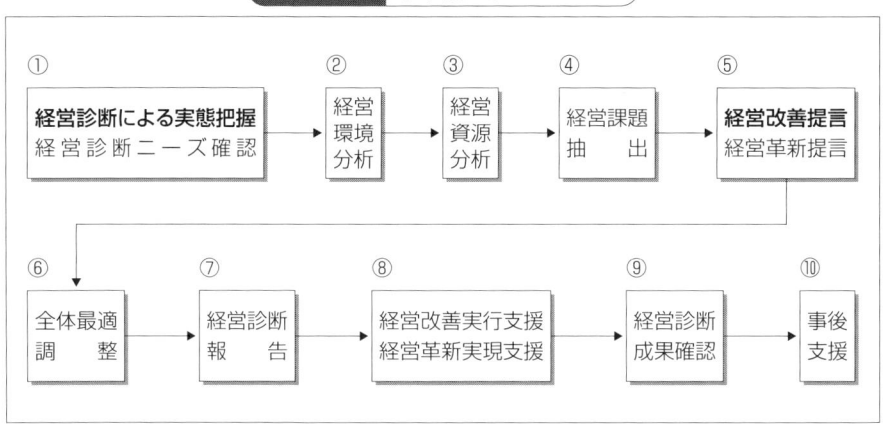

① 経営診断による実態把握／経営診断ニーズ確認
② 経営環境分析
③ 経営資源分析
④ 経営課題抽出
⑤ 経営改善提言／経営革新提言
⑥ 全体最適調整
⑦ 経営診断報告
⑧ 経営改善実行支援／経営革新実現支援
⑨ 経営診断成果確認
⑩ 事後支援

(出所) 新井信裕 [2001] 16頁。

図表3-5　経営診断のプロセスの異同点

	並木高矣 [1975]	日本経営診断学会編 [1994]	新井信裕 [2001]
分析・評価	診断の依頼 情報の収集 情報の分析	予備診断	実態把握 経営環境分析 経営資源分析
問題点 課　題 解決策	問題点の摘出 改善策の作成 勧　告	本診断 勧　告	経営課題抽出 経営改善提言 全体最適調整 経営診断報告
実　施		(指　導)	実行支援 成果確認 事後支援

(出所) 筆者作成。

　上述した3つの先行研究の異同点についてみてみよう。図表3－5に示されるように，並木高矣 [1975] および日本経営診断学会編 [1994] は，典型的な「勧告書方式」に準拠した経営診断のプロセスを示している。すなわち，主体・客体二元論によるプロセス設計，要素還元主義に準拠した分析に偏重しており，特に，現状分析に基づく問題点の抽出を重視していることが分かる。

新井信裕［2001］は，「勧告書方式」の限界を踏まえて，支援の重要性を強調している。具体的には，実行支援⇒成果確認⇒事後支援の支援プロセスを設定し，経営診断の成果を重視した経営診断のプロセスを示している。

❷ 診断・指導・支援

上述したように，近年，経営診断のプロセスが大きく変化している。具体的には，従来の診断に偏重したプロセスに加えて，指導および支援を重視したプロセスに変化しつつあるといえよう。

診断は，字義のように，診断基準に基づいて分析を行い，その分析結果による「診立て」が中心的な課題になる。問題点の抽出⇒原因の究明⇒課題の設定⇒解決策（改善案）の策定など，経営コンサルタントとしての「診立て」を「勧告書」としてまとめ，クライアントに提示する。

しかし，診断だけでは，その成果に乏しいとの反省が生まれ，提言内容の実施に向けて指導が重視されるようになった。指導は，提言した解決策に関する実施指導がその中心的な課題となる。成果を具体的に実現することが実施指導の目的であることはいうまでもない。経営システムや情報システムの構築など，成果の実現を前提とする経営診断の場合，この指導プロセスは必要不可欠なプロセスであるといえよう。

さらに，クライアントの自律性・自主性を維持しつつ，クライアントの組織構成員の相互作用および組織学習を重視して，問題解決（ソリューション）のプロセスに介入するプロセス型アプローチを採用するようになると，援助関係，支援関係の確立が重要な要素となる。クライアントが自ら問題点を認識し，課題および解決策を策定した場合，実施の確率および成果の実現の確率は高いことが容易に想定できる。

❸ 本書における経営診断のプロセス

本書では，経営システムの目的の実現，問題解決（ソリューション）の実現，イノベーションの実現など，経営診断の成果を重視した議論を進めている。したがって，類書と比較すると，診断だけでなく，実施段階における支援を極め

て重視している。また，単に「診立て」だけでなく，成果の実現を重視しているので，従来の診断プロセスに加えて，実施段階における教育・指導・支援を重視している。

さらに，図表3-6に示されるように[19]，機械論パラダイムに加えて，生命論パラダイムを付加しているので，①生命的世界観，②動的なプロセス，③自己組織化，④不連続な進化，⑤全包括主義，⑥エコロジカルな視点，⑦自己を含む世界，⑧世界との相互作用，⑨意味・価値による評価，⑩非言語による知の伝達の10項目が，経営診断のプロセスの基盤として適宜付加される。これも類書と比較すると大きな特徴である。

本書では，上述した議論を踏まえて，経営診断のプロセスを，①分析・評価，

図表3-6　機械論パラダイムと生命論パラダイム

	機械論パラダイム	生命論パラダイム
1	機械的世界観 （巨大な機械）	生命的世界観 （大いなる生命体）
2	静的な構造 （構造解明）	動的なプロセス （恒常性維持＝ホメオスタシス）
3	設計・制御 （システム設計・コントロール）	自己組織化 （ゆらぎ）
4	連続的な進歩 （改善・改良）	不連続の進化 （インキュベーション，イノベーション）
5	要素還元主義 （ガリレイ，ニュートン，二元論）	全包括主義 （コスモロジー原理，臨床の知，メタファー）
6	フォーカスの視点 （要素の詳細，焦点化）	エコロジカルな視点 （関係性，生態系）
7	他者としての世界 （一方向的視点，自他）	自己を含む世界 （双方向，主客一体，主体的意志）
8	制約条件としての世界 （環境）	世界との相互進化 （相互作用）
9	性能・効率による評価 （効率性）	意味・価値による評価 （効果性→創造性）
10	言語による知の伝達 （形式知）	非言語による知の伝達 （暗黙知，禅の不立文字）

（出所）岸川善光［2006］246頁，日本総合研究書編［1993］21-48頁。

②問題点の抽出，③課題および解決策の策定，④実施支援の4つに区分する。

分析・評価のプロセスでは，分析型アプローチのように経営診断の実施主体が経営コンサルタントであろうと，プロセス型アプローチのように実施主体がクライアントであろうと，環境分析，経営資源分析，競合分析など，事実に基づいた客観的な分析・評価が必要不可欠である。

問題点の抽出のプロセスでは，現象（見掛けの姿）に捉われることなく，原因の究明を行い，原因・真因を特定しなければならない。原因・真因を特定できないと，在庫が多い⇒在庫の削減，クレームが多い⇒クレームの撲滅，流動比率が低い⇒流動比率の向上など，現象（見掛けの姿）の裏返しを課題とする大きな間違いの元になる。現実に，現象（見掛けの姿）を問題点と間違うミスは多い。また，問題点の関連性，問題点の大小などを明確化する必要がある。

課題および解決策の策定のプロセスでは，原因・真因を踏まえて，根源的な問題解決の課題を設定しなければならない。また，課題を具体的に解決する施策を策定しなければならない。課題および解決策についても，経済性，技術性，実現可能性などの評価基準を設けて，優先順位を設定する必要がある。

実施支援のプロセスでは，問題解決のためのプロジェクトを編成し，固有技術・管理技術・情報処理技術など，問題解決に必要な技術の保有度の評価などを踏まえて，着実に解決策を実施しなければならない。

本書では，主体・客体二元論，要素還元主義をベースとした機械論パラダイムに加えて，自己を含む世界観，全包括主義をベースとした生命論パラダイムを適宜組み込んでいるので，経営コンサルタントとクライアントの協働による柔らかな経営診断のプロセスを基本的なプロセスとして設定している。

4 経営診断の対象領域

❶ 従来の経営診断の対象領域

従来の経営診断の対象領域は，①個別企業別，②業種・業態別，③機能別・

部門別の診断がその中心であった。

　先述したように，従来の経営診断の対象領域は，経営およびシステム（経営体ならびに経営活動）とされ，経営およびシステムの中には，個別経営体だけでなく，個別経営体の集合や相互関係性も経営診断の対象に含まれるとされた。また，企業だけでなく，企業以外の経営システムも含まれるとされてきた。しかし，現実の経営診断の大半は，個別企業を対象領域としたものであった。特に，中小企業診断士の場合，個別企業の経営診断ニーズに対応して，分析・評価⇒経営上の欠陥（問題点）⇒改善案⇒勧告という経営診断のプロセスを踏み，「勧告書」を提示するというパターンが主流であった。

　また，従来の経営診断の対象は，業種・業態別の診断を中心としたものであり，診断技法やノウハウも，業種・業態別に蓄積されてきた。例えば，製造業を診断対象とする経営コンサルタントは，さらに自動車業界，電気業界というように業種・業態を細分化しつつ専門化の水準を高めてきた。流通業を診断対象とする経営コンサルタントも，医薬品卸，食品卸，コンビニというように業種・業態を細分化しつつ専門化の水準を高めてきた。

　さらに，R＆D（研究開発），生産，マーケティング，物流，人事・労務，財務・会計など，機能別に経営診断の対象領域が細分化された。機能の割付けが部門であるので，機能別診断と部門別診断は，概ね対象領域が重複する。機能別・部門別診断のために，多くのチェックリストが準備され，診断項目のモレを防止する工夫が施されてきた。

❷ 企業集団，工業集団，商業集団などの診断

　上述したように，従来の経営診断の対象領域は，個別企業がその中心であったが，個別経営体の集合や相互関係性も，経営診断の対象領域として一部含まれていた。具体的には，企業集団，工業集団，商業集団などの診断が実施されてきた。

　第一に，企業集団についてみてみよう。企業集団の原型として，戦前では，三菱，三井，住友などの財閥が挙げられる。戦前の財閥は，財閥本社（持株会社）および財閥家族（一族）による株式の独占的・排他的所有による支配構造

を有する経営形態であった。財閥の最大の特徴は，自己完結型の資本の集中・蓄積である。これらの財閥は，敗戦を契機として，G・H・Qの指令，独占禁止法などによって解体された。

解体された前近代的かつ閉鎖的な旧財閥は，三菱グループ企業，三井グループ企業，住友グループ企業など，近代的な企業集団として生まれ変わった。近年では，三井グループ企業と住友グループ企業が同一グループ企業を形成するなど，企業集団は大きく変化しつつある。また，トヨタ系企業集団，松下電器系企業集団，新日鉄系企業集団など，巨大製造業を親会社とする子会社，孫会社を構成企業とする新たな企業集団が次々に生まれた。

これらの企業集団の診断は，企業集団内のヒトの動き，モノの動き，カネの動き，情報の動きが中心となる。具体的には，人的資源の診断，供給連鎖（サプライ・チェーン）の診断，資本構成の診断，情報ネットワークの診断など，様々な経営診断の対象領域が存在する。企業集団の診断は，その企業集団に属するシンクンタンクなどの専門機関が実施主体になり，大規模かつ本格的な経営診断体制を構築するケースが多い。

第二に，工業集団の診断についてみてみよう。工業集団の典型的な形態は，特定の地域において，同一業種の製品を生産・販売する企業が集積している，いわゆる産地が挙げられる。産地は，奈良時代・室町時代・江戸時代・明治時代など形成の時期は異なるものの，生産機能の専門化・分業化の進展に伴って，連携・補完関係を基盤に発展してきた。

近年では，この産地に加えて，極めてポピュラーな工業集団として工場団地が挙げられる。産地診断，工場団地診断など工業集団の診断については，第8章において節を設けて考察する。

第三に，商業集団の診断についてみてみよう。商業集団の典型的な形態として，商店街，ボランタリー・チェーン，フランチャイズ・チェーン，ショッピング・センター，公設市場，卸売団地，卸センターなどが挙げられる。

流通の近代化，地域の活性化など様々なニーズがあり，中小企業診断士にとって経営診断の対象領域として古くから存在した。この商業集団の診断についても，第8章において節を設けて考察する。

❸ 経営診断・支援の対象領域の拡大

　今後の経営診断・支援の対象領域は，図表3-7に示されるように[20]，質量共にますます拡大するであろう。具体的には，企業だけでなく，グローバル化，国際展開に対応する経営診断・支援は，すべての経営システムにおいて必須の対象領域になるであろう。特に，中小企業のグローバル化，国際展開に対応する経営診断・支援は，今後重要な対象領域である。

　第一次産業である農林水産業分野における経営診断・支援の対象領域も拡大するであろう。収益性，安全性，生産性，成長性の他に，人間性，社会性，環境性，さらに，適法性，倫理性，所有性，効率性の実現は，第二次産業，第三次産業における経営診断・支援と同様に，第一次産業である農林水産業分野においても喫緊の課題であるといえよう。

　NPO，地域コミュニティ，創業支援（インキュベーター，ベンチャー），企業連携（M&A，アライアンス），eビジネス，異業種交流，企業再生（企業分

図表3-7　経営診断・支援領域の拡大

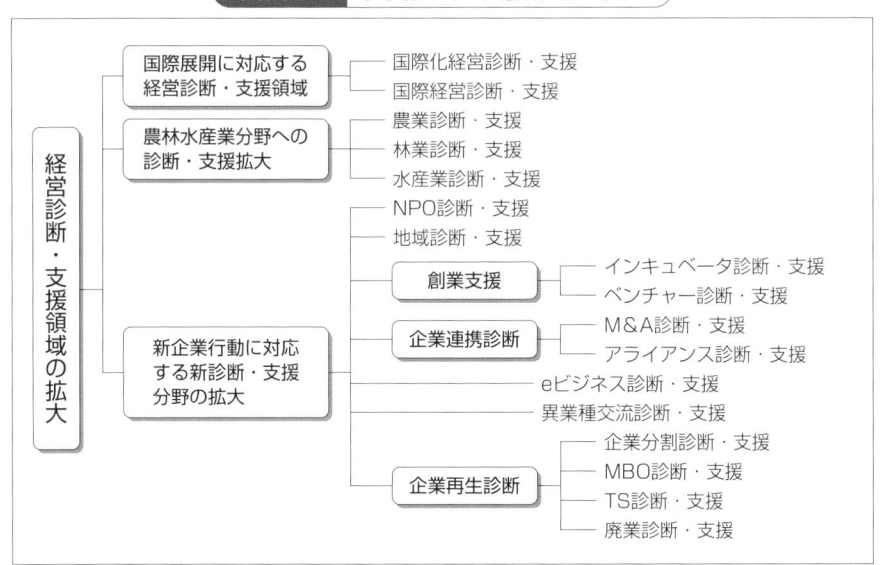

経営診断・支援領域の拡大
- 国際展開に対応する経営診断・支援領域
  - 国際化経営診断・支援
  - 国際経営診断・支援
- 農林水産業分野への診断・支援拡大
  - 農業診断・支援
  - 林業診断・支援
  - 水産業診断・支援
- 新企業行動に対応する新診断・支援分野の拡大
  - NPO診断・支援
  - 地域診断・支援
  - 創業支援
    - インキュベータ診断・支援
    - ベンチャー診断・支援
  - 企業連携診断
    - M&A診断・支援
    - アライアンス診断・支援
  - eビジネス診断・支援
  - 異業種交流診断・支援
  - 企業再生診断
    - 企業分割診断・支援
    - MBO診断・支援
    - TS診断・支援
    - 廃業診断・支援

（出所）中小企業診断協会編［2004b］574頁。

割，MBO，TS=トラッキングストック，廃業）など，いわゆる新たな企業行動に対応する経営診断・支援も拡大することは間違いないと思われる。

5 経営診断に関する知識・技法

❶ 中小企業診断士試験の内容

　経営診断に関する知識・技法は，様々な観点から分類できるものの，ここではまず，中小企業診断士試験の試験科目について概観する。中小企業診断士試験は，第1次試験，第2次試験，実務補習によって構成される。

　中小企業診断士試験は，2001年に大幅な制度改定が行われ，2006年に再度試験制度が改定された。2006年の改定では，科目合格制の導入，第1次試験科目の削減（8科目10分野⇒7科目8分野），実務補習時の診断企業の増加（2社⇒3社）などが主な改定項目である。

　第1次試験の試験科目は，図表3－8に示されるように[21]，①経済学・経済政策，②財務・会計，③企業経営理論，④運営管理，⑤経営法務，⑥経営情報システム，⑦中小企業経営・中小企業政策の7科目である。

　この7科目の内，中小企業経営・中小企業政策，企業経営理論，運営管理の3科目が中核的な科目として位置付けられ，経済学・経済政策，財務・会計，経営法務，経営情報システムの4科目が関連基礎科目として位置付けられた。このように，試験科目の再区分が行われた。

　中核科目である中小企業経営・中小企業政策，企業経営理論，運営管理の3科目の試験時間は90分，関連基礎科目である経済学・経済政策，財務・会計，経営法務，経営情報システムの4科目の試験時間は60分である。

　ただし，7科目とも100点満点で，合格基準は総得点の60％以上で，かつ1科目でも40％未満の科目がないことが要求される。第1次試験はマークシート方式が採用される。合格率は，年度により異なるものの，大体20％程度である。

第3章 経営診断の体系

図表3-8　中小企業診断士試験 第1次試験科目

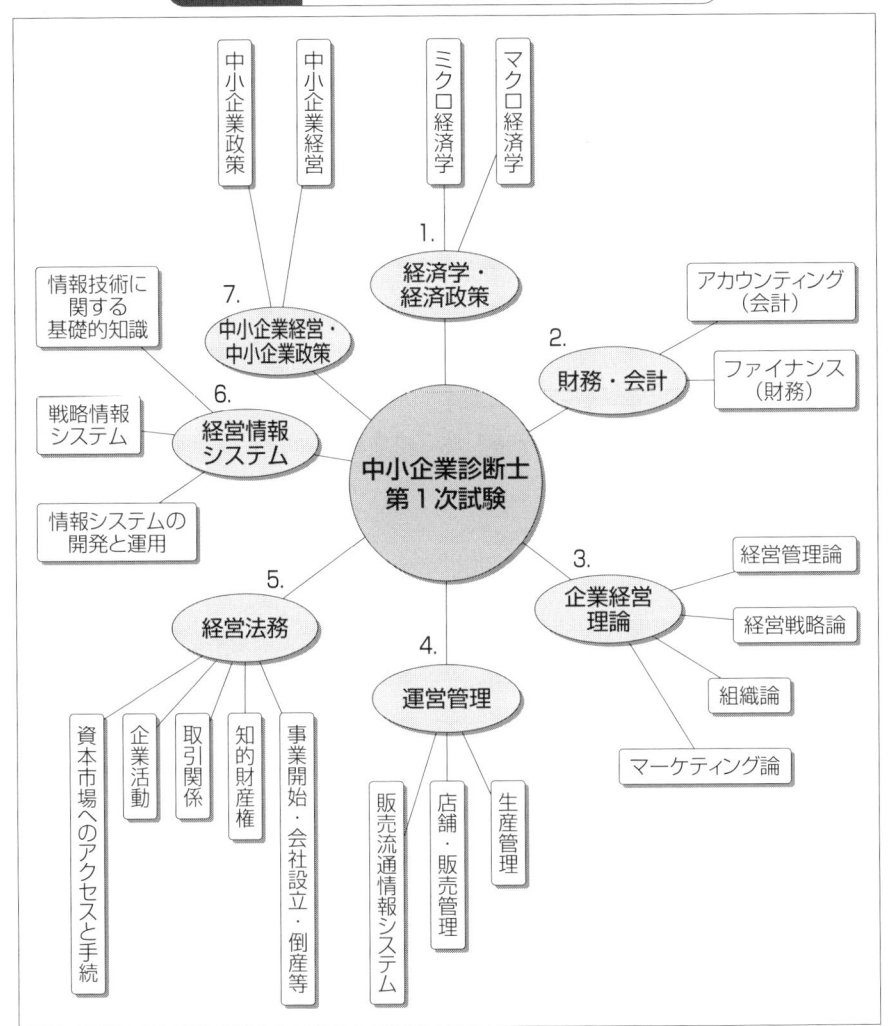

中小企業診断士 第1次試験

1. 経済学・経済政策
   - マクロ経済学
   - ミクロ経済学

2. 財務・会計
   - アカウンティング（会計）
   - ファイナンス（財務）

3. 企業経営理論
   - 経営管理論
   - 経営戦略論
   - 組織論
   - マーケティング論

4. 運営管理
   - 生産管理
   - 店舗・販売管理
   - 販売流通情報システム

5. 経営法務
   - 事業開始・会社設立・倒産等
   - 知的財産権
   - 取引関係
   - 企業活動
   - 資本市場へのアクセスと手続

6. 経営情報システム
   - 情報システムの開発と運用
   - 戦略情報システム
   - 情報技術に関する基礎的知識

7. 中小企業経営・中小企業政策
   - 中小企業経営
   - 中小企業政策

（出所）中小企業診断士試験案内に基づいて筆者が図表化。

　第2次試験は，図表3－9に示されるように[22]，①組織（人事を含む）を中心とした経営の戦略および管理に関する事例，②マーケティング・流通を中心とした経営の戦略および管理に関する事例，③生産・技術を中心とした経営の戦略および管理に関する事例，④財務・会計を中心とした経営の戦略および管理に関する事例の4つの事例問題が出題される。従来，第1次試験科目であっ

た新規事業開発（ベンチャー経営論，ビジネス・プラン等）および助言理論（コンサルティングの基本プロセス，コンサルティング・スキル，コーチング等）の2科目は，2006年の改定によって第2次試験の範囲に移された。

第2次試験は，4つの事例問題について，1つの事例当たり80分で論述しなければならない。4つの事例とも100点満点で，総得点の60％以上をとり，かつ1科目でも40％未満の科目がないことが要求される。

第2次試験は，この筆記試験（論述試験）に加えて，1人当たり約10分の口述試験が課せられる。第2次試験の合格率は，筆記試験（論述試験）が大体20％弱で，口述試験は大体99％である。

第1次試験，第2次試験に合格すると，実務補習を経て，中小企業診断士として登録が可能になる。年間約700人の合格者が中小企業診断士として新規登録を行っている。

図表3-9　中小企業診断士試験 第2次試験科目

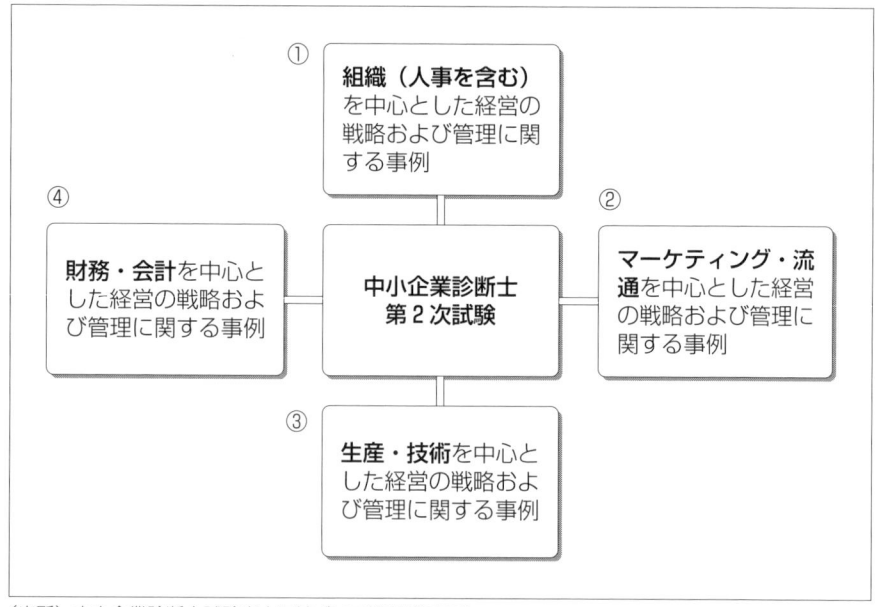

① 組織（人事を含む）を中心とした経営の戦略および管理に関する事例

② マーケティング・流通を中心とした経営の戦略および管理に関する事例

③ 生産・技術を中心とした経営の戦略および管理に関する事例

④ 財務・会計を中心とした経営の戦略および管理に関する事例

（出所）中小企業診断士試験案内に基づいて筆者が図表化。

❷ 「経営の論理」の重要性

　経営診断論は，「経営の論理」と「診断の論理」の接合が不可欠であるので，図表 3 − 10に示されるように[23]，生産管理論，マーケティング論，財務管理論など，「経営の論理」＝経営学の関連領域について十分な理解が欠かせない。

　また，図表 3 − 11に示されるように[24]，経済学，社会学，工学，会計学，情報論，法学，国際論など，経営学の隣接科学に関する理解も必要不可欠である。

図表3-10　経営学の関連領域

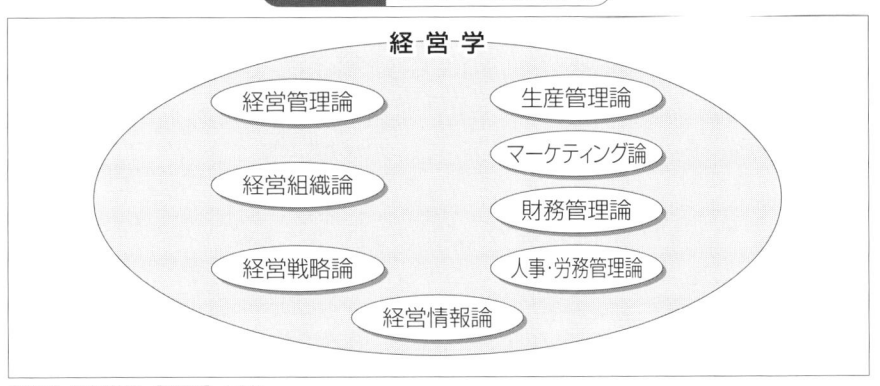

経　営　学
- 経営管理論
- 生産管理論
- マーケティング論
- 経営組織論
- 財務管理論
- 経営戦略論
- 人事・労務管理論
- 経営情報論

（出所）岸川善光［2002］17頁。

図表3-11　経営学の隣接科学

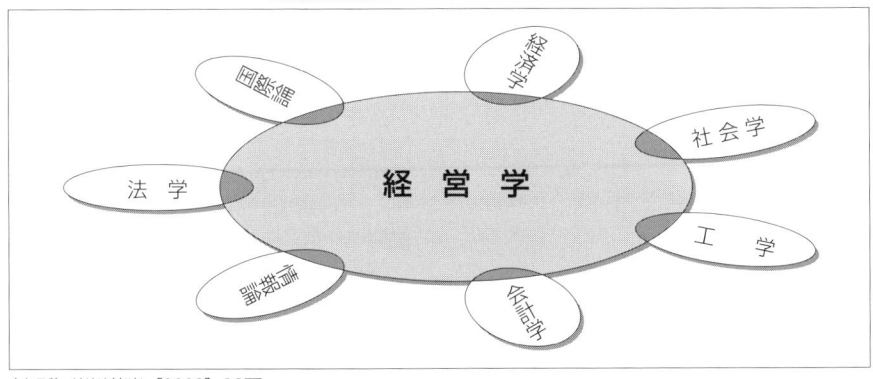

経　営　学
- 国際論
- 経済学
- 社会学
- 法学
- 工学
- 情報論
- 会計学

（出所）岸川善光［2002］19頁。

❸ 経営診断技法

　経営診断を行う場合，経営学，経済学，会計学などの知識を十分にもっていたとしても，経営診断技法を修得しなければ，経営診断を行うことはできない。経営診断技法は，①分析技法，②診断技法，③支援技法に大別することができる。

図表3-12　強みと弱みの分析

革新性
・製品技術力あるいは
　サービスの優秀さ
・新製品開発
・研究開発
・技　術
・特　許

製　造
・コスト構造
・生産活動の柔軟性
・設　備
・原材料へのアクセス
・垂直統合
・従業員の態度とモチベーション
・生産（処理）能力

財　務──資本へのアクセス
・営業活動からの資金
・買掛等による資金
・負債や新株発行による資金調達能力
・親会社の資金供給意欲

経　営
・トップ経営者と中間管理層の質
・事業に関する知識
・文　化
・戦略的目標とプラン
・起業家的主眼
・プラニング／オペレーション・
　システム
・忠誠心──離職率
・戦略的意思決定の質

マーケティング
・製品品質に関する評判
・製品特性／差別化点
・ブランド認知
・製品ラインの広範さ
　　──販売システムとしての能力
・顧客志向
・セグメンテーション／集中
・流　通
・小売との関係
・広告／宣伝スキル
・販売員
・顧客サービス／製品サポート

顧客ベース
・規模とロイヤルティ
・市場シェア
・参入しているセグメントの成長率

（出所）Aaker,D.A.[2001] 訳書106頁。

分析技法は，経営診断プロセスの内，分析・評価の段階において，環境分析，競合分析，経営資源分析，機能分析，ビジネス・プロセス分析，財務分析，市場分析など，様々な分析を行うために必要不可欠である。分析技法を活用する上で，分析項目＝「切り口」の選定は極めて重要である。例えば，図表3－12に示されるように[25]，強みと弱みの分析（競争力分析）を行う場合，分析項目＝「切り口」にモレや重複があってはならない。

　分析項目＝「切り口」の選定が済んだら，次のステップとして，分析の尺度・基準を設定しなければならない。分析の尺度・基準は，①定量的な尺度・基準，②定性的な尺度・基準の2つに大別される。

　定量的な尺度・基準の例として，金額・数量・重量などが挙げられる。また，定性的な尺度・基準の例として，「代用特性」を用いた尺度・基準が挙げられる。「代用特性」とは，主観的な項目を定量化するための尺度・基準のことである。例えば，PPM（プロダクト・ポートフォリオ・マネジメント）において，自社の強み・弱みをシェアで測定し，業界の魅力度を市場成長率で測定するが，ここでのシェアは強み・弱みの「代用特性」であり，市場成長率は業界の魅力度の「代用特性」である。

　診断技法は，経営診断プロセスの内，経営システム，経営管理システム，業務システムなどを診断対象として，問題点の抽出，課題および解決策の策定を行う上で，原因－結果，目的－手段，時系列，重要度，緊急度，実現可能性など，様々なロジックを用いて，問題点，課題および解決策を，基準に照らして比較・評価し，層別・分類を行うために必要不可欠である。

　例えば，図表3－13に示されるように[26]，製品・市場戦略の策定において典型的な診断技法である「製品・市場マトリクス」を用いて，製品・市場分野の診断を行うので，ここでは「製品・市場マトリクス」について具体的にみてみよう。図表3－13において，製品について診断をすれば，既存製品であるポンプは，自社の強さはあるものの，成長性がないことが明白である。一方，市場について診断をすれば，既存市場では自社の強さはあるものの，成長している新規市場において自社の強さがないことが一目瞭然である。このように，診断技法には，診断基準となる評価基準が必要不可欠であるといえよう。

図表3-13　製品・市場マトリクス

P 製品			既存 産業用・単	拡大 産業用（システム）			新規 一般用個人		海外	評価 成長性	評価 自社の強さ
				公害	建設	レジャー	レジャー	生活	産業	一般	
既存	ポンプ	UA（小型）	○								↘	○
		UB（大型）	○								↘	○
拡大	水処理システム	排水処理システム		○				△			↗	◎
		ビル／地域水再利用			△			△			↗	◎
新規	ライフ	システム					△			△	↗	○
	レジャー	泡風呂健康器			△	△				△	↗	○
評価	成　　長　　性		→	↗	→	↗	↗	↗	↗	↗		
	自　社　の　強　さ		○	◎	○	△	△	△	△	△		

（出所）岸川善光［2006］232頁。

上述したように，診断技法は，原因－結果，目的－手段，時系列，重要度，緊急度，実現可能性など，様々なロジックが組み込まれている。換言すれば，診断技法の生命線は，ロジックということができよう。

診断技法において，ロジックは極めて重要であるので，図表3－14に示され

図表3-14　ロジックツリーの考え方

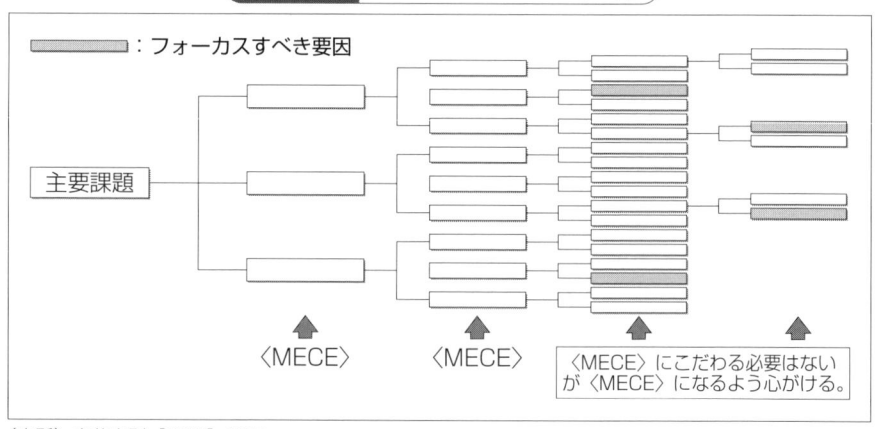

〈MECE〉　〈MECE〉　〈MECE〉にこだわる必要はないが〈MECE〉になるよう心がける。

（出所）斎藤嘉則［1997］71頁。

るように[27]，様々なロジックツリーが開発されてきた。ロジックツリーとは，問題点や課題を＜MECE＞[28]の考え方に基づいて，ツリー状に層別・分類を行うためのツールである。

わが国においても，ロジックツリーそのものではないものの，「QC七つ道具」（①グラフ，②パレート図，③特性要因図，④チェックシート，⑤ヒストグラム，⑥散布図，⑦管理図），「新QC七つ道具[29]」（①連関図法，②親和図法，③系統図法，④マトリックス図法，⑤マトリックス・データ解析法，⑥PCPD法，⑦アロー・ダイヤグラム法）など，多くの診断技法が開発され，各企業において活発に活用されている。

支援技法は，経営診断プロセスの内，実施支援の段階において，クライアントの組織構成員の相互作用，組織学習を促進するために必要不可欠である。

実施支援の段階において用いられる支援技法は，図表3-15に示されるように[30]，コーチングやカウンセリングなど，心理学をベースとした技法が組み合わされることが多い。近年では，コーチングの技術を活かし，高成果型の人材を早期に育成するメンタリングの技法も積極的に導入されつつある。

図表3-15　コーチング・カウンセリング・コンサルティングの違い

	コーチング	カウンセリング	コンサルティング
仕　　事	引き出す	探る	与える
答えを出す人	相手	カウンセラー（相手）	コンサルタント
関　　係	対等	やや上下	上下
対　　象	ビジネス（パーソナル）	パーソナル	ビジネス

（出所）中小企業診断協会編［2001b］62頁。

1）日本経営診断学会編［1994］3頁。
2）同上書5頁。
3）三上富三郎［1992］11頁。
4）日本経営診断学会編［1994］2-6頁，三上富三郎［1992］8-11頁。
5）日本経営診断学会編［1994］4頁。
6）同上書5-8頁。
7）同上書5頁。
8）同上書4頁。
9）三上富三郎［1992］23頁。
10）日本経営診断学会編［1994］10-27頁，三上富三郎［1992］23-44頁。
11）三上富三郎［1992］27-29頁。
12）日本経営診断学会編［1994］5-8頁，三上富三郎［1992］11-18頁。
13）Schin,E.H.［1999］訳書16頁。
14）ILO［1996］訳書64頁。
15）Schin,E.H.［1999］訳書27-29頁。
16）並木高矣［1975］14頁を筆者が一部修正。
17）日本経営診断学会編［1994］20頁。
18）新井信裕［2001］16頁。
19）岸川善光［2006］246頁，日本総合研究所編［1993］21-48頁。
20）中小企業診断協会編［2004b］574頁。
21）中小企業診断士試験案内に基づいて筆者が図表化。
22）同上。
23）岸川善光［2002］17頁。
24）同上書19頁。
25）Aaker, D.A.［2001］訳書106頁。
26）岸川善光［2006］232頁。
27）ロジックツリーは，世界的な経営コンサルティング企業であるマッキンゼー社の造語とされている。
28）＜MECE＞とは，"Mutually Exclusive Collectively Exhaustive"の略であり，それぞれが重複することなく，全体集合としてモレがないという意味。
29）新QC七つ道具研究会編［1981］1頁。
30）中小企業診断協会編［2001b］62頁。

第4章 経営システムの診断

　本章では，経営システムの診断について考察する。経営システムを対象領域として診断する場合，「経営環境論」「経営戦略論」などの「経営の論理」を修得することが欠かせない。

　第一に，経営システムの意義について考察する。まず，経営システムの定義，次いで，経営システムの目的・使命について理解を深める。さらに，経営システム，経営管理システム，業務システムの位置付けおよび関連性を把握するために，経営システムの体系について概観する。

　第二に，環境－戦略－組織の適合に関する診断について考察する。すべての経営システムは，環境の変化に対応する「生き物」であるので，環境と戦略の適合，戦略と組織の適合は，極めて重要な経営課題である。環境－戦略－組織など，経営システムの構成要素間の戦略的適合をいかに実現するか，様々な観点から考察する。

　第三に，顧客適合の診断について考察する。すべての経営システムにとって，顧客は根源的な基盤である。顧客なしでは存続・発展はあり得ない。まず，製品・市場適合の診断，次いで，競争競合の診断について考察する。

　第四に，インターフェース適合の診断について考察する。経営システムと顧客とのインターフェースとして，ドメインと業務システムがその典型であるので，まず，ドメイン適合の診断について考察し，次いで，業務システム適合の診断について理解を深める。

　第五に，内部適合の診断について考察する。内部適合として，経営資源適合および組織適合の2つを取り上げる。まず，経営資源適合の診断について考察し，次いで，組織適合の診断について言及する。

1 経営システムの意義

❶ 経営システムの定義

経営システムについて考察する前提として,まずシステムについて,簡潔にレビューを行う。従来,システムの訳語として,系,体系,組織,制度などがあてられてきた。システムの要件としては,①2つ以上の複数の構成要素による集合体であること,②複数の構成要素が何らかの相互関連性を有していること,③複数の構成要素が共通の目的を持ち,この目的のために機能することの3つが挙げられる。

システムの構造は,図表4-1に示されるように[1],①インプット(入力,投入),②スループット(変換処理,変換プロセス),③アウトプット(出力,産出),④フィードバック(反送)の4つの要素によって構成される。

① インプット(入力,投入):ヒト,モノ,カネ,情報などの経営資源
② スループット(変換処理,変換プロセス):研究開発,生産などの機能
③ アウトプット(出力,産出):財(有形財),サービス(無形財)などの価値
④ フィードバック(反送):所期のアウトプットが得られない場合,再度,インプットに戻す

図表4-1 システムの構造

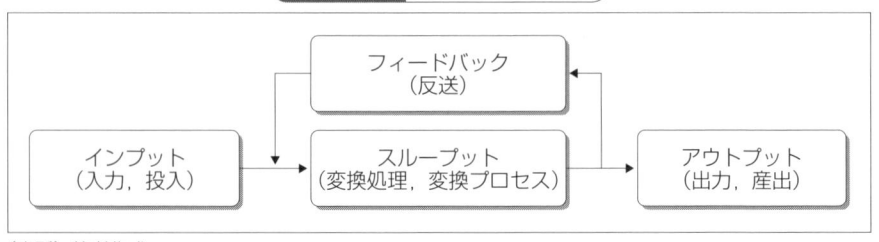

```
                    ┌─────────────┐
                    │ フィードバック │
                    │   (反送)    │
                    └──┬───────▲──┘
                       │       │
┌──────────┐     ┌────▼───────┴────┐     ┌──────────┐
│ インプット │ ──▶│   スループット    │ ──▶│ アウトプット│
│(入力,投入)│    │(変換処理,変換プロセス)│    │(出力,産出)│
└──────────┘     └─────────────────┘     └──────────┘
```

(出所)筆者作成。

図表4-2 各種の協働システム

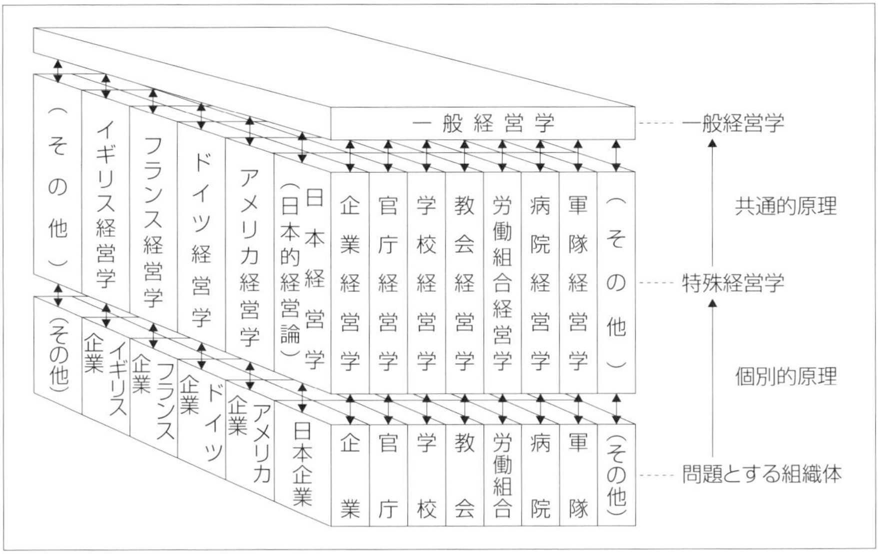
一般経営学
（その他）
イギリス経営学
フランス経営学
ドイツ経営学
アメリカ経営学
日本経営学（日本的経営論）
企業経営学
官庁経営学
学校経営学
教会経営学
労働組合経営学
病院経営学
軍隊経営学
（その他）
（その他）
イギリス企業
フランス企業
ドイツ企業
アメリカ企業
日本企業
企業
官庁
学校
教会
労働組合
病院
軍隊
（その他）
一般経営学
共通的原理
特殊経営学
個別的原理
問題とする組織体

（出所）森本三男［1995］5頁。

経営システムという概念は，上述したシステムに関する要件や構造を，各種協働システム（cooperative system）に援用したものである。協働システムは，図表4－2に示されるように[2)]，個人としての限界を克服することを目的として，企業，官庁，学校，協会，労働組合，病院，軍隊など多くの形態が存在する。

協働システムを研究対象とする場合，構造（経営体，組織）に主眼を置くと組織論になり，機能（行動）に主眼を置くと経営管理論（マネジメント論）になる。

本書では，「経営システムとは，環境主体との対境関係，すなわち環境とのかかわり方を重視する経営体・組織であり，かつ経営体・組織の機能（行動）を含む概念である」と定義し，議論を進めることにする。

❷ 経営システムの目的・使命

経営システムには，すでに第1章第3節で述べたように，①価値の創出・提供と対価の獲得，②社会的責任の遂行，③経営システムの存続・発展という3つの目的・使命がある。

経営システムの目的・使命の第一は，価値の創出・提供と対価の獲得である。企業，官庁，学校，協会，労働組合，病院，軍隊など，すべての経営システムにとって，価値の創出・提供は，その他の何ものよりも優先される根源的な目的・使命である。ここで価値とは，各種経営システムにおける顧客機能（顧客ニーズ）を充足する経済的効用のことである。同時に，価値は対価の源泉でもある。

　顧客機能（顧客ニーズ）の充足のためには，顧客を創造し，有形財および無形財（サービス）を創出・提供しなければならない。顧客の創造といっても，顧客は各種経営システムに迎合してくれるわけではないので，経営システムの側のイノベーションが不可欠である。

　経営システムの目的・使命の第二は，社会的責任の遂行である。各種経営システムには，多くの利害関係者が存在する。第1章で考察したように，例えば，企業システムの場合，主たる利害関係者として，株主，従業員，消費者，取引業者，金融機関，政府，地域住民が挙げられる。これらの利害関係者に対する義務のことを社会的責任という。企業システムの場合，企業の社会的責任（CSR）という。

　経営システムの目的・使命の第三は，経営システムの存続・発展である。価値の創出・提供と対価の獲得を実現し，社会的責任の遂行を果たすためには，経営システムの存続・発展が不可欠である。企業システムの場合，営利原則に基づく利益の追求は，第一義的に重要な課題である。利益がなければ，株主に対する配当，従業員に対する給料の支払など，企業の社会的責任（CSR）を果たすことはできない。利益がなければ「ない袖は振れない」のである。また，利益は顧客が価値をどの程度受け入れたかを示す尺度でもある。

❸ 経営システムの体系

　広義の経営システムは，図表4－3に示されるように[3]，①環境主体との対境関係，すなわち環境とのかかわり方を保持する狭義の経営システム，②価値の創出・提供のために直接必要な業務システム，③狭義の経営システムおよび業務システムのフィードバック・コントロールを行う経営管理システムの3つ

第4章 経営システムの診断

図表4-3 経営システムの基本構造

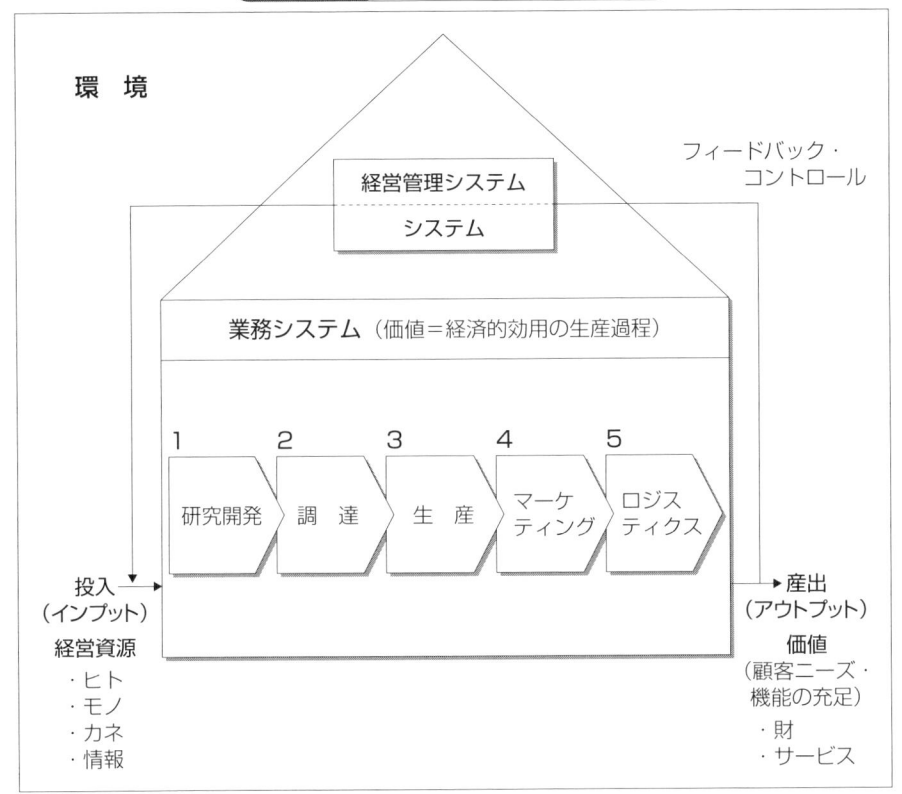

環境

経営管理システム
システム

業務システム（価値＝経済的効用の生産過程）

1 研究開発　2 調達　3 生産　4 マーケティング　5 ロジスティクス

投入（インプット）
経営資源
・ヒト
・モノ
・カネ
・情報

産出（アウトプット）
価値（顧客ニーズ・機能の充足）
・財
・サービス

フィードバック・コントロール

（出所）森本三男［1995］36頁を参考にして，筆者が作成。

のサブシステムによって構成される。

　第一に，環境主体との対境関係，すなわち環境とのかかわり方を保持することを目的とする狭義の経営システムについてみてみよう。「オープン・システム」である経営システムは，その存続・発展を実現するためには，環境の変化に対応しなければならない。環境の変化に対応するパターンとして，環境適応と環境創造の2つのパターンがあることはすでに第1章において考察した。狭義の経営システムの診断については，本章第2節以降において考察する。

　第二に，価値の創出・提供のために直接必要な業務システムについて概観する。業務システムには，ビジネス・システム，ビジネス・モデル，価値連鎖（バリュー・チェーン），供給連鎖（サプライ・チェーン），需要連鎖（ディマ

ンド・チェーン），ロジスティクスなど，多くの類似概念が存在する。

本書では，業務システムの基本機能として，最も機能の範囲が広い製造業をモデルとして選択し，①研究開発（R&D），②調達，③生産，④マーケティング，⑤ロジスティクスの5つの機能を取り上げる。業務システムは，価値（経済的効用）の生産システムであるといえよう。業務システムの診断については，第6章において考察する。

第三に，狭義の経営システムおよび業務システムのフィードバック・コントロールを行う経営管理システムについてみてみよう。経営管理システムの基本機能は，①経営システム・業務システムの円滑な運営，②経営システム・業務システムのイノベーションの2つに大別することができる。

経営管理システムは，下記の分類基準によって体系化することができる。
① 機能（活動）：研究開発，調達，生産，マーケティング，ロジスティクス
② 経営資源：ヒト，モノ，カネ，情報
③ 意思決定：情報活動，設計活動，選択活動，検討活動

機能（活動）別の経営管理は，業務システムとして取り上げるので，本書では，主として経営資源による分類基準に準拠して，それに総合経営管理を追加して経営管理システムの体系とする。第5章において，経営管理システムの意義，人的資源管理，財務管理，情報管理，法務管理の診断について考察する。

2 環境－戦略－組織適合の診断

❶ 環境－戦略－組織適合の意義

経営システムの診断において，環境－戦略－組織適合の診断は，極めて重要な課題である。すなわち，環境，戦略，組織は，経営システムにとって重要な構成要素であると同時に，それら構成要素間の「適合性」は，経営システムの存続・発展にとって不可欠の課題であるからである。

伊丹敬之［1984］は，図表4－4に示されるように[4]，1980年代から「戦略

第4章 経営システムの診断

的適合」を鍵概念として，経営戦略論を展開してきた。適合という概念は，そもそも語源的には，静的な概念である。ある特定の時空間において，経営システムの各構成要素間の関連性を分析し，それがマッチする場合，一般には適合性があるという。この適合性を中心に考察するパラダイムを適合パラダイムと呼べば，適合パラダイムでは，論理整合性，首尾一貫性などを重視することに最大の特徴がある。

伊丹［1984］は，経営戦略の構成要素として，①企業環境，②経営資源，③企業組織の3つを選択し，それぞれの要素と戦略との間に存在すべき適合関係を，①環境適合，②資源適合，③組織適合と呼んだ。

図表4-5は，同じく伊丹［2003］による戦略的適合の全体像である。ここ

図表4-4　ストラテジック・フィット

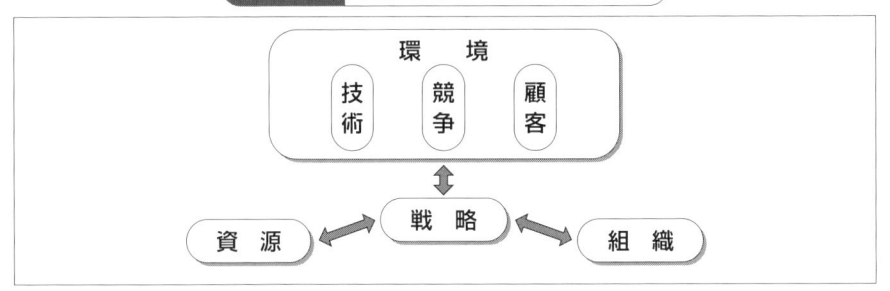

環境（技術・競争・顧客）
資源 ⇔ 戦略 ⇔ 組織

（出所）伊丹敬之［1984］6頁。

図表4-5　戦略的適合の全体像

市場（顧客・競争） — 市場適合 → 1. 顧客適合　2. 競争適合
ビジネス・システム／技術 — インターフェース適合 → 3. ビジネス・システム適合　4. 技術適合
企業（資源・組織） — 内部適合 → 5. 資源適合　6. 組織適合

（出所）伊丹敬之［2003］25頁。

では,戦略的適合として,①市場適合,②インターフェース適合,③内部適合の3つに分類している[5]。

この2つの戦略的適合の全体像の間には,約20年の月日が経過しており,伊丹自身,適合という概念を環境のみならず,企業内の要素間適合へと拡張しつつあることが読み取れる。

岸川善光［2006］は,図表4-6に示されるように[6],経営戦略の構成要素として,①顧客の創造・維持（製品・市場戦略,競争戦略）,②インターフェースの構築（ドメインの設定,ビジネス・システム戦略）,③経営資源と組織（経営診断の蓄積・配分,組織）の3つを挙げている。

適合パラダイムには,①どの時点における適合を適合というのか,②静的な適合概念では,常に変化している環境に対応できないのではないか,③予測で

図表4-6　経営戦略の構成要素

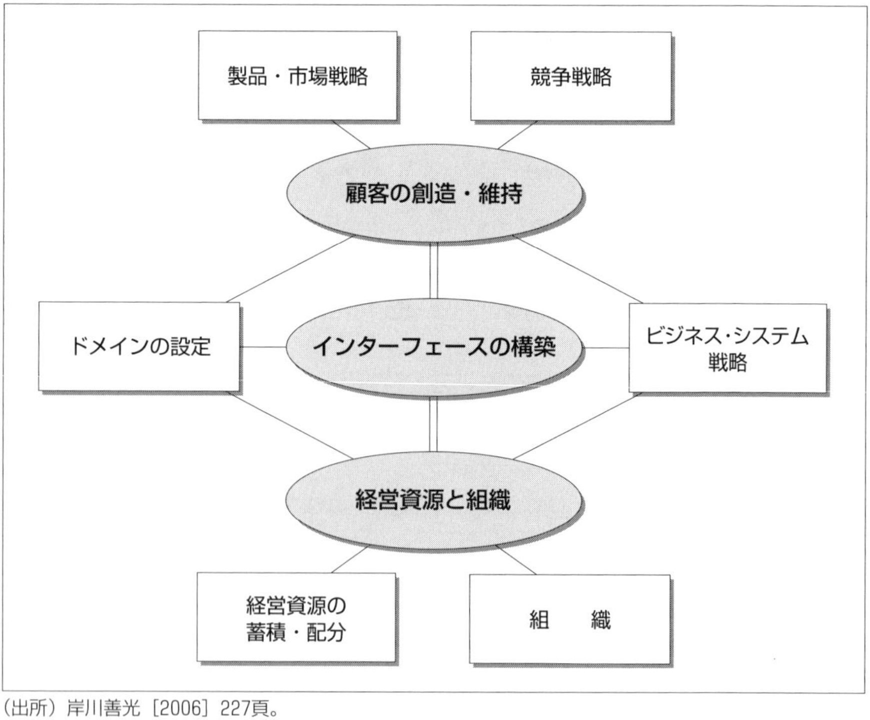

(出所) 岸川善光［2006］227頁。

きないような事態に，適合パラダイムは対応できるのか，など多くの欠点が指摘されている[7]。

しかし，適合パラダイムには，環境−戦略−組織の適合性，経営システムの構成要素間のバランスなど，多くの利点や効果があることも事実である。環境−戦略−組織の適合性を診断することによって，「不均衡（アンバランス）こそが，存続・発展のバネになるのではないか[8]」という次の課題も見えてくると思われる。

❷ 環境と経営戦略の適合性

従来，経営システムの環境に関する研究成果は，主として「経営環境論」あるいは「企業環境論」として蓄積されてきた。ハーバード・ビジネス・スクールなど欧米のビジネス・スクールでは，「経営環境論」あるいは「企業環境論」という科目は，MBAの重要なカリキュラムとしてすでに定着している。

経営診断の実践においても，図表4−7に示されるように，SWOT分析など環境と経営戦略の適合性を診断する技法が数多く開発されている。SWOT分析は，競争力分析によって，自社の強み（strength），弱み（weakness）を把握し，次いで，外部環境分析によって，事業の機会（opportunity），脅威（threat）を抽出し，さらに，競争力分析と外部環境分析のクロス分析を行うことによって，経営戦略の方向性を検討する経営戦略策定技法の1つである。ちなみに，強み（strength），弱み（weakness），機会（opportunity），脅威（threat）の頭文字をとってSWOT分析と呼ばれる。

図表4−7は，SWOT分析のアウトプットの具体的形態として，経営診断の実務で多用されている十字チャートの例である[9]。図表4−7に示されるように，十字チャートの上段は，事業の機会と脅威を分析する外部環境分析に該当する。十字チャートの下段は，自社の強みと弱みを分析する競争力分析に該当する。研究開発，調達，生産，マーケティング，ロジスティクスなど，業務システムを構成する機能ごとに自社と競合企業を比較し，自社の強み・弱みを体系的かつ定量的に把握することが十字チャートの目的である。

図表4−7は，太陽熱利用の給湯システムの事例であるが，この場合，①自

図表4-7　十字チャート（太陽熱利用の給湯システムの例）

○ 石油，電力，ガスコスト上昇 ○ 省エネ行政指導，補助金 ○ 新築需要の拡大 ○ 業務用需要の拡大 ○ 技術革新の進展 ○ 社会的価値観の変化	○ 新規参入の急増 ○ 供給過剰による乱戦 ○ 製品責任問題のリスク ○ 水道規制強化 ○ 需要の一過性 ○ 季節商品，シーズン性大
機会／強み	脅威／弱み
○ 家電系列店の活用 ○ 総合技術力 ○ 家電製品の品揃え ○ 電気温水器等とのシステム化	○ 工事力が弱体 ○ サービス力が弱体 ○ 分散工事拠点が小 ○ 販売ノウハウの蓄積小 ○ 系統ルートが弱い

（出所）近藤修司［1985］205頁。

社の強みを事業機会に活用する戦略，②弱みを克服して強みに転換する戦略，のいずれか，または2つを組合せることが経営戦略の方向になるであろう。

❸ 経営戦略と組織の適合性

　経営戦略と組織の適合性については，経営戦略論の生成期から，チャンドラーの「組織は戦略に従う」という有名な命題，アンゾフの「戦略は組織によって規定される」という命題に見られるように，経営戦略と組織は，二分法的に明確に区分され，その後，この両者の適合性が考察されてきた。

　これに対して，経営戦略と組織を二分法的ではなく，経営戦略と組織は相互依存的・相互補完的な関係であり，その区分は極めて曖昧であるという立場にたった組織モデルを相互浸透モデルという。相互浸透モデルの典型は，ピーターズ＝ウォーターマン［1982］の「7Sモデル」，マイルズ＝スノー［1978］の「環境適応パターン」，ミンツバーグ［1978］の「パターンとしての経営戦略」などが挙げられる。

　ピーターズ＝ウォーターマン［1982］の7Sモデルは，図表4−8に示されるように[10]，組織の構成要素として，①戦略，②組織構造，③システム，④人

第4章 経営システムの診断

図表4-8 7Sモデル

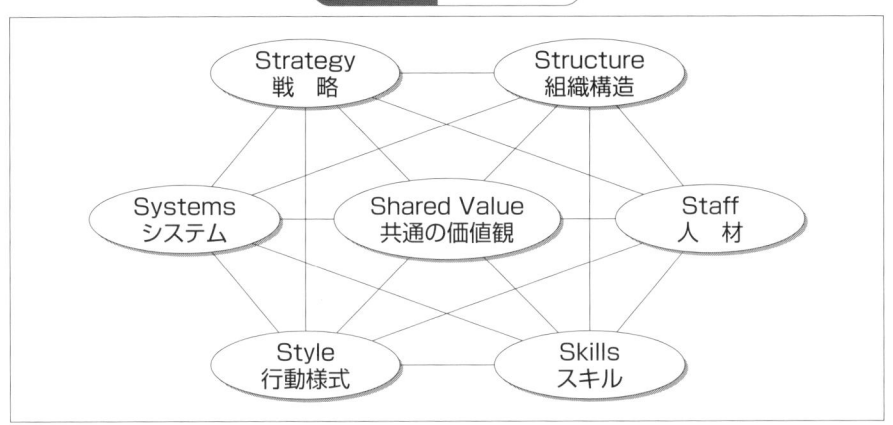

```
        Strategy              Structure
        戦　略                組織構造

  Systems       Shared Value        Staff
  システム       共通の価値観        人　材

        Style                 Skills
        行動様式              スキル
```

(出所) Peters,T.J.＝Waterman,R.H.[1982] 訳書51頁。

材，⑤スキル，⑥行動様式，⑦共通の価値観の7つを挙げている。ここで組織適合という場合，7つの構成要素の全体的な整合性，首尾一貫性があることをいう。

経営戦略と組織との適合性は，バーンズ＝ストーカー［1968］の「有機的システム」と「機械的システム」，ウッドワード［1965］［1970］の「技術が組織構造を規定する」，ローレンス＝ローシュ［1967］の「組織の分化と統合のパターン」など，第2章で考察したコンティンジェンシー理論においても重視されてきた。

3 顧客適合の診断

❶ 顧客適合の意義

ドラッカーが主張したように，「顧客の創造」は，まさに各種経営システムの活動の基盤である。対価を支払ってくれる顧客がいなければ，経営システムそのものが存在しないからである。顧客の創造・維持がうまくマッチした状態を顧客適合と呼べば，経営システムにとって顧客適合こそ，その他の何ものよ

りも最優先されるべき課題である。

　顧客が対価を支払ってくれる源泉は，価値の創出・提供にある。価値は，顧客機能（顧客ニーズ）を充足することによって生まれる。換言すれば，顧客機能（顧客ニーズ）を充足することのできる有形財および無形財（サービス）を創出・提供することができるかどうかが，顧客適合の直接的なエッセンスであるといえよう。

　顧客適合を実現するためには，図表4－9に示されるように[11]，顧客機能（顧客ニーズ）と経営システム側のシーズをうまく適合させることがすべての出発点になる。

　顧客機能（顧客ニーズ）は，すべてが顕在化しているとは限らない。潜在的な顧客機能（顧客ニーズ）をいかに発掘し創造するかを含めて，顧客機能（顧

図表4-9　ニーズ・シーズマトリクス

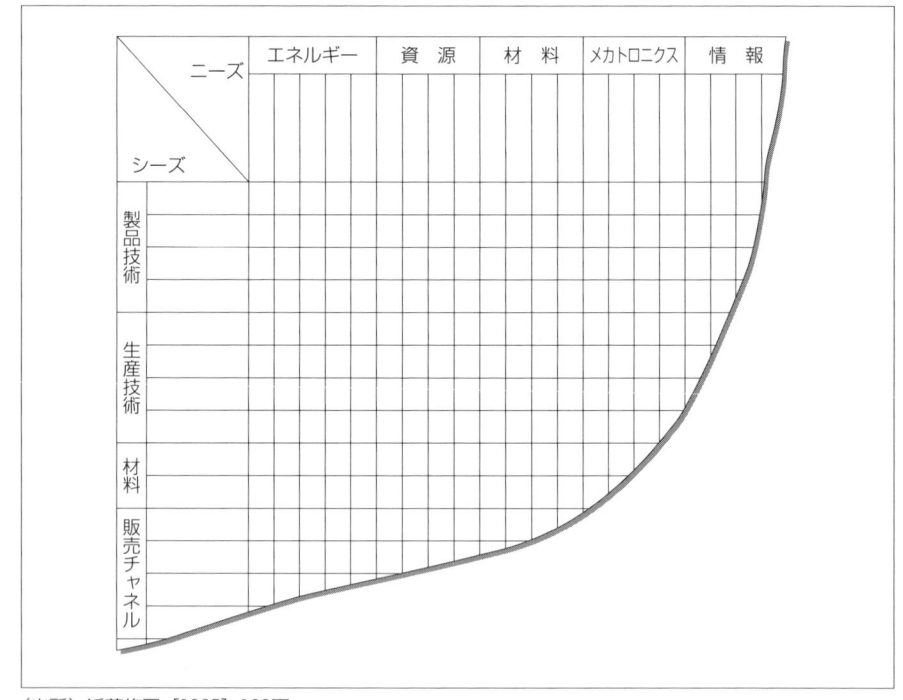

シーズ＼ニーズ	エネルギー	資源	材料	メカトロニクス	情報
製品技術					
生産技術					
材料					
販売チャネル					

（出所）近藤修司［1985］129頁。

客ニーズ）の充足こそが顧客適合に必須の要件であるといえよう。

なお，顧客適合のためには，図表4－6で明らかなように，製品・市場戦略，競争戦略をはじめとして，ドメイン，ビジネス・システム[12]，経営資源，組織など，本書で取り上げた経営システムの構成要素のすべてが密接に関連する。その中でも，顧客適合にとって，製品・市場適合，競争適合は，特に直接的な関連性を有するので，以下，製品・市場適合の診断，競争適合の診断について考察する。

❷ 製品・市場適合の診断

「どのような顧客に，どのような製品を提供するか」を決定することを製品・市場戦略という。製品・市場戦略は，ドメイン，さらに全体戦略としての事業ポートフォリオ戦略の具現化のプロセスでもある。

顧客の創造・維持のために，製品と市場がうまくマッチした状態を製品・市場適合と呼べば，製品・市場適合を実現する上で，製品・市場戦略は，過言を要しないほど重要であることはいうまでもない。

製品・市場戦略を策定する実務面において，策定ツールとして多用されている製品・市場マトリクス，製品・チャネルマトリクスについてみてみよう。これらの策定ツールは，製品・市場適合を実現するためのツールであることが容易に理解できる。

製品・市場マトリクスは，すでに図表3－13に示したように，製品・市場をそれぞれ既存，拡大，新規に区分して，マトリクス状に構成した上で，成長性，自社の強さを客観的に分析・評価し，問題点を抽出し，課題および解決策を策定することによって，製品・市場適合を図るためのツールである。

製品・チャネルマトリクスは，図表4－10に示されるように[13]，製品・チャネルをそれぞれ既存，拡大，新規に区分して，マトリクス状に構成した上で，成長性，自社の強さを客観的に分析・評価し，問題点を抽出し，課題および解決策を策定することによって，製品・チャネル適合を図るためのツールである。

図表4-10 製品・チャネルマトリクス

P 製品		C チャネル	既存 商社	拡大 直販	新規 建設会社	新規 住宅機器会社	新規 通信販売会社	新規 スポーツ用品店	評価 成長性	評価 自社の強さ
既存	ポンプ	UA（小型）	◎						↘	○
既存	ポンプ	UB（大型）	◎						↘	○
拡大	水処理システム	排水処理システム	◎	○					↗	◎
拡大	水処理システム	ビル／地域水再利用システム	○	○	○				↗	◎
新規	ライフ	泡風呂健康器		△	△	△	△		↗	○
新規	レジャー	ウォータージェット		△			△	△	↗	○
評価	成長性		→	↗	↗	↗	↗	↗		
評価	自社の強さ		○	○	△	△	△	△		

（出所）岸川善光［2006］233頁。

　製品・市場マトリクスと製品・チャネルマトリクスの2つのツールを「合成」すると，どの製品を，どの市場に，どのチャネルで提供するか，まさに製品・市場適合を図るツールとして位置付けることができる。

　製品・市場適合を実現するためには，コトラー（Kotler,P.）［1989b］［1991］，アーカー（Aaker,D.A.）［1984］［2001］の指摘を待つまでもなく，製品一般，市場一般を対象とした漠然とした戦略では，製品・市場適合を実現することはほとんど期待できない。特定の顧客ニーズ，標的市場，標的業界を絞り込むことが不可欠である。製品・市場適合を効果的ならしめるためには，製品，市場，業界について，複数のセグメント（segment）に分割することがその前提となる。

　すなわち，製品・市場戦略には，①製品差別化（product differentiation），②市場細分化（market segmentation），③業界細分化の3つが必要不可欠である。製品差別化，市場差別化，業界差別化を踏まえて，図表4－11に示されるように[14]，製品構造，市場構造を客観的かつ体系的に決定しなければならない。図表中，成長性，自社の強さなどの評価基準が，製品・市場適合の診断で

図表4-11　製品・市場構造マトリクス

製品＼市場	ガソリン	ロータリー	ディーゼル 空冷	ディーゼル 水冷 小型横	ディーゼル 水冷 小型タテ	ディーゼル 水冷 大型タテ	評価 成長性	評価 自社の強さ
農機							↗	○
船 小							→	◎
船 大							↘	△
建機							↗	○
ビル用							→	◎
OEM							↗	×
海外							↗	○
評価 成長性	↗	↘	→	→	↗	→		
評価 自社の強さ	△	△	△	◎	◎	○		

市場の成長性　市場の強さ　市場の成長性　製品の強さ
強い，高い　普通，中　弱い，低い

(出所) 近藤修司［1985］148頁。

は特に重要である。

　製品・市場戦略については，拙著『経営戦略要論』（同文舘出版）第 5 章および第 9 章において詳述しているので参照されたい。

❸ 競争適合の診断

　上述した製品・市場戦略によって「顧客の創造」ができたとしても，市場には通常，多くの競合企業（競争相手）が存在する。顧客に価値を提供し，対価を獲得するためには，市場において，多くの競合企業（競争相手）との競争に打ち勝たねばならない。

競争戦略では，①競合企業（競争相手）の選択，②競争力の源泉，③競争力の活用，④競争力の構築の4点が重要である。特に，競合企業（競争相手）の選択を間違うと，自社の存続・発展が危うくなるので，競合企業（競争相手）の強み・弱みを把握することは，競争戦略の必須要件であるといえる。

　第2章で概観したポーター［1980］は，図表4-12に示されるように[15]，競争優位のタイプおよび顧客ターゲットの範囲という2つの観点を組合せて，①コスト・リーダーシップ戦略，②差別化戦略，③集中戦略の3つの競争の基本戦略を提示した。

　市場での競争構造にうまくマッチして，競争に勝てる状態であることを競争適合と呼べば，競合企業（競争相手）との間に何らかの差別化を図り，持続的な競争優位を獲得することが競争適合の主眼であるといえる。

　競争優位を実現するためには，①ポジションを基盤とする優位性の獲得，②資源・能力を基盤とする優位性の獲得の2点が必要不可欠である。

図表4-12　競争の基本戦略

		競争優位	
		他社より低いコスト	差別化
顧客ターゲットの範囲	広いターゲット	1. コスト・リーダーシップ	2. 差別化
	狭いターゲット	3a. コスト集中	3b. 差別化集中

（出所）Porter, M.E.［1980］訳書61頁。

第4章 経営システムの診断

4 インターフェース適合の診断

❶ インターフェース適合の意義

　顧客を中核とした環境と，各種経営システムとの間のインターフェースは，図表4－6で明らかなように，①ドメインの設定，②ビジネス・システム戦略，の2つによって構成される。本書では，ビジネス・システム戦略は，経営システムの体系上，業務システムとして位置付けている。

　ドメインの設定は，環境と経営システムとのかかわり方そのものを決めることであり，環境と経営システムとのインターフェースの基盤を構築することである。また，ビジネス・システム戦略の基盤となる業務システムは，顧客に価値を届けるための機能・経営資源を組織化し，それを制御するシステムのことであるので，この業務システムも環境と経営システムを連結する重要なインターフェースである。

　インターフェースの構築が環境にうまくマッチした状態をインターフェース適合と呼べば，インターフェース適合を実現するためには，ドメイン適合，業務システム適合の2つが必須要件となる。以下，ドメイン適合の診断，業務システム適合の診断について考察する。

❷ ドメイン適合の診断

　ドメイン（domain）とは，一般的には，領土，範囲，領域など，地理的な概念を表す言葉である。生物でいえば，生活空間，生存領域などを意味する。
　榊原［1992］は，「組織体がやりとりをする特定の環境部分のことをドメインという[16]」と定義した。すなわち，その経営システムの活動領域，存在領域，事業領域，事業分野のことをドメインという。

　ドメインを定義することによって，どのような効果を期待することができるであろうか。期待される効果として，第一に，ドメインを定義することによっ

て，その経営システムに関するアイデンティティ（同一性）を規定することが，対内的にも対外的にも容易になる。ここでいうアイデンティティ（同一性）とは，対内的には組織構成員の一体感の醸成，対外的には当該経営システムの社会的な存在意義の明確化などを指す。

期待される効果の第二として，伊丹敬之＝加護野忠男［1993］が指摘するように，組織構成員の努力やエネルギーのベクトルを合わせることが容易になり，活動や資源の分散化を図ることができる。また逆に，既存の事業分野に固執するなど，活動や資源に関する過度の集中化を回避することができる。

期待される効果の第三として，各種経営システムがその事業を推進する上で，必要とされる経営資源に関する指針を提示することができる。ドメインを定義することによって，どのような経営資源や技術を蓄積すべきかという指針を得ることができるので，「経営資源ベースの経営戦略」を策定する上で特に重要な基盤となる。

ドメインの概念は，様々な分析レベルで適用される。具体的には，企業システムの場合，対象とするレベルが企業レベルの場合は企業ドメインといい，事業レベルの場合は事業ドメインという。

ドメイン適合には，いくつかの視点がある。第一の視点は，上述した企業ドメインと事業ドメインとの適合である。企業ドメインは，企業の将来のあるべき姿，追求する企業像に重点が置かれるのに対して，事業ドメインは，エーベル（Abell,D.F.）［1980］の場合，①顧客層，②顧客機能，③技術の3次元モデル，榊原［1992］の場合，①空間の広がり，②時間の広がり，③意味の広がりの3次元モデルを用いて，各次元の「広がり」と「差別化」を検討し，具体的な事業ドメインを定義する必要がある。

第二の視点は，第1章第3節ですでに考察した物理的定義と機能的定義との適合である。一般に，機能的定義のほうが物理的定義よりも望ましいが，機能の定義があまりにも抽象的になり過ぎると，経営システムのアイデンティティ（同一性）が拡散するなど，致命的なダメージを蒙る可能性が高くなるので，物理的定義と機能的定義との適合が欠かせない。

第三の視点は，ドメイン・コンセンサス，すなわち，経営システムと環境と

のドメインに関する社会的・相互作用的な適合である。オープン・システムとしての経営システムにとって、ドメイン・コンセンサスはドメイン適合に必須の要件といえよう。

　第四の視点は、経営システムの成長・発展とドメインとの適合である。現実に、経営システムの成長・発展に伴って、ドメインは変化する。変化こそ常態であるといえよう。経営システムの成長・発展に合致したドメインの再定義は、ドメイン適合そのものである。

　ドメインの定義・再定義は、経営戦略の策定における大前提であるので、ドメイン適合を実現しようとすると、製品・市場適合、経営資源適合、競争適合、ビジネス・システム適合（本書では、業務システム適合）など、他の経営戦略の構成要素のすべてについて、再度抜本的な検討が欠かせない。

　実際、図表4－13に示されるように[17]、ドメインの再定義によって、コア・

図表4-13　ドメインとビジネス・モデルの比較分析

	フォーカス	祖業（過去のドメイン）	現在のドメイン	コア・コンピタンス	戦略課題
ソフトバンク	時価総額最大化	ソフト流通	インターネット財閥	ビジネスプラットフォーム	時間差の活用
AOLタイム・ワーナー	メディア統合	パソコン通信	総合メディア産業	NWインフラ	コンテンツの充実
ソニー	収穫逓増	家電製造	エンタテイメント産業	SONYブランド	コンテクストの統合
GE	プロダクト・サービス実現	電気製造	プロダクトサービス産業	組織化された多様性	事業間価値連鎖
セコム	NW多重利用	警備	社会システム産業	多重メンバーシップ	機械系と人間系の融合
ベネッセ	継続サービス創造	通信教育	関係性ビジネス	継続メンバーシップ	年代層別サービスの連鎖

（出所）寺本義也＝岩崎尚人 [2000] 215頁に基づいて、筆者が一部加筆修正。

コンピタンスや戦略課題に大きな差異が生まれている。

なお、ドメインについては、拙著『経営戦略要論』（同文舘出版）の第4章および第9章において詳述しているので参照されたい。

❸ 業務システム適合の診断

岸川善光［2006］は、図表4－6に示されるように、経営戦略の構成要素との1つとして、ビジネス・システム戦略を選定している。先述したように、ビジネス・システムには、①ビジネス・モデル、②ビジネス・プロセス、③価値連鎖（バリュー・チェーン）、④供給連鎖（サプライ・チェーン）、⑤需要連鎖（ディマンド・チェーン）、⑥ロジスティクスなど、多くの類似概念が存在する。

岸川善光［2006］は、それらの異同点を踏まえつつ、その上で、「ビジネス・システムとは、顧客に価値を届けるための機能・経営資源を組織化し、それを調整・制御するシステムのことである[18]」と定義した。ビジネス・システムの主な構成要素として、①顧客、②顧客価値、③価値の提供方法、④対価の回収方法、⑤経営資源の5つが挙げられる。

本書では、経営システムを、広義の経営システム、経営管理システム、業務システムに区分したので、ビジネス・システムという概念ではなく、業務システムとして再編成を行った。業務システムの基本機能として、最も機能の範囲が広い製造業をモデルとして、①研究開発（R&D）、②調達、③生産、④マーケティング、⑤ロジスティクスの5つの機能を取り上げることもすでに述べた。業務システムは、価値（経済的効用）の生産システムと位置付けることができる。

業務システムは、加護野＝井上［2004］が指摘するように、日々進化している。進化をもたらす要因として、①製品技術・生産技術の進化、②交通技術の進化、③情報伝達・情報処理技術の進化、④取引・組織技術の進化、⑤社会構造、生活習慣の進化の5つが挙げられる[19]。

この5つの要因と同時並行的かつ複合的に、①情報ネットワークの進化、②ロジスティクスの進化の2点は、特に業務システムの進化をもたらす根源的な

要因である。

業務システムの優劣を診断する場合，どのような基準が考えられるであろうか。加護野=井上［2004］は，業務システムの客観的な評価基準として，①有効性（効果性），②効率性，③模倣困難性，④持続可能性，⑤発展可能性の5つを挙げている[20]。

業務システムは，研究開発，調達，生産，マーケティング，ロジスティクスの5つの基本機能から構成されるので，これらの機能の特性上，企業システムをはじめとする複数の経営システムを，垂直的・水平的に連結するネットワークが必要不可欠の要素となる。

業務システムの診断については，第6章において考察する。なお，業務システムをベースとする本来のビジネス・システム戦略については，拙著『経営戦略要論』（同文舘出版）の第8章および第9章において詳述しているので参照されたい。

5 内部適合の診断

❶ 内部適合の意義

上述した顧客の創造・維持，インターフェースの構築のためには，経営システム内部における経営資源の蓄積・配分，組織が必要不可欠である。経営システム内部の要因がうまくマッチした状態を内部適合と呼べば，内部適合を実現するためには，経営資源適合，組織適合の2つが必須要件となる。以下，経営資源適合の診断，組織適合の診断について考察する。

❷ 経営資源適合の診断

経営資源とは，経営システムの活動を推進する上で必要な資源や能力のことである。経営資源は，図表4−14に示されるように[21]，一般的には，①ヒト（人的資源），②モノ（物的資源），③カネ（資金的資源），④情報（情報的資源）

図表4-14　経営資源の分類

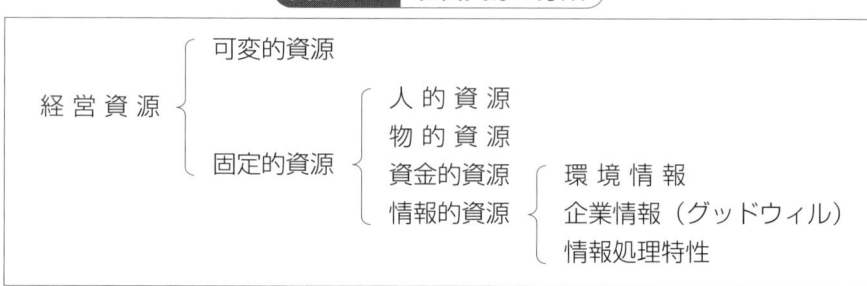

```
           ┌ 可変的資源
経営資源 ┤          ┌ 人的資源
           │          │ 物的資源
           └ 固定的資源┤ 資金的資源        ┌ 環境情報
                      │ 情報的資源 ┤ 企業情報（グッドウィル）
                      └            └ 情報処理特性
```

（出所）吉原英樹他［1981］26頁。

の4つに区分される。

　顧客の創造・維持やインターフェースの構築とこれらの経営資源がうまくマッチした状態を経営資源適合と呼べば，経営資源適合において，経営資源の蓄積・配分が主要課題となる。経営資源の蓄積・配分における基礎的条件として，①経験曲線効果，②プロダクト・ライフ・サイクル，③限界収穫の3点が挙げられる。

　経験曲線効果は，「製品の累積生産量が2倍になると，単位当たりコストが20～30％低減する」という生産量とコストに関する経験則のことである。図表4－15に示されるように[22]，「製品の累積生産量が2倍になると，単位当たり

図表4-15　経験曲線

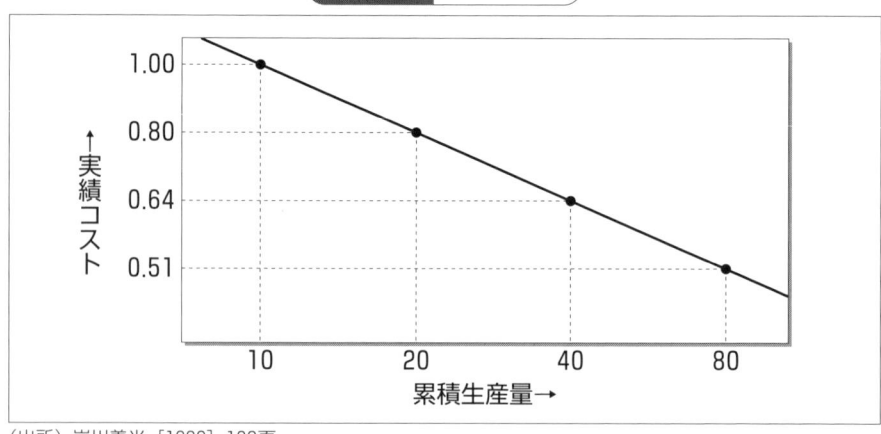

（縦軸：実績コスト　1.00, 0.80, 0.64, 0.51／横軸：累積生産量　10, 20, 40, 80）

（出所）岸川善光［1999］109頁。

第4章 経営システムの診断

コストが20％低減する」というケースでは，累積生産量が8倍になると単位当たりコストがほぼ半分になるので，競合企業（競争相手）に対して圧倒的な競争優位性を得ることができる。

累積生産量はシェア（市場占有率）によって裏付けられるので，シェアの増大が極めて重要な課題とされる。経験曲線効果の実現を可能にする経営資源の蓄積・配分は，経営資源適合の実現に欠かせない。

基礎的条件の第二として，プロダクト・ライフ・サイクル（product life cycle）について考察する。プロダクト・ライフ・サイクルは，図表4−16に示されるように[23]，①開発期，②導入期，③成長期，④成熟期，⑤衰退期の5つに区分される。

プロダクト・ライフ・サイクルは，経営戦略上重要なキャッシュ・フローと重要な関連性を有する。ここでキャッシュ・フローとは，文字どおり現金の流れのことであり，現金流入のことをキャッシュ・インフローと呼び，現金流出のことをキャッシュ・アウトフローと呼ぶ。

プロダクト・ライフ・サイクルの初期（開発期，導入期）では，開発コストや広告宣伝費などのキャッシュ・アウトフローが発生し，キャッシュ・インフローはまだ少ない。成長期や成熟期になると，キャッシュ・インフローもキャ

図表4-16　プロダクト・ライフ・サイクル

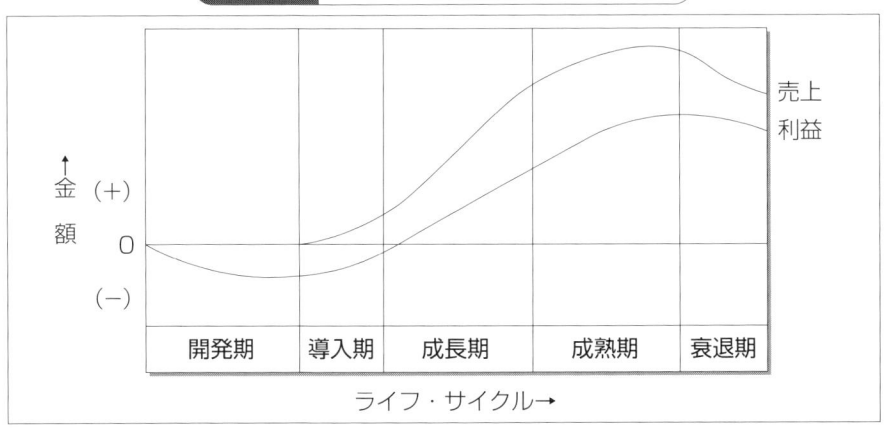

(出所) 岸川善光 [1999] 108頁。

ッシュ・アウトフローも多くなる。成熟期では，キャッシュ・インフローが低下するものの，キャッシュ・アウトフローも大幅に低減する。

このように，プロダクト・ライフ・サイクルは，経営資源適合の実現のために極めて重要な基礎的条件といえる。

基礎的条件の第三として，限界収穫について考察する。限界収穫とは，図表4－17に示されるように[24]，限界産出量／限界投入量のことである。具体的には，生産要素の単位当たり投入量（限界投入量）を増大したとき，単位当たり産出量（限界産出量）が減少する場合，「限界収穫逓減」という。逆に，生産要素の単位当たり投入量（限界投入量）を増大したとき，単位当たり産出量（限界産出量）が増大する場合，「限界収穫逓増」という。

限界収穫の概念は，工業社会⇒情報社会⇒高度情報社会（ネットワーク社会）と時代が進展するに伴って，その重要性が変化しつつある。例えば，高度情報社会（ネットワーク社会）では，情報（情報的資源）の限界収穫は逓増しつつあり，情報産業をはじめとして，経営資源適合に関する対応が激変している。

経営資源の蓄積・配分における基礎的条件として，①経験曲線効果，②プロダクト・ライフ・サイクル，③限界収穫の3点を踏まえて，多角化した製品・市場分野に対する経営資源の配分を適正化する技法として，PPM（プロダクト・ポートフォリオ・マネジメント）が開発された。

図表4-17　限界収穫逓減と限界収穫逓増

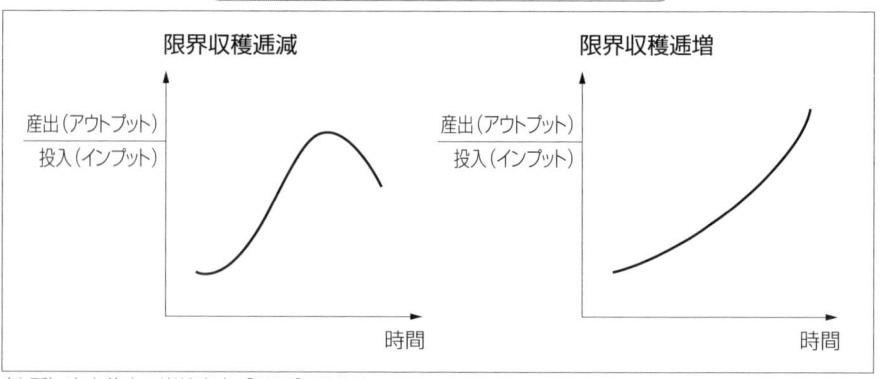

(出所) 寺本義也＝岩崎尚人 [2000] 212頁。

第4章　経営システムの診断

　PPMは，企業全体を事業，製品のポートフォリオとして捉え，各事業，各製品に投下される経営資源の必要度，重要度などを，ポートフォリオ・マトリクスを用いて総合的に分析して，経営資源の選択と集中を図る技法である。

　PPMの技法には，開発した経営コンサルティング会社によって，いくつかの種類がある。ボストン・コンサルティング・グループが開発したPPMは，図表4－18に示されるように[25]，横軸に相対的マーケット・シェア（市場占有率）をとり，自社の強みを測定する代用特性とした。この横軸は，資金創出量（現金流入量）を意味する。すなわち，自社の強みが高ければ，資金の創出が可能で，現金流入量が増大するからである。

　縦軸には市場成長率をとり，事業の魅力度を測定する代用特性とした。この縦軸は，資金需要量（現金流入量）を意味する。すなわち，市場の魅力度が高ければ，シェア（市場占有率）を確保するための資金需要が高くなり，現金流出量が増大するからである。

　経営資源は有限であるので，経営資源の選択と集中を実現するための概念や診断技法が早くから開発されてきた。経営資源適合とは，選択と集中に他ならない。

　なお，経営資源については，拙著『経営戦略要論』（同文舘出版）の第6章および第9章において詳述しているので参照されたい。

図表4-18　PPM（ボストン・コンサルティング・グループ）

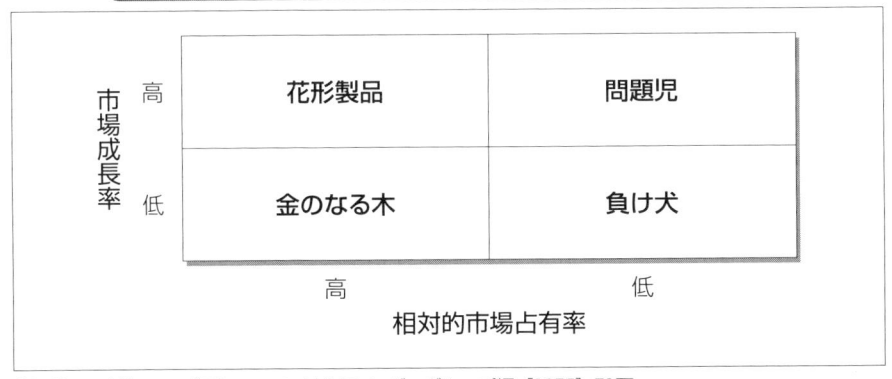

市場成長率	高	花形製品	問題児
	低	金のなる木	負け犬
		高	低
		相対的市場占有率	

（出所）アベグレン＝ボストン・コンサルティング・グループ編［1977］71頁。

❸ 組織適合の診断

　組織はそれ自体，目的変数ではあり得ない。経営戦略と組織との適合，業務システムと組織との適合など，組織以外の目的関係が不可欠である。

　例えば，経営戦略と組織との適合について，チャンドラー［1962］は，企業は環境変化に対応するために，新しい成長戦略（量的拡大，地理的分散，垂直的統合，多角化など）を採用する際，成長戦略の違いによって必要とされる組織構造が異なるという克明な比較分析に基づいて，有名な「組織構造は戦略に従う」という命題を提唱した。多角化戦略と事業部制組織との適合に関する4社の比較分析がその裏付けになっている。

図表4-19　組織の発展モデル

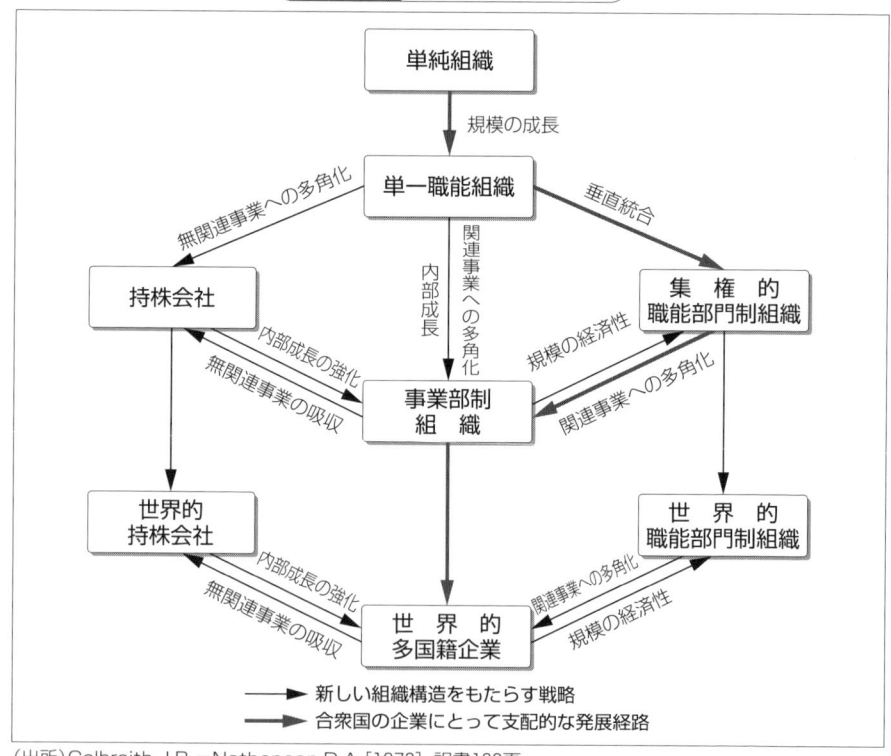

```
                    単純組織
                       │
                       │規模の成長
                       ▼
   無関連事業への多角化  単一職能組織   垂直統合
        ┌──────────┤           ├──────────┐
        │          関連事業       │
        │          への多角化     │
        │          内部成長        │
        ▼              │          ▼
     持株会社           │      集権的
        │              │      職能部門制組織
        │  内部成長の強化 │   規模の経済性
        │←─────────────┤←──────────
        │  無関連事業の吸収│   関連事業への多角化
        │              ▼
        │           事業部制
        │            組織
        │              │
        ▼              │          ▼
     世界的            │        世界的
     持株会社           │       職能部門制組織
        │  内部成長の強化 │   関連事業への多角化
        │←─────────────┤←──────────
        │  無関連事業の吸収│   規模の経済性
        │              ▼
        └──────►  世界的
                  多国籍企業
```

　　　━━▶　新しい組織構造をもたらす戦略
　　　━━▶　合衆国の企業にとって支配的な発展経路

（出所）Galbraith,J.R.＝Nathanson,D.A.［1978］訳書139頁。

第4章 経営システムの診断

　ガルブレイス=ナサンソン（Galbraith,J.R.=Nathanson,D.A.）［1978］の組織の発展モデルは，図表4－19に示されるように[26]，組織の形態は，ライン組織から職能組織へ，さらに職能組織から事業部制組織へ，究極的には世界的多国籍企業に進化するとされている。

　企業が置かれた環境によって，経営戦略の重点課題が異なり，経営戦略の重点課題が異なれば組織構造も異なるという現象は，実際に数多く観察されるので，このガルブレイス=ナサンソンの組織の発展に関する仮説は検証されつつあるといっても過言ではあるまい。

　組織適合は，このように経営戦略や業務システムなどの目的変数に対して，組織の有効性をいかに保持するかが課題となる。組織診断を行う場合，経営戦略の診断，業務システムの診断を先行させる理由はここにある。

1）システム関連書に基づいて筆者が作成。
2）森本三男［1995］5頁。
3）同上書36頁を参考にして，筆者が作成。
4）伊丹敬之［1984］6頁。
5）伊丹敬之［2003］25頁。
6）岸川善光［2006］227頁。
7）奥村昭博［1978］179頁。
8）岸川善光［2006］244-245頁。
9）近藤修司［1985］205頁。
10）Peters,T.J.= Waterman,R.H.［1982］訳書51頁。
11）近藤修司［1985］129頁。
12）岸川善光［2006］では，ビジネス・システムとして体系化を図ったが，本書では，経営管理システムと業務システムに区分したため，業務システムとして分類した。
13）岸川善光［2006］233頁。
14）近藤修司［1985］148頁。
15）Porter,M.E.［1980］訳書61頁。
16）榊原清則［1992］6頁。
17）寺本義也=岩崎尚人［2000］に基づいて，筆者が一部加筆修正。
18）岸川善光［2006］193頁。
19）加護野忠男=井上達彦［2004］22頁。

20）同上書43-44頁。
21）吉原英樹他［1981］26頁。
22）岸川善光［1999］109頁。
23）同上書108頁。
24）寺本義也＝岩崎尚人［2000］212頁。
25）アベクレン＝ボストン・コンサルティング・グループ編［1977］71頁。
26）Galbraith,J.R.=Nathanson,D.A.［1978］訳書139頁。

第5章 経営管理システムの診断

　本章では，経営管理システムの診断について考察する。機能（活動）別の経営管理は，第6章で業務システムとして取り上げるので，本章では，主として経営資源による分類基準に準拠して，経営管理システムの診断について体系的に理解する。

　第一に，経営管理システムの意義について考察する。経営管理システムの機能は，狭義の経営システムおよび業務システムのフィードバック・コントロールであることを理解し，さらに経営管理の体系について，いくつかの観点から立体的に理解を深める。

　第二に，人的資源管理システムの診断について考察する。まず，人的資源管理システムの意義について理解を深める。次いで，人的資源管理システムの概要についていくつかの観点から考察する。さらに，チェックリストで診断の要点を確認する。

　第三に，財務管理システムの診断につい考察する。まず，財務管理システムの意義について理解を深める。次いで，財務管理システムの概要についていくつかの観点から言及する。さらに，チェックリストで診断の要点を確認する。

　第四に，情報管理システムの診断について考察する。まず，情報管理システムの意義について理解を深める。次いで，情報管理システムの概要についていくつかの観点から言及する。さらに，チェックリストで診断の要点を確認する。

　第五に，法務管理システムの診断について考察する。まず，法務管理システムの意義について理解する。次いで，法務管理システムの概要についていくつかの観点から考察する。さらに，チェックリストで診断の要点を確認する。

1 経営管理システムの意義

❶ 経営管理システムの機能

　すでに第4章で考察したように，経営管理システムは，下記の分類基準によって体系化することができる。
① 　機能（活動）：研究開発，調達，生産，マーケティング，ロジスティクス
② 　経営資源：ヒト，モノ，カネ，情報
③ 　意思決定：情報活動，設計活動，選択活動，検討活動
　本書では，機能（活動）別の経営管理は，業務システムとして取り上げるので，ここでは主として経営資源による分類基準に準拠して，それに総合経営管理を追加して経営管理システムの体系とする。具体的には，経営管理システムの意義に続いて，人的資源管理，財務管理，情報管理，法務管理に関する診断について考察する。
　経営管理システムは，図表4－3で明らかなように，①環境主体との対境関係，すなわち環境とのかかわり方を保持する狭義の経営システム，②価値の創出・提供のために直接必要な業務システムに対して，フィードバック・コントロール（feedback control）を行うことをその基本機能とする。
　フィードバック・コントロールとは，出力・産出（アウトプット）に関する情報を入力・投入（インプット）側に再送する（再び戻す）ことによって，変換処理，変換プロセスを制御することである。フィードバック（feedback）は，出力・産出（アウトプット）の変化に対して，変化を減少させる方向に制御する「ネガティブ・コントロール」と，変化を増加する方向に制御する「ポジティブ・コントロール」に大別される。
　フィードバックとは対照的に，出力・産出（アウトプット）とは関係なく，ある条件下において，システムの制御のために，常に決められた入力・投入（インプット）を加えることをフィードフォワード（feedforward）という。近

年では，例えば，高度なフィードバックを可能にするPOSデータがリアルタイムの情報に近づくことによって，フィードフォワードに限りなく近い機能を果たすようになりつつある。このように，フィードバックとフィードフォワードの適切な組み合わせが，システムの制御を最適なものにする。

　学術的には必ずしも正確な表現とはいえないものの，フィードバックとフィードフォワードについて，その概念を理解するために，身近な運転の事例についてみてみよう。車を運転する場合，速度標識とスピードメーターを比較して，現在のスピードが速度標識の基準速度よりもオーバーしている場合，速度標識の基準速度に合わせて減速することをフィードバックという。また，これから急な坂道を登る場合，速度標識の基準速度を維持するために，前もってアクセルを踏むことをフィードフォワードという。

　上で，経営管理システムは，①環境主体との対境関係，すなわち環境とのかかわり方を保持する狭義の経営システム，②価値の創出・提供に直接必要な業務システムに対して，フィードバック・コントロールを行うことがその基本機能であると述べた。具体的には，フィードバック・コントロールは，①経営システム・業務システムの円滑な運営，②経営システム・業務システムのイノベーションの2つを実現するために行われる。

　第一に，経営システム・業務システムの円滑な運営とは，フィードバックとフィードフォワードによって，経営システムの構成要素間の適合を図りつつ，経営システムの出力・産出（アウトプット）に関する所期の目標を実現するために，入力・投入（インプット）および変換処理，変換プロセスを効果的かつ効率的に制御することである。変換処理，変換プロセスとは，価値（経済的効用）の生産システム，すなわち，本書でいう業務システムのことである。

　第二に，経営システム・業務システムのイノベーションとは，環境とのかかわり方の革新（ドメインの再定義など），経営システムの構成要素の革新，業務システムの革新などのことである。先の運転の事例でいえば，速度標識の基準速度が現状にそぐわないので基準速度を変更するとか，道路の幅を拡張して基準速度を上げることなどがこれに該当するであろう。

❷ 経営管理の体系

　経営管理の体系は，いくつかの観点から考察することができる。ここでは，①経営管理の対象領域，②経営管理の階層，③経営管理のプロセスという3つの観点から経営管理の体系を立体的に考察する。

　第一に，経営管理の対象領域という観点は，具体的には，経営システムの機能（活動）の全体を経営管理の対象とするか，個別の機能（活動）を経営管理の対象とするかということに他ならない。

　経営システムの機能（活動）の全体を経営管理の対象としたものを総合経営管理といい，個別の機能（活動）を経営管理の対象としたものを機能別管理という。この両者は，全体と個の関係にあるので，全体管理と個別管理，または全般管理と部門管理という分類がなされることもある。

　総合経営管理では，①外部環境の変化と各機能別管理との関連付け（環境適応，戦略策定など），②個別の機能別管理の基盤づくり（方針，計画など），③個別の機能別管理の全体的な統合（利益管理も予算管理など）の3点が極めて重要である。換言すれば，この3点を充足していない総合経営管理はその存在意義がないといっても過言ではない。

　他方，総合経営管理のレベルは，機能別管理のレベルによって規定される。例えば，総合経営管理の一環として，環境変化に適応するための経営戦略を策定したとしても，経営戦略を実行するための機能が効果的に遂行されなければ，経営戦略は「絵に描いた餅」にすぎない。

　第二に，経営管理の階層という観点からみてみよう。これは経営管理の階層分化に着目し，経営管理者の階層と階層別の職能との関連性について考察するものである。

　経営管理者の階層は，図表5－1に示されるように[1]，3つの階層に区分される。

① トップ・マネジメント（top management）
② ミドル・マネジメント（middle management）
③ ロワー・マネジメント（lower management）

第5章 経営管理システムの診断

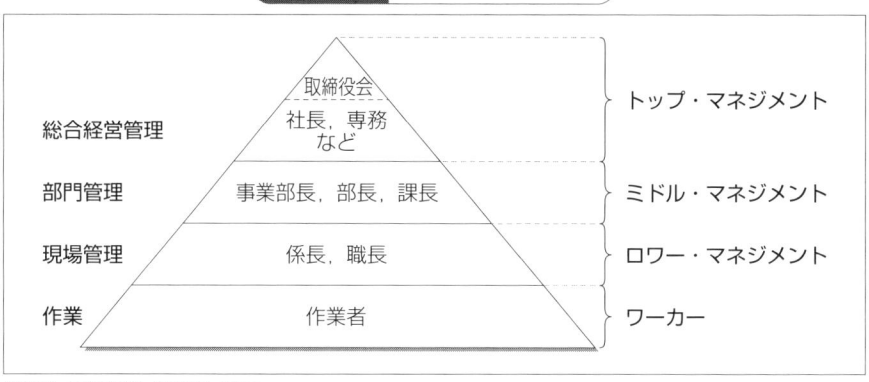

図表5-1　経営管理者の階層

総合経営管理	取締役会／社長, 専務 など	トップ・マネジメント
部門管理	事業部長, 部長, 課長	ミドル・マネジメント
現場管理	係長, 職長	ロワー・マネジメント
作業	作業者	ワーカー

(出所) 岸川善光 [1999] 80頁。

トップ・マネジメントは，代表取締役社長をはじめとする最高経営管理者のことをいう。この最高経営管理者のことを単に経営者ということがある。

ミドル・マネジメントは，事業部長，部長，課長などの中間経営管理者を指す。この中間経営管理者のことを単に管理者ということがある。

ロワー・マネジメントは，係長，主任など下級経営管理者のことである。この下級経営管理者は，正確には経営管理者ではなく，通常，監督者といわれることが多い。

次に，上述した経営者の3つの階層と，彼らが果たすべき職能との関連性についてみてみよう。図表5-2に示されるように[2]，経営管理者の階層によってその職能は大きく異なることが分かる。

図表5-2　経営管理者の階層による職能の相違

	対象領域	期間	内容	技法
トップ・マネジメント	全社的	長期的	戦略的	計数的
ミドル・マネジメント	↕	↕	↕	↕
ロワー・マネジメント	現場的	短期的	業務的	直接的

(出所) 岸川善光 [1999] 81頁。

トップ・マネジメントの職能は総合経営管理である。経営管理の対象領域は全社に及び，期間的には中長期的な課題を取り扱うことが多い。内容的には環境変化に適応するために経営戦略の策定や経営計画の策定が主たる職能になる。

　ミドル・マネジメントの職能は部門管理である。各部門の活動を計画・統制し，総合経営管理との整合性を保持することが重要な役割となる。

　ロワー・マネジメントの職能は現場管理であり，日常的な現場の作業を直接的に指示・監督する。

　上で，経営管理者の階層によって，職能が異なることを確認した。果たすべき職能が異なれば，経営管理者の階層ごとに必要とされるスキル（技能）も当然ながら異なることはいうまでもない。

　カッツ（Katz,R.L.）［1955］やテリー＝フランクリン（Terry,G.R.＝Franclin,S.G.）［1982］は，経営管理者に共通のスキルとして次の3つを挙げている[3]。

① コンセプチュアル・スキル（conceptual skill）
② ヒューマン・スキル（human skill）
③ テクニカル・スキル（technical skill）

　コンセプチュアル・スキルとは，構想化技能ともいうべきもので，経営システムにおける個別の機能（活動）の相互関係を理解して，経営システムの機能（活動）を全体的視点から包括的に捉える総合化の能力のことである。例えば，経営ビジョンや事業コンセプトの策定に必要なスキルがコンセプチュアル・スキルの典型である。

　ヒューマン・スキルとは，対人技能とでもいうべきもので，他人の心情を理解し，共感を持ち，他人の権利を尊重する能力のことである。これは顧客との折衝や部下の指導など，あらゆる人間関係において必要とされるスキルである。

　テクニカル・スキルとは，技術的技能のことで，職務の遂行過程で必要な技法，装置，技術などを適切に利用する能力のことである。

　ところで，①コンセプチュアル・スキル，②ヒューマン・スキル，③テクニカル・スキルの3つのスキルは，すべての経営管理者にとって不可欠ではあるものの，経営管理者の階層によってその重要度が異なる。図表5－3に示されるように[4]，経営管理者の階層別に必要なスキルは大きく異なる。

図表5-3　経営管理者の階層別にみたスキルの相違

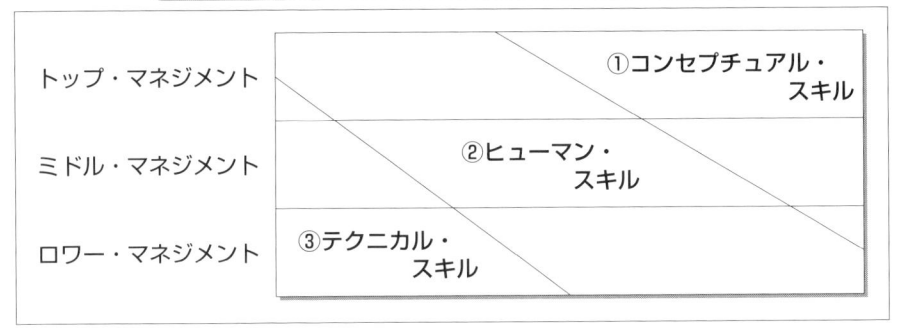

トップ・マネジメント			①コンセプチュアル・スキル
ミドル・マネジメント		②ヒューマン・スキル	
ロワー・マネジメント	③テクニカル・スキル		

（出所）Katz, R. L. [1955] pp.33-42., Terry, G. R.= Franclin, S. G. [1982] p.7.

　経営管理について体系的に考察する第三の観点として，経営管理のプロセスが挙げられる。この経営管理のプロセスは，通常，管理過程と呼ばれる。管理過程とは，管理活動の遂行順序（開始から完了まで）のことである。

　本書では，テリー=フランクリン［1982］の分類に準拠して，経営管理のプロセスを，①計画設定（planning），②組織編成（organizing），③動機付け（motivating），④統制（controlling）の4つに区分する。

① 計画設定：経営設定とは，「経営システムがその環境に適合して存続・発展し得る方向を定め，それを実現していくためのコースを選択する活動である」。計画設定には，次のような機能（活動）が含まれる。
　・経営方針：経営理念，基本方針など。
　・経営目標：売上目標，利益目標など。
　・経営戦略：製品・市場戦略，競争戦略など。
　・経営計画：総合計画，個別計画など。

② 組織編成：組織編成とは，目標ないしは計画達成のための手段として，経営組織を編成し，協働システムを維持する機能である。その主な内容は，次のとおりである。
　・職務分割：職務要件など。
　・部門編成：職務配分，職位など。
　・人員配置：要員見積りなど。
　・責任・権限：分掌規定，権限規定など。

③　動機付け：動機付けとは，経営システムの目標達成のために，組織構成員に職務遂行の意欲を持続的に喚起する機能である。その主な内容は，次のとおりである。

・リーダーシップ：指令，指導など。
・コミュニケーション：伝達，報告など。
・誘因：給与，表彰など。

④　統制：統制とは，「経営システムの実際の活動を計画どおりに実行させる機能である」。統制という用語は，日常用語では支配と同義語として用いられたりするので，混乱を避けるために，最近ではコントロールという用語が次第に多く用いられるようになりつつある。統制の主な内容は，次のとおりである。

・業績の測定：実績の集計など。
・達成度分析：計画と実績との比較，差異分析など。
・是正措置：修正指示，再発防止など。

❸ 経営管理システムの診断

　経営管理システムを診断する上で，上述した経営管理のプロセス，すなわち，①計画設定，②組織編成，③動機付け，④統制の4つのプロセスにおいて，経営管理の具体的な内容に関する分析・評価が極めて重要である。

　フィードバック・コントロールを行うためには，その前提として，客観的・体系的・定量的な計画設定が欠かせない。計画を基準として，出力・産出（アウトプット）との差異を分析することによって，修正指示などのフィードバックがはじめて可能になる。

　組織編成，動機付けについても，入力・投入（インプット）と出力・産出（アウトプット）との比較によって，是正措置をとることが可能になる。

　経営管理システムの診断のプロセスは，すでに第3章において考察したように，①分析・評価，②問題点の抽出，③課題および解決策の策定，④実施支援の4つのプロセスを踏む。

第5章 経営管理システムの診断

2 人的資源管理システムの診断

❶ 人的資源管理システムの意義

　従来，ヒトという経営資源に関する経営管理は，わが国では人事・労務管理といわれてきた。すなわち，ホワイトカラーを対象とする人事管理，ブルーカラーを対象とする労務管理に区分してきた経緯があるが，今日では両者の境界線が必ずしも明確ではなくなりつつあり，従業員に対する管理のことを人事・労務管理と呼ぶことが一般化している。

　ところが，近年では，図表5－4に示されるように[5]，雇用システム・労働市場の構造改革が急速に進展しつつある。雇用システム・労働市場の構造改革の進展に伴って，経営システムの側も従業員の側も，従来の人事・労務管理の考え方や取組み姿勢では，マッチしない状況が多発するようになってきた。

　これらの問題点を踏まえて，近年では，図表5－5に示されるように[6]，ヒトという経営資源に関する経営管理のパラダイムが大きく変化しつつある。具体的には，①ヒトを活用する目標，②経営資源としての特性，③期待されること，④役割，⑤重要性の5点が，従来の人事・労務管理の考え方や取組み姿勢とは大きく異なる。

　このヒトに関する新たなパラダイムの基本は，ヒトが生み出す価値の極大化を目指している。すなわち，人的資源価値の極大化と企業価値の極大化の両立こそが，新たな人的資源管理の目的であるといえよう。人的資源価値の極大化と企業価値の極大化の両立を実現するためには，経営戦略と密着した戦略的人的資源管理が必要不可欠になる。

　人的資源価値の極大化を実現するためには，従業員の「個の活用」「個の尊重」が欠かせない。他方，経営戦略と連動した採用，配置転換，昇進・昇格，人事考課，賃金管理，能力開発などの諸施策が必要不可欠である。

図表5-4　雇用・経営環境の変化に伴う雇用システム・労働市場の構造改革

これまでの雇用システムの特徴

- ○長期継続雇用
- ○年功賃金
- 〈前提条件〉
  - ・長期にわたる高い経済成長
  - ・若年層が多い労働者の年齢構成

左記システムのメリット

- ○企業にとって
  - ・労働力確保，勤労に対する強いインセンティブ
  - ・教育訓練投資を行った人材の社外流出防止
  - ・労働者の熟練化と情報共有による効率的生産
- ○労働者にとって
  - ・安定した雇用と処遇の保証

雇用慣行・経営環境などの変化

- ・従業員の生活・仕事への価値観の変化
- ・終身雇用制度の崩壊（雇用調整の活発化）
- ・女性従業員・高年齢者の活性化の必要性
- ・年功昇進から能力主義の人事制度の導入
- ・技術革新の進展，需要構造の変化

雇用慣行・経営環境などの変化

- ・従業員の生活・仕事への価値観の変化
- ・終身雇用制度の崩壊（雇用調整の活発化）
- ・女性従業員・高年齢者の活性化の必要性
- ・年功昇進から能力主義の人事制度の導入
- ・技術革新の進展，需要構造の変化

雇用システム・労働市場の構造改革

- ○多様な雇用・就業形態の選択制度の整備
  - ・派遣労働者の拡大（対象業務，紹介予定派遣）
  - ・有期労働契約の拡大（3年→5年）
  - ・裁量労働制の拡大（専門業務型，企画業務型）
- ○流動性のある労働市場確立のための制度整備
  - ・職業紹介規制の緩和
  - ・確定拠出年間制度の発足
  - ・解雇の基準やルールの立法化の検討
- ○女性・高年齢者の社会参画拡大のための制度整備
  - ・育児・介護休業法の改正
  - ・社会保険・税制などの見直し
- ○ストックオプションの制限の撤廃（商法改正）
- ○個人主体の能力開発促進の環境整備
  - ・教育訓練給付制度の見直し
  - ・キャリアカウンセリング制度の普及・促進
  - ・社会人向け大学・大学院教育などの促進
  - ・職業能力開発促進法の改正
  - ・キャリア形成助成金制度の発足

個別企業や産業による雇用保証期間の短期化
→新たな企業へ移動して長い職業人生を全う
（雇用市場を通じて雇用を保証する）

職業教育訓練の変化
「企業業績貢献型人材育成」から
→「個人主体の能力開発体制」

- ○職務に密着したジョブローテーションのための教育訓練重視から
  - →　職業生活設計に資する研修（自己啓発能力開発も支援）
- ○教育訓練の方法はOJTおよび自社内OffJ中心から
  - →　OJTの見直し，外部教育訓練機関の活用，情報提供・相談業務の重視

（出所）中小企業診断協会編［2002］121頁。

第5章 経営管理システムの診断

図表5-5　ヒトの管理のパラダイムシフト

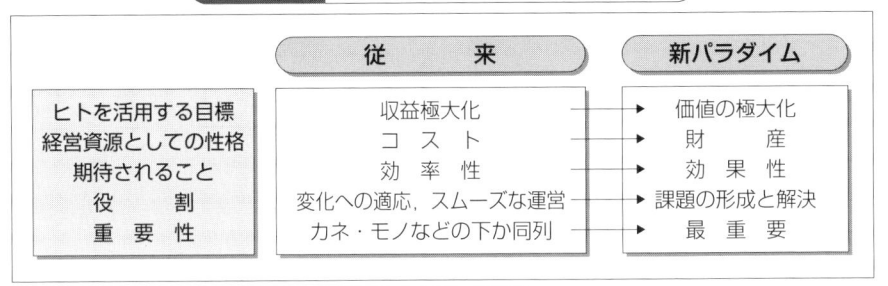

	従来	新パラダイム
ヒトを活用する目標	収益極大化	価値の極大化
経営資源としての性格	コスト	財産
期待されること	効率性	効果性
役割	変化への適応，スムーズな運営	課題の形成と解決
重要性	カネ・モノなどの下か同列	最重要

（出所）中小企業診断協会編［2004b］471頁を筆者が一部修正。

❷ 人的資源管理システムの概要

　人的資源管理は，一般的に，①組織運営，②人的資源フローマネジメント，③報酬マネジメントの3つの要素によって構成される。

　第一に，組織運営についてみてみよう。経営システムの側からみれば，人的資源をいかに効果的かつ効率的に活用して，経営システムの存続・発展に結び付けるかが重要な課題になる。経営システムの存続・発展に貢献できる人的資源を確保し，コミットメントの極大化を実現しなければ，効果的かつ効率的な組織運営とはいえない。

　第二に，人的資源フローマネジメントについて考察する。人的資源フローマネジメントとは，人的資源の採用，配置転換，昇進・昇格，人事考課，賃金管理，能力開発支援など，人的資源の活用プロセスに関する経営管理のことである。ここでは，能力開発，従業員満足の2つが必須の課題になるであろう。

　第三に，報酬マネジメントについてみてみよう。従業員満足の実現のためには，報酬マネジメントは，昔も今も重要な課題である。報酬マネジメントというと，最近では「成果主義」に基づく報酬マネジメントが流行しているが，「成果主義」に基づく報酬マネジメントは，報酬マネジメントの終着駅ではないと思われる。今後は，「成果主義」に基づく能力・成果の客観的な評価とともに，自己実現の支援，人間性尊重の人事制度など，脱金銭型の報酬マネジメントの構築が併せて必要不可欠となるであろう。

　人間性尊重の人事制度は，図表5-6に示されるように[7]，①人材の採用・

図表5-6　人間性尊重の人事制度の内容

	従来型の人事制度	人間性尊重の人事制度
人材の採用・雇用	春期学卒一括採用，有名大学（指定大学）採用志向	通年採用，大学名不問，中途採用，再雇用，ヘッドハンティング，インターンシップ制度活用，高齢者・障害者雇用
人材の種類	正社員重視	派遣社員，契約社員，登録社員など多様化
キャリア形成パターンの選択	単線型人事制度	複線型人事制度（専門職制度），職群・職務転換制度
職業能力の開発	ジョブローテーションによるOJTが中心	キャリア・ディベロップメント・プログラム，ヒューマンアセスメント，自己啓発支援
目標の設定，業績の評価	経営者・管理者が目標設定・業績評価	目標管理制度，自己申告・面接制度，多面的評価
職場の配慮	企業の都合によるジョブローテーション	自己申告・面接制度，社内公募制度，ヒューマンアセスメント
組織の編成	硬直的・集権的組織（例えば職能部門別組織）	社内ベンチャーなど弾力的・分権的な組織編成，小集団活動
賃金制度	年功型賃金制度	職能給制度，年俸制，ストックオプション制度
退職金・年金制度	年功型退職金制度，確定給付年金	退職金の給与上乗せ制度，退職金の点数方式・別テーブル方式，確定拠出年金
福祉制度	在籍中の企業内福祉の充実	アウトソーシングによる企業福祉の充実，カフェテリアプラン，ライフプランづくり支援，育児・介護支援，ボランティア活動支援
兼業の規定	兼業禁止	兼業禁止規定の弾力化
労働時間制度	一律の労働時間管理	フレックスタイム制，裁量労働みなし労働時間制，短時間勤務制度
再就職・独立自営	定年まで継続雇用	早期退職優遇制度などの進路選択制度，転業援助あっせん，独立開業支援

（出所）中小企業診断協会編［2004a］50頁。

雇用面では，再雇用，高齢者・障害者雇用など，②人材の種類では，人材の多様化など，③キャリア形成では，複線型人事制度，職群・職務転換制度など，④職業能力の開発では，キャリア・ディベロップメント・プログラム，ヒューマン・アセスメントなど，⑤目標の設定，業績の評価では，自己申告・面接制度，多面的評価など，⑥職場の配置では，社内公募制度など，⑦組織の編成では，社内ベンチャー，小集団活動など，⑧賃金制度では，年俸制，ストックオプション制など，⑨退職金・年金制度では，確定拠出年金など，⑩福祉制度では，育児・介護支援，ボランティア活動支援など，⑪兼業の規定では，兼業禁止規定の弾力化など，⑫労働時間制度では，フレックスタイム制，裁量労働みなし労働時間制，⑬再就職・独立自営では，早期退職優遇制度，独立開業支援など，実に多面的な人事制度が多くの経営システムにおいて展開されつつある。

❸ 人的資源管理システムの診断チェックリスト

　　□1　魅力ある職務の設計・再設計　（　　　　　　　　　　）
　　　　□1　経営理念との整合性　　　（　　　　　　　　　　）
　　　　□2　経営戦略との整合性　　　（　　　　　　　　　　）
　　　　□3　組織の活性化　　　　　　（　　　　　　　　　　）
　　　　□4　リーダーシップ　　　　　（　　　　　　　　　　）
　　　　□5　能力開発システム　　　　（　　　　　　　　　　）
　　　　□6　教　育　　　　　　　　　（　　　　　　　　　　）
　　　　□7　OJT　　　　　　　　　　（　　　　　　　　　　）
　　　　□8　適性の発見と管理　　　　（　　　　　　　　　　）
　　□2　人的資源フローマネジメント　（　　　　　　　　　　）
　　　　□1　採　用　　　　　　　　　（　　　　　　　　　　）
　　　　□2　配置転換　　　　　　　　（　　　　　　　　　　）
　　　　□3　昇進・昇格　　　　　　　（　　　　　　　　　　）
　　　　□4　人事考課　　　　　　　　（　　　　　　　　　　）
　　　　□5　再就職・独立支援　　　　（　　　　　　　　　　）
　　□3　報酬マネジメント　　　　　　（　　　　　　　　　　）
　　　　1□　賃金管理　　　　　　　　（　　　　　　　　　　）
　　　　2□　退職金・年金　　　　　　（　　　　　　　　　　）
　　　　3□　福祉制度　　　　　　　　（　　　　　　　　　　）

4□ 表彰制度	(	)
4□ 労働条件	(	)
1□ 就業形態	(	)
2□ 定年制	(	)
3□ 労働時間	(	)
4□ 安全衛生	(	)
5□ 労働災害	(	)
5□ 労使関係	(	)
1□ 労働組合	(	)
2□ 労使協議会	(	)
6□ その他	(	)

3 財務管理システムの診断

❶ 財務管理システムの意義

　経営資源（ヒト，モノ，カネ，情報）の内，カネを対象とする経営管理を財務管理という。財務管理システムは，西澤脩［1976］によれば，図表5－7に示されるように[8]，3つの観点から体系化を図ることができる。

　第一に，図表5－7の左から中央に向かって，資金の調達と運用という観点から，財務管理を資金調達管理と資金運用管理に大別することができる。

　第二に，図表5－7の上から下に向かって，財務管理のプロセスという観点から，財務戦略⇒財務計画⇒財務統制というマネジメント・プロセスによって体系化することができる。

　第三に，図表5－7の右から中央に向かって，利益と資金という観点から，財務管理を利益管理と資金管理に大別することができる。

　経営資源の内，ヒト，モノ，カネは3M（Man,Material,Money）と呼ばれ，近年，「限界収穫逓減」の現象が観察されるので，「限界収穫逓増」の現象が観察される情報と比較して，経営資源としての重要性が一段低く見られる風潮が

第5章 経営管理システムの診断

図表5-7　財務管理の体系

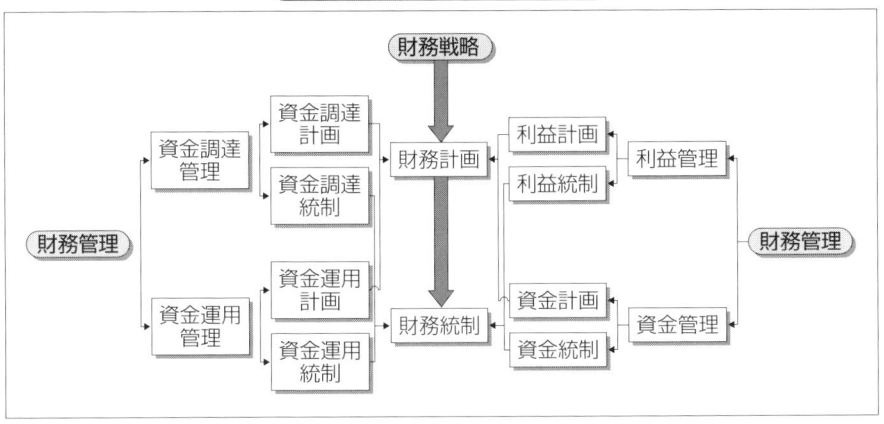

```
                              財務戦略
                                 ↓
             ┌─資金調達─┐            ┌─利益計画─┐
      ┌─資金調達─┤  計画  ├─財務計画─┤         ├─利益管理─┐
      │   管理  └─資金調達─┘            └─利益統制─┘          │
財務管理─┤         └─  統制  ─┘                                  ├─財務管理
      │   資金運用 ┌─資金運用─┐            ┌─資金計画─┐          │
      └─ 管理  ─┤  計画  ├─財務統制─┤         ├─資金管理─┘
                └─資金運用─┘            └─資金統制─┘
                  統制
```

(出所) 西澤脩 [1976] 6頁。

ある。特に，カネに対する認識が以前と比較して相対的に低下している。

　しかしながら，倒産の原因の内，約4割が財務管理の失敗（資金ショートなど）という事実を見ても，カネを対象とする財務管理の重要性はいささかも落ちてはいない。特に，中小企業における資金繰りは，経営管理の生命線ともいえるほど重要な位置付けを占める。

❷ 財務管理システムの概要

　上述したように，財務管理システムは，資金調達管理と資金運用管理に大別される。資金調達とは，どのような資金を，どこから，いくら集めるかということである。また，資金運用とは，どのような資金を，何に，いくら使うかということである。

　資金調達の源泉は，図表5-8に示されるように[9]，貸借対照表の貸方に示される。資本（自己資本）と負債（他人資本）に区分され，さらに勘定科目に細分化される。資金運用の形態は，貸借対照表の借方に示される。流動資産，固定資産，繰延資産に区分され，さらに勘定科目に細分化される。

　資金の調達と運用の状態は，図表5-9に示されるように[10]，本来継続的に循環するはずの「資本の循環過程」を，一定時点（通常は，決算日）の財政状態として貸借対照表に一覧化して表示される。したがって，貸借対照表を様々

図表5-8　貸借対照表の構造

当座資産	資産の部		負債・純資産の部		流動負債
現金・当座預金 その他の預金 受取手形 売掛金	流動資産	当座資産	流動負債	負債	支払手形 買掛金 短期借入金 未払金，前受金 勢品・賞与引当金
		棚卸資産			
棚卸資産		その他の流動資産	固定負債		固定負債
原材料 仕掛品 製品 貯蔵品	固定資産	有形固定資産			長期借入金 退職給付債務 社債
固定資産		無形固定資産	資本金	純資産	法定準備金
土地・建物 設備資産 建設仮勘定		投資等	法定準備金		資本準備金 利益準備金
		繰延資産	剰余金		剰余金
繰延資産		資産合計	負債・純資産合計		任意積立金 前記繰越損益
創業費，開発費					

（出所）筆者作成。

図表5-9　資本の循環過程

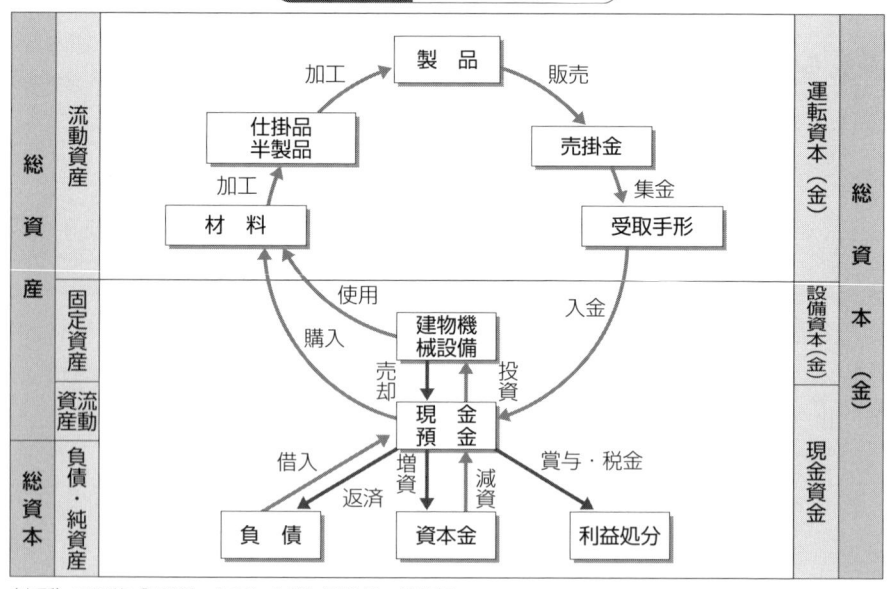

（出所）西澤脩［1976］5頁を参考に筆者が一部修正。

第5章 経営管理システムの診断

な角度から詳細に分析をすれば、資金の調達と運用の良否について的確に判断することができる。資金の調達と運用に関して、詳細に分析を行う場合、貸借対照表だけでなく、さらに資金運用表が不可欠のツールとして挙げられる。

先述したように、財務管理システムは、利益管理と資金管理に大別することができる。まず、利益管理についてみてみよう。利益管理の目的は、収益性の維持・拡大にある。

利益管理のために必要な分析・診断技法として、図表5-10に示されるように[11]、損益分岐点図表など多くの技法がすでに開発され活用されてきた。損益分岐点（break-even point）とは、売上高と総費用が等しくなり、利益が丁度ゼロになるときの売上高のことである。

利益管理において、損益分岐点を引き下げることは、最大のポイントの1つである。損益分岐点を引き下げる方策として、①固定費の低減、②変動費率の低減、③売上数量の増大、④売価の増大の4つが挙げられる。この4つの方策を適宜組合せて、損益分岐点を引き下げるための解決策を提示する必要がある。

次に、資金管理についてみてみよう。資金管理は、先述した資金運用表を用いた資金繰りに関する分析などがその基礎となる。近年では、「勘定合って銭足らず」や「黒字倒産」を防止するために、キャッシュ・フローに関する分析

図表5-10 損益分岐点図表

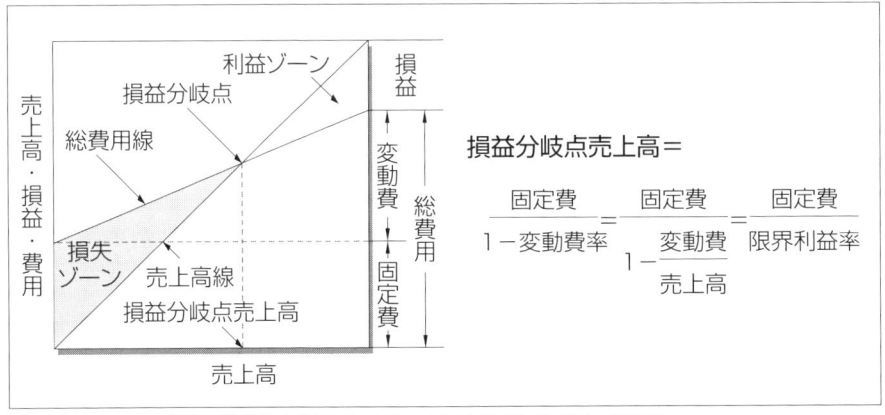

$$損益分岐点売上高 = \frac{固定費}{1-変動費率} = \frac{固定費}{1-\frac{変動費}{売上高}} = \frac{固定費}{限界利益率}$$

（出所）神戸大学大学院経営学研究室編［1999］604頁を参考に筆者が一部修正。

図表5-11　中小企業の経営指標（製造業）

分類	経営指標名／算式
総合比率	❶ 経営資本対営業利益率 ＝ $\dfrac{営業利益}{経営資本} \times 100(\%)$ ❷ 経営資本回転率 ＝ $\dfrac{純売上高}{経営資本}$（回） ❸ 売上高対営業利益率 ＝ $\dfrac{営業利益}{純売上高} \times 100(\%)$ ❹ 自己資本対経常利益率 ＝ $\dfrac{経常利益}{自己資本} \times 100(\%)$ ❺ 総資本対経常利益率 ＝ $\dfrac{経常利益}{総資本} \times 100(\%)$
財務比率	❻ 自己資本対固定資産比率 ＝ $\dfrac{固定資産}{自己資本} \times 100(\%)$ ❼ 固定長期適合率 ＝ $\dfrac{固定資産}{自己資本＋長期借入金} \times 100(\%)$ ❽ 流動比率 ＝ $\dfrac{流動資産}{流動負債} \times 100(\%)$ ❾ 当座比率 ＝ $\dfrac{現金・預金＋その他の預金＋受取手形＋売掛金}{流動負債} \times 100(\%)$ ❿ 総資本対自己資本比率 ＝ $\dfrac{自己資本}{総資本} \times 100(\%)$ ⓫ 売上高対支払利息比率 ＝ $\dfrac{支払利息・割引料－受取利息}{純売上高} \times 100(\%)$ ⓬ 固定資産回転率 ＝ $\dfrac{純売上高}{固定資産}$（回） ⓭ 受取勘定回転率 ＝ $\dfrac{純売上高}{受取手形＋売掛金}$（回） ⓮ 支払勘定回転率 ＝ $\dfrac{当期直接材料仕入高＋当期買入部品仕入高＋外注工賃＋間接材料費＋当期製品仕入原価}{支払手形＋買掛金}$（回）
生産比率	⓯ 従業員1人当り年間生産高 ＝ $\dfrac{純売上高－当期製品仕入原価}{従業員数}$（円） ⓰ 従業員1人当り年間加工高 ＝ $\dfrac{生産高－（直接材料費＋買入部品費＋外注工賃＋間接材料費）}{従業員数}$（円） ⓱ 加工高比率 ＝ $\dfrac{加工高}{生産高} \times 100(\%)$ ⓲ 加工高対人件費比率 ＝ $\dfrac{事務員・販売員給料手当＋直接労務費＋間接労務費＋福利厚生費＋賄費}{加工高} \times 100(\%)$ ⓳ 機械投資効率 ＝ $\dfrac{加工高}{設備資産}$（回） ⓴ 原材料回転率 ＝ $\dfrac{純売上高}{原材料}$（回） ㉑ 仕掛品回転率 ＝ $\dfrac{純売上高}{仕掛品}$（回） ㉒ 製品回転率 ＝ $\dfrac{純売上高}{製品}$（回）
販売比率	㉓ 売上高対総利益率 ＝ $\dfrac{総利益}{純売上高} \times 100(\%)$ ㉔ 売上高対経常利益率 ＝ $\dfrac{経常利益}{純売上高} \times 100(\%)$ ㉕ 販売・管理費比率 ＝ $\dfrac{販売費＋管理費}{純売上高} \times 100(\%)$ ㉖ 販売費比率 ＝ $\dfrac{販売費}{純売上高} \times 100(\%)$ ㉗ 売上高対広告費比率 ＝ $\dfrac{広告・宣伝費}{純売上高} \times 100(\%)$
労務比率	㉘ 従業員1人当り月平均人件費 ＝ $\dfrac{事務員・販売員給料手当＋直接労務費＋間接労務費＋福利厚生費＋賄費}{従業員数} \div 12$（円） ㉙ 人件費対福利厚生費比率 ＝ $\dfrac{福利厚生費＋賄費}{人件費} \times 100(\%)$ ㉚ 従業員1人当り機械装備額 ＝ $\dfrac{設備資産}{従業員数}$（円）

（出所）中小企業庁編［2006］22頁。

第5章 経営管理システムの診断

が重視されている。キャッシュ・フローは，営業活動によるキャッシュ・フロー，投資活動によるキャッシュ・フロー，財務活動によるキャッシュ・フローの3種類に区分される。

　上述した利益管理および資金管理を効果的に推進するためには，当該経営システムに関する経営成績および財政状態を正確に把握しなければならない。対象が中小企業の場合，中小企業診断士は「中小企業庁方式」と呼ばれる経営分析をマスターしなければならない。

　「中小企業庁方式」と呼ばれる経営分析には，①貸借対照表，損益計算書，製造原価報告書の形式が統一されていること，②勘定科目がすべてコード化され統一されていること，③業種別，企業規模別に標準指標が示されていること，④標準比較だけでなく，期間比較，相互比較も容易に行えること，など多くの特徴がある。

　「中小企業庁方式」と呼ばれる経営分析は，①収益性分析，②流動性分析，③生産性分析など，すでに確立された分析技法が存在する。具体的には，図表5－11に示されるように[12]，製造業の場合，①総合比率，②財務比率，③生産比率，④販売比率，⑤労務比率として30の経営指標が準備されている。

❸ 財務管理システムの診断チェックリスト

```
□1　資金調達　　　　　　　　（　　　　　　　　　　　）
　□1　資金調達の源泉　　　　（　　　　　　　　　　　）
　□2　自己金融　　　　　　　（　　　　　　　　　　　）
　□3　資金コスト　　　　　　（　　　　　　　　　　　）
　□4　資本構成　　　　　　　（　　　　　　　　　　　）
□2　資金運用　　　　　　　　（　　　　　　　　　　　）
　□1　手元流動性　　　　　　（　　　　　　　　　　　）
　□2　運転資金　　　　　　　（　　　　　　　　　　　）
　□3　設備投資　　　　　　　（　　　　　　　　　　　）
　□4　固定長期適合率　　　　（　　　　　　　　　　　）
□3　財務計画　　　　　　　　（　　　　　　　　　　　）
　□1　経営計画との連動　　　（　　　　　　　　　　　）
　□2　予　算　　　　　　　　（　　　　　　　　　　　）
```

☐4　経営分析	（　　　　　　　　　　）
☐1　収益性分析	（　　　　　　　　　　）
☐2　流動性分析	（　　　　　　　　　　）
☐3　生産性分析	（　　　　　　　　　　）
☐5　財務諸表	（　　　　　　　　　　）
☐1　貸借対照表	（　　　　　　　　　　）
☐2　損益計算書	（　　　　　　　　　　）
☐3　資金運用表	（　　　　　　　　　　）

4　情報管理システムの診断

❶ 情報管理システムの意義

　経営資源（ヒト，モノ，カネ，情報）の内，情報を対象とする経営管理を情報管理という。経営資源としての情報には，データ，情報，知識，技術，スキル，ノウハウ，ブランド，企業イメージ，暖簾などが含まれる。

　経営資源としての情報は，①情報による「限界収穫逓増」の現象が多くの産業・企業において観察されること，②伊丹［2003］などが指摘したように，見えざる資産（invisible asset）として，競争優位の源泉，変化対応力の源泉，将来の事業のための基盤となること[13]，③市場など外部から調達することが難しく，内部蓄積に依存すること，など他の経営資源とは異なる特性を有している。

　経営診断における情報管理の位置付けを理解するために，中小企業診断士試験の「経営情報システム」の科目内容と出題状況についてみてみよう。図表5－12に示されるように[14]，「経営情報システム」の科目内容は，①情報通信技術に関する基礎的知識，②戦略情報システムの2つの領域によって構成されている。

　図表5－12で明らかなように，従来，「情報システムを開発し，専門的に運用する上での技術的知識」を問う傾向が見られたが，近年，「ITを経営に効果的に活用するための知識」を問う出題内容に変化しつつある。

第5章 経営管理システムの診断

図表5-12 経営情報システムの科目内容と出題状況

出題状況	2001	2002	2003	2004	2005
情報技術に関する基礎的知識					
情報処理の基礎技術					
ハードウェア	○	○	○	○	○
ソフトウェア		○		○	○
アルゴリズムとデータ構造			○		
情報処理の形態と関連技術					
バッチ処理					
オンライン処理					
リアルタイム処理					
分散処理					
クライアント・サーバシステム	○	○		○	
対話型処理システム					
マルチメディア処理			○	○	
Webコンピューティング			○	○	○
データベースとファイル					
データベースの概念	○	○		○	○
データベースの管理システム					
ファイルの概念	○				
ファイルの編成				○	
通信ネットワーク					
通信ネットワークの役割	○				
通信ネットワークの基礎技術					
ネットワーク・アーキテクチャ	○				
LAN・VAN		○			○
インターネット・イントラネット・エクストラネット	○	○	○	○	
その他情報技術に関する基礎的知識に関する事項			○	○	○
戦略情報システム					
経営戦略と情報システム					
経営戦略と情報化			○	○	○
情報システムの種類と内容	○		○		
情報システムの開発					
システム化の計画とプロセス		○	○	○	○
現行システムの分析					
全般システム分析・設計				○	○
システムテスト・導入支援					
情報システムの評価					
品質評価	○				
価値評価	○				
情報システムの運用管理					
システム開発・改善	○			○	
セキュリティとリスク管理	○		○	○	○
情報システムと意思決定	○	○	○		○
情報化社会と情報ビジネス			○		○
その他戦略情報システムに関する事項	○	○		○	○

（出所）黒瀬公啓＝寺田治広［2006］119頁を筆者が一部修正。

❷ 情報管理システムの概要

情報管理システムは，図表5-13に示されるように[15]，時代とともに，またITの進展とともに変遷しつつある。

① 自動データ処理（ADP）：初期（1950年代）の情報管理システムの概念で，省力化やコスト低減を目的としていた。汎用コンピュータを用いたトランザクションが主体であった。

② 統合データ処理（IDP）：1960年代の情報管理システムの概念で，ADPの発展形態として位置付けられる。処理方式が非集中のバッチ処理からオンライン処理に変わり，適用業務が拡大した。

③ 経営情報システム（MIS）：1960年代の半ば頃から普及した情報管理システムの概念である。MISは構造的意思決定支援を目的としており，生産情報システム，販売情報システム，財務情報システムなどの機能別サブシステムを構築し，それらを全社的に統合するという手順を踏んだ。しかし，構造的意思決定を目的にしていたにもかかわらず，その実態は全社的なデータ処理型システムであったため，MISは下火になり，所期の目的を達成できずに「ミス」といわれるようになった。

図表5-13 情報管理システムの変遷

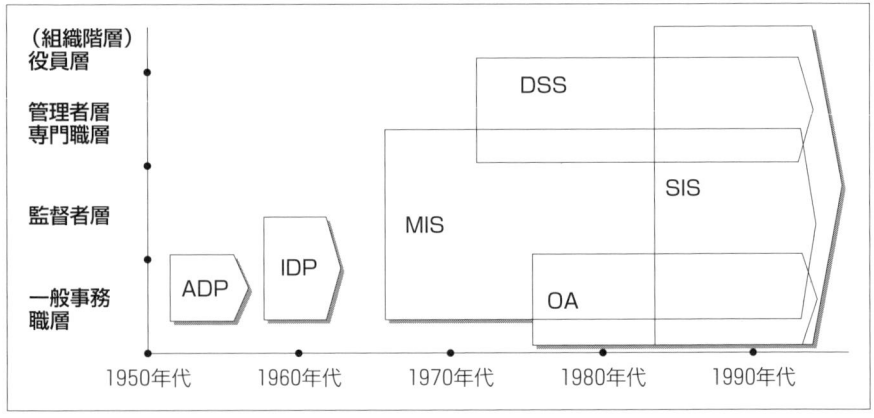

（出所）島田達巳＝海老澤栄一編［1989］68頁。

④ 意思決定支援システム（DSS）：1970年代の初めにモートン（Morton,S.）によって提唱された情報管理システムの概念である。DSSの目的は，非構造的もしくは半構造的な意思決定を支援することであり，対話型システムが志向され，DSSの概念は今日でも，ITの進展に伴って，その概念の拡大化および洗練化が図られている。

⑤ オフィス・オートメーション（OA）：1970年代の半ば頃から普及した情報管理システムの概念で，オフィスの効率化およびオフィス活動の質的向上をその目的としている。

⑥ 戦略的情報システム（SIS）：1985年にワイズマン（Wiseman,C.）によって提唱された情報管理システムの概念である。

　上述した6つの情報管理システムの内，SISについてやや詳しくみてみよう。SISは，図表5－14に示されるように[16]，競争優位を獲得・維持することを目的として，情報管理システムを経営戦略の手段として用いることに最大の特徴がある。従来の情報管理システムは，主として業務処理の合理化・省力化など，いわゆる「効率性」の向上を目的としているのに対して，SISは，企業間競争への貢献など，いわゆる「効果性」の向上をその目的としている。

　SISの典型的な事例として，米国の航空会社における座席予約・発券システム（CRS：computerized reservation system）が挙げられる。このCRSは，競争戦略の手段として劇的に機能した。その結果，決定的な競争優位を獲得することによって，ついには競合企業を倒産に追い込むなど，話題に事欠かない有名なシステムになった。

　SISの利点は，情報管理システムによって競争優位の獲得が実現することである。特に，企業間競争への貢献度が高い。この競争優位の源泉として，①新事業機会の創造，②製品・サービスの大幅改善，③系列化，④囲い込みなどが挙げられる。

　他方，SISの欠点として，SISの概念の古さが挙げられる。すなわち，顧客の「囲い込み」，系列ネットワークの構築などにみられるSISの概念では，「オープン・ネットワーク」の時代に対応することは難しい。また，従来のSISの概念では，固定費の負担が大きすぎる割には効果が小さいことが次第に明らか

になりつつある。

「オープン・ネットワーク」の時代に対応するためには，SISの概念を抜本的に洗練化することが不可欠と思われる。特に，顧客の「囲い込み」や「クローズド・ネットワーク」の採用は，「連結の経済」の向上になじまない。

情報管理システムについて考察する場合，インターネットを効果的に活用することの重要性はあらためていうまでもない。近年，インターネットの普及に伴って，新たなビジネスの形態が続々と生まれつつある。これらのインターネットを取り込んだビジネスを「eビジネス」という。

「eビジネス」は，取引主体の形態によって，①B-to-C（企業対消費者取引），②B-to-B（企業対企業取引）の2つに分類される。

図表5-14　従来型情報システムから戦略的情報システム（SIS）へ

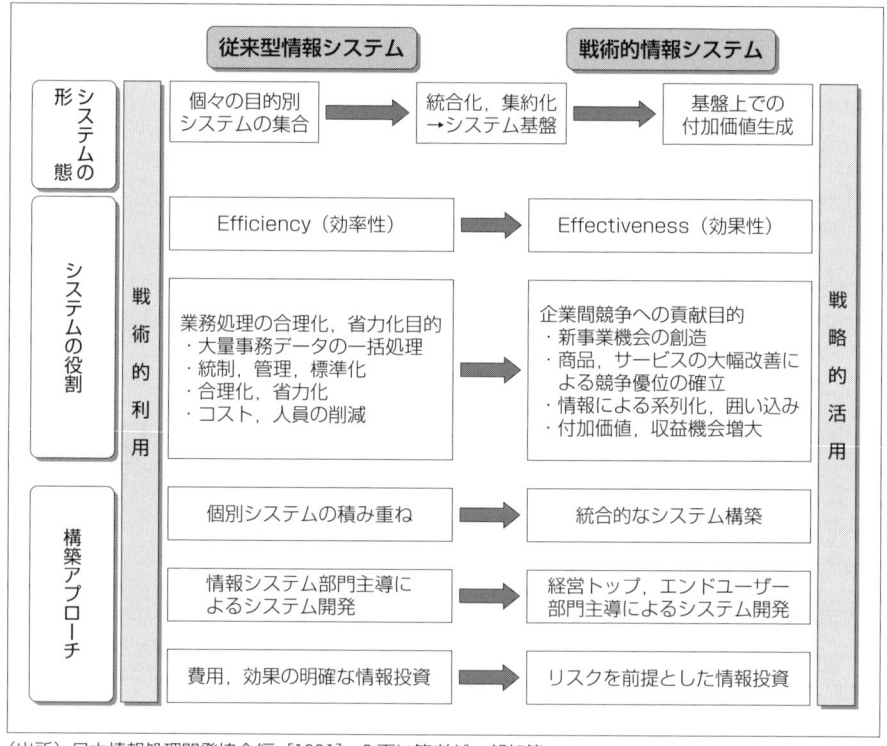

システムの形態	従来型情報システム		戦術的情報システム
	個々の目的別システムの集合	統合化，集約化→システム基盤	基盤上での付加価値生成
	Efficiency（効率性）		Effectiveness（効果性）
システムの役割	業務処理の合理化，省力化目的 ・大量事務データの一括処理 ・統制，管理，標準化 ・合理化，省力化 ・コスト，人員の削減		企業間競争への貢献目的 ・新事業機会の創造 ・商品，サービスの大幅改善による競争優位の確立 ・情報による系列化，囲い込み ・付加価値，収益機会増大
構築アプローチ	個別システムの積み重ね		統合的なシステム構築
	情報システム部門主導によるシステム開発		経営トップ，エンドユーザー部門主導によるシステム開発
	費用，効果の明確な情報投資		リスクを前提とした情報投資

（従来型：戦術的利用／戦術的情報システム：戦略的活用）

（出所）日本情報処理開発協会編［1991］　9頁に筆者が一部加筆。

① B-to-C（企業対消費者取引）：B-to-Cは，一般的には，消費者が企業のホームページやショッピングモールサイトを探索し，商品を選択して買い物をするというビジネスの形態である。B-to-Cの特徴として，①ワン・トゥ・ワン・マーケティング，②メーカーの直接販売（仲介者の中抜き），③個別物流（宅配便）などが挙げられる。

② B-to-B（企業対企業取引）：B-to-Bは，上述したB-to-Cよりも巨大な市場であり，またその成長スピードも速い。わが国でも，B-to-Bは各種メディアへの露出度こそB-to-Cより低いものの，実態ははるかに広く確実に普及している。B-to-Bの特徴として，①取引の電子化，②ビジネス・プロセスの効率化，③ビジネス・プロセス・リエンジニアリング（ＢＰＲ）などが挙げられる。

従来，企業は，調達－製造－マーケティング－ロジスティクスなどの各機能を，自社または系列会社で賄うことのできる価値連鎖（バリュー・チェーン）を構築してきた。ところが，近年では，インターネットを導入することによって，機能の相互補完だけでなく，「価値のネットワーク」すなわちバリュー・ネットの再構築を行う事例が急増している。「顧客満足」を重視すれば，この動きはますます加速するものと思われる。

ところで，情報管理システムを事業基盤（ビジネス・プラットフォーム）そのものとする企業が急増しつつある。従来，情報管理システムは，経営管理のツールとして位置付けられてきた。この場合のツールとは，主として企業活動の合理化や省力化の手段という意味である。

ところが，図表5－15に示されるように[17]，情報通信ネットワークによって生産者（事業主体）と消費者（顧客）との関係づくり，すなわち「関係性のマネジメント」をコア・ビジネス（コア・コンピタンス）とする企業が次々に出現するなど，情報通信ネットワークの活用方法および位置付けが激変しつつある。

M社の情報通信ネットワークは，企業活動の合理化や省力化という側面をもちろん有するものの，むしろ情報通信ネットワークを活用することによって，「範囲の経済」および「連結の経済」の向上を狙いとしている。現実に，M社

図表5-15 M社のビジネス・モデル

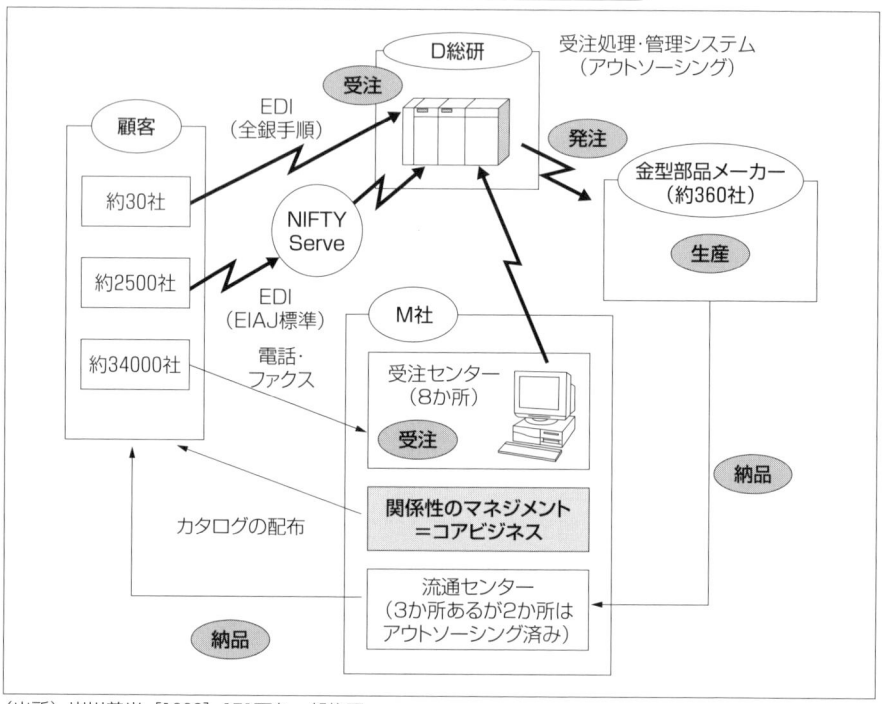

```
顧客                  D総研        受注処理・管理システム
                     [受注]       （アウトソーシング）
約30社  ─EDI─→
       （全銀手順）            ─[発注]→ 金型部品メーカー
                NIFTY                  （約360社）
約2500社 ─→    Serve                    [生産]
       ─EDI─→
       （EIAJ標準）  M社
約34000社 電話・
        ファクス   受注センター
                  （8か所）
                   [受注]
                                        [納品]
                  関係性のマネジメント
                  ＝コアビジネス
       ←─カタログの配布──
                  流通センター
                  （3か所あるが2か所は
                   アウトソーシング済み）
       [納品]
```

（出所）岸川善光［1999］171頁を一部修正。

は情報通信ネットワークを事業基盤としつつ，その事業基盤を多面的に活用することによって，事業の多角化を積極的に推進し，業績（売上・利益）を年々飛躍的に向上させている。

上述したM社の情報通信ネットワークは，どのような役割を果たしているのであろうか。結論を言えば，M社の情報通信ネットワークは，消費者（顧客）と生産者（事業主体）に対して，「関係性の構築」という価値を提供するための事業基盤なのである。換言すれば，「関係性のマネジメント」の基盤である。「関係性のマネジメント」を本業とすれば，取り扱う製品・サービスは，極端に言えば何にでも適用することができる。

❸ 情報管理システムの診断チェックリスト

```
□1  情報戦略                                      (                    )
  □1  経営戦略と情報管理システムとの整合性     (                    )
  □2  CIO（最高情報責任者）の機能              (                    )
  □3  情報基盤（ビジネス・プラットフォーム）  (                    )
□2  情報資源管理                                  (                    )
  □1  ハードウェア                              (                    )
  □2  ソフトウェア                              (                    )
  □3  ネットワーク                              (                    )
  □4  開発技術                                  (                    )
  □5  安全性                                    (                    )
  □6  運用方法                                  (                    )
□3  情報システムの開発                            (                    )
  □1  情報システムの開発技法                    (                    )
  □2  開発のアウトソーシング                    (                    )
  □3  開発支援ツール                            (                    )
□4  情報システムの運用                            (                    )
  □1  運用管理                                  (                    )
  □2  情報セキュリティ                          (                    )
  □3  運営のアウトソーシング                    (                    )
```

5 法務管理システムの診断

❶ 法務管理システムの意義

　近年，不正や不法などの企業犯罪をはじめとする企業不祥事が，一流企業を含めて多発している。経営者に直接起因するこのような企業不祥事の原因を調査すると，コーポレート・ガバナンス（corporate governance）に関する構造的な要因によるものが多い。

企業に対する信頼性を確保することを大きな目的として，2006年5月から，会社法が施行された。会社法の施行に伴って，コーポレート・ガバナンス，内部統制システム，コンプライアンス（法令遵守），情報開示など，いわゆる法務管理に対する社会の関心も一気に高まりつつある。

　経営診断においても，中小企業診断士試験第1次試験の関連基礎科目として，「経営法務」が課せられているように，法務管理に関する知識は必要不可欠であるといえる。

　そこでまず，中小企業診断士試験第1次試験の「経営法務」の科目内容についてみてみよう。「経営法務」の科目内容は，図表5－16に示されるように[18]，下記の6つの領域によって構成されている。

① 事業開始，会社設立および倒産等に関する知識（事業の開始，届出・手続等，合併等の手続，倒産等の手続）
② 知的財産権に関する知識（工業所有権の内容と取得方法，著作権の内容，知的財産権に関する契約等）
③ 取引関係に関する法務知識（契約に関する基礎知識，契約の類型と内容）
④ 企業活動に関する法律知識（民法，会社法，証券取引法，その他）
⑤ 資本市場へのアクセスと手続（資本市場に関する基礎的知識，有価証券報告書とディスクローズ）
⑥ その他経営法務に関する事項

　この中で，経営診断の実務において，①合併等の手続き，②倒産等の手続き，③工業所有権の内容と取得方法，④民法，⑤証券取引法，⑥資本市場に対する基礎的知識は必要不可欠である。

　従来，法務管理の分野は，弁護士，弁理士，社会保険労務士，税理士など，法務に関連するテクノクラートが担当してきた。経営診断において，法務プロパーの問題解決（ソリューション）を，経営コンサルタントが直接的に従事するとは限らないが，上述した中小企業診断士試験第1次試験の「経営法務」の科目内容の知識は，是非とも修得すべきである。

第5章 経営管理システムの診断

図表5-16 経営法務の科目内容と出題状況

出題状況	2001	2002	2003	2004	2005
事業開始, 会社設立および倒産等に関する知識					
事業の開始	○				
個人の事業開始			○		
法人の事業開始	○	○			
届出・手続等					
許認可・届出が必要な事業					
労働保険・社会保険の届出			○		
税務上の届出					
合併等の手続					
合併・営業譲渡等の手続			○	○	○	○
組織変更手続			○	○		
倒産等の手続					
倒産等に関する法律に基づく手続	○	○	○	○	○
知的財産権に関する知識					
工業所有権の内容と取得方法	○	○	○		○
特許権			○		○
実用新案権				○	
意匠権			○	○	
商標権	○				○
著作権の内容					
著作権等の種類と内容	○	○			
著作権の成立と保護				○	
知的財産権に関する契約等					
工業所有権に関する契約				○	
著作権等に関する契約			○		
取引関係に関する法務知識					
契約に関する基礎知識					○
契約の成立要件					
契約の有効要件					
外国企業との取引に関する法律知識	○		○	○	
契約の類型と内容	○	○			
守秘義務契約			○		
共同研究契約			○		
売買契約				○	
事業提携契約		○	○		
企業活動に関する法律知識					
民法	○	○	○	○	○
会社法	○	○	○	○	○
証券取引法			○		
その他				○	○
資本市場へのアクセスと手続					
資本市場に関する基礎的知識			○	○	○
有価証券報告書とディスクローズ	○	○			
その他経営法務に関する事項				○	

(出所) 黒瀬公啓＝寺田治広 [2006] 143頁を筆者が一部修正。

❷ 法務管理システムの概要

　上述したように，法務管理システムの領域は多岐にわたる。紙幅の制約上その詳細については専門書に譲ることにして，ここでは，①会社の種類，②知的財産権，③内部統制システム，④コーポレート・ガバナンスの4点について概観する。

　第一に，会社法による会社の種類についてみてみよう。会社法では，図表5－17に示されるように，会社の種類は，①株式会社，②合名会社，③合資会社，④合同会社の4種に区分される[19]。この4種の会社の内，合名会社，合資会社，合同会社の3種を総称して「持分会社」と呼ぶ。

　株式会社は，会社の中でも大企業向けの企業形態といえる。株式会社の特色として，①債権者に対して社員（株主）は有限責任しか負わない，②社員の地位（株式）は自由に譲渡することが認められる，③所有と経営の分離が認められる，などが挙げられる。

　会社法では，有限会社を株式会社に取り込んだため，大会社，公開会社，非公開会社，取締役会設置会社など，大規模な会社から小規模な会社まで，様々な会社が含まれることになった。株式会社は，今後の会社形態の中心的な存在になるであろう。

　合名会社は，①社員（出資者）全員が債権者に対して，直接無限責任を負う，②原則として全社員が業務を執行し会社を代表する，という特色が挙げられる。戦前には，三井家が三井財閥の本社として支配した三井合名会社など，財閥の支配会社（持株会社）として活用された。現在では，新たに設立される合名会社は極めて少ないが，会社法の下では利用が拡大することが期待される。

　合資会社は，①直接無限責任を負う社員と，直接有限責任を負う社員によって構成される，②無限責任社員はもちろんのこと，有限責任社員も会社債権者に対して直接責任を負い，かつ社員相互間で連帯責任を負う，という特色が挙げられる。合資会社も合名会社と同様に，戦前は財閥の持株会社として利用された。岩崎家の三菱合資会社が有名な該当事例である。

　会社法の施行によって，従来，全会社数の内，約6割弱を占めていた有限会

第5章 経営管理システムの診断

図表5-17 会社の種類別特色

		株式会社 公開	株式会社 非公開	持分会社 合名会社	持分会社 合資会社	持分会社 合同会社
出資者	名称	○株主	○株主	○社員	○社員	○社員
出資者	責任	○出資の義務にとどまり会社の債権者に対しては責任を負わない	○出資の義務にとどまり会社の債権者に対しては責任を負わない	○会社の債権者に直接無限の責任を負う	○無限責任社員－会社の債権者に直接無限の責任を負う ○有限責任社員－出資額を限度として直接責任を負う	○出資額を限度として責任を負う
出資者	員数	○1名以上	○1名以上	○1名以上	○無限責任社員と有限責任社員各1名以上	○1名以上
出資者	譲渡制限	○原則譲渡自由	○譲渡につき会社の承認が必要	○他の社員全員の承諾が必要	○無限責任社員－他の社員全員の承諾が必要 ○有限責任社員－無限責任社員の承諾が必要	○他の社員全員の承諾が必要
運営 意思決定	最高	株主総会	株主総会	総社員の同意	総社員の同意	総社員の同意
運営 意思決定	重要な業務	取締役会	取締役	総社員の過半数 ［ただし業務執行社員を定めたときはその者の過半数］	無限責任社員の過半数 ［ただし業務執行社員を定めたときはその者の過半数］	総社員の過半数 ［ただし業務執行社員を定めたときはその者の過半数］
運営 意思決定	業務遂行	代表取締役*1	取締役（取締役会設置は任意）			
運営	取締役数	○取締役－3名以上 ○代表取締役*1－1名以上	○取締役－1または2名以上（代表取締役設置は任意）	機関は不要（組合的規律）		
運営	任期	○2年以内*2	○10年以内			
運営	監査役	○1名以上*3	○任意			

*1 委員会設置会社では代表執行役
*2 委員会設置会社では任期1年
*3 委員会設置会社にはなし。代わりに監査委員会がある。
（出所）岸田雅雄［2006］50頁を筆者が一部修正。

社が廃止された。しかし，これまでの有限会社は，法律上は会社法によって規律される株式会社になるものの，整備法によって「特例有限会社」として存続する。具体的には，会社法の施行後も「有限会社」という商号で存続することができる。

　他方，会社法の施行によって，合同会社が新たに創設された。合同会社は，出資者全員が有限責任社員であり，内部関係については，民法上の組合と同様の規律（原則として，社員全員の一致で定款の変更やその他会社のあり方の決定が行われ，各社員が自ら会社の業務執行にあたるという規律）が適用される会社である。米国のLLC（Limited Liability Company）を参考に創設された。

　ちなみに，対外的な有限責任性と対内的な定款自治という性格を併せ持つものとして，上述した合同会社の他に，有限責任事業組合法に基づく有限責任事業組合（LLP：Limited Liability Partnership）がある。LLCとLLPは，①債権者に対して有限責任しか負わない，②内部組織については広く定款自治が認められる，などの共通点がある。他方，①LLCは法人格があるが，LLPは組合契約であり法人格がない，②LLCは全社員が業務執行を行う必要はないが，LLPは行う必要がある，など多くの相違点がある。

　第二に，知的財産権について概観する。知的財産権とは，「人間の知的・精神的活動による創作物（著作物，発明，実用新案，意匠，植物新品種，営業秘密等），および営業上の標識（商標，サービスマーク，商号，原産地表表示等）に関する保護法則の総称[20]」である。すなわち，知識から得られる創作物を財産と認定し，その所有者を保護する権利である。

　長岡貞男［2001b］は，図表5－18に示されるように[21]，知的財産権の種類とその内容について体系的にまとめている。

　知的社会に変質しつつある現在，競争優位の獲得において，知的財産は極めて重要な課題になりつつある。特に，特許戦略は，企業の競争優位の源泉として，技術的独占を確保することを目的としており，技術開発戦略，研究開発戦略と表裏一体の関係にある。

　できる限り迅速にかつ多数の特許権を取得することは当然重要なことであるが，実際の特許権申請に際しては，①競合企業による研究開発の追随や新製品

図表5-18 知的財産権の種類

	特　許	実用新案	意　匠	著作権	商　標	営業秘密
保護対象	発明	考案（特許ほど高度でない発明）	意匠（商品のデザインなど）	著作物（プログラムなど）	商品の商標	ノウハウなど
主たる保護要件	・新規性 ・進歩性 ・登録	・新規性 ・進歩性 ・登録	・新規性 ・創作非容易性 ・登録	・創作	・誤認を生じさせないこと ・登録	・秘密保持のための管理 ・事業活動に有用
保護期間	出願日から20年	出願日から6年	登録日から15年	著作者の死後50年	登録日から10年だが更新可能	無制限
ディスクロージャー	出願・公開制度	出願・公開制度	3年内の秘密意匠制度あり	頒布	出願公告	業務なし
保護内容	発明の実施の専有	考案の実施の専有	意匠の実施の専有	複製権の専有など	商標の使用の専有	秘密の維持
他企業の権利	ライセンスがなければ同じ技術を使えない	同左	同左	アイデアの利用は可公式使用（アメリカ）		リバース・エンジニアリングは可

（出所）長岡貞男［2001b］335頁。（一橋大学イノベーション研究センター編［2001b］，所収）

情報の察知を回避するために，最小限の技術情報しか公開しない，②具体的な生産に関わるノウハウなどを隠蔽するために，核心的な技術は直接申請せず，それへの道を閉ざすような形で周辺の特許を申請する，③将来の技術開発の独占可能性に広く網をかぶせる，など多くの戦略的な対応が試みられている。すなわち，特許の公式取得と技術の秘密化・非公開化の両方の組合せの最適化を図ることが必要である。

第三に，内部統制システムについてみてみよう。会社法は，大会社に対して，内部統制システムの整備義務を課した。内部統制システムの目的は，図表5－19に示されるように[22]，①コンプライアンス（法令遵守），②財務報告の信頼性，③業務の効率化の3つとされている。

内部統制システムは，法的には大会社に対する整備義務にとどまるものの，企業に対する信頼性を確保し，企業不祥事を未然に防止するために，リスク管理体制を確立するという意味でも必要不可欠のシステムといえよう。大会社以

図表5-19　内部統制システムの概念図

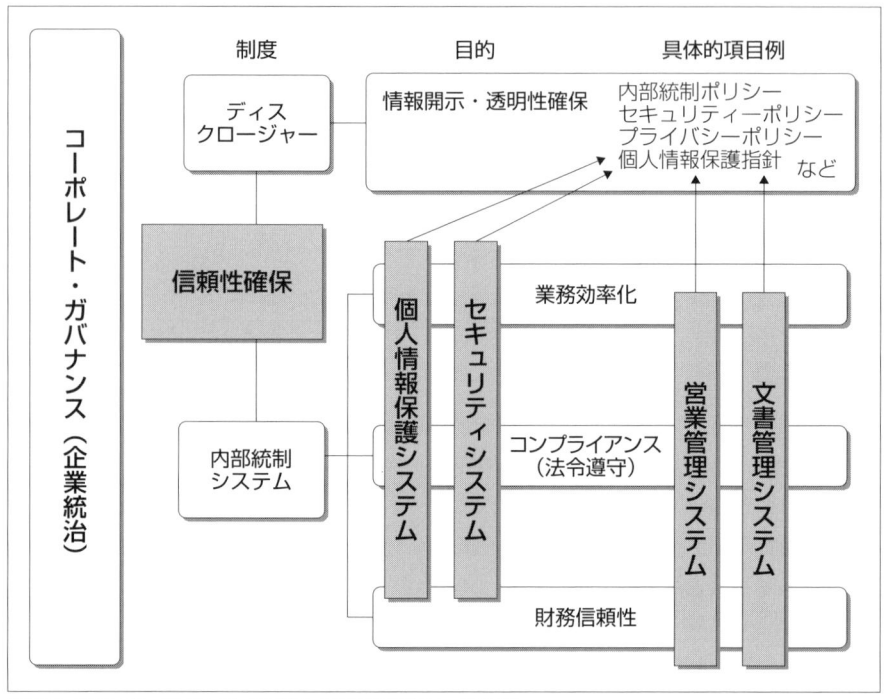

(出所) 牧野二郎=亀松太郎 [2006] 126頁を筆者が一部修正。

外でも，効果的かつ効率的な内部統制システムの導入が望まれる。法務管理システムに関する経営診断のテーマの1つといえよう。

　第四に，コーポレート・ガバナンスについて概観する。会社法では，図表5-20に示されるように，株式会社における機関設計における自由裁量の範囲が格段に広くなった[23]。会社法において，株式会社が必ず置かなければならない機関は，株主総会と取締役だけで，それ以外の取締役会，代表取締役，監査役（監査役会），会計参与，会計監査人，執行役（代表執行役）などは，いわばオプション仕様となった。

　公正で透明性の高い経営を確保するために，また効果的なコーポレート・ガバナンスを推進するためには，このような機関設計に関する創意工夫が欠かせない。

第5章 経営管理システムの診断

図表5-20　株式会社における機関設計

譲渡制限の有無	大会社以外の会社		大　会　社
非公開会社	取締役会＋監査役	（会計監査権限のみ有する場合とそうでない場合がある）	取締役会＋監査役＋会計監査人
	取締役会＋監査役会		取締役会＋監査役会＋会計監査人
	取締役会＋監査役＋会計監査人		
	取締役会＋監査役会＋会計監査人		
	取締役会＋三委員会＋会計監査人		取締役会＋三委員会＋会計監査人
	取締役会＋会計参与※		
	取締役＋監査役	（会計監査権限のみ有する場合とそうでない場合がある）	取締役＋監査役＋会計監査人
公開会社	取締役会＋監査役		取締役会＋監査役会＋会計監査人
	取締役会＋監査役会		
	取締役会＋監査役＋会計監査人		取締役会＋三委員会＋会計監査人
	取締役会＋監査役会＋会計監査人		
	取締役会＋三委員会＋会計監査人		

（注）すべての会計形態（※の場合を除く）において，会計参与が設置される場合とそうでない場合がある
（出所）岸田雅雄［2006］221頁。

❸ 法務管理システムの診断チェックリスト

- ☐1　M＆A　　　　　　　　　　　　　（　　　　　　　　　　　）
  - ☐1　合併（新設合併，吸収合併）（　　　　　　　　　　　）
  - ☐2　買収（株式取得，営業譲渡，会社分割）（　　　　　　　　　　　）
- ☐2　内部統制システム　　　　　　（　　　　　　　　　　　）
  - ☐1　リスク管理　　　　　　　　（　　　　　　　　　　　）
  - ☐2　企業不祥事　　　　　　　　（　　　　　　　　　　　）
  - ☐3　コンプライアンス（法令遵守）（　　　　　　　　　　　）
  - ☐4　情報セキュリティ　　　　　（　　　　　　　　　　　）
- ☐3　知的財産権　　　　　　　　　（　　　　　　　　　　　）
  - ☐1　競争優位の源泉　　　　　　（　　　　　　　　　　　）
  - ☐2　知的財産権の保護　　　　　（　　　　　　　　　　　）
  - ☐3　経営戦略との整合性　　　　（　　　　　　　　　　　）
- ☐4　会社法　　　　　　　　　　　（　　　　　　　　　　　）
  - ☐1　会社の種類　　　　　　　　（　　　　　　　　　　　）

□2　機関設計　　　　　　　（　　　　　　　　　　　　　　）
　□5　コーポレート・ガバナンス　（　　　　　　　　　　　　　　）
　　　□1　機関設計　　　　　　　（　　　　　　　　　　　　　　）
　　　□2　職務と責任　　　　　　（　　　　　　　　　　　　　　）
　　　□3　適法性，効率性，倫理性　（　　　　　　　　　　　　　）
　□6　コーポレート・ファイナンス（　　　　　　　　　　　　　　）
　　　□1　新株予約権発行によるファイナンス（　　　　　　　　　）
　　　□2　自己株式取得によるファイナンス（　　　　　　　　　　）
　　　□3　情報開示（ディスクロージャー）（　　　　　　　　　　）

1）岸川善光［1999］80頁。
2）同上書81頁。
3）Katz,R.L.［1955］pp.33-42.,Terry,G.R.＝ Franclin,S.G.［1982］p.7.
4）同上。
5）中小企業診断協会編［2002］121頁。
6）中小企業診断協会編［2004b］471頁。
7）中小企業診断協会編［2004a］50頁。
8）西澤脩［1976］6頁。
9）財務関連書に基づいて筆者作成。
10）西澤脩［1976］5頁を参考にして筆者が一部修正。
11）神戸大学大学院経営学研究室編［1999］604頁を参考に筆者が一部修正。
12）中小企業庁編［2006］22頁。
13）伊丹敬之［2003］241-242頁。
14）黒瀬公啓＝寺田治広［2006］119頁。
15）島田達巳＝海老澤栄一編［1989］41頁。
16）日本情報処理開発協会編［1991］9頁に筆者が一部加筆。
17）岸川善光［1999］171頁を一部修正。
18）黒瀬公啓＝寺田治広［2006］143頁を筆者が一部修正。
19）岸田雅雄［2006］50頁を筆者が一部修正。
20）小泉直樹［1999］634頁。（神戸大学大学院経営学研究室編［1999］，所収）
21）長岡貞男［2001］335頁。（一橋大学イノベーション研究センター編［2001b］，所収）
22）牧野二郎＝亀松太郎［2006］126頁を筆者が一部修正。
23）岸田雅雄［2006］221頁。

第6章 業務システムの診断

　本章では，価値の創出・提供に直接必要な機能（活動）の連鎖である業務システムの診断について考察する。

　第一に，業務システムの意義について考察する。まず，業務システムの機能（活動）について理解する。次いで，業務システムの類似概念について言及する。さらに，業務システムの体系についていくつかの観点から考察する。

　第二に，研究開発の診断について考察する。まず，研究開発の意義について理解する。次いで，研究開発機能の概要について考察する。さらに，チェックリストで研究開発に関する診断の要点を確認する。

　第三に，調達の診断について考察する。まず，調達の意義について理解する。次いで，調達機能の概要について考察する。さらに，チェックリストを用いて，調達に関する診断の要点を確認する。

　第四に，生産の診断について考察する。まず，生産の意義について理解を深める。次いで，生産機能の概要について考察する。さらに，チェックリストを用いて，生産に関する診断の要点を確認する。

　第五に，マーケティングの診断について考察する。まず，マーケティングの意義について理解する。次いで，マーケティング機能の概要について考察する。さらに，チェックリストでマーケティングに関する診断の要点を確認する。

　第六に，ロジスティクスの診断について考察する。まず，ロジスティクスの意義について理解する。次いで，ロジスティクス機能の概要について考察する。さらに，チェックリストでロジスティクスに関する診断の要点を確認する。

1 業務システムの意義

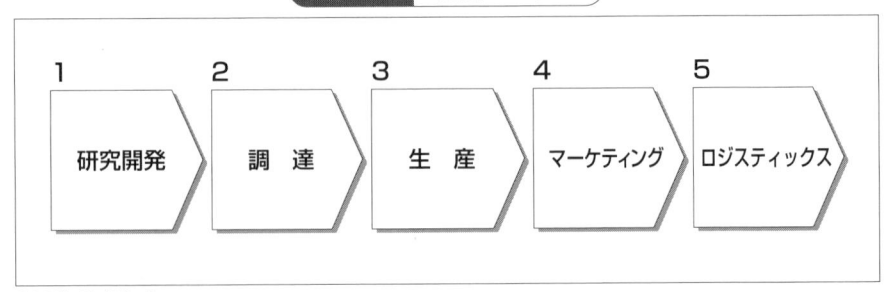

❶ 業務システムの機能

本書では，すでに図表4-3で明らかなように，広義の経営システムを，①環境主体との対境関係，すなわち環境とのかかわり方を保持する狭義の経営システム，②価値の創出・提供のために直接必要な業務システム，③狭義の経営システムおよび業務システムのフィードバック・コントロールを行う経営管理システムの3つのサブ・システムに区分した。

業務システムは，インプット（経営資源）からアウトプット（顧客ニーズの充足）への変換処理，変換プロセスに該当する。変換処理，変換プロセスとは，換言すれば，価値（経済的効用）の生産システムのことに他ならない。

本書では，業務システムの基本機能として，最も機能の範囲が広い製造業をモデルとして選択し，図表6-1に示されるように[1]，①研究開発，②調達，③生産，④マーケティング，⑤ロジスティクスの5つの機能を取り上げる。

製造業以外については，例えば，流通業の場合，研究開発を商品開発に，調達を仕入に読み替え，また，サービス業の場合，生産を単に有形財の生産に限定せずに，無形財の生産を含めるなど，適宜考察の範囲を拡大する。

図表6-1　業務システム

1	2	3	4	5
研究開発	調達	生産	マーケティング	ロジスティックス

（出所）筆者作成。

第6章 業務システムの診断

❷ 業務システムの類似概念

本書で分類した業務システムには，①ビジネス・システム，②ビジネス・モデル，③価値連鎖（バリュー・チェーン），④供給連鎖（サプライ・チェーン），⑤需要連鎖（ディマンド・チェーン），⑥ロジスティクスなど，多くの類似概念が存在する。これらの概念間に相互に重複が見られ，すでに混乱さえ生じている。そこでまず，業務システムの類似概念について概観する。

第一に，ビジネス・システム（business system）とは，どのようなものであろうか。加護野忠男［1999］は，「顧客に価値を届けるために行われる諸活動を組織化し，それを制御するシステムをビジネス・システムという[2]」と定義している。伊丹敬之［2003］は，「ビジネス・システムとは，顧客を終着点として，そこに実際に製品を届けるまでに企業が行う仕事の仕組みのことである[3]」と定義している。

第二に，ビジネス・モデルについてみてみよう。國領二郎［1999］は，「ビジネス・モデルとは，①誰にどんな価値を提供するか，②そのために経営資源をどのように組み合わせ，その経営資源をどのように調達し，③パートナーや顧客とのコミュニケーションをどのように行い，④いかなる流通経路と価格体系のもとで届けるか，というビジネスのデザインについての設計思想である[4]」と定義している。

江上豊彦［2000］は，ビジネス・モデルを事業活動の形態と捉えた上で，事業活動を推進するために，①顧客（顧客は誰なのか），②顧客価値（顧客にどのような価値を提供するのか），③提供手段（その方法はどうするのか），④対価の回収手段（顧客に提供した価値の対価を誰からどのように受け取るのか），という要素を述べて，「ビジネス・モデルとは，ビジネスの仕組み，ビジネスの構造である[5]」と定義した。

第三に，ビジネス・プロセスについてみてみよう。ダベンポート（Davenport, T.H.）［1993］は，「ビジネス・プロセスとは，特定の顧客に対して，特定のアウトプットを作り出すために，デザインされ構造化された評価可能な一連の活動のことである[6]」と定義している。

第四に，価値連鎖（バリュー・チェーン）についてみてみよう。価値連鎖は，すでに図表2－9で考察したように，ポーター［1980］が提示した「価値活動の内部的な連結関係から競争優位の源泉を創出するためのフレームワーク（分析枠組み）のこと」である。具体的には，①主活動（購買物流，製造，出荷物流，販売・マーケティング，サービス），②支援活動（全般管理，人事・労務管理，技術開発，調達活動）の2つによって構成される。価値連鎖は，企業間価値連鎖である「価値システム」の1つの構成要素でもある。

　第五に，供給連鎖（サプライ・チェーン）についてみてみよう。供給連鎖は，「生産者起点による製品の流れ，機能連鎖，情報連鎖のこと」である。製造業の場合，①調達，②製造，③マーケティング，④物流，⑤顧客サービスの5つの機能，または研究開発を含めて6つの機能によって構成されることが多い。

　第六に，需要連鎖（ディマンド・チェーン）についてみてみよう。需要連鎖は，「消費者起点による製品の流れ，機能連鎖，情報連鎖のこと」である。機能としては，供給連鎖と同一であるものの，顧客ニーズ主導型のビジネスの構造である。

　第七に，ロジスティクスについてみてみよう。米国ロジスティクス管理協議会［1986］によれば，「ロジスティクスとは，顧客のニーズを満たすために，原材料，半製品，完成品およびそれらの関連情報の産出地点から消費地点に至るまでのフローとストックを，効率的かつ費用対効果を最大ならしめるように計画，実施，統制することである」。

　このように，業務システムの類似概念に関する定義を概観すると，まず，顧客に価値を届ける仕組みであることは，すべての類似概念の定義において共通している。また，価値を届けるために，機能の連鎖，経営資源の連鎖が不可欠であることも共通している。

　これらの考察を踏まえて，岸川善光［2006］は，ビジネス・システムの概念について考察する際に，「ビジネス・システムとは，顧客に価値を届けるための機能，経営資源を組織化し，それを調整・制御するシステムのことである[7]」と定義しているが，業務システムの定義も，このビジネス・システムとほぼ同義語として理解して差し支えはないであろう。

❸ 業務システムの診断

業務システムの診断において，下記の5つの主要な要素については，特に詳細な分析・評価が欠かせない。

① 顧客：各種経営システムの存在基盤ともいえる顧客は誰なのか。顕在的な顧客だけでなく，ドメインの再定義をした場合の潜在的な顧客など，様々な観点から顧客について分析・評価を行う必要がある。通常，顧客の分析・評価は，マーケティングの診断領域とされているが，狭義の経営システムの構成要素であるドメイン，事業ポートフォリオ，さらに業務システムの機能である研究開発，マーケティングなど，顧客の分析・評価の関連領域は多岐にわたっている。

② 顧客価値：顧客にどのような価値を創出・提供するのか。顧客価値は，顧客ニーズの充足によって現実化する。したがって，顧客ニーズの充足が従来強調されてきた。これはある意味では正しいが，より重要なことは，顧客価値の創造，顧客ニーズの創造であろう。特に，研究開発，マーケティング，ロジスティクスなどの諸領域において，顧客価値の創造，顧客ニーズの創造について，多面的な分析・評価が必要不可欠である。

③ 提供手段：顧客にどのような方法で価値を提供するのか。従来，価値の提供は，各種経営システムから顧客へ，すなわち供給連鎖を通じて行われることが多かった。しかし，近年では，需要連鎖による価値の提供方法が急増しつつある。提供方法の利点・欠点の分析・評価が欠かせない。

④ 対価の回収手段：顧客に提供した価値の対価を，誰からどのように受け取るのか。従来，価値の提供に応じて，価値の流れと丁度真反対の流れで，対価が回収されるケースが多かった。しかし，近年では，課金システムの複雑化など，対価の回収手段が多様化しつつある。対価の回収手段についても，利点・欠点の分析・評価が必要不可欠である。

⑤ 経営資源：顧客に価値を提供するために，経営資源をどのように蓄積・配分するか。従来，経営資源の蓄積・配分の大半が「自前主義」によるものであった。しかし，近年では，「持たざる経営」など経営資源の蓄積・配分の

方法が急激に変化しつつある。業務システムの診断において，経営資源面からの分析・評価が欠かせない。

次に，業務システムの診断における評価基準について考察する。業務システムの優劣を分析・評価する場合，どのような評価基準が考えられるであろうか。加護野＝井上［2004］は，業務システムの客観的な評価基準として，次の5つを指摘している[8]。

① 有効性：業務システムから製品・サービスを受ける顧客にとって，より大きな価値があると認められるかどうか。すなわち，顧客価値の大小が業務システムの有効性（効果性）を評価する基準になる。これは具体的には，「どのような顧客に，どのような価値を提供するか」というビジネス・コンセプトに対して，設計された業務システムが合致しているかどうか，ということに他ならない。

② 効率性：同じ価値あるいは類似の価値を提供する他の業務システムと比べて効率性がよいか。すなわち，効率的であれば，同じ価値を低コストで提供できるので，競争優位の源泉になる。

③ 模倣困難性：競合企業（競争相手）にとって，どの程度模倣が難しいか。すなわち，模倣しやすい業務システムであれば，差別化戦略の源泉にはなり得ない。

④ 持続可能性：業務システムの優位性が長期にわたって維持し得るかどうか。すなわち，変化に対応できる柔軟性がないと，業務システムとしての持続可能性は低い。

⑤ 発展可能性：将来の発展可能性をどの程度もっているか。すなわち，新事業，新業態を創出する源泉になり得る業務システムならば，業務システムとしての発展可能性は高いといえる。

このように，業務システムの優劣は，上の5つの評価基準によって概略評価することができる。この5つの評価基準をすべて満たす業務システムは，現実的にはほとんど存在しない。従来，各種経営システムの優劣は，製品・サービスの優劣と直接的な相関があったが，今後は，各種経営システムの優劣は，各種経営システムが構築する業務システムとの相関がより強まるであろう。

第6章　業務システムの診断

2　研究開発の診断

❶　研究開発の意義

　研究開発の機能は、図表6－2に示されるように[9]、①研究（基礎研究、応用研究）、②開発（製品開発、技術開発）、③製品化（設計、試作、生産技術支援）などによって構成される。

　近年、研究開発をいかに効果的かつ効率的に推進するかという問題は、各種経営システム、特に企業システムにとって最重要課題の1つになりつつある。その背景には、①企業間競争が激化しており、研究開発の成果が早期に求められること、しかしながら、②研究開発にはリスクがつきものであり、研究開発機能（活動）の成果の確実性を保証することは不可能である、という研究開発に特有の要因が考えられる。

　研究開発のポイントとして、①研究開発テーマの設定、②各テーマに対する資源配分、③進捗管理、④成果評価などが挙げられる。研究開発テーマの設定において、ドメインの再定義、事業ポートフォリオの組み替えなど、経営戦略との整合性が欠かせない。なぜならば、研究開発は新規事業分野に対する進出

図表6-2　研究開発

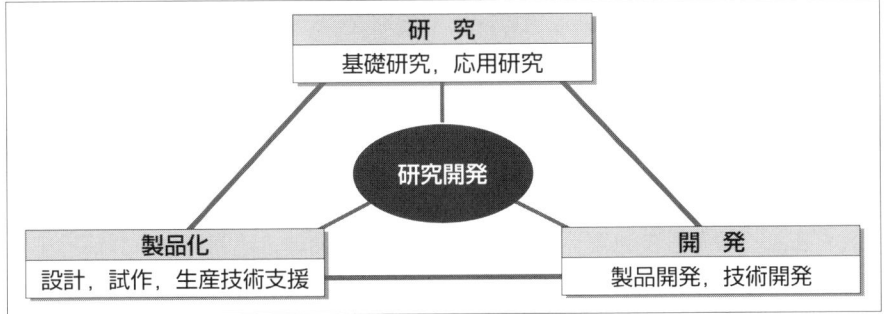

```
        研　究
     基礎研究，応用研究
           │
        研究開発
      ╱         ╲
   製品化         開　発
設計，試作，    製品開発，
生産技術支援     技術開発
```

（出所）岸川善光［2002］109頁を一部修正。

する際の基盤そのものであり，ドメインの再定義，事業ポートフォリオの組み替えと密接に関連するからである。

❷ 研究開発機能の概要

第一に，研究についてみてみよう。上述したように，研究は基礎研究と応用研究に区分される。従来，基礎研究については，先進諸国の先進企業を中心とした研究成果を，「フリーライダー」として導入しているだけという批判があった。近年では，競争優位の源泉として，基礎研究を重視する企業が増大しており，「フリーライダー」という批判は概ね当たらなくなりつつある。

応用研究については，わが国の企業はもともとこれを重視してきた。しかし，応用研究について，成功する企業と成功しない企業が存在することも事実である。応用研究を成功させるためには，応用研究を推進するドメインの設定が何よりも重要である。どんなに応用研究の内容が技術的に優れていても，ドメインの設定を間違うとその応用研究は成功しない。

基礎研究，応用研究について，近年，グローバルな研究開発戦略をとる企業が増加しつつある。その背景には，次のような理由がある。

① 現地ニーズへの対応：現地市場のニーズにマッチした製品を開発するためには，現地情報の収集，現地人の採用などが不可欠である。
② 海外の研究者の活用：IT分野におけるインド，パキスタンの研究者・技術者の例にみられるように，安いコストで優秀な研究者・技術者を採用することができる。
③ 国内外のシナジー：国内外の研究開発成果を組合せることによって，新たな研究開発の成果が期待できる。

第二に，開発についてみてみよう。開発は製品開発と技術開発に区分される。製品開発の中でも，新製品開発の成否は，企業の業績に直接的な影響を及ぼす。現実に，どの産業においても，新製品開発の成否によって企業のランキングが目まぐるしく変化している。そのために新製品開発は，研究開発の機能の中でも，極めて重要でかつ中核的な機能として位置付けられる。

新製品開発とは，狭義にはアンゾフ［1965］が指摘したように，既存市場に

第6章 業務システムの診断

新しい製品を導入することによって成長を図る企業成長戦略の1形態のことである。広義には，新たな製品開発全般を指す。新製品開発は，通常は，研究開発部門あるいは技術部門を中心に，製造技術部門，営業部門などと協働して行われる。

新製品開発には，製品構成の変革という側面がある。河野豊弘［1985］は，図表6－3に示されるように[10]，新製品を，①用途（既存製品と同じまたは類似），②技術（既存製品と同じまたは類似），という2つの観点から分類した。さらに，新製品を周辺的製品（同じ用途の製品の改良品）と新事業に区分した。その分類基準を用いて，カメラとフィルムの企業を分析したところ，周辺的製品（図表6－3では（H）（J）に該当する）の開発が非常に多いことを検証

図表6-3 新製品の分類

分類基準

技術＼用途	既存製品と同じまたは類似	用途異なる マーケティング関連	用途異なる マーケティング無関連
既存製品と同じまたは類似	(H)（現在製品）改良製品 補完品	(A)マーケティングと技術関連の追加製品	(B)技術関連の追加製品
異なる	(J)代替品 補完品	(C)マーケティング関連の追加製品	(D)異業種的追加製品（新事業）

カメラとフィルム企業の新製品の事例

技術＼用途	既存製品と同じまたは類似	用途異なる マーケティング関連	用途異なる マーケティング無関連
既存製品と同じまたは類似	(H)（フィルムとカメラ）ASA400のカラーフィルム	(A)磁気テープ	(B)工業薬品 感圧紙
異なる	(J)ビデオカメラ	(C)コピー機 ワードプロセッサ	(D)在宅建設

（注）現在すでに多角化していれば大部分の製品は(H)，(J)に入ってしまう。
（出所）河野豊弘［1985］182頁を筆者が一部修正。

した。また，失敗事例の大半が新事業であることも判明した。

製品開発の重点は，プロダクト・ライフ・サイクルの段階（①開発期，②導入期，③成長期，④成熟期，⑤衰退期）によってそれぞれ異なる。

① 開発期：新たな顧客機能（機能，性能など）の提案を通じた市場の創造，開発期間の短縮など。
② 導入期：広告キャンペーンなどによる製品の認知度向上，新たな顧客機能（新用途など）の提案による認知度向上など。
③ 成長期：製品の構造，品質，包装，チャネルなどによる製品差別化，量産技術開発によるコスト削減など。
④ 成熟期：市場細分化による需要拡大，計画的陳腐化策の提示など。
⑤ 衰退期：製品ラインからの削除，撤退，戦略的維持など。

新製品開発のプロセスは，新戦略の種類，生産形態などによって異なるものの，一般的には，①企画（製品コンセプト），②研究（応用研究，開発研究），③設計試作（基礎設計，詳細設計，試作），④準備（生産準備，販売準備），⑤量産化の5つのプロセスに区分することができる[11]。

次に，技術開発についてみてみよう。新製品開発において，製品と技術との関係性は，極めて重要な課題である。具体的には，新製品開発を推進するうえで，①技術ポテンシャル，②保有技術の特徴，③技術ポートフォリオ，④不足技術の4点を体系的かつ定量的に把握する必要がある。

① 技術ポテンシャル：他社と比較してユニークな技術領域，競合企業と比較して競争優位性をもつ技術など，技術資源のポテンシャルを体系的かつ定量的に把握する。
② 保有技術の特徴：一般的には，工学分類に基づいて，技術領域別の強み・弱みを把握し，自社保有技術の特徴を明らかにする。
③ 技術ポートフォリオ：メカニカル，エレクトロニクス，光学，音声処理，通信など，技術領域ごとのバランス，濃淡を把握する。
④ 不足技術：新製品開発をしていくうえで，自社に欠落もしくは不足している技術を抽出する。

技術開発の実務面では，図表6-4に示されるように[12]，製品・技術マトリ

第6章 業務システムの診断

図表6-4　製品・技術マトリクス

製品＼要素技術		現	拡	新	未来	先行指標	評価		基本戦略	目標	行動戦略		
							市場の魅力	自社の強さ			開発	生産	営業
現													
拡													
新													
未来													
先行指標													
評価	技術の魅力												
	自社の強さ												
基本戦略													
目標													
行動戦略	テーマ												
	人												
	設備												
	外部												

(出所) 近藤修司［1985］196頁。

クスを用いて，製品と技術との関係性を体系的かつ客観的に把握するケースが多い。製品と技術の適合は，技術開発の生命線でもある。

❸ 研究開発の診断チェックリスト

1□　経営戦略	（　　　　　　　　　　）
1□　経営戦略との整合性	（　　　　　　　　　　）
2□　ドメイン	（　　　　　　　　　　）

|　　3☐　事業ポートフォリオ　　　（　　　　　　　　　　　　）
|　　4☐　技術ポートフォリオ　　　（　　　　　　　　　　　　）
2☐　研究開発計画　　　　　　　　（　　　　　　　　　　　　）
|　　1☐　経営計画との整合性　　　（　　　　　　　　　　　　）
|　　2☐　研究開発技術　　　　　　（　　　　　　　　　　　　）
|　　3☐　研究開発組織　　　　　　（　　　　　　　　　　　　）
|　　4☐　その他　　　　　　　　　（　　　　　　　　　　　　）
3☐　研究開発管理　　　　　　　　（　　　　　　　　　　　　）
|　　1☐　テーマ設定　　　　　　　（　　　　　　　　　　　　）
|　　2☐　開発プロセス管理　　　　（　　　　　　　　　　　　）
|　　3☐　研究開発予算管理　　　　（　　　　　　　　　　　　）
|　　4☐　その他　　　　　　　　　（　　　　　　　　　　　　）
4☐　各機能間の連携　　　　　　　（　　　　　　　　　　　　）
|　　1☐　マーケティング　　　　　（　　　　　　　　　　　　）
|　　2☐　生　　産　　　　　　　　（　　　　　　　　　　　　）
|　　3☐　財　　務　　　　　　　　（　　　　　　　　　　　　）
|　　4☐　その他　　　　　　　　　（　　　　　　　　　　　　）

3 調達の診断

❶ 調達の意義

　調達は，製造業の場合，図表 6 − 5 に示されるように[13]，広義には生産機能に含まれ，その第一工程として位置付けられており，購買管理や資材管理と呼ばれてきた。流通業の場合，調達は仕入れと呼ばれることが多く，販売の前工程として位置付けられてきた。
　従来，調達は業務システム（価値の生産システム）において，極めて重視されてきた。第一の理由は，製造業においても，流通業においても，調達コストは売上高および原価に占める構成比率が極めて高いからである。製造業の場合，原材料費，部品費，外注費などが調達コストの典型であるが，製造原価の過半

第6章　業務システムの診断

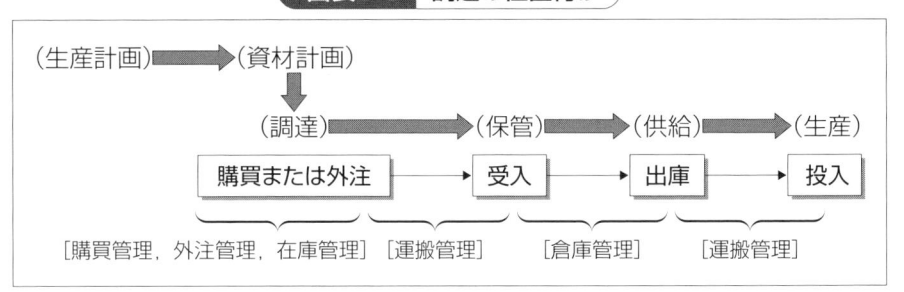

図表6-5　調達の位置付け

```
(生産計画) ━━▶ (資材計画)
                    ┃
                    ▼
              (調達) ━━▶ (保管) ━━▶ (供給) ━━▶ (生産)
         ┌──────────┐  ┌────┐  ┌────┐  ┌────┐
         │購買または外注│→│受入│→│出庫│→│投入│
         └──────────┘  └────┘  └────┘  └────┘
      [購買管理,外注管理,在庫管理] [運搬管理] [倉庫管理] [運搬管理]
```

(出所) 桑田秀夫[1998] 241頁。

を占めるといっても過言ではない。したがって，この調達コストの低減は，営業利益の増大と直結しており，どの製造業も調達コストの低減に注力してきた。

　流通業の場合も，仕入原価など調達コストの売上高に占める構成比率は極めて高く，その低減は売上総利益の増大にダイレクトにつながるので，どの流通業も仕入原価の低減に注力してきた。

　調達を重視してきた第二の理由は，調達にトラブルが発生すると，業務システム（価値の生産システム）の円滑な運用に重大な支障をきたすからである。業務システムの円滑な運用ができないと，不良率の増加，納期遅延の発生，製造原価の増大の原因となることは明白である。

　調達を重視してきた第三の原因は，原材料，部品，仕入商品などいわゆる棚卸資産には，運転資金需要および金利負担が発生する。運転資金需要および金利負担の低減のため，トヨタのJIT（ジャスト・イン・タイム）方式が大きく寄与していることはすでに周知の事実である。

　このように，調達は従来から重視されてきたが，近年，①情報化，②グローバル化，③業際化の進展に伴って，調達機能そのものが抜本的に変化しつつある。

① 　情報化：情報化の進展によって，空間の制約，時間の制約，業種の制約など，「制約の克服」が容易になり，例えば，ネット調達に見られるように，調達先の多様化，調達方法の多様化などが劇的に進展しつつある。
② 　グローバル化：グローバル化の進展によって，まさに地球規模での調達が可能になりつつある。この背景として，調達に関する地球規模での「規模の

経済」,「範囲の経済」,「連結の経済」の追求が挙げられる。また,その前提として,オープン・アーキテクチャ,モジュール化などの進展が著しい。
③　業際化:情報化の進展に伴って,産業,業種,業態などの垣根が低くなり,調達に関する新たな競合関係や協力関係が形成されつつある。

❷ 調達機能の概要

調達機能の中で,①調達品目,②調達時期,③調達先,④調達方法,⑤調達コストに関する選択・決定は,最も基本的な事項であるといえよう。まず,最も基本的な事項の近年の変化について概観する。

①　調達品目:従来,調達品目に関する議論は,"make or buy"(内外作区分)が中心的な課題であった。ところが,近年では上述したように,オープン・アーキテクチャ,モジュール化などが進展し,モジュール化された品目については,たとえ機能部品であっても外部調達が主流になりつつあるなど,調達品目の選択・決定に関する対応は急激に変化しつつある。

②　調達時期:情報化の進展に伴って,必要な品目を必要な時期に調達するシステムが重層的に構築されつつある。情報システムと物流システムを結合した調達システムは,広義の生産システムおよびロジスティクス・システムの重要なインフラストラクチャーとして位置付けられる。

③　調達先:従来,自動車産業の系列問題に見られるように,調達先の選定は,長期的な継続関係,下請け関係などが主流であった。ところが,近年では,ネット調達など新たな調達方法が台頭し,それに伴って調達先が激変しつつある。調達先のグローバル化はどの産業においても観察される。

③　調達方法:インターネットを活用したB-to-B,B-to-Cなどによって,企業間関係が大きく変化しつつある。企業間関係の変化に伴って,調達方法も大きく変化しつつある。

④　調達コスト:調達先,調達方法など調達システムの革新によって,調達コストの低減に成功した企業が数多く出現している。調達コストの透明化がビジネス・モデルの革新の原動力の1つになっているといっても過言ではない。

次に,調達機能の実務において重要な在庫管理について考察する。在庫は基

本的にはゼロが望ましいとされるが、実際は、品切れ防止、短納期対応、調達単価の低減、市場価格の変動などに対応するため、ある程度の在庫は必要である。すなわち、最小限の在庫を保有することは、円滑な業務システムの運営のためにはやむを得ない。

在庫を保有すれば、当然ながらコストが発生する。在庫に関するコストを最小限に抑えるためには、発注方式の工夫が欠かせない。代表的な発注方式として、①定量発注方式、②定期発注方式が挙げられる。

① 定量発注方式：在庫量が一定の水準まで下がってきたら、一定量の発注を行う方式である。図表6－6に示されるように[14]、在庫量が一定の水準と交差する点Bまで下がってきたら一定量Qを発注し、その発注量が点Bで納入され、在庫は点Aまで増加する。

② 定期発注方式：発注間隔が一定の発注方式である。図表6－7に示されるように[15]、発注時期は、生産計画を踏まえて、年間の総所要量を最適発注量

図表6-6　定量発注方式

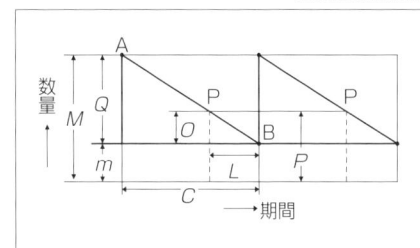

M：最大保有量　　L：所要調達期間
m：最小保有量　　O：期間Lにおける消費量
Q：経済的発注量　C：Qに対する消費期間
P：注文点（O+m）　AB：期間基準消費線

（出所）並木高矣［1974］37頁。

図表6-7　定期発注方式

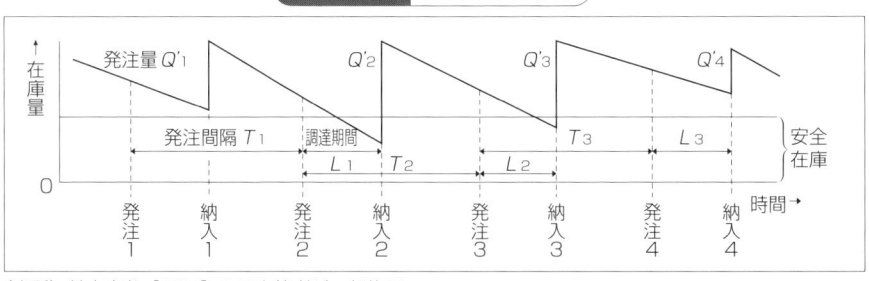

（出所）並木高矣［1974］45頁を筆者が一部修正。

で割って決める。品目ごとに決まった曜日に発注する例が多い。

❸ 調達の診断チェックリスト

1□　調達コスト	(	)
1□　コスト構成	(	)
2□　コスト低減（利益創出）	(	)
2□　資材計画	(	)
1□　部品構成図	(	)
2□　所要量計画（MRP）	(	)
3□　調達先展開	(	)
3□　在庫管理	(	)
1□　在庫管理方式	(	)
2□　発注方式	(	)
4□　購買管理	(	)
1□　購買方針	(	)
2□　購買先・取引先	(	)
3□　購入時期	(	)
4□　購入量	(	)
5□　購入価格	(	)
5□　外注管理	(	)
6□　倉庫管理	(	)

4　生産の診断

❶ 生産の意義

　生産とは，顧客ニーズの充足＝価値の創出のために，経済財を産出することである。経済財は，製品に典型的な有形財と，サービスに典型的な無形財に大別される。システム論的にいえば，生産は，図表6－8に示されるように[16]，原材料などのインプットから製品・サービスなどのアウトプットへの「変換プ

第6章　業務システムの診断

図表6-8　生産システム

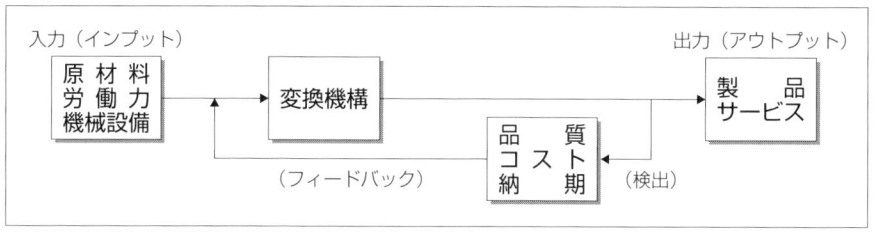

```
入力（インプット）                            出力（アウトプット）
┌─────────────────────────────────────────────────┐
│  原 材 料                                  製　　品  │
│  労 働 力  →  変換機構  →              サービス    │
│  機械設備         ↑         ↓                      │
│      ↑                   品　質                     │
│      └──────────────  コ ス ト ←─────┘         │
│       （フィードバック）  納　期  （検出）          │
└─────────────────────────────────────────────────┘
```

（出所）日本生産管理学会編［1999］16頁を筆者が一部修正。

ロセス」として位置付けられる。

　顧客ニーズの充足＝価値の創出のためには，産出する経済財について，品質（quality），コスト（cost），納期（delivery）の「需要の3要素」の他にも，安全，環境など多くの要素をクリヤーしなければならない。

❷ 生産機能の概要

　上述したQCD（quality：品質，cost：コスト，delivery：納期）は，「需要の3要素」であると同時に，所定のQCDを実現するために，伝統的な生産管理の中で，第1次管理（primary control）と呼ばれる品質管理（quality control），コスト管理（cost control），工程管理（production control/process control）がこれに対応している。

① 品質管理：品質管理は，顧客ニーズを充足するために，所定の機能を一定の品質で実現することを目的とした生産管理の1分野である。品質管理は，製造工程における品質の変動を統計的方法によって把握する統計的品質管理（SQC）として1920年代半ばから始まった。その後，高水準の品質管理を実現するためには，広く製造工程全般，さらに，経営全般にわたって品質に関与し，責任をもつというTQC（Total Quality Control）へと発展した。近年では，TQM（Total Quality Management）として，経営戦略との結合など，その範囲がより拡大しつつある。

② コスト管理：コスト管理（原価管理）とは，狭義には，作業能率の改善によるコスト低減のための活動をいう。狭義のコスト管理は，科学的管理法の流れを汲んだ標準原価をツールの1つとして用いる。標準原価は，動作研究

や時間研究などIE技法を用いて設定される。広義には，コスト管理は，設備や工程設計などコスト発生要因そのものに遡って，根本からコスト低減を実現することを目的とした生産管理の1分野である。広義のコスト管理では，開発段階など源流に遡って，戦略的なコストを織り込む原価企画が重要な機能（活動）として位置付けられる。

③ 工程管理：工程管理は，所定の品質・コスト・数量の製品を，所定の納期に生産するために，製品が生産される工程（プロセス）を直接的に管理し，同時に生産性の最大化を目的とした生産管理の1分野である。具体的には，生産工程において，機械設備，原材料，部品，治工具，作業者などを適切に配置し，さらに，生産工程における時間的基準を計画し統制する機能（活動）のことである。

上述した生産管理の第1次管理（品質管理，コスト管理，工程管理）の他にも，生産管理には，第2次管理として，作業管理，外注管理，資材管理，設備管理，運搬管理など多くの機能（活動）が存在する。

生産管理を円滑に推進するためには，生産管理技術が不可欠である。テイラーの科学的管理法の流れを汲むIE以来，図表6－9に示されるように[17]，多種多様な生産管理技術が開発されてきた。

生産管理技術は，もともと第2章で考察したテイラー，ガント，ギルブレス，エマースンなどの能率技師（現在の経営コンサルタント）によって開発が進められた。その背景には，能率増進運動（efficiency movement）があったことを理解しておく必要がある。能率増進運動とは，19世紀末葉から米国産業界に広まった生産現場の能率向上を目指す一連の動きをいう。

米国の産業革命は，英国の産業革命に遅れること約1世紀，19世紀中葉から鉄道網の拡大に伴って急速に進展した。当時の米国では，各産業分野において機械生産による大量生産体制が確立されつつあった。他方，資本主義的競争の激化により，1873年には大規模な恐慌を経験するなど，19世紀末葉の米国の産業界は混乱していた。

企業においても，奴隷や移民を中心とする不熟練労働者の非能率性や組織的怠業など，労働問題をはじめとする経営管理上の問題を多く抱えていた。これ

第6章 業務システムの診断

らの経営管理に関する問題解決を図り,特に生産現場の能率向上を課題として,1880年に「米国機械技師協会（ASME）」が発足し,能率増進運動の推進母体となった。この「米国機械技師協会（ASME）」に結集した多くの能率技師の生産管理に関する工夫が,生産管理技術を誕生させる契機となったのである。

生産管理技術の中で,IEは,生産管理技術の出発点であり,現在も基本的な位置付けを占めている。工程分析,動作研究,時間研究,稼働分析などIE

図表6-9　生産管理技術の体系

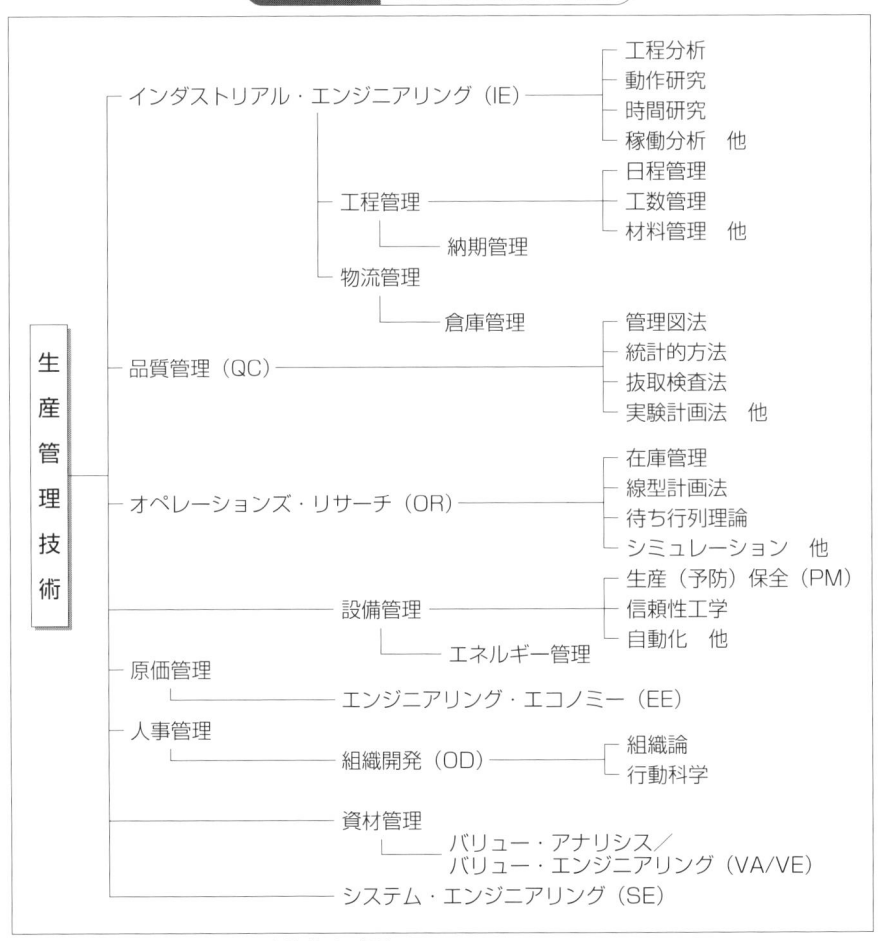

```
                                        ┌ 工程分析
          ┌ インダストリアル・エンジニアリング（IE）┤ 動作研究
          │                             │ 時間研究
          │                             └ 稼働分析　他
          │                 ┌ 工程管理 ─┬ 日程管理
          │                 │          ├ 工数管理
          │                 │          └ 材料管理　他
          │                 ├ 納期管理
          │                 └ 物流管理
          │                            └ 倉庫管理
          │                             ┌ 管理図法
生         ├ 品質管理（QC）─────────┤ 統計的方法
産         │                             ├ 抜取検査法
管         │                             └ 実験計画法　他
理         │                             ┌ 在庫管理
技         ├ オペレーションズ・リサーチ（OR）─┤ 線型計画法
術         │                             ├ 待ち行列理論
          │                             └ シミュレーション　他
          │                             ┌ 生産（予防）保全（PM）
          ├ 設備管理 ──────────┤ 信頼性工学
          │         └ エネルギー管理    └ 自動化　他
          ├ 原価管理
          │         └ エンジニアリング・エコノミー（EE）
          ├ 人事管理
          │         └ 組織開発（OD）─┬ 組織論
          │                          └ 行動科学
          ├ 資材管理
          │         └ バリュー・アナリシス／
          │           バリュー・エンジニアリング（VA/VE）
          └ システム・エンジニアリング（SE）
```

（出所）桑田秀夫［1998］12頁を筆者が一部修正。

の基本的な領域は，今も世界中の多くの業種，多くの企業で活用され，多大の成果をあげている。

　QCは，わが国の製造業を中心とした品質面において，その維持・向上に多大の成果を及ぼしたことは周知の事実である。製造業を中心として，多くの企業で，「やさしいQC七つ道具」や「新QC七つ道具」が競って導入された。

　「やさしいQC七つ道具」とは，①グラフ，②パレート図，③特性要因図，④チェックシート，⑤ヒストグラム，⑥散布図，⑦管理図，の7つのQCに関する基本的な管理技術の総称のことである。「やさしいQC七つ道具」の中で，特性要因図についてみてみよう。ここで特性とは，他と異なった特有の性質のことであり，要因とは主要な原因のことである。特性要因図は，図表6－10に示されるように[18]，結果である特性と，その原因である要因との関係を図示したものである。原因究明のツールとして広く活用されている。

　「新QC七つ道具」とは，①連関図法，②親和図法，③系統図法，④マトリックス図法，⑤マトリックス・データ解析法，⑥PDPC法，⑦アロー・ダイヤグ

図表6-10　特性要因図

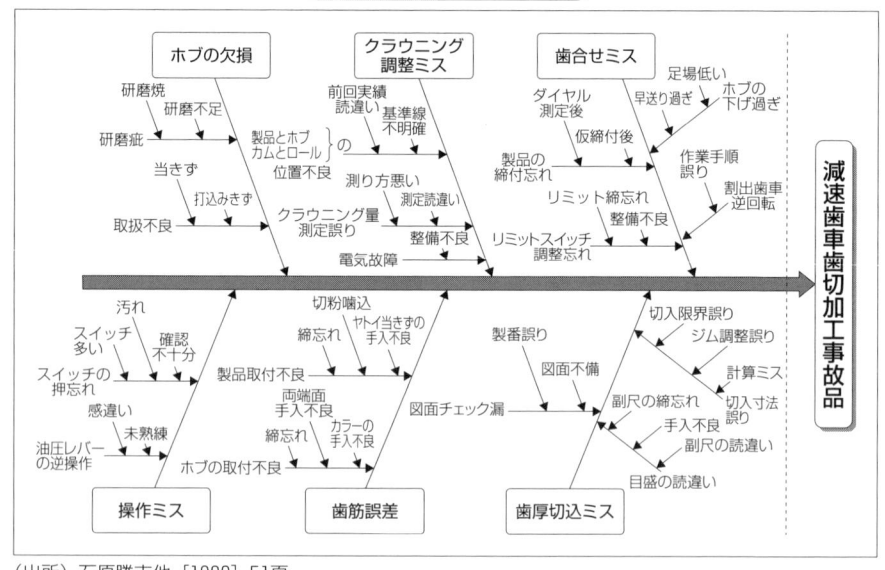

(出所) 石原勝吉他［1980］51頁。

ラム法，の7つのQCに関する管理技術の総称のことである。「やさしいQC七つ道具」よりも難しいが，各企業において多用されている。「新QC七つ道具」の中でマトリックス図法についてみてみよう。図表6－11に示されるように[19]，多元的思考によって問題点を明確にする管理技術である。

IE，QCの他にも，OR（オペレーションズ・リサーチ），EE（エンジニアリング・エコノミー），OD（組織開発），バリュー・アナリシス／バリュー・エ

図表6-11 マトリクス図法

工程（発生源）		現象＼原因	油	さび	顔出(自)	顔出(他)	スス	ごみ	谷	生地	油糸	つゆ落ち	かす付	毛羽付	手あか	ボール紙	ペーパー	黒色塗料	静電気	ほこり
		すみ汚れ	△							△					○	○				
		異色汚れ	◎	◎	◎	○	◎	◎		○	○	△	○	◎			△	○	○	△
		同色汚れ							△				○	○						
		しみ汚れ	△	△						○		○								
		黒点汚れ	◎	◎	○		◎	◎									○	○	○	○
塗料配合		ミキサ	○	◎		○	○													
		ドラム缶		◎		◎														
		原料			○			○												
		作業			○															
→		運搬・保管				○														
塗装	機械	巻出・巻取	○	○											○	○	○	○	◎	
		ポンプ・ホース		○			○	○												
		コーティングロール		○					○			○	○					○		
		ガイドロール	○									○	○							
		シリンダ					◎	◎					○							
		クリップ	○	◎								○	○							
		キュアー	○	◎			◎	◎				○			○	○			○	
	環境	天井		◎			◎	◎				○								
		床					◎	◎											○	
		フレーム	○	◎			◎	◎				○								
		パイプ	○	○			○	○				○								
		冷却水	○									○	○							
→		運搬・保管					○	○				○			○			○		
仕上	機械	霧吹き	○	○								○		○				○		
		水マングル		◎			◎								○	○		○		
		貼合わせ	○	○			◎	◎				○	○						○	
		つや消しル	○				○	○				○				○				
		ロール	◎				◎	◎										○	○	
	環境																			
裁断	機械	シングルカッター	○					○											○	
		ギロチン	○																	
		SE	○					○												○
	環境	床																		○

◎：強い関連あり　○：関連あり　△：関連ありそう

（出所）QC手法開発部会編［1979］27頁。

図表6-12　POP生産時点情報管理システム

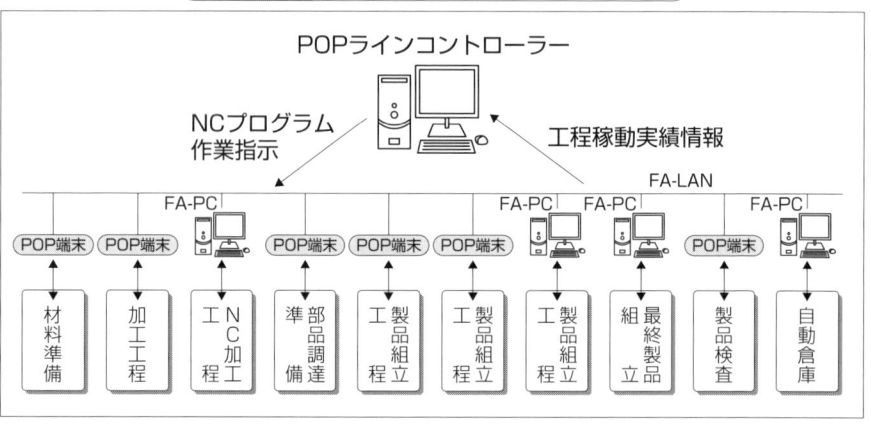

POPラインコントローラー

NCプログラム作業指示　　　工程稼動実績情報

FA-LAN

FA-PC　　FA-PC　FA-PC　　FA-PC

POP端末　POP端末　POP端末　POP端末　POP端末　POP端末　POP端末　POP端末

材料準備／加工工程／NC加工工程／部品調達準備／製品組立工程／製品組立工程／製品組立工程／最終製品組立／製品検査／自動倉庫

（出所）日本経済診断学会編［1994］309頁。

ンジニアリング（VA／VE），システムズ・エンジニアリング（SE）など，多種多様な生産管理技術が開発されており，経営コンサルタントは，必要に応じてこれらを使いこなすことが必要不可欠である。

　ところで，生産管理の領域においても，ITの活用は急速に進展している。従来の生産管理システムと高度情報社会における生産管理システムを比較すると，生産管理システムの機能および生産管理の手法が一変した。

　製造ラインにおけるITの活用事例としては，図表6-12に示されるように[20]，生産時点（POP：Point of Production）情報管理システムが著名である。POP情報管理システムは，製造ラインを電子的かつリアルタイムに統合するシステムである。

　製造ラインをリアルタイムに統合したら，次の課題は，生産・販売・物流統合CIMを構築しなければならない。生産・販売・物流統合CIMは，図表6-13に示されるように[21]，生産部門の情報システム（POP情報管理システム，MRPなど），技術開発部門の情報システム（CAD／CAEなど），販売部門の情報システム（POSなど），物流部門の情報システムを統合した究極のCIMといえよう。

　生産機能は，図表6-14に示されるように[22]，自動化の進展が著しい。すなわち，点の自動化⇒線の自動化⇒面の自動化⇒空間の自動化の順に自動化が進展しつつある。自動化の進展は，上述したITの活用と同期化することが多い。

第6章 業務システムの診断

図表6-13 生産・販売・物流統合CIMの概念図

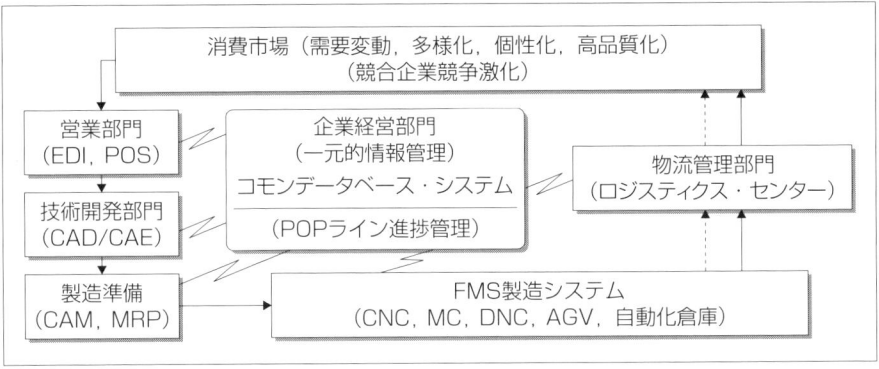

```
                消費市場（需要変動，多様化，個性化，高品質化）
                      （競合企業競争激化）

  営業部門              企業経営部門
  (EDI, POS)          （一元的情報管理）         物流管理部門
                     コモンデータベース・システム  （ロジスティクス・センター）
  技術開発部門
  (CAD/CAE)           （POPライン進捗管理）

  製造準備              FMS製造システム
  (CAM, MRP)       （CNC, MC, DNC, AGV, 自動化倉庫）
```

（出所）日本経営診断学会編［1994］310頁を筆者が一部修正。

図表6-14 自動化レベルの推移

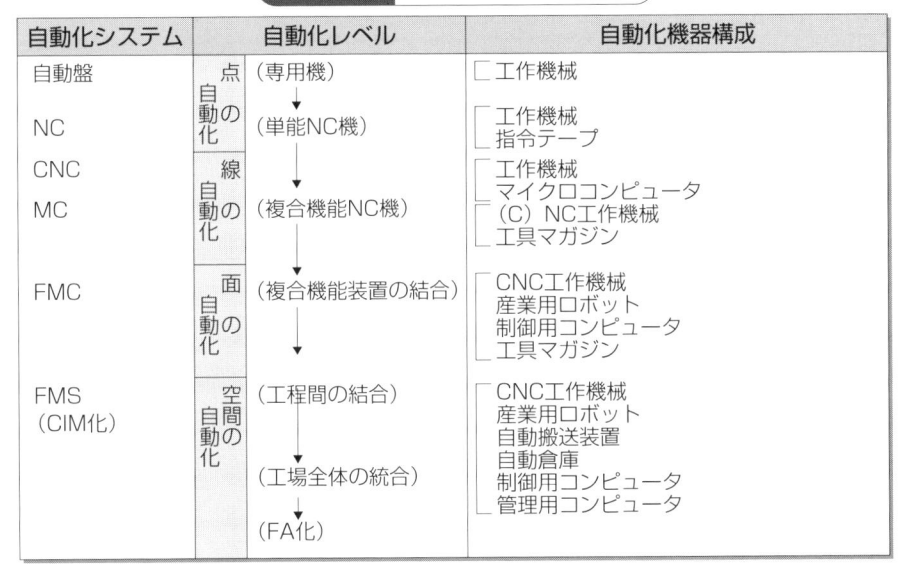

自動化システム	自動化レベル		自動化機器構成
自動盤	点の自動化	（専用機）	工作機械
NC		（単能NC機）	工作機械 指令テープ
CNC MC	線の自動化	（複合機能NC機）	工作機械 マイクロコンピュータ (C) NC工作機械 工具マガジン
FMC	面の自動化	（複合機能装置の結合）	CNC工作機械 産業用ロボット 制御用コンピュータ 工具マガジン
FMS （CIM化）	空間の自動化	（工程間の結合） （工場全体の統合） （FA化）	CNC工作機械 産業用ロボット 自動搬送装置 自動倉庫 制御用コンピュータ 管理用コンピュータ

（出所）日本経営診断学会編［1994］305頁。

❸ 生産の診断チェックリスト

☐1　生産計画　　　　　　　　　（　　　　　　　　　　　　）
　☐1　経営計画との整合性　　　（　　　　　　　　　　　　）
　☐2　利益計画との整合性　　　（　　　　　　　　　　　　）

|　　□3　販売計画との整合性　　　（　　　　　　　　　　）
|□2　生産方式　　　　　　　　　　　（　　　　　　　　　　）
|　　□1　見込生産　　　　　　　　　（　　　　　　　　　　）
|　　□2　受注生産　　　　　　　　　（　　　　　　　　　　）
|□3　生産管理　　　　　　　　　　　（　　　　　　　　　　）
|　　□1　品質管理　　　　　　　　　（　　　　　　　　　　）
|　　□2　コスト管理（原価管理）　　（　　　　　　　　　　）
|　　□3　納期管理　　　　　　　　　（　　　　　　　　　　）
|□4　自動化　　　　　　　　　　　　（　　　　　　　　　　）
|　　□1　加工工程（マシニングセンターなど）（　　　　　　　　　　）
|　　□2　組立工程（ロボットなど）　（　　　　　　　　　　）
|　　□3　運搬工程（無人搬送車など）（　　　　　　　　　　）
|□5　生産情報システム　　　　　　　（　　　　　　　　　　）
|　　□1　CIM　　　　　　　　　　　（　　　　　　　　　　）
|　　□2　FA　　　　　　　　　　　　（　　　　　　　　　　）
|　　□3　CAD／CAMとの連動　　　　（　　　　　　　　　　）
|　　□4　POSとの連動　　　　　　　（　　　　　　　　　　）
|□6　その他　　　　　　　　　　　　（　　　　　　　　　　）

5　マーケティングの診断

❶ マーケティングの意義

　経済が発展するにつれて，生産と消費との間に社会経済的なギャップ（乖離，隔たり）が一般的に発生する。これらのギャップ（乖離，隔たり）を克服し，生産と消費を架橋するためには，次の諸機能が必要不可欠である。
① 　商的流通機能（商流）：商流の機能として，市場の把握，需要の把握，商品の企画，情報提供，需要促進，取引などが挙げられる。所有権の移転を伴う取引が商流の中心的な機能となる。
② 　物的流通機能（物流）：物流の機能として，輸送，保管，荷役，包装，流

通加工，情報が挙げられる。
③ 助成的機能（流通金融など）：助成的機能として，流通金融，流通危険負担などが挙げられる。

マーケティングは，広義には，社会経済的な財貨・サービスの転移現象を意味し，「流通」またはマクロ・マーケティングといわれる。狭義には，個別企業システムの「対市場活動」を意味し，ミクロ・マーケティングまたは単にマーケティングといわれる。本節では，狭義のマーケティングを取り上げる。

マーケティングは，生産と消費のギャップ（乖離，隔たり）を克服し，生産と消費を架橋する機能を果たす。生産と消費のギャップ（乖離，隔たり）として，一般的に，①空間のギャップ（乖離，隔たり），②時間のギャップ（乖離，隔たり），③所有のギャップ（乖離，隔たり），④情報のギャップ（乖離，隔たり）などが挙げられる。

マーケティングは，その対象領域をどう認識するかについて，様々な議論がなされてきた。歴史的に議論の進展を整理すると，①販売部門における諸活動の管理としてのいわゆる販売管理の段階，②製品への主体的な関わりとしてのマーチャンダイジングを含む段階，③製品計画そのものを含み，それに伴ってマーケティングの諸活動の範囲が拡大した段階，④全社的な事業計画までマーケティングの対象として拡大した段階，の4段階に区分することができよう。通常，マーケティングという場合，上記の③までをさすことが多い。

❷ マーケティング機能の概要

マーケティングにおいて，マーケティング・ミックス（marketing mix）は中心的な概念の1つである。マーケティング・ミックスとは，「マーケティングに課せられた目標を達成するために，マーケティング管理者にとってコントロール可能なマーケティングに関する諸手段の組み合わせのことである」。

マーケティング・ミックスの概念は，多くの研究者によって提唱されているものの，マッカーシー（McCarcy,E.J.）による4P（①Product：製品，②Price：価格，③Place：流通チャネル，④Promotion：販売促進）が，ネーミングの良さも相まって圧倒的な支持を得ている。

マーケティングは，マーケティング戦略の策定，マーケティング計画の策定，マーケティング・コントロールのすべてのプロセスにおいて，他の諸機能と比較しても，情報に依存することが極めて大きい。このことはそのまま，マーケティングにおけるマーケティング情報システムの重要性を意味する。マーケティング論の大御所コトラー（Kotler,P.）は，マーケティング情報システムの意義を特に強調している。

　マーケティング情報システムは，図表6－15に示されるように[23]，①内部報告システム（意思決定に必要な事実データ），②マーケティング・インテリジェンス・システム（現在進行中の環境情報），③マーケティング調査システム（市場情報），④マーケティング分析システム（各種データの分析結果）の4つのサブ・システムによって構成される。

　岸川善光編［2004b］において，谷井良が詳細に考察しているように，近年，マーケティングは大きなイノベーションの渦中にある。マーケティングの変遷

図表6-15　マーケティング情報システム

マーケティング環境	マーケティング情報システム	マーケティング・マネジャー
目標市場 マーケティング・チャネル 競　争 公　衆 マクロ環境の諸力	内部報告システム　マーケティング調査システム マーケティング・インテリジェンス・システム　マーケティング分析システム	分　析 計　画 実　施 コントロール

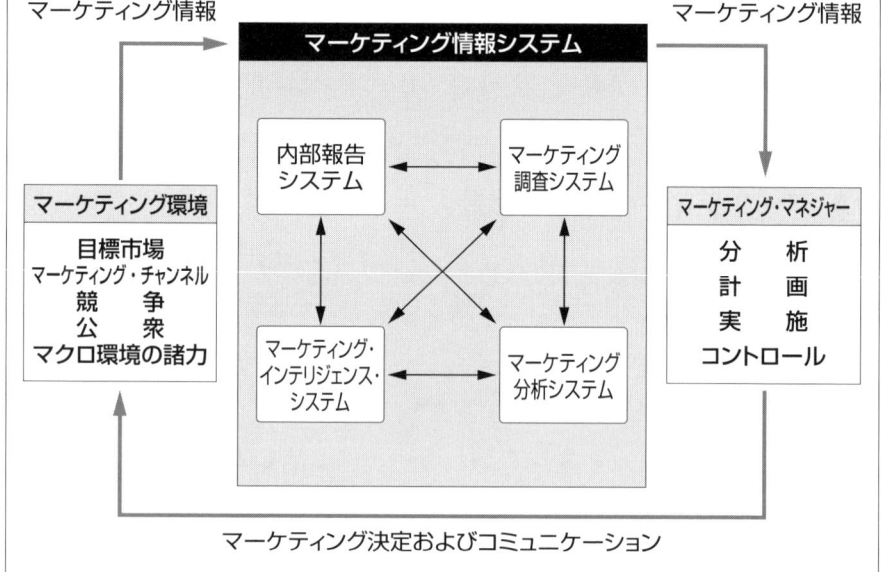

マーケティング決定およびコミュニケーション

（出所）Kotler,P.［1984］p.189.

について簡潔にレビューをしてみよう。

　1960年代の終わり，米国においてマス・マーケティングがその絶頂期を迎えた。不特定多数の人々をターゲットにして，同一製品・大量生産をコンセプトにその製品をあらゆる店舗で販売し，できるだけ幅広く宣伝活動を行うことによって，多額の利益を生み出した。大量消費，マス・メディアの増加，規模の経済などに支えられ，このマス・マーケティングは大きな成功を収めた。

　70年代から80年代にかけては，大量生産が有効であった時代は終わりを迎えた。消費者の嗜好は多様化し，不特定多数を対象にしたマーケティングは，その限界が明確になった。企業は不特定多数の顧客よりも狭い範囲，すなわちある程度顧客ターゲットを絞り，特定することによって，多様なセグメントがそれぞれ満足を得られるように，多品種の製品を提供し始めた。また，ニッチ・メディアが急成長したことによって，顧客と企業が相互に作用するセグメンテッド・マーケティングの傾向が強くなった。

　90年代に入ると，消費者の嗜好は大きく変化し，他者との異質を好むようになった。企業は消費者一人一人の嗜好に注目しなければならなくなった。それを可能にしたのが，インターネットなどITの飛躍的進歩である。ITの進展によって，企業は顧客一人一人を把握し，また顧客一人一人と対話をすることが可能になった。顧客との一対一の関係を重視し，顧客の嗜好にあった製品の宣伝，提供を行う。また，顧客から情報を直接得ることによって新製品開発などに活用する。これがワン・トゥ・ワン・マーケティングであり，現在のマーケティングの主流の1つになりつつある。

　ワン・トゥ・ワン・マーケティングは，ペパーズ＝ロジャーズ（Peppers,D.=Rogers,M.）［1993］／［1997］によって提唱された概念であり，図表6－16に示されるように[24]，「思想面」「戦略面」「手法面」において，従来のマーケティングとは大きく異なっている。

　ワン・トゥ・ワン・マーケティングと同様に，近年，急速に台頭しつつあるマーケティング手法に関係性マーケティングが挙げられる。従来のマーケティング・ミックス中心のマーケティング（マメジリアル・マーケティング）では，需要の刺激による販売促進がキー・コンセプトであった。他方，関係性マーケ

図表6-16　ワン・トゥ・ワン・マーケティングにおける転換点

	従来の思考	新たな思考
思想としての ワン・トゥ・ワン	平均的人間,標準的人間 合理的意思決定主体 マス・メディアによる画一化 物的生産中心 客観的実在としての需要 距離化,客観化 プロの手詰まり 規模の経済	異質な個別的人間 プロセスとしての人間 デジタル・メディアによる個人 　の表出と個別対応 意味と価値の創出中心 関係を通じた需要の創発 参加と相互作用 生活現場への回帰 「結合と関係」の経済
戦略としての ワン・トゥ・ワン	顧客獲得 販売取引中心短期的一回性 　売上高志向 市場シェア中心 標準化大量生産方式 競争志向	顧客維持 関係づくり長期的継続性 顧客生涯価値の重視 顧客シェア中心 マス・カスタマイゼーション 共働・共創・共生志向
手法としての ワン・トゥ・ワン	販売促進中心 製品差別化 製品マネジメント 満足度測定 プロダクト・マネジャー 効率化のためのIT	顧客サービス中心 顧客差別化 顧客エンパワーメント 継続的対話（学習関係） 顧客マネジャー ネットワークのためのIT

（出所）Peppers,D＝Rogers,M.［1993］,Peppers,D＝Rogers,M.［1997］および井関利明［1997］103-104頁をもとに作成。

ティングは，顧客ロイヤルティをキー・コンセプトとし，各種利害関係者を企業の長期的パートナーと捉えて，CS（顧客満足）の向上を図る。

　和田充夫［1998］は，図表6－17に示されるように[25]，マネジリアル・マーケティングと関係性マーケティングについて，①基本概念，②中心点，③顧客観，④行動目的，⑤コミュニケーション流，⑥タイムフレーム，⑦マーケティング手法，⑧成果形態の8つの項目を設定して比較している。

　従来のマーケティング戦略は，図表6－18に示されるように[26]，プッシュ型マーケティング戦略とプル型マーケティング戦略に大別される。プッシュ型マーケティング戦略は，一般的に，生産者志向，販売者志向といわれている。また，プル型マーケティング戦略は，消費者志向といわれている。しかし，時と場合によって，適宜組合せることが必要不可欠である。

第6章 業務システムの診断

図表6-17　マネジリアル・マーケティングと関係性マーケティング

	マネジリアル・マーケティング	関係性マーケティング
基本概念	適合（フィット）	交互作用（インタラクト）
中心点	他者（顧客）	自他（企業と顧客）
顧客観	滞在需要保有者	相互支援者
行動目的	需要創造・拡大	価値共創・共有
コミュニケーション流	一方向的説得	双方的対話
タイムフレーム	一時的短期的	長期継続的
マーケティング手段	マーケティング・ミックス	インタラクティブ・コミュニケーション
成果形態	購買・市場シェア	信頼・融合

（出所）和田充夫［1998］72頁。

図表6-18　プッシュ型マーケティング戦略とプル型マーケティング戦略

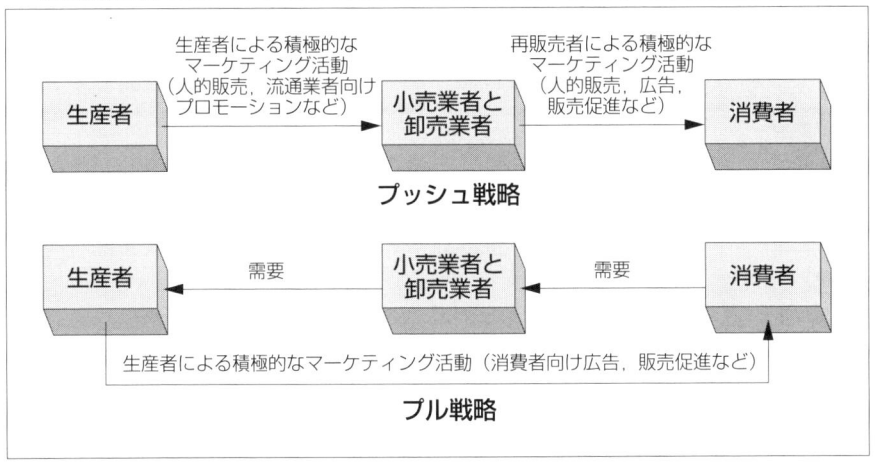

```
                生産者による積極的な              再販売者による積極的な
                マーケティング活動                マーケティング活動
                （人的販売，流通業者向け           （人的販売，広告，
                 プロモーションなど）              販売促進など）
   ┌─────┐ ──────────────→ ┌─────┐ ──────────────→ ┌─────┐
   │生産者│                   │小売業者と│                │消費者│
   │     │                   │卸売業者 │                │     │
   └─────┘                   └─────┘                   └─────┘
                              プッシュ戦略

   ┌─────┐ ←──── 需要 ──── ┌─────┐ ←──── 需要 ──── ┌─────┐
   │生産者│                   │小売業者と│                │消費者│
   │     │                   │卸売業者 │                │     │
   └─────┘                   └─────┘                   └─────┘
        └──── 生産者による積極的なマーケティング活動（消費者向け広告，販売促進など）────┘
                               プル戦略
```

（出所）Kotler,P.＝Armstrong,G.［1999］訳書494頁。

❸ マーケティングの診断チェックリスト

```
□1  マーケティング・システム                    (          )
  □1  マーケティング行動システム                (          )
  □2  マーケティング計画システム                (          )
  □3  マーケティング情報システム                (          )
  □4  マーケティング・コントロール・システム    (          )
□2  戦略的マーケティング                        (          )
  □1  経営戦略との整合性                        (          )
```

□2　事業ポートフォリオとの整合性　　　（　　　　　　　　　　）
　　□3　SBUレベルの機能との整合性　　　　（　　　　　　　　　　）
　　□4　計画策定部門と実行担当部門との協働（　　　　　　　　　　）
　□3　マーケティング・ミックス　　　　　　　（　　　　　　　　　　）
　　□1　製品（Product）　　　　　　　　　（　　　　　　　　　　）
　　□2　価格（Price）　　　　　　　　　　（　　　　　　　　　　）
　　□3　流通チャネル（Place）　　　　　　（　　　　　　　　　　）
　　□4　販売促進（Promotion）　　　　　　（　　　　　　　　　　）
　□4　ソシオ・ココロジカル・マーケティング（　　　　　　　　　　）
　　□1　製品（省資源，省エネなど）　　　　（　　　　　　　　　　）
　　□2　包装（過大包装，過剰包装など）　　（　　　　　　　　　　）
　　□3　販売促進（環境保全提案など）　　　（　　　　　　　　　　）
　　□4　その他　　　　　　　　　　　　　　（　　　　　　　　　　）
　□5　その他　　　　　　　　　　　　　　　　（　　　　　　　　　　）

6　ロジスティクスの診断

❶ ロジスティクスの意義

　米国ロジスティクス管理協議会［1986］によれば，「ロジスティクスとは，顧客のニーズを満たすために，原材料，半製品，完成品およびそれらの関連情報の産出地点から消費地点に至るまでのフローとストックを，効率的かつ費用対効果を最大ならしめるように計画，実施，統制することである」。ちなみに，1986年の定義の後，原材料，半製品，完成品の箇所が，財，サービスという用語に変更された。この定義の変更は，ロジスティクスの範囲の拡大に対応したものであるといえよう。

　近年，製品主体の競争戦略から業務システム主体の競争戦略に重点が移りつつある。業務システムの中でも，ロジスティクス・システムによる競争が激化しつつある。その大きな理由として，図表6－19に示されるように[27]，わが国の流通コストの高騰が挙げられる。すなわち，ロジスティクスは，流通コスト

図表6-19　生産コストと流通コスト

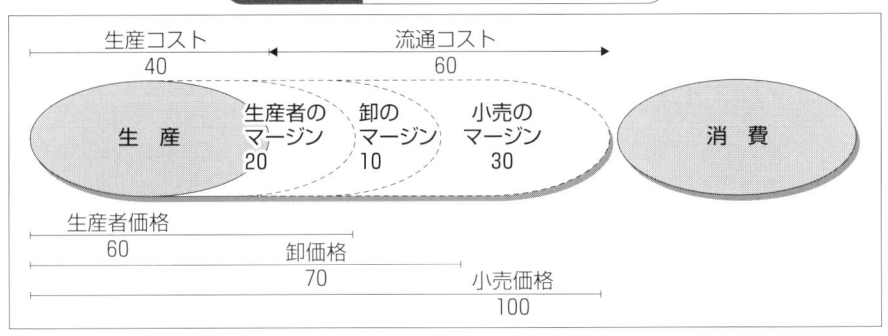

```
|← 生産コスト →|←――――― 流通コスト ―――――→|
        40                      60

  ┌─────┐  ┌生産者の┐┌卸の ┐┌小売の┐           ┌─────┐
  │ 生 産 │  │マージン││マージン││マージン│           │ 消 費 │
  └─────┘  │ 20    ││ 10  ││ 30  │           └─────┘
            └─────┘└────┘└────┘

|← 生産者価格 →|
       60
            |←―― 卸価格 ――→|
                   70
                    |←―― 小売価格 ――→|
                           100
```

（出所）日本経営診断学会編［1994］317頁。

図表6-20　ロジスティクスの類似概念

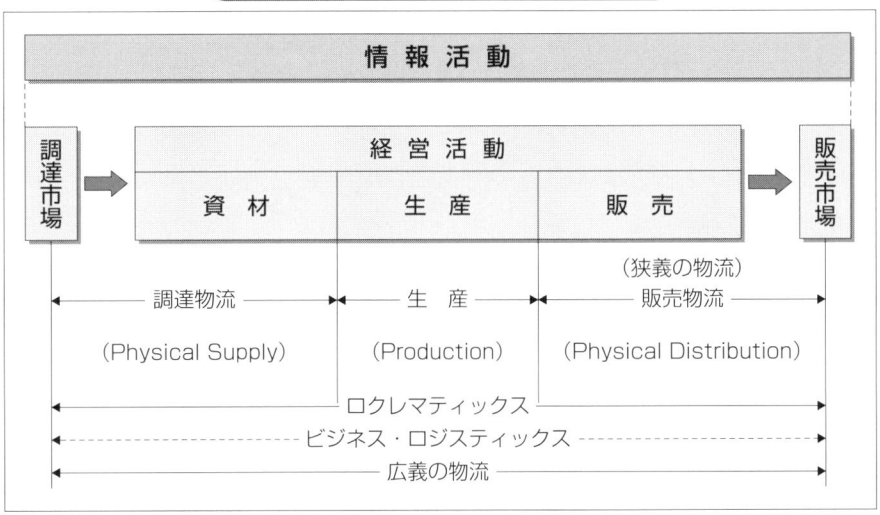

	情　報　活　動			
調達市場 →	経　営　活　動			→ 販売市場
	資　材	生　産	販　売	
	調達物流	生　産	（狭義の物流）販売物流	
	(Physical Supply)	(Production)	(Physical Distribution)	

ロクレマティックス
ビジネス・ロジスティックス
広義の物流

（出所）唐沢豊［1989］42頁。

の低減を実現するために，その重要性が急激に増大しているのである。

ロジスティクスには，図表6-20に示されるように[28]，ロクレマティクス，広義の物流など，多くの類似概念が存在する。ロクレマティクスは，物資の流れを中心として生じた概念で，資材調達，生産，販売およびその情報活動を含む。ロクレマティクスという概念は，物流に科学を導入することを提唱したことに大きな意義があったが，現在ではほとんど使用されなくなった。

米国のビジネス・スクールでは，ビジネス・ロジスティクス（あるいは単に

ロジスティクス）とフィジカル・デイストリビューション（物流）の2つの概念が一般的で，特に，ロジスティクスが多用されている。

❷ ロジスティクス機能の概要

　ロジスティクス・システムの基盤は，図表6−21に示されるように[29]，物流ネットワークと情報ネットワークによって構成される。すなわち，簡潔にいえば，ロジスティクス＝物流＋情流という方程式が成り立つ。

図表6-21　物流ネットワークの概念

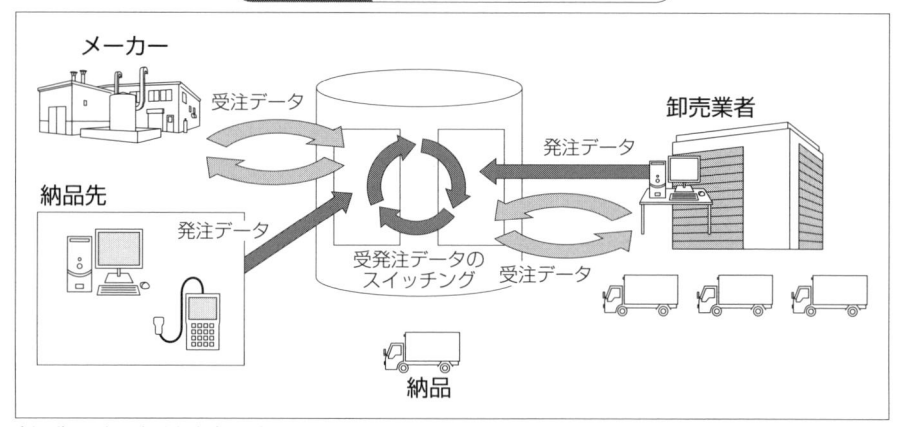

（出所）日本経営診断学会編［1994］329頁。

図表6-22　ロジスティクスの特徴としての重要度

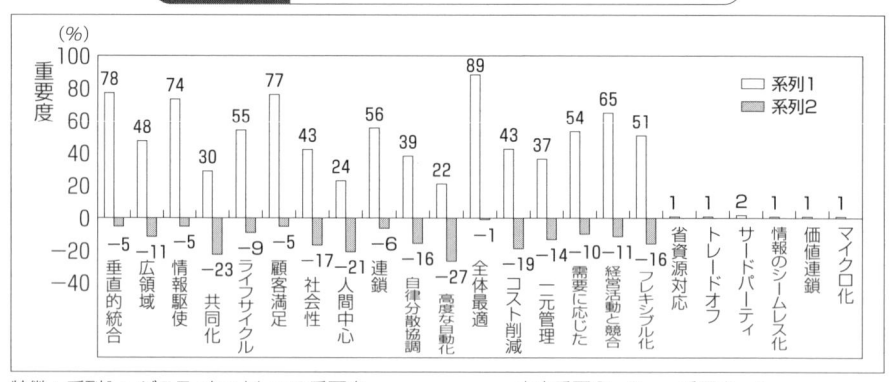

特徴：系列1.ロジスティクスとしての重要度　　　　大変重要◎＝2　　　重要○＝1
　　　系列2.重要であるが，ロジスティクスの特徴といえない　　△＝−1　　（n＝51）
（出所）高橋輝男［1997］33頁。

第6章 業務システムの診断

　ロジスティクスは，図表6-22に示されるように[30]，①多機能領域の垂直的統合，②情報駆使，③ライフサイクル指向，④顧客満足重視，⑤活動の連鎖，⑥全体最適，⑦実需に応じた供給，⑧経営戦略と連動，⑨フレキシビリティなど，多くの目的と特徴を有している。

　ロジスティクス・システムは，今後ますますその重要性が増大すると思われる。図表6-23に示されるように[31]，ロジスティクスは，近年の物流ネットワークおよび情報ネットワークの進展に伴って，SCM（サプライ・チェーン・マネジメント），さらにDCM（ディマンド・チェーン・マネジメント）へと進展しつつある。

　いうまでもなく，供給連鎖（サプライ・チェーン）は，「生産者起点による製品の流れ，機能連鎖，情報連鎖のこと」であり，需要連鎖（ディマンド・チェーン）は，「消費者起点による製品の流れ，機能連鎖，情報連鎖のこと」で

図表6-23　SCM（サプライ・チェーン・マネジメント）の発展過程

	物　流	ロジスティクス	サプライ・チェーン・マネジメント
時期（日本）	1980年代中頃以前	1980年代中頃から	1990年代後半から
対　象	輸送，保管，包装，荷役	生産，物流，販売	サプライヤー，メーカー，卸売業者，小売業者，顧客
管理の範囲	物流機能・コスト	価値連鎖の管理	サプライチェーン全体の管理
目　的	物流部門内の効率化	社内の流通効率化	サプライチェーン全体の効率化
改善の視点	短期	短期・中期	中期・長期
手段・ツール	物流部門内システム機械化，自動化	企業内情報システム POS，VAN，EDIなど	パートナーシップ，ERP，SCMソフト，企業間情報システム
テーマ	効率化（専門化，分業化）	コスト＋サービス 多品種，少量，多頻度，定時物流	サプライチェーンの最適化 消費者の視点からの価値 情報技術の活用

（出所）SCM研究会［1999］15頁を筆者が一部修正。

ある。

　先述したマーケティングにおいて，セグメンテッド・マーケティング，ワン・トゥ・ワン・マーケティング，関係性マーケティングが台頭しつつあることを考察した。いずれも，消費者起点・消費者志向に特徴が認められた。これらを実現するためには，ロジスティクスの本来的な機能である①多機能領域の垂直的統合，②情報駆使，③ライフサイクル指向，④顧客満足重視，⑤活動の連鎖，⑥全体最適，⑦実需に応じた供給，⑧経営戦略と連動，⑨フレキシビリティが必要不可欠である。

❸ ロジスティクスの診断チェックリスト

```
□1　ロジスティクス・システム　　　　　　（　　　　　　　　　　）
　□1　物流とロジスティクス　　　　　　　（　　　　　　　　　　）
　□2　マーケティングとロジスティクス　　（　　　　　　　　　　）
　□3　調達，生産，マーケティング，物流とロジスティクス（　　　　）
□2　ロジスティクス・ネットワーク　　　　（　　　　　　　　　　）
　□1　物流ネットワーク　　　　　　　　　（　　　　　　　　　　）
　□2　情報ネットワーク　　　　　　　　　（　　　　　　　　　　）
□3　物流センター　　　　　　　　　　　　（　　　　　　　　　　）
　□1　立　地　　　　　　　　　　　　　　（　　　　　　　　　　）
　□2　設　備　　　　　　　　　　　　　　（　　　　　　　　　　）
　□3　環　境　　　　　　　　　　　　　　（　　　　　　　　　　）
□4　物　流　　　　　　　　　　　　　　　（　　　　　　　　　　）
　□1　輸　送　　　　　　　　　　　　　　（　　　　　　　　　　）
　□2　保　管　　　　　　　　　　　　　　（　　　　　　　　　　）
　□3　荷　役　　　　　　　　　　　　　　（　　　　　　　　　　）
　□4　包　装　　　　　　　　　　　　　　（　　　　　　　　　　）
　□5　流通加工　　　　　　　　　　　　　（　　　　　　　　　　）
　□6　情　報　　　　　　　　　　　　　　（　　　　　　　　　　）
□5　ロジスティクス・コスト　　　　　　　（　　　　　　　　　　）
　□1　コスト計算　　　　　　　　　　　　（　　　　　　　　　　）
　□2　コスト構成　　　　　　　　　　　　（　　　　　　　　　　）
　□3　コスト低減　　　　　　　　　　　　（　　　　　　　　　　）
```

☐6	在庫管理	(	)
	☐1　発注方式	(	)
	☐2　保　管	(	)
☐7	その他	(	)

---

1) 岸川善光［2006］203頁を一部修正。
2) 加護野忠男［1999］787頁。（神戸大学大学院経営学研究室編［1999］，所収）
3) 伊丹敬之［2003］164頁。
4) 國領二郎［1999］24頁。
5) 江上豊彦［2000］42頁。（BMP研究会編［2000］，所収）
6) Davenport,T.H.［1993］訳書14-15頁。
7) 岸川善光［2006］193頁。
8) 加護野忠男＝井上達彦［2004］43-44頁。なお，加護野＝井上は，ビジネス・システムの評価基準として示している。
9) 岸川善光［2002］109頁を一部修正。
10) 河野豊弘［1985］182頁を筆者が一部修正。
11) 日本経営診断学会編［1994］247-248頁。
12) 近藤修司［1985］196頁。
13) 桑田秀夫［1998］241頁。
14) 並木高矣［1974］37頁。
15) 同上書45頁を筆者が一部修正。
16) 日本生産管理学会編［1999］16頁を筆者が一部修正。
17) 桑田秀夫［1998］12頁を筆者が一部修正。
18) 石原勝吉他［1980］51頁。
19) QC手法開発部会編［1979］27頁。
20) 日本経営診断学会編［1994］309頁。
21) 同上書310頁を筆者が一部修正。
22) 同上書305頁。
23) Kotler,P.［1984］p.189.
24) Peppers,D.=Rogers,M.［1993］，Peppers,D.=Rogers,M.［1997］，および井関利明［1997］103-104頁をもとに作成。
25) 和田充夫［1998］72頁。
26) Kotler,P.=Armstrong,G.［1999］訳書494頁。
27) 日本経営診断学会編［1994］317頁。

28）唐沢豊［1989］42頁。
29）日本経営診断学会編［1994］329頁。
30）高橋輝男［1997］33頁。
31）SCM研究会［1999］15頁を筆者が一部修正。

第7章 業種別の診断

　本章では，業種別の診断について考察する。最初に，日本標準産業分類の改定版に基づいて，産業分類について理解を深める。

　第一に，製造業の診断について考察する。まず，製造業の空洞化が懸念される折，中小製造業の対応について理解を深める。次いで，ものづくりの重要性について考察する。さらに，チェックリストで製造業の診断の要点を確認する。

　第二に，卸売業の診断について考察する。まず，流通の近代化に伴う中抜きの進展について理解する。次いで，新たなビジネス・モデルの構築の必要性について考察する。さらに，チェックリストで卸売業の診断の要点を確認する。

　第三に，小売業の診断について考察する。まず，顧客との接点の多様化について理解する。次いで，店舗オペーレーションの革新について考察する。さらに，チェックリストで小売業の診断の要点を確認する。

　第四に，サービス業の診断について考察する。まず，サービス経済化の進展について理解する。次いで，サービス業の課題について考察する。さらに，チェックリストでサービス業の診断の要点を確認する。

　第五に，物流業の診断について考察する。まず，物流業の概況について理解する。次いで，物流業における課題について考察する。さらに，チェックリストで物流業の診断の要点を確認する。

　第六に，農林水産業市場の診断について考察する。まず，食料問題の深刻化について理解する。次いで，新たなビジネス・モデルの構築などの課題について考察する。さらに，チェックリストで農林水産業の診断の要点を確認する。

業種別の診断について考察する前に,日本標準産業分類の改定版に基づいて,産業分類についてみてみよう。

　日本標準産業分類は,2002年に大幅な改定がなされた。図表7－1に示されるように[1],大分類が従来の14項目から19項目に増加した。

　2002年改定の基本的な視点は,①情報通信の高度化,サービス経済化の進展等に伴う産業構造の変化への適合,②統計の継続性に配慮しつつ,的確な分類項目の設定と概念定義の明確化,③国際標準産業分類（ISIC）等国際的な産業分類との比較可能性の向上の3点である[2]。

　従来のL－サービス業を中心として,産業構造の変化に適合させるために産業分類を全面的に見直した結果,国際標準産業分類（ISIC）,北米産業分類シ

図表7-1　日本標準産業分類（1993年改訂→2002年改訂）

日本標準産業分類（JSIC）(1993改訂)				日本標準産業分類（JSIC）(2002改訂)			
大分類	中分類	小分類	細分類	大分類	中分類	小分類	細分類
A 農業	1	5	21	A 農業	1	4	20
B 林業	1	5	9	B 林業	1	5	9
C 漁業	2	5	18	C 漁業	2	4	17
D 鉱業	4	12	45	D 鉱業	1	6	30
E 建設業	3	20	49	E 建設業	3	20	49
F 製造業	23	162	604	F 製造業	24	150	563
G 電気・ガス・熱供給・水道業	4	6	12	G 電気・ガス・熱供給・水道業	4	6	12
H 運輸・通信業	9	34	64	H 情報通信業	5	15	29
I 卸売・小売業,飲食店	14	57	164	I 運輸業	7	24	46
J 金融・保険業	8	29	75	J 卸売・小売業	12	44	150
K 不動産業	2	5	9	K 金融・保険業	7	19	68
L サービス業	25	117	246	L 不動産業	2	6	10
M 公務（他に分類されないもの）	2	5	5	M 飲食店,宿泊業	3	12	18
N 分類不能の産業	1	1	1	N 医療,福祉	3	15	37
				O 教育,学習支援業	2	12	33
				P 複合サービス事業	2	4	8
				Q サービス業(他に分類されないもの)	15	68	164
				R 公務（他に分類されないもの）	2	5	5
				S 分類不能の産業	1	1	1
	14	99	463	1,322	19	97	420	1,269

（出所）総務省［2002］(http://www.stat.go.jp/index/seido/sangyo/6.htm)

ステム（NAICS）など，国際的な産業分類との比較が格段に容易になった。

本章では，日本標準産業分類のすべてについて考察する余裕はないので，①製造業，②卸売業，③小売業，④サービス業，⑤物流業，⑥農林水産業の6つを選択し，以下それらの診断について考察する。

1 製造業の診断

❶ 製造業の空洞化

製造業は，日本標準産業分類［2002］によれば，F－製造業（①食料品製造業，②飲料・たばこ・飼料製造業，③繊維工業，④衣服・その他の繊維製品製造業，⑤木材・木製品製造業，⑥家具・装備品製造業，⑦パルプ・紙・紙加工品製造業，⑧印刷・同関連業，⑨化学工業，⑩石油製品・石炭製品製造業，⑪プラスチック製品製造業，⑫ゴム製品製造業，⑬なめし革・同製品・毛皮製造業，⑭窯業・土石製品製造業，⑮鉄鋼業，⑯非鉄金属製造業，⑰金属製品製造業，⑱一般機械器具製造業，⑲電気機械器具製造業，⑳情報通信機械器具製造業，㉑電子部品・デバイス製造業，㉒輸送用機械器具製造業，㉓精密機械器具製造業，㉔その他の製造業）の中分類項目がこれに該当する[3]。

経済産業省産業構造審議会［2001］のマクロ経済シナリオの試算によれば[4]，製造業は，1990年から1999年の間に，実質国内生産額はほぼ横ばい（年平均0.5％）で推移した一方で，就業者数は約190万人減少した。今後2010年に向けて，イノベーションによる新製品の増加や設備投資の伸び，経済の活性化による既存製品の着実な伸びにより，1990年代の低成長から回復し，生産額は年平均2.7％で増加すると見込まれる。ただし，就業者数は，2010年までに60万人程度減少すると見込まれる。

ところで，業種によってバラツキはあるものの，国際分業の進展とアジア諸国の製造業の台頭によって，製造業の空洞化の懸念がもたれている。空洞化とは，わが国の生産性，技術開発力，貿易収支，国内雇用の諸側面において，マ

図表7-2　日本とアジアの輸出入関係

	輸入 減少	輸入 増加
輸出 増加	・自動車部品 ・紙，板紙 ・造船　　②	①　・半導体 ・コンピュータ部品
輸出 減少	・家電 ・自動車 ・パソコン ・鉄鋼 ・エチレン　④	③　・TV ・VTR ・合繊 ・精密機械

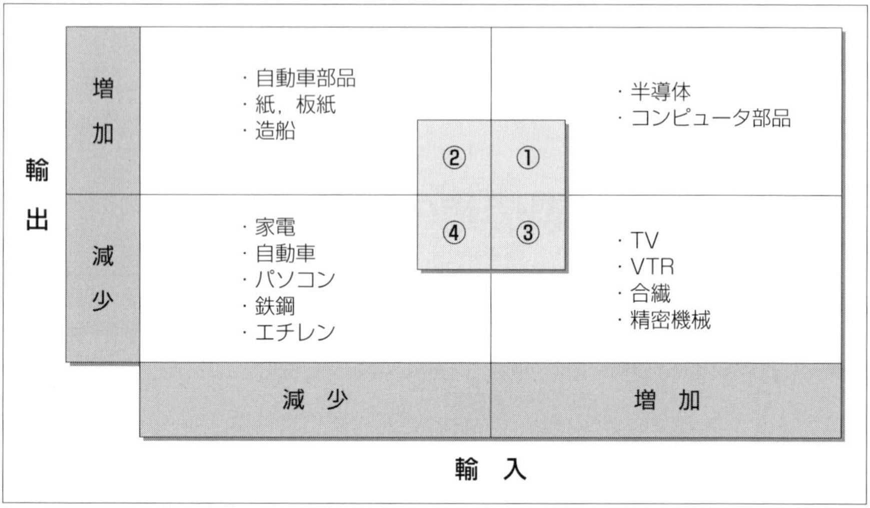

（出所）三菱総合研究所産業動向研究会［1996］51頁を筆者が一部修正。

イナスの影響を与えるような産業の海外移転のことである。現実に，食料品，繊維，木材，紙パルプ，化学の業種では，労働コストの違いによる空洞化が進展しつつある。

空洞化について考察する前に，日本とアジアの輸出入関係についてみてみよう。三菱総合研究所産業動向研究会[1996]は，図表7－2に示されるように[5]，輸出の増減，輸入の増減を組合せて，4つの象限に区分して予測を行った。この予測は当時，「21世紀の新成長産業を探すための総力予測」と銘打って実施された。予測結果についての論評は控えて，4つの象限ごとにみてみよう。

① 輸出増加・輸入増加：今後もアジアとの産業内分業が進展する。
② 輸出増加・輸入減少：日本の製造業の強さが維持できる。
③ 輸出減少・輸入増加：成熟産業化し比較優位の維持が次第に困難になる。
④ 輸出減少・輸入減少：直接投資，技術移転などが進展する。

空洞化とは，比較優位をもつべき製造業が③と④の象限に属してしまうことである。三菱総合研究所産業動向研究会［1996］は，空洞化を回避するために，下記の対策を挙げている[6]。

図表7-3　垂直的分業から水平的分業へ

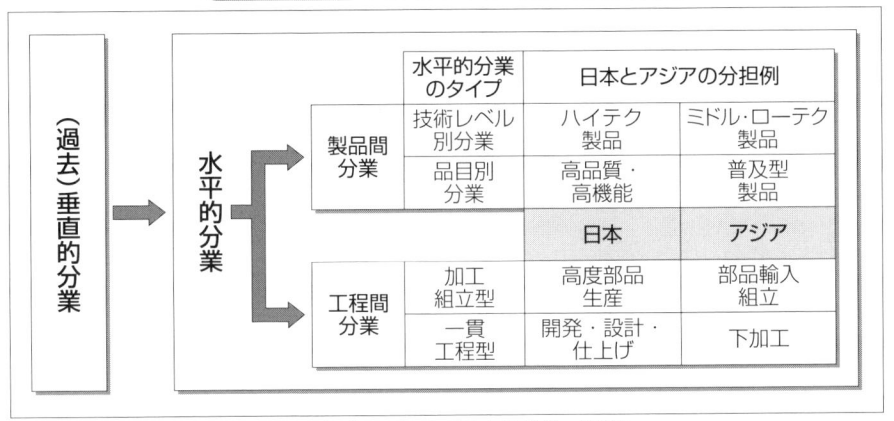

（過去）垂直的分業 → 水平的分業	水平的分業のタイプ		日本とアジアの分担例	
	製品間分業	技術レベル別分業	ハイテク製品	ミドル・ローテク製品
		品目別分業	高品質・高機能	普及型製品
			日本	アジア
	工程間分業	加工組立型	高度部品生産	部品輸入組立
		一貫工程型	開発・設計・仕上げ	下加工

（出所）三菱総合研究所産業動向研究会［1996］12-13頁を筆者が一部修正。

① 水平的ネットワークの構築：マザーファクトリーなどの研究開発拠点を国内に残し，アジア諸国との水平的ネットワークを維持する。
② 情報交換：国内の開発拠点と海外の生産拠点との情報交換を密にする。
③ 技術交流：積極的に海外企業との技術交流を実施する。
④ 雇用調整：高付加価値産業へ雇用をシフトする仕組みをつくる。

国際的な機能分担の最適化を図るための方策として，図表7-3に示されるように[7]，従来の垂直的分業から水平的分業への革新が挙げられる。

❷ 「ものづくり」の重要性と高付加価値化

上述したように，アジア諸国，さらにはBRICsの製造業が急速に力をつけており，量産品の生産は国内から海外に移転しつつある。特に，中小製造業は苦境に立たされることが多い。しかし，わが国の中小製造業は，世界に誇ることのできる製造技術を保有しているので，経営診断の対象としてみれば，従来よりも面白い局面が予測され，その効果も増大することが期待される。製造業の就業者数は減少しつつあるといっても，わが国にとって「ものづくり」の重要性はいささかも減少してはいない。

中小企業庁［2000］は，「中小企業の新しいものづくり」の方向として，①「新製品追求型」中小企業（組立・セット型製造業が中心），②「固有技術志向

型」中小企業（部品・加工型製造業が中心）の2つを例示している[8]。また、「中小製造業の対応の方向」として、①IT化戦略の明確化、②技能の客観化・マニュアル化・共有化、③知的財産権の取得・保護、④創造的な試作品や製品などへの取組み、⑤新しいビジネス・モデルへの対応、⑥環境問題への対応の6点を挙げている。

経済産業省＝厚生労働省＝文部科学省［2002］は、『製造基盤白書』において、製造業を、経済成長の牽引力、加工貿易立国・科学技術創造立国の基盤であり、国内に雇用機会を有する重要な産業と位置付けており、今後、わが国の製造業

図表7-4　わが国製造業の売上高・世界市場シェアマップ

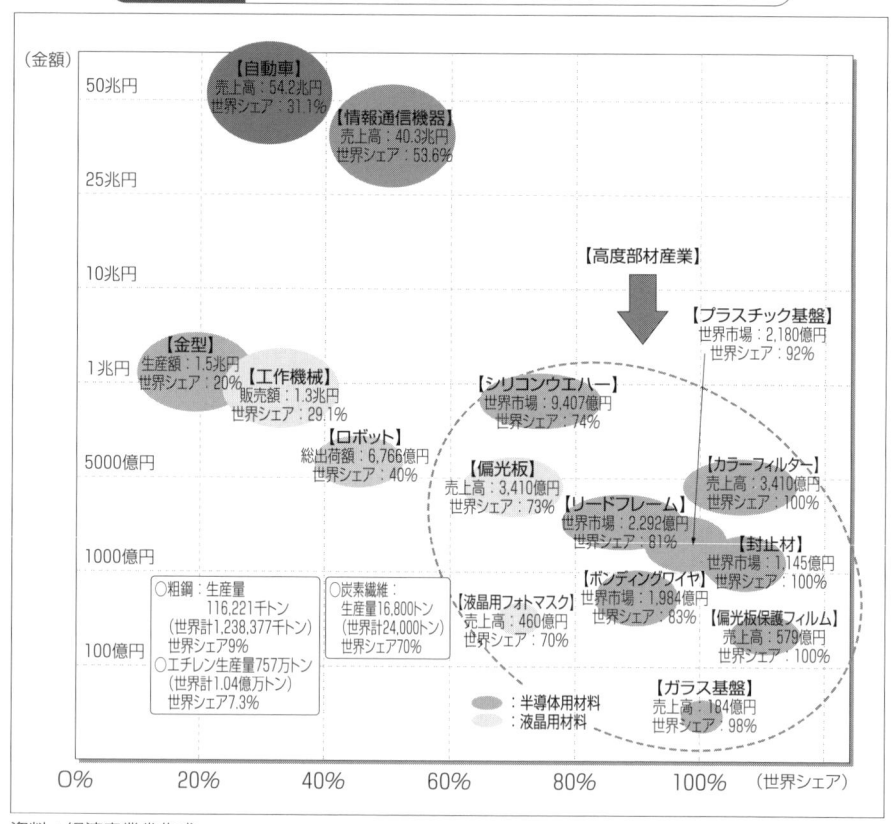

(金額)

- 【自動車】売上高：54.2兆円　世界シェア：31.1%
- 【情報通信機器】売上高：40.3兆円　世界シェア：53.6%
- 【高度部材産業】
- 【プラスチック基盤】世界市場：2,180億円　世界シェア：92%
- 【金型】生産額：1.5兆円　世界シェア：20%
- 【工作機械】販売額：1.3兆円　世界シェア：29.1%
- 【シリコンウエハー】世界市場：9,407億円　世界シェア：74%
- 【ロボット】総出荷額：6,766億円　世界シェア：40%
- 【偏光板】売上高：3,410億円　世界シェア：73%
- 【カラーフィルター】売上高：3,410億円　世界シェア：100%
- 【リードフレーム】世界市場：2,292億円　世界シェア：61%
- 【封止材】世界市場：1,145億円　世界シェア：100%
- ○粗鋼：生産量 116,221千トン（世界計1,238,377千トン）世界シェア9%
- ○エチレン生産量757万トン（世界計1.04億万トン）世界シェア7.3%
- 炭素繊維：生産量16,800トン（世界計24,000トン）世界シェア70%
- 【液晶用フォトマスク】売上高：460億円　世界シェア：70%
- 【ボンディングワイヤ】世界市場：1,984億円　世界シェア：83%
- 【偏光板保護フィルム】売上高：579億円　世界シェア：100%
- 【ガラス基盤】売上高：184億円　世界シェア：98%
- 半導体用材料／液晶用材料

(世界シェア 0%～100%)

資料：経済産業省作成。
(出所)経済産業省＝厚生労働省＝文部科学省［2007］43頁。

が競争力を維持・強化するために，①他国に一歩先んじた製品を生み出す技術開発力の強化，②技術開発の成果を知的財産として保護，活用する体制の確保，③国内において多品種・少量の需要に対し短納期で生産・供給する効率的な事業手法の確立等の課題を挙げている[9]。

さらに，経済産業省=厚生労働省=文部科学省［2007］では，図表7－4に示されるように[10]，製造業における高付加価値化と市場シェアとの相関を丁寧に分析している。図表7－4で明らかなように，高い技術水準に裏付けられた高付加価値化は，市場シェアの獲得と全く矛盾しない。

また，経済産業省=厚生労働省=文部科学省［2007］は，図表7－5に示されるように[11]，生産システムの変化に伴い工場内で必要とされる人材についても詳細な分析を行っている。現在，要求される人材として，①製造ラインをコーディネートする人材，②工程管理等のITに精通した人材，③自動化設備をメンテナンスできる人材，④設備の内製に貢献できる人材，⑤汎用的な設計技術を有する人材など，5年前と比較して，製造ラインのシステム化に関連した

図表7-5 生産システムの変化に伴い工場内で必要とされる人材

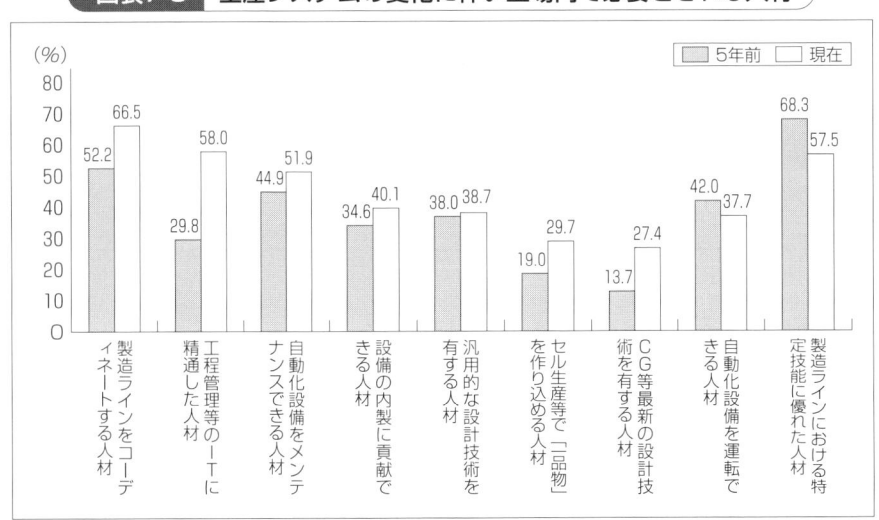

人材	5年前	現在
製造ラインをコーディネートする人材	52.2	66.5
工程管理等のITに精通した人材	29.8	58.0
自動化設備をメンテナンスできる人材	44.9	51.9
設備の内製に貢献できる人材	34.6	40.1
汎用的な設計技術を有する人材	38.0	38.7
セル生産等で「品物」を作り込める人材	19.0	29.7
CG等最新の設計技術を有する人材	13.7	27.4
自動化設備を運転できる人材	42.0	37.7
製造ラインにおける特定技能に優れた人材	68.3	57.5

備考：上場している製造業企業を対象にしたアンケート調査結果，有効回答数は227社。
資料：経済産業省調べ（2007年2月）。
（出所）経済産業省=厚生労働省=文部科学省［2007］59頁。

人材に対する要求度が高い。

調査対象が上場している製造業ということもあるが，製造業はもはやシステム産業であることを如実に表す結果となっている。システム化によるイノベーション，システム化による高付加価値化の流れを裏付けるといえよう。

❸ 製造業の診断チェックリスト

```
□1  経営システム（第4章参照）    (                    )
□2  経営管理システム（第5章参照）(                    )
□3  業務システム（第6章参照）    (                    )
□4  イノベーション              (                    )
   □1  プロダクト・イノベーション (                    )
   □2  プロセス・イノベーション  (                    )
□5  労働力                      (                    )
   □1  労働コスト               (                    )
   □2  保有スキル               (                    )
□6  知識集約化                  (                    )
□7  グローバル化                (                    )
□8  IT化                        (                    )
□9  その他                      (                    )
```

2　卸売業の診断

❶ 流通の近代化

卸売業は，日本標準産業分類［2002］によれば，J－卸・小売業の内，卸売業（①各種商品卸売業，②織物・衣服等卸売業，③飲食料品卸売業，④建築材料，鉱物・金属材料等卸売業，⑤機械器具卸売業，⑥その他の卸売業）の6つの中分類項目によって構成される[12)]。

卸売業には，伝統的なタイプの問屋（代理店，特約店），商社（総合商社，

図表7-6　卸売業の主要機能

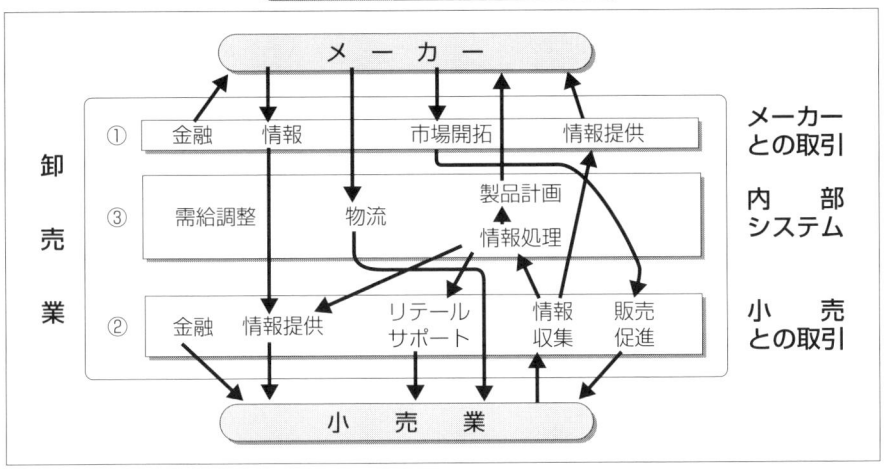

```
                    メ　ー　カ　ー
    ┌─────────────────────────────────────┐
    │ ①  金融  情報    市場開拓  情報提供 │  メーカー
    │                                      │  との取引
卸   │ ③  需給調整  物流   製品計画       │  内　部
売   │                    情報処理         │  システム
業   │ ②  金融  情報提供  リテール  情報  販売 │  小　売
    │                    サポート  収集  促進 │  との取引
    └─────────────────────────────────────┘
                    小　売　業
```

(出所) 宮下淳＝江原淳［2000］7頁。

専門商社），メーカーの販社，仲立・代理商，ブローカーなどが含まれる。

　卸売業の機能（活動）は，図表 7 － 6 に示されるように[13]，主として，①メーカーとの取引（小売業の情報伝達，製品計画・生産計画の策定支援，市場開拓，金融など），②小売業との取引（商品提供，物流，金融，情報提供，情報収集，リテール・サポート，販売促進など）に区分される。

　卸売業は，経済産業省［2004］の「商業統計調査」によれば，図表 7 － 7 に示されるように[14]，①事業所数，②従業員数，③年間商品販売額のいずれも減少傾向にある。ちなみに，「商業統計調査」は，近年では，1999年に簡易調査，2002年に本調査，2004年に簡易調査，2007年に本調査が実施された。

　卸売業の事業所数，従業員数，年間販売額の減少傾向は，流通の近代化による「卸無用論」「中抜き論」の根拠の1つになっている。

❷ 新たなビジネス・モデルの構築

　「そうは問屋が卸さない」という言葉があるように，昔から問屋あるいは卸売業の力は強かった。問屋あるいは卸売業が果たした集荷・分散の機能が，生産と消費の架け橋として有効であったからである。しかし，1960年代以降，製造業が飛躍的な発展を遂げ，大量生産に見合う大量流通の必要性が生まれ，ス

図表7-7　卸売・小売業の産業分類別事業所数，従業者数，年間商品販売額

産業分類	事業所数 平成16年	構成比(%)	前回比(%) 16年/14年	従業者数 平成16年(人)	構成比(%)	前回比(%) 16年/14年	年間商品販売額 平成16年(億円)	構成比(%)	前回比(%) 16年/14年
合計	1,613,318	100.0	▲3.9	115,565,953	100.0	▲3.4	5,387,758	100.0	▲1.8
卸売業計	375,269	23.3	▲1.1	3,803,652	32.9	▲5.0	4,054,972	75.3	▲1.9
各種商品卸売業	1,245	0.1	7.7	37,961	0.3	▲5.8	490,306	9.1	1.9
繊維・衣服等卸売業	30,317	1.9	▲3.1	306,465	2.6	▲6.7	188,754	3.5	▲9.7
飲食料品卸売業	84,539	5.2	1.1	887,159	7.7	▲3.4	863,898	16.0	2.5
建築材料，鉱物・金属材料等卸売業	84,049	5.2	▲3.2	712,060	6.2	▲7.2	873,518	16.2	▲4.1
機械器具卸売業	89,897	5.6	▲0.2	1,018,073	8.8	▲4.4	987,838	18.3	▲3.9
その他の卸売業	85,222	5.3	▲1.6	841,934	7.3	▲4.7	650,658	12.1	▲1.7
小売業計	1,238,049	76.7	▲4.8	7,762,301	67.1	▲2.6	1,332,786	24.7	▲1.4
各種商品小売業	5,556	0.3	11.2	541,231	4.7	▲0.2	169,135	3.1	▲2.4
織物・衣服・身の回り品小売業	177,851	11.0	▲4.3	696,102	6.0	▲3.3	109,821	2.0	0.0
飲食料品小売業	444,596	27.6	▲4.7	3,151,037	27.2	▲0.3	413,342	7.7	0.3
自動車・自転車小売業	86,993	5.4	▲2.4	541,658	4.7	▲2.7	161,767	3.0	▲0.3
家具・じゅう器・機械器具小売業	115,132	7.1	▲4.6	518,726	4.5	▲3.1	114,677	2.1	▲3.5
その他の小売業	407,921	25.3	▲5.7	2,313,547	20.0	▲5.9	364,043	6.8	▲2.9

（出所）経済産業省［2004］(http://www.meti.go.jp/statistics/index.html)

ーパーに代表される大量販売の担い手（新業態）が次々と生まれた。この時代に，「卸無用論」「中抜き論」が叫ばれ，大量生産・大量流通・大量販売という新たな図式の下で，卸売業のあり方が様々な議論を呼んだ。

　その後，流通の近代化，流通革命による問屋の滅亡，商社の斜陽化はすぐには発生しなかった。その理由として，卸売機能の有効性が挙げられる。製造業と小売業が直接的かつ個別的に取引するとすれば，膨大な取引コストがかかる。

　図表7-8に示されるように[15]，直接取引の場合，取引総数はm×nになるのに対して，間接取引の場合，取引総数はk（m＋n）で済む。製造業と小売業の橋渡しを卸売機能と呼べば，卸売機能によって取引が円滑になることは明らかである。

図表7-8　直接取引と間接取引の取引回数の差

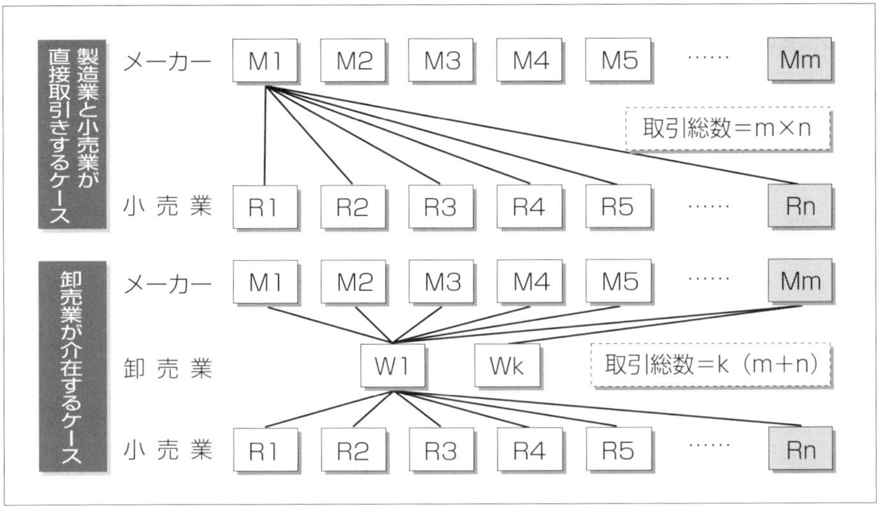

製造業と小売業が直接取引きするケース

メーカー：M1　M2　M3　M4　M5　……　Mm

小売業：R1　R2　R3　R4　R5　……　Rn

取引総数＝m×n

卸売業が介在するケース

メーカー：M1　M2　M3　M4　M5　……　Mm

卸売業：W1　Wk

小売業：R1　R2　R3　R4　R5　……　Rn

取引総数＝k（m+n）

（出所）臼井秀彰他［2001］19頁を筆者が一部修正。

　しかし，卸売機能が必要であることと，卸売機能を誰がどのように担うかという問題は別の問題である。「内外価格差問題」「多段階卸」など，わが国の流通機構には，流通の国際比較による多くの問題点が指摘されている。他方，図表7－9に示されるように[16]，小山修三［1991］に代表される流通実務家によって，卸売業の改革について多くの改革案が提示されてきた。

　近年では，卸売業の3PL（サード・パーティ・ロジスティクス）化が着実に進展しつつある。ロジスティクス・ネットワークを構築し，それを自社のビジネス・プラットフォームとして位置付け，サプライチェーン・マネジメントの主導権を握るという戦略であり，この動きは加速するものと思われる。

図表7-9　卸売業の改革（地域卸を中心として）

卸売業をめぐる諸変化

消費者の意識，行動の変化
　所得，生活の高度化
　ライフスタイルの変化

小売構造，業態の変化
　中小小売店の減少
　総合型小売業の成長
　多様な新業態の展開

流通システムの変化
　ジャストイン物流の進展
　物流諸技術の進展
　製販直取引化
　情報ネットワーク化

卸売業の構造変化
　大手卸の地方進出
　地域卸の経営力の低下
　全国・地域卸間取引の
　再編成

地域卸の存在意義と発展への課題

〔地域卸の存在意義〕

地域小売業の密着性
　地域産業事情の理解
　きめ細かな対応力

コンビニエンス機能の充実
　受注体制の便宜性発揮
　24時間受注，リード・タイム
　の短縮化
　小売店の経営支援
　関連商品供給機能
　マーチャンダイジング支援
　地域小売店の組織化

〔卸売業発展への課題〕

地場産品対応
　ローカル・ブランドの発掘と活用

地域における優位性の発揮
　販売代理権の確保

リテイル・サポート・システムの確立
　情報提供力
　マーチャンダイジング機能の充実
　組織化方策の確立

卸売業の機能振興の方向

リテイル・サポート業への道
　業態店対応
　生活提案力の発揮
　付加価値情報力の装備
　小売店経営指導力の充実

特化型卸売業への道
　地場産品卸売業
　国際型卸売業（輸入品卸）
　業務用卸売業
　（外食産業，ホテル等）

〔卸売業振興のための課題〕

中核企業の育成
　市場対応力
　品揃え力
　情報力
　物流力

サークル化，グループ化，
情報ネットワーク化の推進
　意識改革と開かれた場作り

新たな商流・物流拠点の整備

人材の育成

〔卸売業の社会的機能の再構築〕

地域需要への的確な対応
エンドユーザー志向の徹底
社会的流通コスト削減への貢献

（出所）小山周三［1991］198-199頁。（宮澤健一＝高近季昭編［1991］，所収）

❸ 卸売業の診断チェックリスト

- ☐1　経営システム（第4章参照）　　（　　　　）
- ☐2　経営管理システム（第5章参照）（　　　　）
- ☐3　業務システム（第6章参照）　　（　　　　）
- ☐4　サプライチェーン　　　　　　　（　　　　）
  - ☐1　担う機能　　　　　　　　　　（　　　　）
  - ☐2　価　値　　　　　　　　　　　（　　　　）

| □5　生産者起点・消費者起点　　　（　　　　　　　　　　）
| □6　情報化　　　　　　　　　　　（　　　　　　　　　　）
|　　□1　製品情報　　　　　　　　（　　　　　　　　　　）
|　　□2　消費情報　　　　　　　　（　　　　　　　　　　）
|　　□3　情報ネットワーク　　　　（　　　　　　　　　　）
| □7　リテール・サポート　　　　　（　　　　　　　　　　）
|　　□1　経営管理　　　　　　　　（　　　　　　　　　　）
|　　□2　マーチャンダイジング　　（　　　　　　　　　　）
|　　□3　財　　務　　　　　　　　（　　　　　　　　　　）
|　　□4　その他　　　　　　　　　（　　　　　　　　　　）
| □8　ロジスティクス　　　　　　　（　　　　　　　　　　）
|　　□1　JIT（ジャスト・イン・タイム）ロジスティクス（　　　　）
|　　□2　3PL（サード・パーティ・ロジスティクス）（　　　　）
| □9　その他　　　　　　　　　　　（　　　　　　　　　　）

3　小売業の診断

❶ 業態の多様化

　小売業は，日本標準産業分類［2002］によれば，J－卸・小売業の内，小売業（①各種商品小売業，②織物・衣服・身の回り品小売業，③飲食料品小売業，④自動車・自転車小売業，⑤家具・じゅう器・機械器具小売業，⑥その他の小売業）の6つの中分類項目によって構成される[17]。

　小売業の機能としては，流通活動の中で小分け機能を担っている。すなわち，製造業は製品の製造を行い，卸売業は大分け機能を担当し，小売業は消費者に販売するために小分け機能や品揃え機能を担当している。

　小売業は，店舗の有無によって，有店舗小売業（百貨店，総合スーパー，衣料品専門スーパー，食料品専門スーパー，住関連専門スーパー，ホームセンター，コンビニエンス・ストア，専門店など）と無店舗小売業（通信販売，訪問販売，カタログ販売，テレビ販売，自動販売機による販売，行商など）に区分

図表7-10 小売業の業態別の事業所数，年間商品販売額の前回比

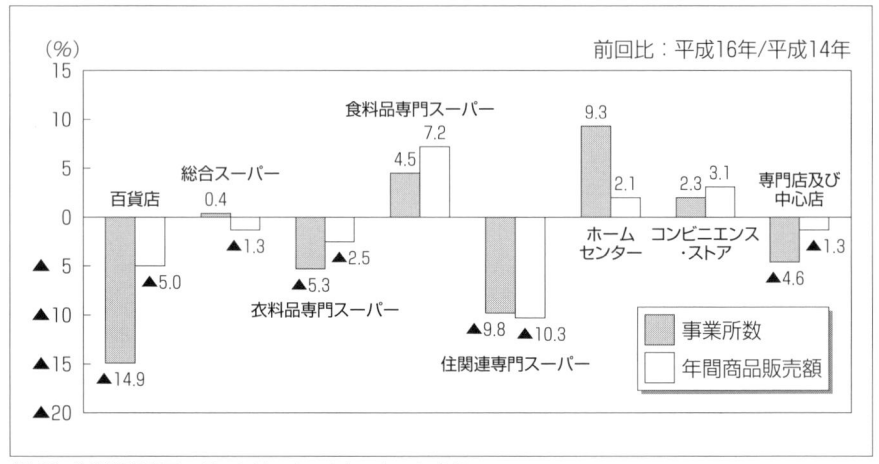

前回比：平成16年/平成14年

百貨店：▲14.9，▲5.0
総合スーパー：0.4，▲1.3
衣料品専門スーパー：▲5.3，▲2.5
食料品専門スーパー：4.5，7.2
住関連専門スーパー：▲9.8，▲10.3
ホームセンター：9.3，2.1
コンビニエンス・ストア：2.3，3.1
専門店及び中心店：▲4.6，▲1.3

（凡例）事業所数，年間商品販売額

(注1) 住関連専門スーパーには，ホームセンターを含む。
(注2) 専門店とは，衣・食・住の販売額のいずれかが90％以上，中心店は50％以上を占める店舗をいう。
(出所) 経済産業省［2004］(http://www.meti.go.jp/statistics/index.html)

される。近年，インターネット通販など無店舗小売業の進展が著しい。

　小売業には，多くの業態（販売方法の様態）が存在する。具体的には，上述した百貨店，総合スーパー，衣料品専門スーパー，食料品専門スーパー，住関連専門スーパー，ホームセンター，コンビニエンス・ストア，専門店，さらに，大型ドラッグストア，スーパーセンターなど，新たな業態が次々に生まれている。

　経済産業省［2004］の「商業統計調査」によれば，図表7−10に示されるように[18]，事業所数，年間商品販売額ともに伸びている業態として，食料品スーパー，ホームセンター，コンビニエンス・ストアが挙げられる。他方，百貨店，総合スーパー，衣料品専門スーパー，住関連専門スーパー，専門店および中心店は，事業所数，年間商品販売額の双方または一方が前回の調査と比較して減少している。このように，小売業は業態が多様化し，業態ごとに盛衰のバラツキが大きい。

❷ 店舗オペレーションの革新

　わが国の小売商店数は，経済産業省の「商業統計調査」によれば，1982年をピークとして，その後減少が続いている。この内訳を経営組織別にみると，

「法人」と「個人」の比率は，1960年代では約1対6であったが，近年の比率では約1対2になっており，特に生業店といわれる零細個人商店数の減少が著しい。この傾向は，競争激化や後継者難などの理由により，今後も続くことが予測される。

店舗の大型化は，どの業態においても顕著な動向といえる。しかし，上述したように，有店舗小売業である百貨店，総合スーパー，衣料品専門スーパー，住関連専門スーパー，専門店など，各業態の業績には大きなバラツキがある。有店舗小売業について，業態別に概観してみよう。

百貨店は，1852年にパリで生まれたボンマルシェが始まりといわれている。米国では1858年，ニューヨークにメイシー百貨店が創設された。わが国では1904年に三越呉服店が開業した。百貨店は誕生以来，高いイメージと信用に支えられ，その業態を保持し，長期間にわたって発展し続けてきた。ところが近年では，小売業界の競争激化に伴って，地方百貨店を中心として経営難に陥ったところも多発している。

百貨店の最大の強みは，いうまでもなくワンストップ・ショッピング機能による利便性であろう。しかし，消費者の物的充足度が高まるにつれ，単なる「総合物品販売業」では，消費者のニーズに応えることはできない。ドメインの機能的定義によって，ショッピングの楽しさを演出する業態への脱皮が望まれる。

総合スーパーは，米国のGMS（ゼネラル・マーチャンダイジング・ストア）に学んだ大型量販小売業のことである。GMSの基本コンセプトは，衣食住にわたる多品種商品を，チェーン展開によって大量販売を行うことである。米国のシアーズ・ローバック，J・C・ペニーなどがこれに該当する。わが国の総合スーパーは，GMS的な特性を有するものの，食料品を扱っていること，プライベート・ブランドの比率が低いことなど，米国のGMSとは異なる特性がある。

わが国の総合スーパーは，ダイエー，イトーヨーカ堂，ジャスコなどにみられるように，1960年代以降，流通近代化，流通革命の旗手としてもてはやされてきた。当時の総合スーパーは，ワンストップ・ショッピング機能を有し，またディスカウント価格も大きな魅力であった。ところが，①店舗の大型化に伴

うコスト増大に起因する価格の上昇，②食料品専門スーパー，衣料品専門スーパーなど競合企業に対する競争力の低下，③ホームセンター，ディスカウント・ストアなど新たな業態に対する競争力の低下，など多くの問題点を有するようになった。

総合スーパーは，これらの問題点に直面し，①ディスカウント・ストアへの業態転換，②ショッピング・センターの核テナントとしての機能強化，③グレードアップ型総合スーパーの設置，④専門大店への分解など，様々な対応策を実行している[19]。

衣料品専門スーパーは，衣料品の量販型専門店のことで，チェーン展開を行っている企業が多い。衣料品に関する消費者の購買行動が個別化・多様化するに伴って，従来の総合スーパーよりも，衣料品専門店のほうが消費者にとって様々な利便性がある。他方，企業経営の近代化の可能性という観点からみれば，個店よりもチェーン化が望ましい。この2つの背景から衣料品専門チェーンが生まれた。衣料品専門スーパーは，全体としては順調に推移しているものの，新たな業界再編を目指して，業界内競争は激化の一途をたどっている。

食料品専門スーパーは，セルフサービス方式を採用している総合食品小売業のことである。スーパーマーケットと呼ばれることが多い。加工食品を中心とした幅広い品揃えに特徴がある。近年では，非食料品の扱いが増えつつある。

住関連専門スーパーは，住関連商品に関する量販型専門店である。経済産業省の「商業統計調査」によれば，ホームセンターは統計上，住関連専門スーパーに含まれる。住関連専門スーパーは，事業所数，年間商品販売額が減少しているが，ホームセンターは逆に急激に上昇している。

コンビニエンス・ストア（CVS）は，文字通り，消費者に利便性を提供する小売業のことである。この場合の利便性とは，「最寄品」中心の品揃え，長時間営業，立地などによる消費者の利便性を指す。セブン・イレブン，ローソンなど多くのコンビニエンス・ストアが，雨後の竹の子のように陸続と誕生した。これらのコンビニエンス・ストアは，多くの場合，中小食品小売業（酒販店，八百屋，牛乳店など）の業態転換の受け皿として位置付けられる。具体的には，これらの中小食品小売業は，コンビニエンス・ストア・チェーンのフラ

ンチャイジーとして事業に参加する。

　コンビニエンス・ストアでは，POS端末による単品管理の徹底，EOS（エレクトロニック・オーダーリング・システム）による受発注システムの高度化など，情報武装化が強力に推進されている。これらの情報武装化によって，コンビニエンス・ストアは，単なる物品販売機能だけでなく，各種サービス機能（住民票，宅配便など）の提供が可能になった。

　専門店は，特定の商品のみを販売する店の総称である。専門店の強みは，特定の商品群について豊富な品揃え機能を保持していることである。消費者は特定の商品について「目的買い」をすることが多いので，品揃え機能の他に，豊富な商品知識，関連情報の提供，店構えなども専門店の必要条件になる。商品の特性によっては，コンサルティング力が必要条件として付加される。

　以上，経済産業省の「商業統計調査」の分類に従って，有店舗小売業の動向を業態別に概観したが，有店舗小売業を診断する場合，店舗オペレーションの革新は生命線の1つである。店舗オペレーションという場合，広義には，チェーン・オペレーションなどを含むものの，狭義には，①店舗の立地，②店舗設計，③店頭・外装，④売場設計，⑤陳列施設，器具，⑥陳列方法，⑦店舗施設（冷暖房施設，防災施設など），⑧販売方法，⑨店舗形態，⑩色彩，⑪照明などが挙げられる。

　ところで，上で考察した店舗は，流通経路全体において，消費者との「接点」であるという重要な位置付けがある。従来，有店舗小売業が消費者との「接点」の機能を主として担ってきた。しかし，高度情報化の進展に伴って，バーチャルな「接点形成」さえ可能になってきた。これが無店舗小売業の進展の背景である。特に，インターネット通販，カタログ通販，テレビ販売などの無店舗小売業は，「接点形成」と「接点のデータベース化」が同時に実現できるという強みがある。

　「顔の見えない消費者」を相手にしてきた有店舗小売業と比較して，「顔の見える消費者」を相手にできる無店舗小売業は，「接点形成」と「接点のデータベース化」において圧倒的な優位性をもっている。有店舗小売業においても，「顔の見えない消費者」から「顔の見える消費者」にいかに転換するかという

問題は，小売業の経営診断の大きなポイントでもある。

❸ 小売業の診断チェックリスト

□1　経営システム（第4章参照）	（　　　　　　　　　　　）
□2　経営管理システム（第5章参照）	（　　　　　　　　　　　）
□3　業務システム（第6章参照）	（　　　　　　　　　　　）
□4　業種・業態	（　　　　　　　　　　　）
□1　事業環境（機会，脅威など）	（　　　　　　　　　　　）
□2　魅力度（成長率，市場規模など）	（　　　　　　　　　　　）
□3　収益性	（　　　　　　　　　　　）
□4　競争力	（　　　　　　　　　　　）
□5　その他	（　　　　　　　　　　　）
□5　チェーン・オペレーション	（　　　　　　　　　　　）
□1　フランチャンザー	（　　　　　　　　　　　）
□2　フランチャイジー	（　　　　　　　　　　　）
□6　店舗オペレーション	（　　　　　　　　　　　）
□1　店舗設計	（　　　　　　　　　　　）
□2　売場設計	（　　　　　　　　　　　）
□3　陳　列	（　　　　　　　　　　　）
□4　販売方法	（　　　　　　　　　　　）
□5　その他	（　　　　　　　　　　　）
□7　情報システム	（　　　　　　　　　　　）
□1　商品情報	（　　　　　　　　　　　）
□2　顧客情報	（　　　　　　　　　　　）
□8　その他	（　　　　　　　　　　　）

4　サービス業の診断

❶ サービス経済化の進展

サービス業は，日本標準産業分類［2002］によれば，広義には，H-情報通信

業(その一部),K-金融・保険業,L-不動産業,M-飲食店,宿泊業,N-医療,福祉,O-教育,学習支援業,P-複合サービス業,Q-サービス業(他に分類されないもの)の大項目がこれに該当し,その事業領域は極めて広い[20]。

経済産業省産業構造審議会[2001]のマクロ経済シナリオの試算によれば[21],サービス業は,1990年から1999年の間に,実質国内生産額は年平均3～4％,就業者数は10年間で300～400万人増加した。今後2010年にかけても,人口構成の変化に加えて,規制改革によるサービスの多様化・高度化が進むことにより,医療・介護・保育等の拡大が期待される。また,所得の増加と国民の安心感の改善により,自由時間の拡大のための消費や自己啓発のための消費が拡大すると見込まれる。加えて,IT化のさらなる進展を背景にIT関連サービスの拡大が見込まれる。このように,大きく伸びる市場が存在することから,サービス

図表7-11　サービス産業の問題点

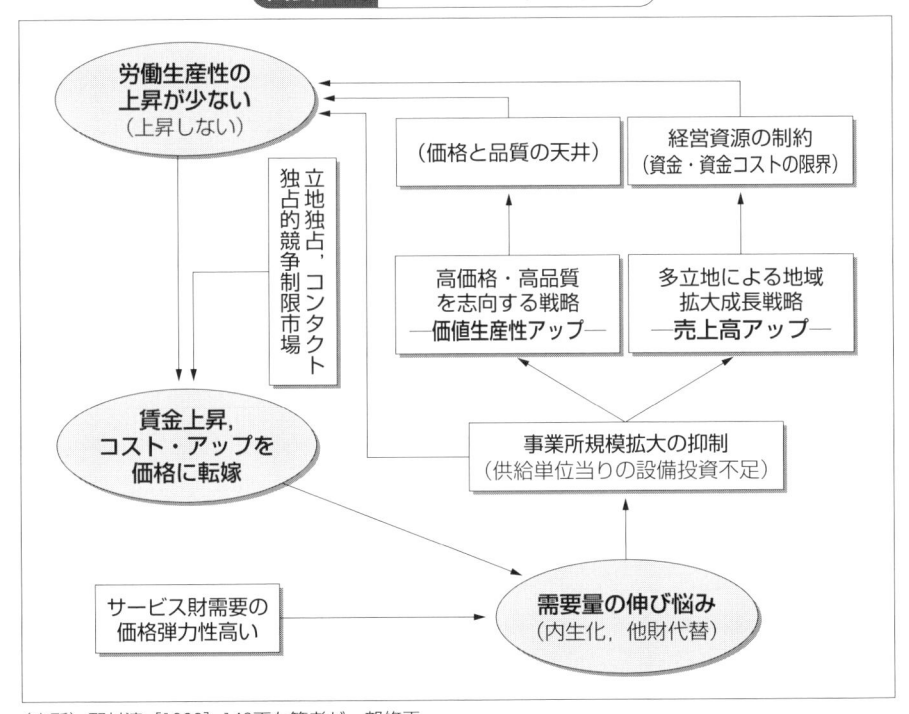

(出所)野村清[1983]148頁を筆者が一部修正。

業の実質国内生産額の伸びは，GDPの伸びを大幅に上回ると予測される。また，就業者数は，2010年までに620万人程度の増加が見込まれる。

ところで，サービスという用語は，清水滋［1968］が指摘したように，①情緒・精神的次元（サービス精神，奉仕，奉公），②態度的次元（接客態度，環境），③犠牲的次元（出血サービス），④付帯的次元（性能，品質等の基本的なもの以外），⑤業務的次元（無形財の提供）など，様々な次元で用いられるため，多くの誤解が生じている。

経営診断でサービスを取り上げる場合，無形財の提供という業務的次元が大半であろう。財には，有形財と無形財があり，サービスは無形財の提供に他ならない。無形財の提供は，所有権の移転を伴わない。

サービスの定義は，様々な研究者によって，様々な観点から試みられている。定義に関する鍵概念を整理すると，①無形財，②活動・便益，③財貨の所有権の転移以外の市場取引対象，④非財貨生産活動，などが挙げられる。

野村清［1983］は，サービスについて，①利用可能な諸資源が有用な機能を果たすその働き，②利用可能な諸資源が使用価値を実現する過程，と定義しており，機能面に着目した一貫した視点を提供している[22]。

サービス業の経営には，サービスの特質ゆえに，図表7－11に示されるように[23]，①需要量の伸び悩みがある，②労働生産性の上昇が少ない，③賃金上昇，コスト・アップを価格に転嫁せざるをえないなど，物的産業にはみられない独特の問題点が存在する。サービス経済化の進展に伴って，サービス業に関する経営診断（①分析・評価，②問題点の抽出，③課題および解決策の策定，④実行支援）の重要性は今後ますます増大するであろう。

❷ サービス業の課題

野村［1983］は，サービス業における研究課題として，①サービスとは何か，②サービスと物はどこが違うのか，③サービスにまつわる現象にはどのような特色があるのか，④サービス業に特有の経営課題は何か，⑤サービス業に利用可能な戦略技法は何か，⑥サービス業は今後どのような道を目指すべきか，という6つを示した[24]。この6つの研究課題は，経営診断論のサービス業におけ

図表7-12　サービス財の特質と基本戦略

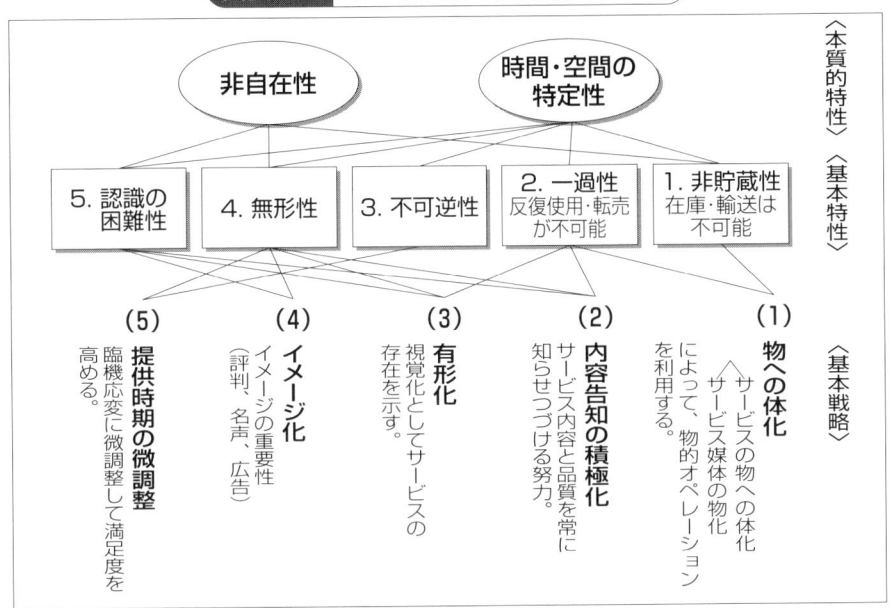

〈本質的特性〉
- 非自在性
- 時間・空間の特定性

〈基本特性〉
5. 認識の困難性
4. 無形性
3. 不可逆性
2. 一過性（反復使用・転売が不可能）
1. 非貯蔵性（在庫・輸送は不可能）

〈基本戦略〉
- (1) 物への体化：サービスの物への体化、サービス媒体の物化によって、物的オペレーションを利用する。
- (2) 内容告知の積極化：サービス内容と品質を常に知らせつづける努力。
- (3) 有形化：視覚化としてサービスの存在を示す。
- (4) イメージ化：イメージの重要性（評判、名声、広告）
- (5) 提供時期の微調整：臨機応変に微調整して満足度を高める。

（出所）野村清［1983］193頁を筆者が一部修正。

る今後の研究課題とも全く一致する。

　サービス業における経営診断において，サービス財の特性を踏まえることは当然のことである。野村［1983］は，図表7－12に示されるように[25]，上述した問題意識に基づいて，サービス財の特性と基本戦略を図示した。

　まず，図表7－12に基づいて，サービスの本質的特性および基本特性についてみてみよう。

＜本質的特性＞

① 時間・空間の特定性：サービスは，ある特定の時間の，ある特定の空間における，機能の実現過程であるので，サービス財には，必ず時間と空間が特定される。

② 非自存性：サービス財は，それ自身だけでは存在できない。サービス主体とサービス対象の両者が存在してはじめてサービス財が存立する。

＜基本的特性＞

① 非貯蔵性：サービス財は，時間・空間が特定され，サービス主体とサービ

ス対象が出会わなければ存立しないので，サービス財の在庫はできない。
② 一過性：サービス財は，ある特定の時間に存在し，終わると消失する。反復使用，転売などはできない。
③ 不可逆性：サービスが提供されると，それを元に戻すことはできない。
④ 無形性：サービス財は，行為，活動，機能として把握され，有形財と異なり，固定的な形がない。
⑤ 認識の困難性：サービス品質などサービス財に関する認識，特に事前の認識は困難である。

サービスの本質的特性および基本特性を踏まえて，図表7－12に基づいて，サービス業における今後の基本戦略について考察する。

① 物への体化：マッサージというサービスにおけるマッサージ・チェアの開発にみられるように，物に体化することによって，時間的・空間的なアローワンスをとることが可能になる。
② 内容告知の積極化：サービスの基本特性の1つである「認識の困難性」を克服するために，サービス財の内容を事前に告知する。大学の教育サービスにおける「シラバス」の事前公表などはこれに該当する。
③ 有形化：視覚化によって，無形のサービス財を有形化し，サービス財の存在を示す。
④ イメージ化：サービス財もマーケティングが必要であり，評判や名声を高めるためのイメージ戦略が必要不可欠である。シンクタンクなどの情報サービス業におけるTV出演，新聞寄稿などはこれに該当する。
⑤ 提供時期の微調整：サービス財の特性を逆手にとって，提供時期の微調整を行うことにより，顧客満足を高める。

サービス財の基本戦略として，大きな方向の1つとして，「サービスの工業化」が挙げられる。多くの製造業において取組んできた「分業化」「機械化」「システム化」「ブランド化」などは，サービス業においても必要不可欠である。

また，「需給バランスの調整」も重要な課題である。「需給バランスの調整」には，シーズン料金による需給コントロール，パート利用による供給能力コントロールなど，様々な工夫が欠かせない。

さらに、「サービス・マネジメントの確立」が喫緊の課題である。サービス・マネジメントは、品質管理、人的資源管理、顧客との協働など、サービス財の特性に合致したものでなければならない。

ラブロック＝ライト（Lovelock,C.＝Wright,L.）［1999］は、統合的サービス・マネジメント（integrated service management）の8要素（8Ps）として、①プロダクト要素（product element）、②場所と時間（place and time）、③プロセス（process）、④生産性とクォリティ（productivity and quality）、⑤人的要素（people）、⑥プロモーションとエデュケーション（promotion and education）、⑦フィジカル・エビデンス（physical evidence）、⑧サービスの価格とコスト（price and other costs of service）を挙げているが[26]、これらの要素を組合せて、早期に統合的サービス・マネジメントを確立することが重要である。

さらに、サービス業における新サービス、新ビジネス・モデルの開発など、サービス業におけるイノベーションの推進も必要不可欠な課題である。このように、サービス業における課題は山積しているといえよう。

それはともかくとして、今後、サービス業はますます進展するであろう。技術革新、生活の多様化、産業ニーズの多様化などに伴って、新たな業態転換も進展しつつある。中小企業診断協会［2004a］は、新たなサービスとして、下記の事例を挙げている[27]。

① ハイテク機器メンテナンス・サービス（例えば、情報機器QRサービス）
② 廃棄物処理サービス（例えば、リサイクルショップ）
③ 組織連携サービス（例えば、生産企画オーガナイザー・コーディネーター）
④ 高齢化対応サービス（例えば、介護サービス、老人病対応サービス）
⑤ 少子化対応サービス（例えば、24時間託児所、自宅派遣託児）
⑥ 癒しサービス（例えば、カウンセリング、コーチング、アロマセラピー）
⑦ ITサービス（例えば、情報機器オペレーション教室）
⑧ 学習サービス（例えば、ネット利用学習サービス、社会人大学）
⑨ 時間短縮サービス（例えば、即配便、宅配便、国際宅配便）
⑩ 時間消費サービス（例えば、ゲームセンター、シネマコンプレックス）

⑪　便利サービス（例えば，ケータリングサービス，カフェテリア）
⑫　安全サービス（例えば，ホームセキュリティサービス，防虫・害虫駆除）
⑬　自然サービス（例えば，無農薬自然野菜ショップ，山菜薬膳ショップ）
⑭　健康サービス（例えば，ネット健康診断，サプリメントショップ，気功教室）
⑮　自己実現支援サービス（例えば，趣味の会，お祭り世話人）

❸ サービス業の診断チェックリスト

- ☐1　経営システム（第4章参照）（　　　　　　　　）
- ☐2　経営管理システム（第5章参照）（　　　　　　　　）
- ☐3　業務システム（第6章参照）（　　　　　　　　）
- ☐4　サービス・マネジメント　（　　　　　　　　）
  - ☐1　物への体化　（　　　　　　　　）
  - ☐2　内容告知の積極化　（　　　　　　　　）
  - ☐3　有形化　（　　　　　　　　）
  - ☐4　イメージ化　（　　　　　　　　）
  - ☐5　提供時期の微調整　（　　　　　　　　）
- ☐5　サービス・マーケティング　（　　　　　　　　）
  - ☐1　エクスターナル・マーケティング（ＰＲ，パブリシティなど）
  - ☐2　インターナル・マーケティング（コンタクト・パーソンなど）
  - ☐3　エンカウンター・マーケティング（顧客満足など）
- ☐6　サービスの工業化　（　　　　　　　　）
  - ☐1　分業化　（　　　　　　　　）
  - ☐2　機械化　（　　　　　　　　）
  - ☐3　システム化　（　　　　　　　　）
  - ☐4　ブランド化　（　　　　　　　　）
  - ☐5　需給バランスの調整　（　　　　　　　　）
- ☐7　人的資源管理　（　　　　　　　　）
- ☐8　その他　（　　　　　　　　）

第7章 業種別の診断

5 物流業の診断

❶ 物流業の概況

物流業は，日本標準産業分類［2002］によれば，Ⅰ－運輸業（①鉄道業，②道路旅客運送業，③道路貨物運送業，④水運業，⑤航空運輸業，⑥倉庫業，⑦運輸に附帯するサービス業）の7つの中分類項目によって構成される[28]。

物流は，有形財の供給者から需要者に至る「空間のギャップ（乖離，隔たり）」および「時間のギャップ（乖離，隔たり）」を克服する物理的な経済活動である。具体的には，下記の6つの機能によって構成される[29]。

① 輸送：輸送は，供給者と需要者の「空間のギャップ（乖離，隔たり）」を克服する機能である。この機能を担当するわが国の主要な輸送機関としては，トラック，鉄道，海運，航空などがある。正確には，拠点間（例えば，東京－福岡）の物品の移動を輸送といい，拠点内（例えば，福岡市内）の物品の移動を配送という。

② 保管：保管は，「時間のギャップ（乖離，隔たり）」を克服する機能である。すなわち，保管機能によって，物品の「時間的効用」を生み出すことを目的としている。保管施設には，倉庫，配送センター，流通センターなどがある。

③ 荷役：荷役とは，輸送の両端や保管施設において，物品の物理的な取扱を行う機能である。輸送・保管の補助的役割を有している。具体的には，流通センターにおける輸送機関への積み降ろしやピッキング，保管施設での移送（横持ち）などが挙げられる。

④ 包装：包装は，物品を一定の単位に取りまとめ，輸送・保管・荷役などの諸機能を効率的に運用するための補助機能である。包装には，外装，内装，個装の3種類があり，外装および内装は工業包装，個装は商品包装に該当する。

⑤ 流通加工：流通加工は，流通過程における軽微な生産活動のことである。

具体的には，商品の穴あけ，組立てなどが挙げられる。また，流通の円滑化のための作業として，商品の小口化包装，荷札付け，ラベル貼りなどがある。

⑥ 情報：情報は，輸送・保管・荷役・包装・流通加工など，他の物流の基本的機能の有機的な結合・統合を図る機能である。物流情報システムは，商流と物流の同期化を実現するための中心的な役割を果たしている。

物流は，国内物流と国際物流に区分される[30]。国内物流は，企業内物流，企業間物流，産業（間）物流，社会物流へと発展する。社会物流は，さらに地域社会間物流と国家レベルの物流によって構成される。

物流の内容は，モノの流れに準じて，調達物流，生産物流，販売物流に区分することができる。

国際物流は，国内物流，2国間物流，多国間物流，国際物流（グローバル物流）という段階を踏んで発展している。

図表7-13　輸送機関別国内貨物輸送量

	輸送トン数（百万トン）				輸送トンキロ（億トンキロ）				輸送平均距離（km）	
	03年度	04年度	03/02	04/03	03年度	04年度	03/02	04/03	03年度	04/03
総輸送量	5,735.1 (100.0)	5,569.2 (100.0)	97.3	97.1	5,638.7 (100.0)	5,700.0 (100.0)	98.8	101.1	102	104.1
鉄　道	53.6 (0.9)	52.2 (0.9)	94.4	97.4	227.9 (4.0)	224.8 (3.9)	103.0	98.6	430	101.2
JR	37.6 (0.6)	36.8 (0.6)	98.7	97.9	225.7 (4.0)	222.6 (3.9)	103.2	98.6	−	−
その他	16.1 (0.3)	15.4 (0.3)	86.1	95.7	2.2 (0.0)	2.2 (0.0)	81.5	100.0	−	−
自動車	5,235.1 (91.3)	5,075.9 (91.1)	98.1	97.0	3,218.6 (57.1)	3,276.3 (57.5)	103.2	101.8	61	104.9
営業用	2,844.3 (49.6)	2,833.1 (50.9)	100.5	99.6	2,743.6 (48.7)	2,821.5 (49.5)	104.6	102.8	96	104.2
自家用	2,390.8 (41.7)	2,242.8 (40.3)	95.4	93.8	474.9 (8.4)	454.8 (8.0)	95.5	95.8	20	0.0
内航海運	445.5 (7.8)	440.3 (7.9)	89.1	98.8	2,181.9 (38.7)	2,188.3 (38.3)	92.6	100.3	490	101.4
航　空	0.9 (0.0)	0.9 (0.0)	103.6	97.7	10.2 (0.2)	10.6 (0.2)	124.2	103.9	989	100.0

（注）：1. 国土交通省資料より作成。
2. 航空は定期及び不定期の計で，超過手荷物と郵便物を含む。
3. 自動車による貨物輸送量には自動車航送船（フェリー）によるものを含む。
4. 端末処理の関係で輸送機関別の合計と輸送機関計が一致しない場合がある。
5. 筆者が総輸送量の構成比率を算定した。

（出所）国土交通省 [2004]（http://www.unyuroren.or.jp/home/forum_06/chishin/chapter_01/01_06.html）を参照。

上で，わが国の主要な輸送機関としては，トラック，鉄道，海運，航空などがあると述べた。国土交通省［2004］によれば，輸送機関別国内貨物輸送量は，図表7-13に示されるように[31]，輸送トン数ベースでみると，鉄道0.9%，自動車91.1%，内航海運7.9%，航空0.0%の割合で分担している。一方，輸送トンキロ（輸送トン×輸送距離）ベースでみると，鉄道3.9%，自動車57.5%，内海海運38.3%，航空0.2%の割合で分担している。

輸送トン数による分担率と輸送トンキロによる分担率を比較すると，かなり大きな差異がみられる。すなわち，輸送トン数で91.1%の分担率を占める自動車が輸送トンキロでは57.5%と少なく，反面，内海海運は輸送トン数7.9%に対して，輸送トンキロは38.3%と輸送トン数と比較するとかなり高くなっている。これは，各輸送機関の輸送距離の相違によるもので，自動車が近距離輸送を主体に利用され，内航海運，鉄道は遠距離輸送を担当していることを示している。

❷ 物流業の課題

物流業は，多くの課題を抱えている。第一に，地球環境問題への対応が挙げられる。上述したように，トラックによる輸送は，輸送機関別の国内貨物輸送量の中で，最大の分担率を占めている。トラックによる輸送は，近年の多品種・少量・多頻度物流システムにおいて，利便性・迅速性など多くの利点があるものの，他方，CO_2，NOxに典型的な大気汚染，騒音，振動など，環境に対する負荷も大きい。トラックによる輸送から，環境に対する負荷が小さな鉄道，海運へのいわゆる「モーダル・シフト」は，今後，「時代の要請」として避けられないと思われる。

第二に，複合一貫輸送への対応が挙げられる。複合一貫輸送は，協同一貫輸送とも呼ばれ，トラック，鉄道，海運，航空などあらゆる輸送機関の長所を結合させて，輸送の効果性および効率性の向上を図るシステムである。複合一貫輸送を実現するためには，パレット，コンテナなどの標準化が必要不可欠である。たとえ荷姿が異なっても，パレット，コンテナなどのユニットロード機材の標準化によって，トラック，鉄道，海運，航空などあらゆる輸送機関の長所を結合させることが可能になる。

図表7-14　輸送機器に関する技術開発の現状（主要事例）

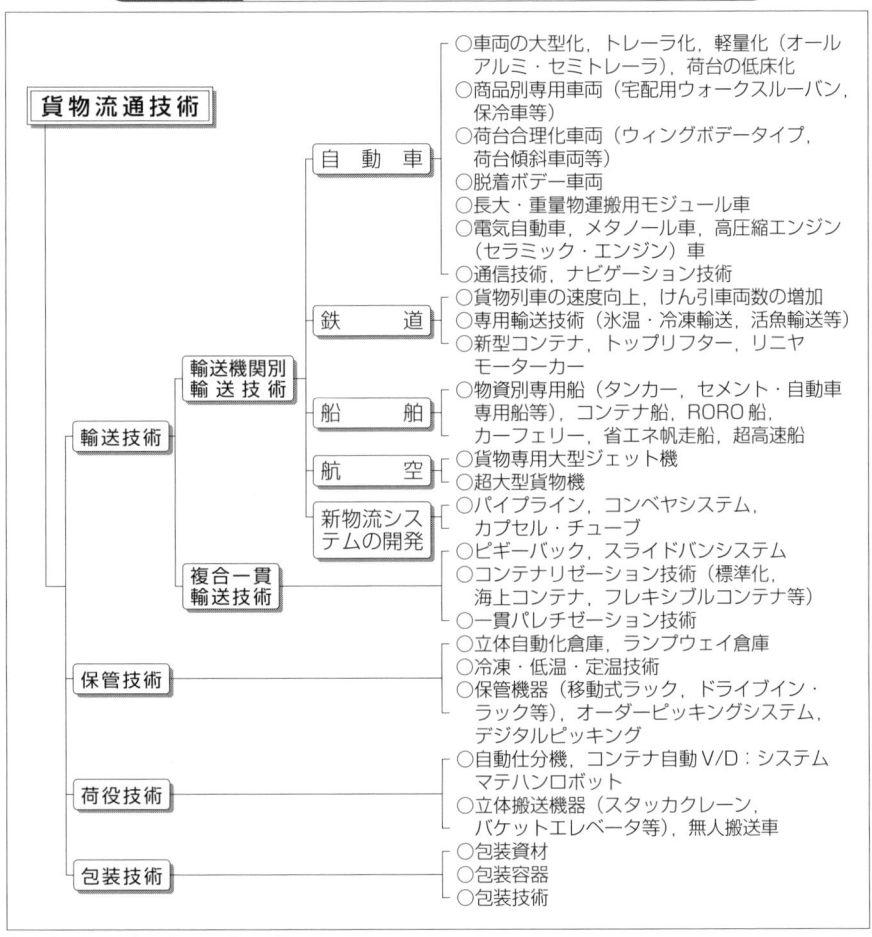

```
貨物流通技術
├─ 輸送技術
│   ├─ 輸送機関別輸送技術
│   │   ├─ 自動車
│   │   │   ○車両の大型化，トレーラ化，軽量化（オールアルミ・セミトレーラ），荷台の低床化
│   │   │   ○商品別専用車両（宅配用ウォークスルーバン，保冷車等）
│   │   │   ○荷台合理化車両（ウィングボデータイプ，荷台傾斜車両等）
│   │   │   ○脱着ボデー車両
│   │   │   ○長大・重量物運搬用モジュール車
│   │   │   ○電気自動車，メタノール車，高圧縮エンジン（セラミック・エンジン）車
│   │   │   ○通信技術，ナビゲーション技術
│   │   ├─ 鉄道
│   │   │   ○貨物列車の速度向上，けん引車両数の増加
│   │   │   ○専用輸送技術（氷温・冷凍輸送，活魚輸送等）
│   │   │   ○新型コンテナ，トップリフター，リニヤモーターカー
│   │   ├─ 船舶
│   │   │   ○物資別専用船（タンカー，セメント・自動車専用船等），コンテナ船，RORO船，カーフェリー，省エネ帆走船，超高速船
│   │   └─ 航空
│   │       ○貨物専用大型ジェット機
│   │       ○超大型貨物機
│   └─ 複合一貫輸送技術
│       ├─ 新物流システムの開発
│       │   ○パイプライン，コンベヤシステム，カプセル・チューブ
│       ○ピギーバック，スライドバンシステム
│       ○コンテナリゼーション技術（標準化，海上コンテナ，フレキシブルコンテナ等）
│       ○一貫パレチゼーション技術
├─ 保管技術
│   ○立体自動化倉庫，ランプウェイ倉庫
│   ○冷凍・低温・定温技術
│   ○保管機器（移動式ラック，ドライブイン・ラック等），オーダーピッキングシステム，デジタルピッキング
├─ 荷役技術
│   ○自動仕分機，コンテナ自動V/D：システム　マテハンロボット
│   ○立体搬送機器（スタッカクレーン，バケットエレベータ等），無人搬送車
└─ 包装技術
    ○包装資材
    ○包装容器
    ○包装技術
```

（出所）日通総合研究所編［1991］306頁。

　第三に，物流機器の改良が課題として挙げられる。物流業では，図表7－14に示されるように[32]，①輸送技術，②保管技術，③荷役技術，④包装技術など，様々な技術分野において，積極的な技術開発が進展している。まず，輸送技術についてみてみよう。輸送技術の開発状況を輸送機関別にみても，自動車（車両，荷台，エンジンなど），鉄道（新型コンテナ，リニアモーターなど），船舶（専用船，超高速船など），航空（貨物専用大型ジェット機など）の各分野において，実用化した技術も数多い。また，新物流システム（パイプライン，コン

第7章 業種別の診断

図表7-15　アウトソーシングの種類

	専　属　型	汎　用　型
包括型	物流管理会社 など	3PLなど
限定 領域型	元請けなど	運搬業などの 業務委託

(出所) 中田信哉 [2001] 57頁。

図表7-16　アメリカ・ランドブリッジとカナダ・ランドブリッジ

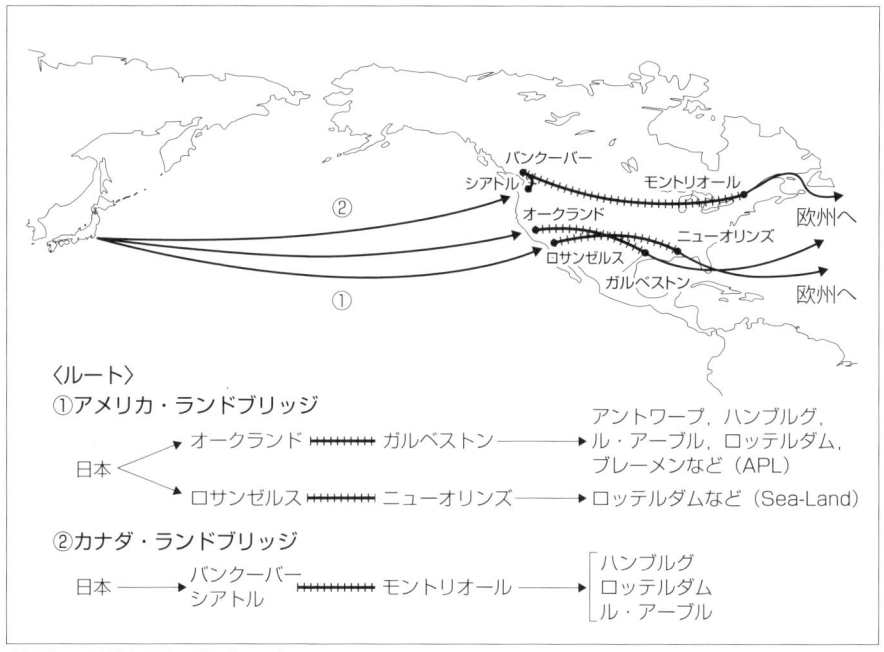

〈ルート〉
①アメリカ・ランドブリッジ

日本 ― オークランド ～～～ ガルベストン ― アントワープ、ハンブルグ、ル・アーブル、ロッテルダム、ブレーメンなど（APL）
　　 ― ロサンゼルス ～～～ ニューオリンズ ― ロッテルダムなど（Sea-Land）

②カナダ・ランドブリッジ

日本 ― バンクーバー／シアトル ～～～ モントリオール ― ハンブルグ／ロッテルダム／ル・アーブル

(出所) 日通総合研究所編 [1991] 126頁。

ベアシステム，カプセル・チューブなど），複合一貫輸送（ピギーバック，一貫パレチゼーション技術など）においても，鋭意技術開発が進展している。

第四に，ロジスティクス化に対する対応が挙げられる。近年，物流業を中心として，図表7－15に示されるように[33]，3PL（サード・パーティ・ロジスティクス）が急激に進展しつつある。3PLの背景には，物流機能を中心とした機

能のアウトソーシングがある。アウトソーシングとは，企業活動に必要な機能の一部を，外部の企業に継続的に委託することである。経営資源の外部調達の新たな方法であるといえよう。

しかし，3PLの進展をより本質的に考察すると，アウトソーシングによるコア・コンピタンスへの資源集中，個別物流からグローバル・ロジスティクスへの脱皮など，経営戦略の変化がその根底にある。

現在，3PLを委託する企業，受託する企業の双方とも，様々な局面で戸惑いがみられる。ロジスティクスは今後，企業活動の生命線の1つになることを考えれば，単にコスト比較だけで委託・受託の契約をするなど愚の骨頂である。

第五に，グローバル化への対応が課題として挙げられる。図表7－16に示されるように[34]，ボーダーレスのランドブリッジが次々に建設されている。物流業にとって，インフラストラクチャーのグローバル化は，ビジネスのグローバル化と同義語である。

❸ 物流業の診断チェックリスト

```
□1  経営システム（第4章参照）   (        )
□2  経営管理システム（第5章参照）(        )
□3  業務システム（第6章参照）   (        )
□4  輸   送                    (        )
   □1  輸送ネットワーク         (        )
   □2  輸送機器                 (        )
   □3  輸送技術                 (        )
   □4  モーダル・シフト         (        )
   □5  複合一貫輸送             (        )
□5  保   管                    (        )
   □1  流通センター             (        )
   □2  自動倉庫                 (        )
□6  荷   役                    (        )
□7  包   装                    (        )
□8  流通加工                   (        )
□9  情   報                    (        )
```

| □1　物流情報システム　　　　　（　　　　　　　　　　　　　　）
| □2　移動体通信　　　　　　　　（　　　　　　　　　　　　　　）
□10　物流技術　　　　　　　　　　（　　　　　　　　　　　　　　）
□11　物流コスト　　　　　　　　　（　　　　　　　　　　　　　　）
| □1　物流コスト計算　　　　　　（　　　　　　　　　　　　　　）
| □2　物流コスト低減　　　　　　（　　　　　　　　　　　　　　）
□12　業態開発　　　　　　　　　　（　　　　　　　　　　　　　　）
| □1　3PL（サード・パーティ・ロジスティクス）（　　　　　　　）
| □2　グローバル・ロジスティクス（　　　　　　　　　　　　　　）
□13　その他　　　　　　　　　　　（　　　　　　　　　　　　　　）

6　農林水産業の診断

❶　農林水産業の現況

　農林水産業は，日本標準産業分類［2002］によれば，A－農業（①耕種農業，②畜産農業，③農業サービス業，④園芸サービス業），B－林業（①育林業，②素材生産業，③特用林産物生産業，④林業サービス業，⑤その他の林業），C－漁業（①海面漁業，②内水面漁業，③海面養殖業，④内水面養殖業）の13の小分類項目によって構成される[35]。

　まず，農業の現況についてみてみよう，図表7－17に示されるように[36]，わが国の食料自給率は，1970年代以降一貫して低下傾向にあり，現在，約40％程度にまで落ちている。

　GDPに占める農業総生産の比率は，図表7－18に示されるように[37]，1960年の9％から1995年の1.4％へと，約1／6に減少した。

　上述した2つの指標だけでなく，農業に関する基本指標（農業就業人口，農家戸数，農業生産指数，耕地面積，1人当たり耕地面積など）をみても，わが国の農業の現況は，他の業種と比較すると，事業運営，経営管理など様々な面で，あまりにもおそまつな状況にあると言わざるを得ない。

図表7-17 わが国食料自給率の推移

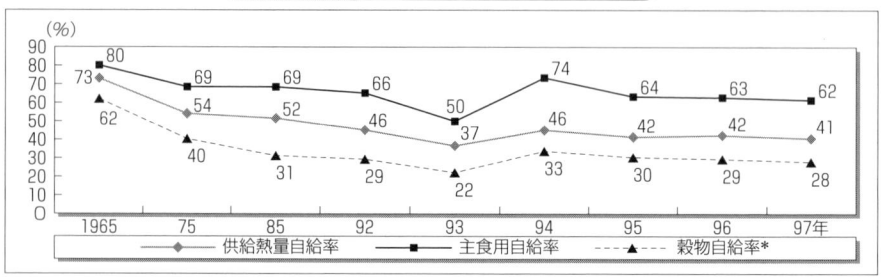

年	供給熱量自給率	主食用自給率	穀物自給率*
1965	73	80	62
75	54	69	40
85	52	69	31
92	46	66	29
93	37	50	22
94	46	74	33
95	42	64	30
96	42	63	29
97	41	62	28

（資料）農林水産省「食料需給表」。
（注）＊穀物自給率は食用穀物および飼料用穀物の自給率。
（出所）大澤信一［2000］4頁。

図表7-18 日本のGDPと農業総生産の占める比率

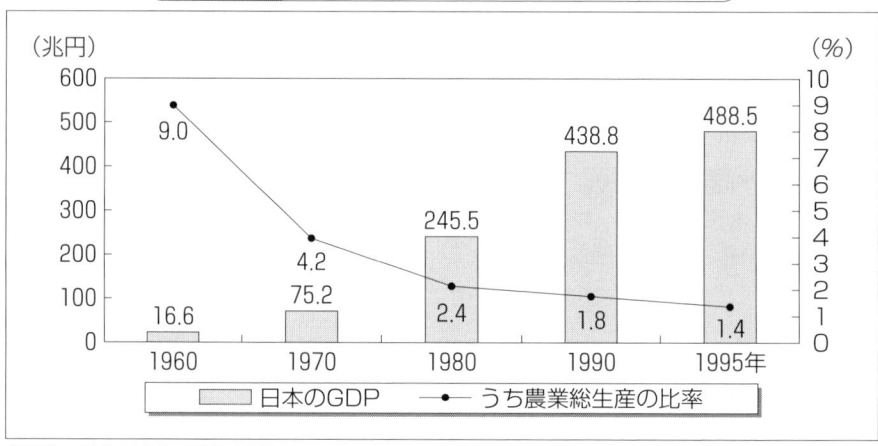

年	日本のGDP（兆円）	うち農業総生産の比率（%）
1960	16.6	9.0
1970	75.2	4.2
1980	245.5	2.4
1990	438.8	1.8
1995	488.5	1.4

（資料）農林水産省「農業白書」。
（出所）大澤信一［2000］7頁。

　林業，水産業においても現況は大同小異であり，わが国の第一次産業は，現在，大きな分岐点に差し掛かっていることは間違いない。農林水産業の分野において，社会価値と経済価値の両立を求める動きが広がりつつある。このような動きに伴って，経営コンサルタントは，他業種で培ったノウハウを活かし，かつ農林水産業の特殊性・個別性を客観的に理解して，健全な事業活動が継続できるように診断・支援を行うことが期待されている。

❷ 農林水産業の課題

　第一に，農業の課題についてみてみよう。農業分野において，1961年に制定された旧「農業基本法」が，1999年に「食料・農業・農村基本法」として大幅に改定された。旧「農業基本法」の主要な目的は，農業の生産性向上，農業の発展と農業従事者の地位の向上などであったが，所期の目的を達成したとは言い難い。上述した食料自給率の低下，農業者の高齢化・農地面積の減少，農村の活力の低下など，多くの問題点が現在噴出している。

　「食料・農業・農村基本法」の基本理念は，①食料の安定供給の確保，②多面的機能の発揮，③農業の持続的な発展，④農村の振興の４項目である[38]。基本理念別に施策の概要をみてみよう。

① 　食料の安定供給の確保：食品の衛生管理・品質管理の高度化，食品の表示の適正化など食料消費に関する施策の充実，食品産業の健全な発展，不測時における食料安全保障など。
② 　多面的機能の発揮：国土の保全，水源のかん養，自然環境の保全，良好な景観の形成，文化の伝承等，農産物の供給以外の多面的な機能の発揮。
③ 　農業の持続的な発展：望ましい農業構造の確立，専ら農業を営む者等による農業経営の展開，農地の確保および有効利用，農業生産の基盤の整備，人材の育成および確保，農業生産組織の活動の促進，農産物の価格の形成と経営の安定など。
④ 　農村の振興：農村の総合的な振興，中山間地域等の振興，都市と農村の交流など。

　このような法改定を追い風の１つとして，図表７－19に示されるように[39]，農業に関する新たなビジネス・モデルが各地に生まれつつある。山形県高畠町の農事組合法人米沢郷牧場は，肉牛，稲作，葡萄生産，果実，野菜，農産加工の６つの生産部会をもち，地域循環型農業を営んでいる。

　農事組合法人米沢郷牧場の基本的な考え方は，農業は自然が相手であり，自然の力をうまく利用して無から有を作り出していくという理解である。したがって，畜産，稲作，果樹などがムダなく組合わされて，相互に循環的に利用し

図表7-19 米沢郷牧場の自然循環農業集団リサイクルシステム

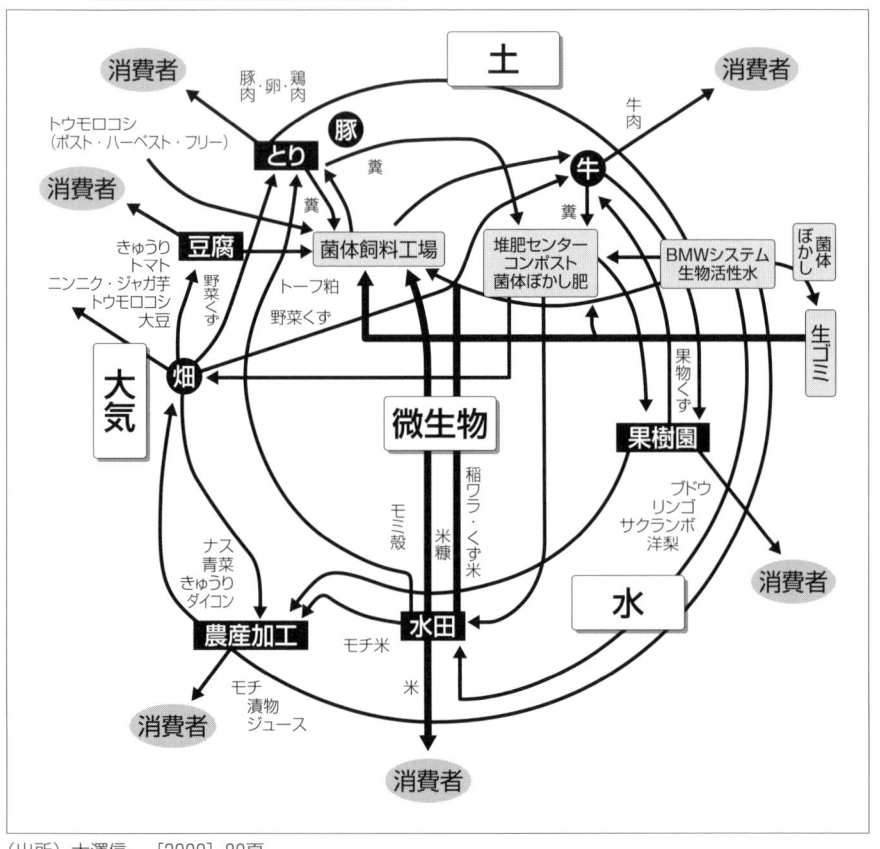

(出所) 大澤信一 [2000] 80頁。

あう「自然循環農業集団リサイクルシステム」が組立てられている。

例えば,「自然循環農業集団リサイクルシステム」では,BMW(バクテリア,ミネラル,ウォーター)技術という新しい技術が導入されている。畜舎から出る尿,堆肥からしみでる液肥を,微生物を利用して生物活性水に変えて再利用するという仕組みである。活性水は,ろ過の段階に応じて,畜舎飲料として使ったり,天井から散布して堆肥の発酵促進剤として利用したり,野菜,果樹,稲の土壌改良剤として使用している。

近年,農業分野では,図表7－20に示されるように[40],異業種企業による新規参入事例が急増している。食品企業,農産加工品企業だけでなく,メーカー,

第7章 業種別の診断

図表7-20 最近の農業分野への異業種・新規参入事例

企業名	新規参入概要
(1) カゴメ（株） （食品）	トマトをはじめとする生鮮野菜の栽培、販売事業に参入、農業生産法人を組織化し、独自に改良したトマトの苗と栽培技術を提供する。生産した農産物はスーパーや外食チェーンに直接販売する。99年秋より出荷開始。
(2) オムロン（株） （メーカー）	子会社とN農法研究会の共同出資で新会社を設立し、98年末には北海道南部に東京ドームの1.5倍の広大な温室を建設し年間1400トンのトマトを首都圏に販売する。99年春より出荷開始。
(3) セコム（株） （メーカー）	子会社が東北南部に植物工場を建設、ハーブを栽培し販売する。光や温度などの環境制御により独自のハーブ作りを進めている。
(4) トヨタ自動車（株） （メーカー）	98年から農水省と、家畜飼料に向くサツマイモの新品種開発と利用方法の共同研究に着手。2001年をめどにサツマイモを利用した飼料の加工・生産の事業家を目指す。
(5) プロミス（株） （金融）	北海道中部で約600haの農地、山林を取得し総事業費70～100億円で大規模な農業経営を進める。
(6) 三井物産（株） （商社）	国内肥料部門を分社化し、地方自治体を対象に「こだわり農産物」の産地作りを製造・販売の両面からコンサルティングする。有機肥料の生産、農産物栽培指導、販路開拓をパッケージ化し環境保全型農業への転換支援ビジネスを行う。
(7) 日商岩井（株） （商社）	農業生産法人を中心に、当面約800農家を組織化し、旗揚げした。アメリカの有機農産物認証機関・OCIA（Organic Corp Improvement Association）の有機農産物認定ノウハウを導入し、生産した作物の販売を行う。
(8) 伊藤忠商事（株） （商社）	有機野菜生産の農業生産法人・I農園と98年3月末に業務提携。同農園が契約農家への栽培指導を担当、当社が農産物に関する物流施設や情報システム構築を担当する。これらのシステム化で有機野菜を通常野菜と同等価格で流通させる。
(9) JT（株） （農産加工品）	98年6月からスーパー等を対象に野菜販売事業を本格的に展開。全国の農家を組織化し、自社開発した種苗、肥料を供給する。99年度は1600軒の農家と契約、出荷ベースで40億円の販売を目指す。
(10) （株）ドール （外資系青果物大手）	当社は日本国内でも、青果物中心に約700億円の扱い高がある。現在、ロジスティクス整備を進めており、全国7カ所に輸入青果物用のプロセスセンターを完成させている。また今後全国15カ所にカット青果物工場を建設予定である。98年、伊藤忠、協和薬品と対スーパー向けの青果物ロジスティクス業務の受託会社設立。

（出所）大澤信一［2000］10頁。

金融，商社，外食産業など，様々な企業が農業分野に参入しつつある。新規参入企業は，新たなビジネス・モデルを導入することが多い。

第二に，林業の課題についてみてみよう。林野庁［2003/2006］によれば[41]，木材産業における国産材の比率は，年々減少しつつある。2005年の林業産出額は，4,168億円で，ピーク時（1970年）の4割以下の水準にとどまっている。林業を取り巻く状況は厳しく，林業の生産活動は停滞している。

こうした中，森林は地球環境保護のための「緑の社会資本」という認識が芽生え始めている。森林を支えるためには，林業の発展が不可避であり，国産材の利用拡大を軸に，林業・木材産業の再生計画が策定された。林業経営の基盤が弱体化しているので，まずは森林組合の改革など，経営コンサルタントに課せられた課題は多い。

第三に，水産業の課題についてみてみよう。水産業は，漁業水域に関する国

際紛争に対する対応の遅れ，乱獲による漁業資源の枯渇など，課題が山積している。水産業を再生するためには，作り，育てる，いわゆる「栽培型漁業」「資源管理型漁業」へと脱皮することが必要不可欠である。

「栽培型漁業」「資源管理型漁業」には，多額の資金投入を必要とするが，水産業を経営システムとして捉えると，方向性としては，栽培型，資源管理型にならざるを得ない。

❸ 農林水産業の診断チェックリスト

```
□1  経営システム（第4章参照）    （                    ）
□2  経営管理システム（第5章）    （                    ）
□3  業務システム（第6章）        （                    ）
□4  農　業                        （                    ）
  □1  アグリ・ビジネス（品目，価格，数量，業態など）（    ）
  □2  ビジネス・モデル            （                    ）
  □3  人　材                      （                    ）
  □4  技術開発                    （                    ）
  □5  資　源                      （                    ）
□5  林　業                        （                    ）
  □1  ビジネス・モデル（品目，価格，数量，業態など）（    ）
  □2  組織化                      （                    ）
  □3  人　材                      （                    ）
  □4  資　源                      （                    ）
□6□ 水産業（品目，価格，数量，業態など）（              ）
  □1  ビジネス・モデル            （                    ）
  □2  水産施設                    （                    ）
  □3  人　材                      （                    ）
  □4  資　源                      （                    ）
□7  その他                        （                    ）
```

第7章 業種別の診断

1) 総務省［2002］(http://www.stat.go.jp/index/seido/sangyo/6.htm)を参照。
2) 総務省［2002］(http://www.stat.go.jp/index/seido/sangyo/1.htm)を参照。
3) 総務省［2002］(http://www.stat.go.jp/index/seido/sangyo/3-1.htm)を参照。
4) 経済産業省産業構造審議会［2001］(http://www.meti.go.jp/report/data/g11212aj.html)を参照。
5) 三菱総合研究所産業動向研究会［1996］51頁を筆者が一部修正。
6) 同上書50頁。
7) 同上書12-13頁を筆者が一部修正。
8) 中小企業庁編［2000］を筆者が要約。
9) 経済産業省＝厚生労働省＝文部科学省［2002］を筆者が要約。
10) 経済産業省＝厚生労働省＝文部科学省［2007］43頁。
11) 同上書59頁。
12) 総務省［2002］(http://www.stat.go.jp/index/seido/sangyo/1.htm)を参照。
13) 宮下淳＝江原淳［2000］7頁。
14) 経済産業省［2004］(http://www.meti.go.jp/statistics/index.html)を参照。
15) 臼井秀彰他［2001］19頁を筆者が一部修正。
16) 小山周三［1991］［1991］198-199頁（宮澤健一＝高丘季昭編［1991］，所収）。
17) 総務省［2002］(http://www.stat.go.jp/index/seido/sangyo/1.htm)を参照。
18) 経済産業省［2004］(http://www.meti.go.jp/statistics/index.html)を参照。
19) 柳幸一［1992］236-237頁。
20) 総務省［2002］(http://www.stat.go.jp/index/seido/sangyo/1.htm)を参照。
21) 経済産業省産業構造審議会［2001］(http://www.meti.go.jp/report/data/g11212aj.html)を参照。
22) 野村清［1983］38-39頁。
23) 同上書148頁を筆者が一部修正。
24) 同上書6頁。
25) 同上書193頁を筆者が一部修正。
26) Lovelock,C.=Wright,L.［1999］訳書23-26頁。
27) 中小企業診断協会編［2004a］91頁。
28) 総務省［2002］(http://www.stat.go.jp/index/seido/sangyo/1.htm)を参照。
29) 日通総合研究所［1991］6-9頁。
30) 唐沢豊［1989］43頁。
31) 国土交通省［2004］(http://www.unyuroren.or.jp/home/forum_06/chishin/

chapter_01_06.html）を参照。
32）同上書306頁。
33）中田信哉［2001］57頁。
34）日通総合研究所［1991］126頁。
35）総務省［2002］(http://www.stat.go.jp/index/seido/sangyo/1.htm）を参照。
36）大澤信一［2000］4頁。
37）同上書7頁。
38）農林水産省［1999］(http://www.maff.go.jp/soshiki/kambou/kikaku/NewBLaw/panf.html），農林水産省［2003］(http://www.maff.go.jp/soshiki/kambou/kikaku/NewBLaw/newkihon.html）を参照。
39）大澤信一［2000］80頁。
40）同上書10頁。
41）林業については，林野庁［2003］［2006］を参照。

第8章 新規・拡大領域の診断

本章では，NPO，コミュニティなど，新規・拡大領域に属する経営診断について考察する。ただし，先進的な経営コンサルタントは，すでにNPO，コミュニティなどの診断を数多く実施しているので，単に拡大領域と理解するほうがいいのかも知れない。

第一に，NPOの診断について考察する。まず，NPOの意義について理解を深める。次いで，NPOの役割や共的セクターに特有の組織特性について考察する。さらに，チェックリストを用いて，NPOの診断に関する要点を確認する。

第二に，コミュニティの診断について考察する。まず，コミュニティの意義について理解する。次いで，地域振興とコミュニティ・ビジネスについて考察する。さらに，チェックリストを用いて，コミュニティの診断に関する要点を確認する。

第三に，企業間関係の診断について考察する。まず，企業間関係の意義について理解を深める。次いで，企業間関係のポイントについて，モジュール化など，いくつかの観点から考察する。さらに，チェックリストを用いて，企業間関係の診断に関する要点を確認する。

第四に，工業集団の診断について考察する。まず，工業集団の意義について理解する。次いで，産業クラスターなど新たな工業集団について考察する。さらに，チェックリストを用いて，工業集団の診断に関する要点を確認する。

第五に，商業集団の診断について考察する。まず，商業集団の意義について理解を深める。次いで，TMOなど新たな商業集団について考察する。さらに，チェックリストを用いて，商業集団の診断に関する要点を確認する。

1 NPOの診断

❶ NPOの意義

わが国において，1998年12月1日から施行された「特定非営利活動促進法（NPO法）」を直接的な契機として，NPO（Non-Profit Organization：非営利組織）に対する社会的関心が高まってきた。図表8－1に示されるように[1]，NPO法で認定されている事業分野は17分野である。

まず，NPOの定義についてみてみよう。角瀬保雄＝川口清史編［1999］は，NPOをヨーロッパでいう「社会的経済[2]」とした上で，「社会サービスの提供を使命とする組織である[3]」と簡潔に定義している。

奥林康司＝稲葉元吉＝貫隆夫編［2002］は，「NPOとは，利潤の非配分性と

図表8-1　NPO法で認定されている17の事業分野

①　保健，医療または福祉の増進を図る活動
②　社会教育の推進を図る活動
③　まちづくりの推進を図る活動
④　学術，文化，芸術またはスポーツの振興を図る活動
⑤　環境の保全を図る活動
⑥　災害救援活動
⑦　地域安全活動
⑧　人権の擁護または平和の推進を図る活動
⑨　国際協力の活動
⑩　男女共同参画社会の形成を図る活動
⑪　子供の健全育成を図る活動
⑫　情報化社会の発展を図る活動
⑬　科学技術の振興を図る活動
⑭　経済活動の活性化を図る活動
⑮　職業能力の開発または雇用機会の拡充を支援する活動
⑯　消費者の保護を図る活動
⑰　①から⑯までの活動を行う団体の運営または活動に関する連絡助言または援助の活動

（出所）三宅隆之［2003］4頁。

政府からの独立を前提として、サービスの提供が先にあり、その次に損益を考える、社会に有益なサービスを提供する組織である」と定義している[4]。

ところで、米国ではNPOはどのように理解されているのであろうか。ジョンズ・ホプキンズ大学のサラモン（Salamon,L.M.）を中心とする研究プロジェクトによれば、NPOにおける最も基本的で遵守すべき規範・綱領として、次の5点を挙げている[5]。

① 利益・利潤を分配しない（nonprofit distribution）こと。結果として利益が発生した場合は、NPO活動に再投資する。
② 非政府（non government）、私設（private）であり、政府機関の一部ではないこと。ただし、政府から資金援助を受けることはやぶさかではない。
③ フォーマル（formal）で、組織（organization）としての体裁を整えていること。必ずしも法人格を保持していなくともよい。
④ 自己統治・自己統制（self-government）できる機能を持ち、他の組織に支配されず、完全に独立した組織運営を行っていること。
⑤ 組織にボランタリー（voluntary：自発性）的要素があり、自発的に組織化され寄付行為や無償の労働力に依存していること。

米国におけるNPOの考え方には、一般的に、①他者を助ける組織、②ボランティアなどの参加、③免税される組織、④寄付控除のある組織、⑤利益配分のない組織、などを共通項として含む場合が多い[6]。

わが国のNPOを法人の分類によって具体的にみてみよう。図表8－2に示されるように[7]、社団法人である営利法人（株式会社、合名会社、合資会社、合同会社）を除外した法人が、広義の非営利法人に該当する。すなわち、宗教法人、学校法人、医療法人、社会福祉法人、特定非営利活動法人（NPO法により認められた法人）、協同組合などがこれに該当する。

非営利組織といっても、政府・行政組織は、公的セクターに含まれるので、NPOには含まれない。米国では、協同組合をNPOから除外する場合が多いが、我々は協同組合（消費生活協同組合、農業協同組合、中小企業協同組合など）をNPOに含めることにする。

図表8-2　わが国における法人の分類

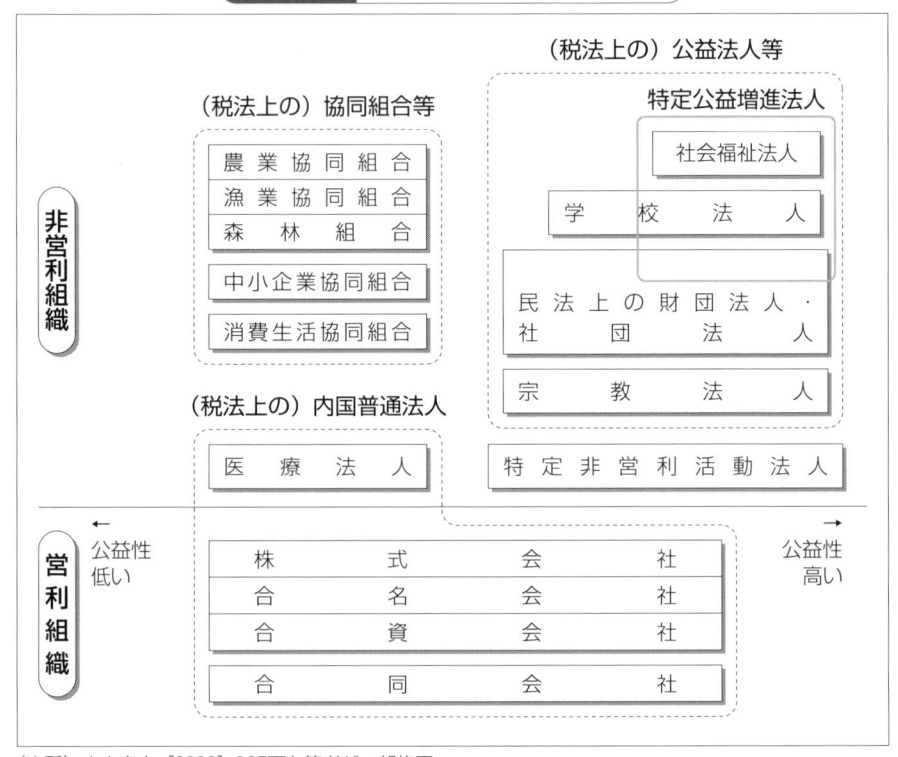

	（税法上の）協同組合等	（税法上の）公益法人等
非営利組織	農業協同組合 漁業協同組合 森林組合 中小企業協同組合 消費生活協同組合	特定公益増進法人 　社会福祉法人 　学校法人 民法上の財団法人・社団法人 宗教法人
	（税法上の）内国普通法人	
	医療法人	特定非営利活動法人
営利組織 ←公益性低い　公益性高い→	株式会社 合名会社 合資会社 合同会社	

（出所）山内直人 [2000] 135頁を筆者が一部修正。

❷ NPOの組織特性

　上述した宗教法人，学校法人，医療法人，社会福祉法人，特定非営利活動法人，協同組合などの非営利組織は，図表8-3に示されるように[8]，「公的セクター」，「私的セクター」と並ぶ「共的セクター」に位置付けられる。共的セクターとは，ヨーロッパでは「社会経済」セクターといわれている概念である。

　共的セクターは，ボランタリーあるいはNPOセクターともいわれる。すなわち，民間非営利・協同セクターのことであり，アソシエーション個体群の特性を有する第三のセクターのことである。

　共的セクター＝NPOセクターと他のセクターとの間には，様々な関係性がある。例えば，共的セクター＝NPOセクターと政府・行政体の公的セクターとの

第8章 新規・拡大領域の診断

間には，法定主義とボランタリズム，官僚制とアソシエーション・ネットワークなどの相違によって，補完と従属など協調関係や緊張関係が様々な局面で生まれる。共的セクター＝NPOセクターと私的セクターとの間にも，環境保護，食品安全性などの局面では継続した緊張感が存在する。一方，寄付・パートナーシップなどの局面では重層的な強調関係が生まれつつある。

NPOを構成要素とする共的セクターが，私的セクターや公的セクターと並ぶ第三のセクターとして成立するようになると，NPOの経営に関する知識体

図表8-3　NPOセクターと社会システム

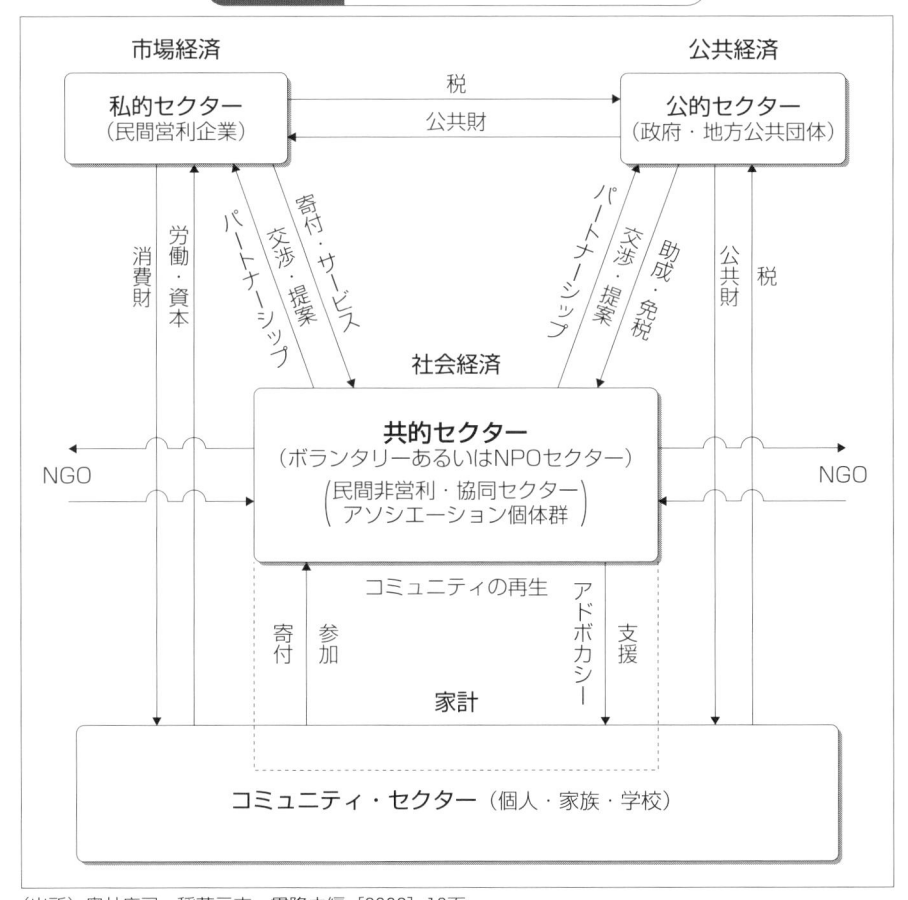

市場経済　　　　　　　　　　　　　　　　　　公共経済

私的セクター　　────税────→　公的セクター
（民間営利企業）　←───公共財───　（政府・地方公共団体）

（寄付・サービス／交渉・提案／パートナーシップ）　　（パートナーシップ／交渉・提案／助成・免税）

消費財／労働・資本　　　　　　　　　　　　　　　公共財／税

社会経済

共的セクター
（ボランタリーあるいはNPOセクター）
（民間非営利・協同セクター／アソシエーション個体群）

NGO　　　　　　　　　　　　　　　　　　　　　　　　NGO

コミュニティの再生

寄付／参加　　　　　　　　　アドボカシー／支援

家計

コミュニティ・セクター（個人・家族・学校）

（出所）奥林康司＝稲葉元吉＝貫隆夫編［2002］10頁。

図表8-4　経済社会セクターの３類型

セクター＼組織特性	私的セクター	公的セクター	共的セクター
組織形態	企業官僚制	国家官僚制	アソシエーション
組織化原理	利害・競争	統制・集権	参加・分権
制御媒体	貨幣	法権力	対話（言葉）
社会関係	交換	贈与	互酬
基本的価値	自由	平等	連帯
利益形態	私益	公益	共益
経済・経営主体	私企業	公共団体	民間非営利協同組織
経済形態	市場経済	公共経済	社会経済
合理性	目的合理性	目的合理性	対話的合理性
問題点	市場の失敗	政府の失敗	ボランタリーの失敗

（出所）奥林康司＝稲葉元吉＝貫隆夫編［2002］13頁。

系を明らかにすることが重要になる。

　奥林康司＝稲葉元吉＝貫隆夫編［2002］は，図表8－4に示されるように[9]，私的セクター，公的セクター，共的セクターの３類型ごとに，組織特性の比較分析項目として，①組織形態，②組織化原理，③制御媒体，④社会関係，⑤基本的価値，⑥利益形態，⑦経済・経営主体，⑧経済形態，⑨合理性，⑩問題点の10項目を取り上げて，項目ごとにその特性を示している。

　共的セクター＝NPOセクターを構成する組織は，他のセクターと大きく異なる組織民主主義の原理を有している。自立した市民による民主主義の原理は，セクター間の経営諸資源の共有化・相乗化などで，意外な力を発揮する可能性がある。しかし，私的セクターに「市場の失敗」があり，公的セクターに「政府の失敗」があるように，共的セクターにも「ボランタリーの失敗」が発生することは容易に考えられ得ることである。

　NPOの組織特性について理解を深めるために，比較項目をさらにブレークダウンして，営利組織体とNPOを直接的に比較してみよう。図表8－5に示されるように[10]，営利組織体と比較すると，NPOには様々な特徴を見出すことができる。

第8章 新規・拡大領域の診断

図表8-5　営利組織体と非営利組織体の主な相違点

項　目	営利組織体	非営利組織体
経営理念	社会貢献結果としての利益	社会貢献活動の励行
目的・目標	利益・利潤の追求	社会的使命（mission）の必達
組　織	営利法人	公益法人
対　象	消費者・顧客・ユーザー・取引先	受益者（ドラッカーやコトラーは「顧客」といっている）
事業の性格・内容	どちらかといえば多角的（リスク分散）	きわめてケア（care）的であり労働集約的な面倒見業
サービス対価	有償	無償（無償であっても機会費用であるという認識が大切である），有償（収益事業の場合）
資　本	株式発行，出資（株主）	寄付金（資金提供者・支援者），補助金，会費，事業収入など
配　当	有り	無し（再投資）
業務執行（意思決定）	取締役会（代表取締役会の強力なリーダーシップ）	理事会（理事長の高い高潔性），評議委員会
利害関係	有り（対ステイクホルダー）	アカウンタビリティー有り（運営・報告・計算・説明など）
利　益	私的利益（公益を以て私益と成す）	社会的利益，公共の利益，受益者利益
マネジメント	成果主義志向（利益の実現）	成果主義志向（ミッションの必達）
マーケティング	対消費者・顧客志向，サービスの私的・個人的ニーズ実現（commitment：公約）	対受益者（顧客）志向，資金提供者志向，サービスの社会的ニーズ実現（commitment：公約）
事業・業務・活動	市場シェア確保・拡大	社会貢献シェア拡大
サービス	営利サービス	非営利＆慈善的サービス
競争原理	持続的「競争」優位性	持続的「協調」優位性
会　計	企業会計原則，商法，監査あり	公益法人会計，監査あり
根拠法令	会社法	NPO法（特定非営利活動促進法）
その他	企業家精神など	相互扶助の精神など

（出所）三宅隆之［2003］　8頁。

　様々な相違点の中で，NPOにおける使命（ミッション）の重要性は，特質されるべきである。ドラッカーが喝破したように[11]，①何が機会であり，ニーズであるか，②その機会やニーズに自らが合っているか，③しかるべき成果を

あげられそうか，④能力を有しているか，⑤本当に信念をもってやれるか，すべての根底は使命（ミッション）にあるといえよう。

「ボランタリーの失敗」を避けるためにも，ドラッカーの指摘を吟味すべきである。NPOも経営システムであるので，今後の課題として，企業システムと同様に，呼称は若干変更すべきであるものの，ドメイン，製品・市場戦略，経営資源，競争戦略，ビジネス・システム戦略について，いかに整合性をもって組み込むかということが重要になるであろう。

❸ NPOの診断チェックリスト

☐1　NPO：BBB Wise Giving Alliance[12]　（　　　　）
　☐1　理事会によるガバナンス　　　（　　　　）
　☐2　目　的　　　　　　　　　　　（　　　　）
　☐3　プログラム　　　　　　　　　（　　　　）
　☐4　情　報　　　　　　　　　　　（　　　　）
　☐5　ファンドレイジング活動のあり方（　　　　）
　☐6　基金の使い方　　　　　　　　（　　　　）
　☐7　年次報告書の提供　　　　　　（　　　　）
　☐8　アカウンタビリティ　　　　　（　　　　）
　☐9　予　算　　　　　　　　　　　（　　　　）
☐2　PCNC（Philippine Council for NGO Certification）[13]（　　　　）
　☐1　ビジョン・ミッション・目標　（　　　　）
　☐2　ガバナンス　　　　　　　　　（　　　　）
　☐3　管　理　　　　　　　　　　　（　　　　）
　☐4　プログラムの実施　　　　　　（　　　　）
　☐5　財務管理　　　　　　　　　　（　　　　）
　☐6　ネットワーク　　　　　　　　（　　　　）
☐3　経営効率と社会貢献のバランス　（　　　　）
☐4　有効性と効率性　　　　　　　　（　　　　）
☐5　ミッション（使命）の達成度　　（　　　　）
☐6　組織運営体制　　　　　　　　　（　　　　）
☐7　業績評価制度　　　　　　　　　（　　　　）
☐8　監視機関と監視システム　　　　（　　　　）
☐9　その他　　　　　　　　　　　　（　　　　）

第8章 新規・拡大領域の診断

2 コミュニティの診断

❶ コミュニティの意義

　従来，コミュニティの診断は，日本経営診断学会編［1994］によれば[14]，経営診断の特殊領域（special field）に属し，地域診断と呼ばれてきた。特殊領域という用語は，私企業に対置されたものであろう。

　地域診断の内訳は，①産業地域の診断（産地，炭産地振興など），②集落地域の診断（農村，都市）の2つに区分されている[15]。

　先行研究のレビューを兼ねて，日本経営診断学会編［1994］が提示している①地域づくりの基本，②地域づくりの手順の2点について概観する。

　第一に，地域づくりの基本についてみてみよう。日本経営診断学会編［1994］は，地域づくりの基本として，地域づくりの5原則を挙げている[16]。

① 継続性の原則：地域は，将来の世代に引き継ぐので，未来志向・長期的視野にたち，地域理念・地域目標を明確にすべきである。
② 独創性の原則：地域間競争に打ち勝つためには，地域特性や地域資源を踏まえて，豊かな創造力を発揮した個性的な地域づくりが求められる。
③ 総合化の原則：地域は，そこに住む人にとって生活の場であるので，地域のもつ多機能性・総合性が必要不可欠である。多機能性・総合性は，地域づくりの取組みの有機的な結びつきから生まれる。最終的には，住民の福祉が向上し，住んでいる地域に誇りや夢の持てるような地域づくりが望ましい。
④ 自立の原則：国や外部の力に頼らず，自らの創意・工夫と努力によって地域資源を再構築することが求められる。ただし，ここでいう自立とは，精神的な自立であり，経済的自立を意味するものではない。
⑤ 住民参加の原則：地域づくりは，住民の住民による住民のためのものである。地域理念，地域目標，テーマの選定，シナリオの作成の各段階において，住民の参加が必要不可欠である。住民参加の原則は，継続性を担保する役割

を果たす。

　第二に，地域づくりの手順についてみてみよう。日本経営診断学会編［1994］は，地域づくりの手順として，次の6つのプロセスを挙げている[17]。

① 地域理念：地域づくりにあたって，まず，地域理念を明確にする必要がある。地域理念とは，地域リーダーなどの持つ信念や理想などの価値である。地域理念は，地域アイデンティティを明示するものでなければならない。

② 地域目標：地域理念を実現するために，地域づくりの目標を具体的に設定する必要がある。ただし，地域目標は，必ずしも計数化できるとは限らない。

③ 環境分析（内部分析，外部分析）：内部分析は，地域の強み・弱みを分析し，地域の競争力を客観化する。外部分析は，政治的環境，経済的環境，社会・文化的環境など，環境要因ごとに機会と脅威を抽出する。

④ テーマの選定：企業誘致，イベント，地方博，特産品づくりなど，地域づくりの手段を組み合わせ，地域住民の生活水準の向上に役立つテーマを設定する。

⑤ シナリオの作成：シナリオは，テーマを実現するための具体的な計画のことである。すなわち，何を，いつまでに，誰が，どのような手順で実施するかを共有する必要がある。

⑥ 地域づくりの実践：地域の将来を考えるのは人であり，地域づくりを実践するのも人であるので，人材の確保が必要不可欠である。一般に，地域づくりを実践するには，発案者，同調者，仕掛人，リーダー，推進者，後援者，仲介人が必要である。

　ところで，①地域づくりの基本，②地域づくりの手順の2つの概略的な先行研究の終わりに，従来，地域診断と呼ばれてきた特殊領域を，本書では，コミュニティの診断という新規・拡大領域に変更した理由を簡潔に述べておきたい。

　経営システムにおけるドメインの定義において，物理的定義と機能的定義があり，機能的定義のほうが物理的定義よりも事業分野を的確に定義できるように，地域の問題も農村や都市といった物理的定義よりも，コミュニティという機能的定義のほうが，診断の広さと深さが期待できるからである。

第8章　新規・拡大領域の診断

❷ 地域振興とコミュニティ・ビジネス

　今後，コミュニティの診断において，中心的な課題は，コミュニティ・ビジネスの診断になると思われる。例えば，地域振興の例を取り上げてみよう。住民のボランティアに依存した活動だけでは，地域振興の所期の目的を実現することには限界がある。しかし，地域振興をビジネスとして位置付けることによって，経営戦略，経営管理，経営資源，雇用創出などの諸側面において，スピードと責任感が増大し，各地でいくつかの成功事例が出始めた。

　コミュニティ・ビジネスの領域は，図表8－6に示されるように[18]，営利・非営利目的に関わらず，結果としてコミュニティに貢献する事業であれば，組織形態（法人形態など）はいずれでもよい。一般的に，私的セクター，公的セクター，共的セクターの交わり部分に位置付けられることが多い。

　期待されるコミュニティ・ビジネスの効果としては，図表8－7に示されるように[19]，社会問題の解決，人間性の回復，文化の承継・創造，経済的基盤の

図表8-6　コミュニティ・ビジネスの領域

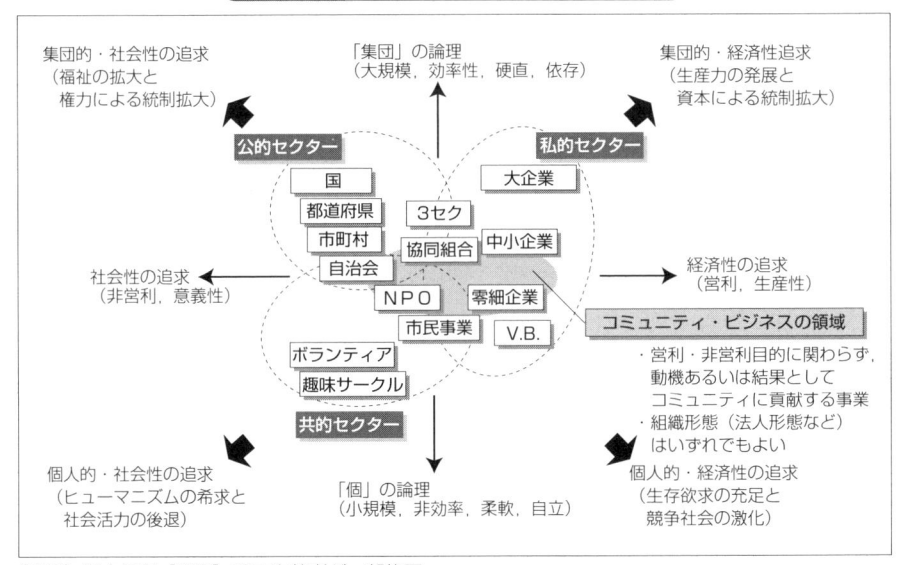

- 集団的・社会性の追求（福祉の拡大と権力による統制拡大）
- 「集団」の論理（大規模，効率性，硬直，依存）
- 集団的・経済性追求（生産力の発展と資本による統制拡大）
- 公的セクター：国，都道府県，市町村，自治会
- 私的セクター：大企業，3セク，中小企業，零細企業，V.B.
- 共的セクター：協同組合，NPO，市民事業，ボランティア，趣味サークル
- 社会性の追求（非営利，意義性）
- 経済性の追求（営利，生産性）
- コミュニティ・ビジネスの領域
  ・営利・非営利目的に関わらず，動機あるいは結果としてコミュニティに貢献する事業
  ・組織形態（法人形態など）はいずれでもよい
- 個人的・社会性の追求（ヒューマニズムの希求と社会活力の後退）
- 「個」の論理（小規模，非効率，柔軟，自立）
- 個人的・経済性の追求（生存欲求の充足と競争社会の激化）

（出所）細内信孝［1999］20頁を筆者が一部修正。

図表8-7　期待されるコミュニティ・ビジネスの効果

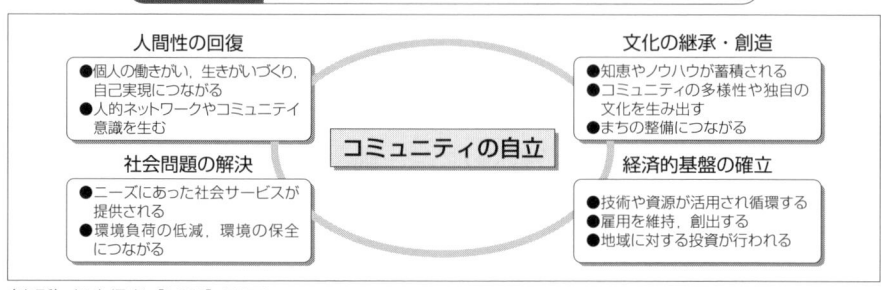

人間性の回復
- 個人の働きがい，生きがいづくり，自己実現につながる
- 人的ネットワークやコミュニティ意識を生む

文化の継承・創造
- 知恵やノウハウが蓄積される
- コミュニティの多様性や独自の文化を生み出す
- まちの整備につながる

コミュニティの自立

社会問題の解決
- ニーズにあった社会サービスが提供される
- 環境負荷の低減，環境の保全につながる

経済的基盤の確立
- 技術や資源が活用され循環する
- 雇用を維持，創出する
- 地域に対する投資が行われる

（出所）細内信孝［1999］50頁。

確立などが挙げられる。

　具体的に，コミュニティ・ビジネスの事例をいくつかみてみよう。第一の事例として，北海道空知支庁由仁町の「ハーブガーデン」を取り上げる[20]。

　図表8－8で明らかなように，由仁町の「ハーブガーデン」では，40億円のハーブガーデンを中核施設として，文化，景観，産業，健康，福祉，観光など様々な要素を組み合わせて，「まちづくり」を推進している。

図表8-8　"風薫る健康のまち：由仁"「ハーブのあるまちづくり事業」

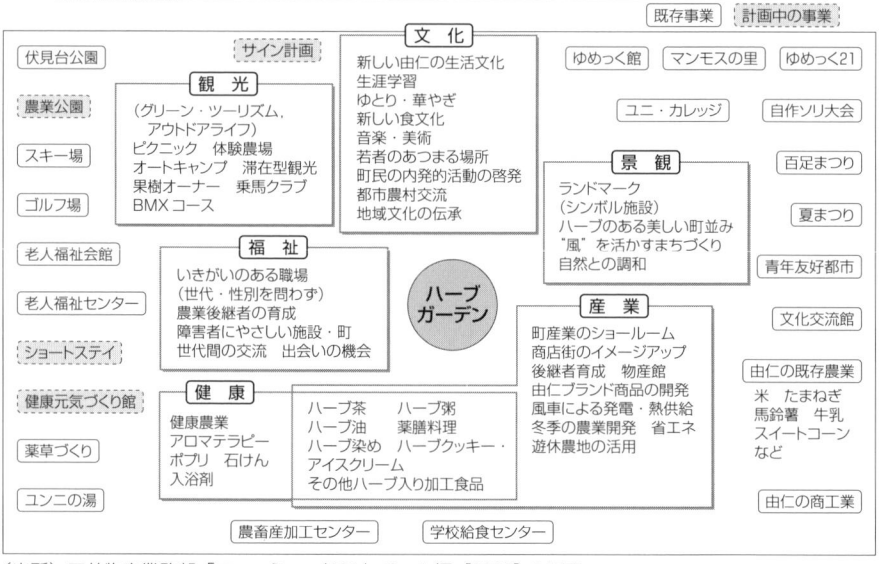

凡例：既存事業／計画中の事業

中核：ハーブガーデン

文化
- 新しい由仁の生活文化
- 生涯学習
- ゆとり・華やぎ
- 新しい食文化
- 音楽・美術
- 若者のあつまる場所
- 町民の内発的活動の啓発
- 都市農村交流
- 地域文化の伝承

観光（サイン計画）
- グリーン・ツーリズム，アウトドアライフ
- ピクニック　体験農場
- オートキャンプ　滞在型観光
- 果樹オーナー　乗馬クラブ
- BMXコース

景観
- ランドマーク（シンボル施設）
- ハーブのある美しい町並み
- "風"を活かすまちづくり
- 自然との調和

福祉
- いきがいのある職場（世代・性別を問わず）
- 農業後継者の育成
- 障害者にやさしい施設・町
- 世代間の交流　出会いの機会

健康
- 健康農業
- アロマテラピー
- ポプリ　石けん　入浴剤
- ハーブ茶　ハーブ粥
- ハーブ油　薬膳料理
- ハーブ染め　ハーブクッキー・アイスクリーム
- その他ハーブ入り加工食品

産業
- 町産業のショールーム
- 商店街のイメージアップ
- 後継者育成　物産館
- 由仁ブランド商品の開発
- 風車による発電・熱供給
- 冬季の農業開発　省エネ
- 遊休農地の活用

既存事業：伏見台公園／農業公園／スキー場／ゴルフ場／老人福祉会館／老人福祉センター／ショートステイ／健康元気づくり館／薬草づくり／ユンニの湯／農畜産加工センター／学校給食センター／ゆめっく館／マンモスの里／ゆめっく21／ユニ・カレッジ／自作ソリ大会／百足まつり／夏まつり／青年友好都市／文化交流館／由仁の既存農業（米　たまねぎ　馬鈴薯　牛乳　スイートコーン　など）／由仁の商工業

（出所）三井物産業務部「ニューふぁーむ21」チーム編［2000］145頁。

第8章　新規・拡大領域の診断

　第二の事例として，図表8－9に示されるように[21]，自然資源（活用技術）の再生を通して循環型社会を実現しつつある事例を取り上げる。自然資源の再生は，図表8－9で明らかなように，①「森林・河川・林業技術再生型」（緑

図表8-9　自然資源（活用技術）の再生を通して好循環を実現しつつある例

- 町による国有林の取得と持続生産可能な林業経営の確立「緑の財産づくり」
- 都市住民のボランティアによる棚田保全「棚田交流人（たなだこうりゅうびと）」
- 森も人も育てる森林ボランティア「ひろしま人と樹の会」
- 体験から農業の大切さを学ぶ「私立農業小学校・とよひら青空教室」
- 流域市民団体の協働による山の緑化「足尾土いっぱい運動」
- 地元材の消費拡大で森林整備を目指す「キットコーポレーション」
- 環境NPO「森の番人」と「宮川流域ルネッサンス事業」による流域保全活動
- 里山保全と環境保全の拠点としての保養施設「エコリゾート赤目の森」
- 地元材を使った木造建築から広がる地域おこし「木の復権運動」
- 農林業の新規就業者技術習得施設「町立籠ふるさと塾」
- 島民主体のNPOによる環境保全観光「西表島にエコツーリズム協会」

（出所）総合研究開発機構＝植田和弘共編［2000］232頁。

の財産づくり，足尾土いっぱい運動，ひろしま人と樹の会，宮川流域ルネッサンス事業，キットコーポレーション，木の復権運動，エコリゾート赤目の森，西表島エコツーリズム協会），②「田園・農業技術再生型」（棚田交流人，私立農業小学校・とよひら青空教室，町立籠ふるさと塾）の2つに大別される。

図表8－9で取り上げた事例は，①「森林・河川・林業技術再生型」，②「田園・農業技術再生型」の2つとも，NPO，市民運動，企業，行政体など，コミュニティ・ビジネスの主体は様々であるが，いずれも成功事例といえよう。

ところで，コミュニティ・ビジネスを成功させるためには，図表8－10に示されるように[22]，コミュニティ・リソースを活用する視点が不可欠である。コミュニティ・リソースとして，次の5つが挙げられる[23]。

① 地方自治体：地方自治体は，コミュニティの土地，公園，建造物，道路，港湾，空港，公共施設，文化遺産などのコミュニティ・リソースを所有し，あるいは運用している。さらに，地方公務員という人的リソースも保有している。

② 産業集積：産地，企業城下町，伝統的工芸品産地などの「企業集積」，工業製品の設計，製造または修理に係わる技術のうち汎用性を有し，製造業の発展を支えるものに属する業種の集積である「基盤的技術産業集積」，工業に関する特定の事業または関連性の高い相当数の中小企業が有機的に連携している「特定中小企業集積」，行政機関，公設試験研究機関，大学，原材料供給企業，製造業，流通業，金融機関などが特定地域に集中し，人的ネットワークを形成している「産業クラスター」などの産業集積は，コミュニティ・リソースとして極めて重要である。

③ 地域流通構造：地域流通の担い手である卸，商店街についても，コミュニティ・リソースとして捉えるべきである。

④ 地域資産：文化遺産（建造物，美術，景観，伝統芸能，地域催事など），地域特産品を栽培し加工する農林水産業，癒しの場としての山岳・農村・海洋，地方の味覚，地域風俗など，様々なコミュニティ・リソースが各地に存在する。

⑤ 地域組織：町内会，消防団，同窓会，PTA，檀家会，氏子会，政党支部

第8章 新規・拡大領域の診断

図表8-10 コミュニティ・リソース活用診断・支援

分類	項目	内容
コミュニティ・リソースの課題	地方自治体	都市集中・地方過疎化、地域格差是正、地方分権、三位一体を巡る角逐
	産業集積	企業城下町、伝統的工芸品産地等の疲弊・消滅、企業誘致の限界、産業の空洞化、基盤的技術産業集積、特定中小企業集積、産・官・公・学・住連携、TLO、アライアンス
	地域流通構造	中心市街空き店舗、中抜きによる地方卸衰微、地域流通企業の不振・中央資本併合、流通・サービス複合メガセンター、eコマースまたはuコマース
	地域資産	遺産老朽化、修復予算不足、景観破壊、伝統継承人材の不足・欠如
	地域組織	ゆとりある世話役の減少、スポンサー不足、NPO組織の脆弱、組織継続の困難
諸外国におけるコミュニティ・リソース活性化の実感	イギリスの新公共管理（NPM）	公の民間経営手法導入、政策立案政府とエージェンシーによる執行分離、導入3E原則、CEOの目標管理責任、3段階のレビュー、市民憲章による行政サービスの監視
	イギリスの地産地消	食料運搬による環境汚染防止消費者運動、地域需要にマッチする供給による地産地消
	イギリスの産地集積の2機能	オーガナイザー・コンバーター・デザインオフィスによる多様な仕様の企画・受注と小規模企業による生産分担アライアンス、中心企業のインキュベーター機能
	アメリカのビジネス改善地区（BID）	地権者のNPO組織、費用負担による民間主体の地域運営・管理、地域の清掃・安全・アメニティ維持（清掃美化、施設維持、保安防犯、イベント開催等）
	カナダの地域通貨システム（LETS）	善意の労働提供による相互扶助、地域内環境によるモノ・サービスの交換、利子なし、スポンサーによる支援、提供のみの社会貢献
コミュニティ・リソースの活性化展望	コミュニティ・リソースの基本発想	グローカル発想（国際ハーモナイズ）、国・地方自治体対立概念放棄、行政サービスの質的充実・住民自治
	地域魅力創造・住民満足度向上	行政依存エゴの排除、節度ある住民提案、地域魅力とアメニティの創出
	「公会計」導入	複式簿記・発生主義準拠、3計算書義務化、オンブズパーソン監査
	コミュニティ・ビジネス創造・維持支援	マーケットの存続確認、インキュベート機能（SOHO提供、貸工場等）、アライアンス支援、競争条件評価、製造付帯サポーティング分野進出支援、少子・高齢化対応分野進出支援、ゼロエミッション分野進出支援
	構造改革特区への挑戦	国際物流、産学連携、産業活性化、情報技術、農業、都市農村交流、教育、幼稚園・保育所一体化、生活福祉、環境・まちづくり10分野
	地域企業再生・地域再生	地域再生協議会活用、不振部門整理・健全部門再生、セフティネット活用、リレーションシップバンキング活用、地域主導コミュニティ資源活用、PFI活用、雇用対策推進、地域観光開発、建設業の新分野進出支援、地域再生伝道士制度、政策金融利便性向上、関連法規改正等

（出所）中小企業診断協会編 [2004b] 152-153頁。

など,「地縁」をベースとする地域組織もコミュニティ・リソースとして重要である。

上述したコミュニティ・リソースを,いかにコミュニティ・ビジネスに活用するか,海外における成功事例・失敗事例の分析をも踏まえて,的確な診断・支援が望まれる。

❸ コミュニティの診断チェックリスト

```
□1  コミュニティの理念         (                    )
  □1  信 念                    (                    )
  □2  価 値                    (                    )
  □3  アイデンティティ          (                    )
□2  コミュニティの目標[24]     (                    )
  □1  生活的活力（住まいのゆとり,生産の利便性,快適度など）(     )
  □2  経済的活力（働きやすさ,経済的ゆとりなど）(              )
  □3  社会的活力（人口,健康度,安全度など）(                   )
  □4  文化的活力（教育環境,文化度など）(                      )
□3  SWOT分析                  (                    )
  □1  機会・脅威                (                    )
  □2  強み・弱み                (                    )
□4  コミュニティ・リソース     (                    )
  □1  地方自治体                (                    )
  □2  産業集積                  (                    )
  □3  地域流通構造              (                    )
  □4  地域資産                  (                    )
  □5  地域組織                  (                    )
□5  行政との調整               (                    )
□6  NPOとの調整                (                    )
□7  その他                     (                    )
```

第8章 新規・拡大領域の診断

3 企業間関係の診断

❶ 企業間関係の意義

　従来，企業間関係の診断に類似した領域は，日本経営診断学会編［1994］によれば，経営診断の特殊領域に属し，系列診断と呼ばれてきた。先行研究のレビューを兼ねて，日本経営診断学会編［1994］が提示している①系列の定義，②系列の実態と特性，③系列の事例，の3点について概観する。

　まず，系列の定義についてみてみよう。日本経営診断学会編［1994］は，「系列とは，製品またはサービス，あるいはその他の事業活動における優位企業と劣位企業との取引関係にみられる組織形態である」と定義している[25]。

　さらに，系列の特徴として，①分業と協業の組織である，②結合関係が，緊密・固定的かつ長期継続的である，③集団としてシステム的に運営される，④組織がリーダーとフォロワーの関係として成り立っている，⑤結合関係が閉鎖的で非収奪的である，⑥結合関係が大企業（優位企業）と中小企業（劣位企業）の関係であるの6点を指摘している。

　次に，系列の実態と特性についてみてみよう。系列は，①下請系列，②流通系列の2つに区分される。下請系列における親会社のメリットとしては，自社にない専門技術の利用，需要変動への対応，コストダウン，小ロットへの対応などが考えられる。一方，下請企業のメリットとしては，受注の安定（経営の安定），資金援助，企業成長の機会などが挙げられる。

　流通系列におけるメーカーのメリットとしては，流通経路の短縮化，輸送の合理化，計画的生産，などが考えられる。一方，系列店のメリットとしては，安定的利益の確保，デイーラーヘルプによる経営の近代化などが挙げられる。

　下請系列と流通系列には，いくつかの相違点があるものの，下請系列と流通系列の共通点として，①垂直的結合・連携システムであること，②効率性の追求と親企業の利潤極大化が目的であること，③結合関係が社会的分業であるこ

259

図表8-11　自動車の下請構造概念図

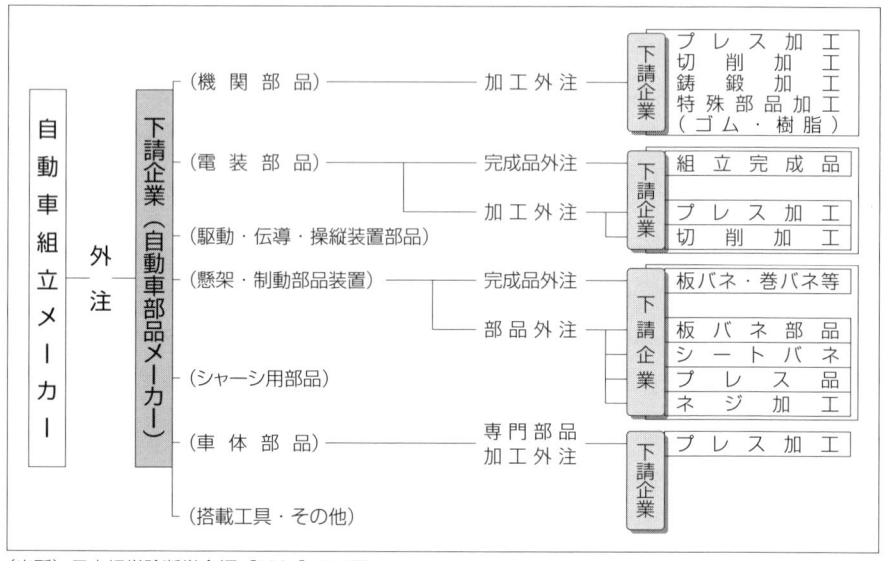

自動車組立メーカー	外注	下請企業（自動車部品メーカー）			
		(機関部品)	加工外注	下請企業	プレス加工／切削加工／鋳鍛加工／特殊部品加工（ゴム・樹脂）
		(電装部品)	完成品外注	下請企業	組立完成品
			加工外注	下請企業	プレス加工／切削加工
		(駆動・伝導・操縦装置部品)			
		(懸架・制動部品装置)	完成品外注	下請企業	板バネ・巻バネ等
			部品外注		板バネ部品／シートバネ／プレス品／ネジ加工
		(シャーシ用部品)			
		(車体部品)	専門部品加工外注	下請企業	プレス加工
		(搭載工具・その他)			

（出所）日本経営診断学会編［1994］682頁。

と，④親企業間の競争が下請企業や販売店の競争圧力となること，⑤親企業による選別，指導・育成がなされることなどが挙げられる。

さらに，系列の中で，下請系列の事例として，自動車産業についてみてみよう。図表8－11に示されるように[26]，自動車産業における下請系列では，下請中小企業の親企業に対する依存度が高く，多数の下請企業群が重層的構造を形成している。

以上，日本経営診断学会編［1994］に基づいて，①系列の定義，②系列の実態と特性，③系列の事例の3点について概観した。いずれも的確な分析であると思われる。

しかし，近年，企業間の関係は，図表8－12に示されるように[27]，上でみた系列からパートナーへと大きく転換しつつある。

この背景として，図表8－13に示されるように[28]，クローズド型経営からオープン型経営への転換が挙げられる。クローズド型経営とは，人材，ノウハウ，販売網，系列など，1社で経営資源の独占または寡占を目指す経営のことである。他社との関係が希薄で，独占的・寡占的なクローズド型経営は，従来の日

図表8-12　企業間の関係は系列からパートナーへ

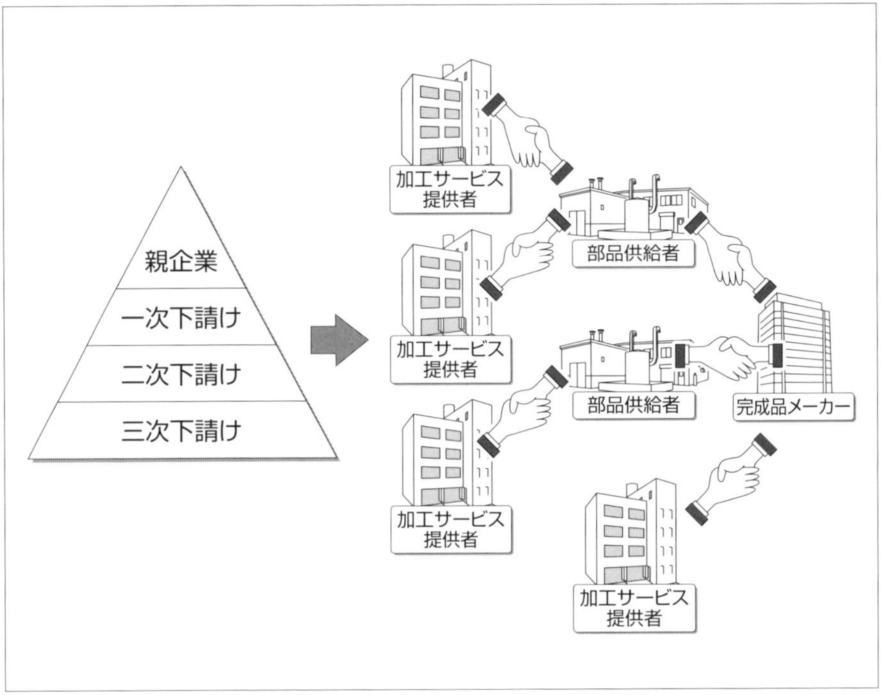

(出所)SCM研究会［1999］51頁を筆者が一部修正。

本型経営の基盤ともなってきた。國領二郎［1995］は，クローズド型経営を「囲い込み経営」と表現した上で，中核企業を中心とする強力な取引関係ネットワークが形成されて，他の企業が入り込む隙のない「持続可能な競争優位」のメカニズムをつくり上げてきたと指摘した[29]。

　他方，オープン型経営を採用すると，情報ネットワークによって企業間関係をオープンにせざるを得ない。ネットワークによる外部資源の活用がオープン型経営の最大のポイントになるからである。これらの外部資源の活用を実現するための戦略をオープン・アーキテクチャ戦略という。國領二郎［1995］は，「オープン・アーキテクチャ戦略とは，本来複雑な機能をもつ製品やビジネス・プロセスを，ある設計思想（アーキテクチャ）に基づいて，独立性の高い単位（モジュール）に分解し，モジュール間を社会的に共有されたオープンなインターフェースでつなぐことによって汎用性を持たせ，多様な主体が発信す

図表8-13　クローズド型経営とオープン型経営

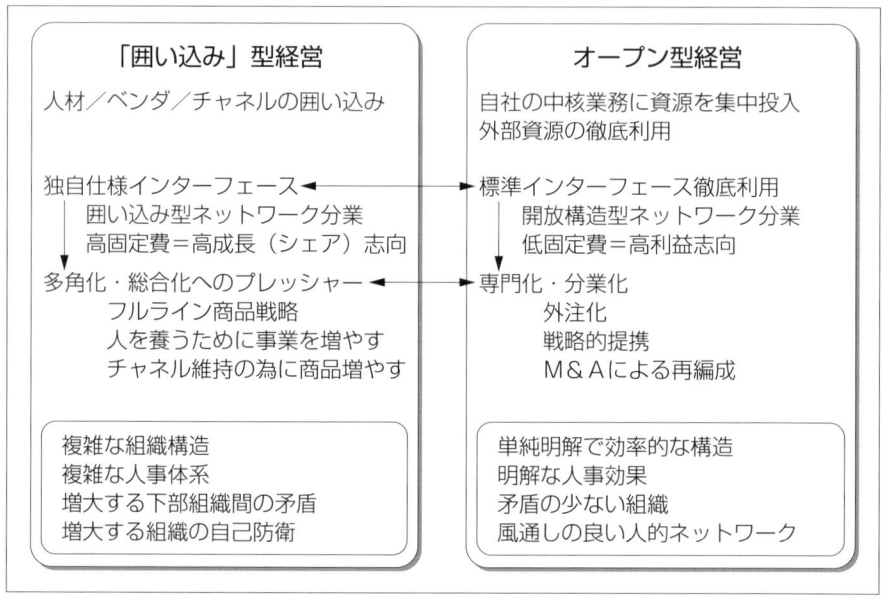

「囲い込み」型経営	オープン型経営
人材／ベンダ／チャネルの囲い込み	自社の中核業務に資源を集中投入 外部資源の徹底利用
独自仕様インターフェース 　　囲い込み型ネットワーク分業 　　高固定費＝高成長（シェア）志向	標準インターフェース徹底利用 　　開放構造型ネットワーク分業 　　低固定費＝高利益志向
多角化・総合化へのプレッシャー 　　フルライン商品戦略 　　人を養うために事業を増やす 　　チャネル維持の為に商品増やす	専門化・分業化 　　外注化 　　戦略的提携 　　M＆Aによる再編成
複雑な組織構造 複雑な人事体系 増大する下部組織間の矛盾 増大する組織の自己防衛	単純明解で効率的な構造 明解な人事効果 矛盾の少ない組織 風通しの良い人的ネットワーク

(出所) 國領二郎 [1995] 15頁。

る情報を結合させて，価値の増大を図る企業戦略のことである」と定義している[30]。

　オープン・アーキテクチャ戦略に準拠すれば，企業と企業，企業と顧客とのコラボレーションが欠かせない。企業と企業，企業と顧客とのコラボレーションなど，ビジネス・プラットフォームの革新に関する事例は，近年急速に増加しつつある。

❷ 企業間関係の革新

　近年，競争環境は激化しており，企業レベルにおける競争だけでなく，提携，連合，統合，事業基盤共有，合併など，「企業間関係」の革新を伴う企業グループ間の競争も次第に激烈さを増している。この熾烈な競争の背景には，供給連鎖をめぐる主導権争いがある。

　供給連鎖は，すでに第6章で考察したように，「生産者起点による製品の流れ，機能連鎖，情報連鎖のことである」。供給連鎖は，通常，図表8－14に示

第8章 新規・拡大領域の診断

図表8-14　供給連鎖における機能連鎖と関係者のつながり

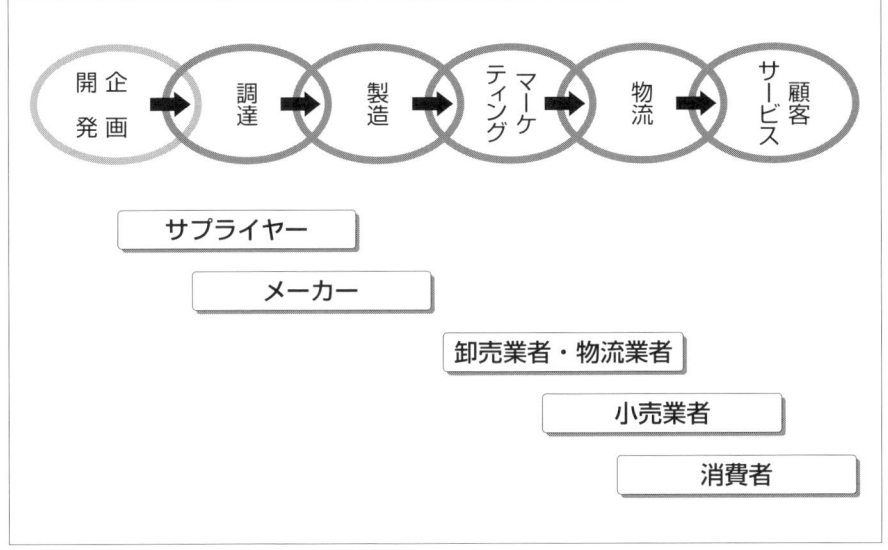

企画開発 → 調達 → 製造 → マーケティング → 物流 → 顧客サービス

- サプライヤー
- メーカー
- 卸売業者・物流業者
- 小売業者
- 消費者

(出所) SCM研究会［1999］11頁を筆者が一部修正。

されるように[31]，①調達，②製造，③マーケティング，④物流，⑤顧客サービスの5つの機能によって構成されることが多い。

　供給連鎖は，「顧客満足第一」を前提として，全体最適の実現を目指すために，一般的に，複数の企業にまたがることが多い。したがって，供給連鎖の組み替えを図ると，必然的に，連合，提携，事業基盤の共有，統合，合併など「企業間関係」の革新を伴うことになる。「企業間関係」の革新のプロセスは，具体的には，どの企業ないし企業グループが供給連鎖の主導権を握るかということであり，この競争の勝敗は各企業の経営に致命的な影響を及ぼす。

　企業間関係については，すでに多くの先行研究が存在する。その中で，山倉健嗣［1993］は，企業間関係を組織間関係と名づけた上で，①組織間の資源・情報交換（資源依存とコミュニケーションのあり方），②組織間のパワー関係（力の非対称関係），③組織間調整のメカニズム（2つ以上の組織間の協力の仕組み），④組織間構造（組織間の分化と統合の仕組み），⑤組織間文化（組織間で暗黙のうちに了解されているものの考え方や見方）の5つを組織間関係における重要課題として指摘した[32]。

企業間関係は，様々な企業間のパターンを構築するプロセスとして捉えることができる。すなわち，自由な意思を持つ2つ以上の企業同士が自主的に連結しながら，様々なパターン有する企業間関係を構築する。

　企業間関係は，組織論的に見れば，市場のもつ柔軟性を持ちつつ，内部組織の長所を取り入れた中間的な組織である。企業間関係の構築を通じて，企業間の共通目標を達成するとともに，各企業はそれぞれに固有の「新たな価値」を創造していくのである。

❸ 企業間関係の診断チェックリスト

☐1　機能連鎖の妥当性　　　　　（　　　　　　　　　　）
　　☐1　調　達　　　　　　　　（　　　　　　　　　　）
　　☐2　製　造　　　　　　　　（　　　　　　　　　　）
　　☐3　マーケティング　　　　（　　　　　　　　　　）
　　☐4　物　流　　　　　　　　（　　　　　　　　　　）
　　☐5　顧客サービス　　　　　（　　　　　　　　　　）
☐2　情報連鎖の妥当性　　　　　（　　　　　　　　　　）
　　☐1　情報ネットワーク　　　（　　　　　　　　　　）
　　☐2　IT　　　　　　　　　　（　　　　　　　　　　）
　　☐3　コンテンツ　　　　　　（　　　　　　　　　　）
☐3　資源連鎖の妥当性　　　　　（　　　　　　　　　　）
　　☐1　ヒ　ト　　　　　　　　（　　　　　　　　　　）
　　☐2　モ　ノ　　　　　　　　（　　　　　　　　　　）
　　☐3　カ　ネ　　　　　　　　（　　　　　　　　　　）
　　☐4　情　報　　　　　　　　（　　　　　　　　　　）
☐4　顧客満足　　　　　　　　　（　　　　　　　　　　）
　　☐1　コスト　　　　　　　　（　　　　　　　　　　）
　　☐2　品　質　　　　　　　　（　　　　　　　　　　）
　　☐3　サービス　　　　　　　（　　　　　　　　　　）
　　☐4　スピード　　　　　　　（　　　　　　　　　　）
☐5　全体最適　　　　　　　　　（　　　　　　　　　　）
☐6　その他　　　　　　　　　　（　　　　　　　　　　）

4 工業集団の診断

❶ 工業集団の意義

　従来，工業集団の診断は，日本経営診断学会編［1994］によれば，経営診断の特殊領域に含まれてきた。先行研究のレビューを兼ねて，日本経営診断学会編［1994］が提示している①工業集団の形態，②産地の診断，③工場団地の診断の3点について概観する[33]。

　まず，工業集団の形態についてみてみよう。工業集団の第一の形態は，特定の地域において，同一業種に属する製品を生産・販売している企業集積，すなわち産地といわれるものである。

　産地は，清成忠男＝田中利見＝港哲雄［1996］によれば，図表8－15に示されるように[34]，古いものでは奈良時代以前から存在し，繊維・雑貨を中心に江戸時代に形成されたものが約3割，明治政府の殖産興業政策に基づく海外からの技術導入を契機として形成されたものが約2.5割を占め，第二次大戦後に形成されたものも約2割近くある。

図表8-15　産地の形成期

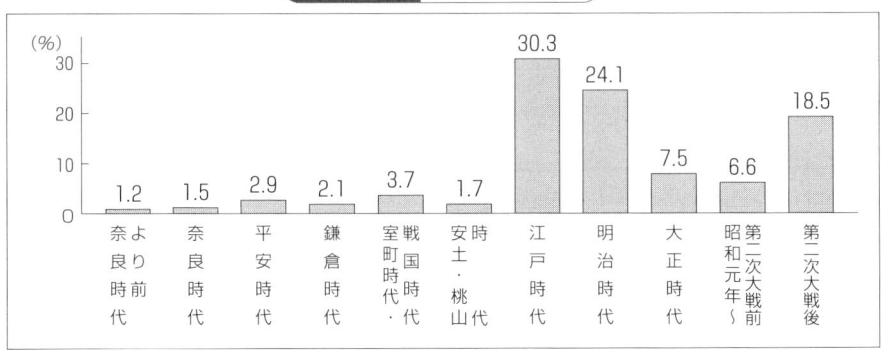

時代	割合(%)
奈良時代以前	1.2
奈良時代	1.5
平安時代	2.9
鎌倉時代	2.1
室町時代	3.7
戦国時代・安土・桃山時代	1.7
江戸時代	30.3
明治時代	24.1
大正時代	7.5
昭和元年～第二次大戦前	6.6
第二次大戦後	18.5

（注）　四捨五入のため合計は100にならない。
（出所）清成忠男＝田中利見＝港徹雄［1996］139頁。

産地の地場産品として，①佐賀の有田焼，岐阜の美濃焼，京都の清水焼，京都の清水焼などの陶器，②輪島塗，津軽塗，木曾塗などの漆器，③加賀の友禅，大島つむぎ，久留米かすりなどの織物，④大川市の家具，岩手の桐タンス，秋田の曲わっぱなどの木工品が有名である。

第二の工業集団としては，企業城下町に見られるような地域的工業集団が挙げられる。トヨタの豊田市，日立の日立市などの企業城下町では，親企業を中心として，下請企業，関連企業が地域的に集積している。

第三の工業集団としては，工場団地が挙げられる。工場団地は，計画的な工業集団の典型である。もともと，英国で造成され成果を上げていたindustrial estate，またはindustrial parkの概念を参考にして形成されたといわれている。すなわち，英国では，1930年代の不況による深刻な失業問題を解決するために，1934年に「特別地域（開発および改良）法」を制定し，特定地域を指定して工場団地を造成し，工場誘致を積極的に進めた。同様の施策は，英国だけでなく，インド，プエルトリコ，オランダ，カナダ，米国などの諸国においても実施された。開発主体は，政府，第三セクター，民間企業など様々である。

わが国の工場団地の成立の経緯についてみてみよう。都市化の進展による立地環境の変化，工場の老朽化による作業環境の悪化，あるいは経済の高度成長に伴う生産能力の増強などに対応するために，1961年に，国が集団化事業の助成制度を創設したことを契機として，全国各地に工場団地が建設されるようになった。わが国の工場団地の特徴は，中小企業者が協同組合を結成し，中小企業事業団法施行規則を基準として，計画の初期段階から都道府県の指導を受けてきた。また，工場団地の診断と資金の貸付が一体的であるという特徴もある。

当初は，共同受電，共同宿舎の設置，資材の共同購買，共同金融などが多くの工場団地で実施された。その後，1970年代から公害防止，環境保全施設の設置，人材養成などの事業が実施され，1990年代からは，共同開発，異業種交流，人材育成，情報提供など，次第に工場団地の事業は高度化しつつある。

次に，産地の診断についてみてみよう。産地の診断では，産地の特性を正確に把握する必要がある。すなわち，図表8－16に示されるように[35]，産地の地域特性，業種特性，国・県の施策，産地構成企業，産地の組織などを体系的に

第8章 新規・拡大領域の診断

調査して，構造改革の必要性，産地構造の高度化について，客観的な診断・支援を実施する必要がある。

さらに，工場団地の診断についてみてみよう。工場団地の診断は，工場団地全体に関わる問題と，組合員個別企業の問題に大別される。

工場団地全体に関わる問題としては，図表8－17に示されるように[36]，施設面では，工場の狭隘化，共同施設の不足，工場の老朽化，公害問題などが挙げられる。運営面では，組合員企業規模の格差，組合の財政基盤の弱さ，倒産・脱退の発生，組合運営ビジョンの欠落，共同事業の低迷などが挙げられる。

工場団地の診断は，診断・支援と資金貸付が一体的に行われるので，特に，助成基準との整合性，組合全体の事業計画，個別企業の事業計画を，総合的かつ客観的に分析・評価し，問題点の抽出，課題および解決策の策定，実施支援を行うことが望まれる。

図表8-16 産地診断の主要調査内容

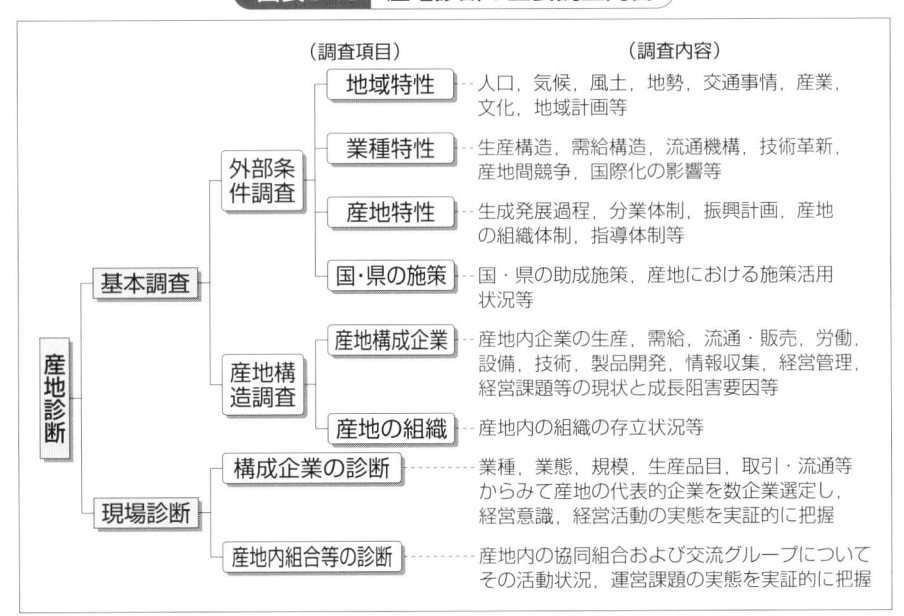

区分		調査項目	調査内容
産地診断	基本調査	外部条件調査	
		地域特性	人口，気候，風土，地勢，交通事情，産業，文化，地域計画等
		業種特性	生産構造，需給構造，流通機構，技術革新，産地間競争，国際化の影響等
		産地特性	生成発展過程，分業体制，振興計画，産地の組織体制，指導体制等
		国・県の施策	国・県の助成施策，産地における施策活用状況等
	産地構造調査	産地構成企業	産地内企業の生産，需給，流通・販売，労働，設備，技術，製品開発，情報収集，経営管理，経営課題等の現状と成長阻害要因等
		産地の組織	産地内の組織の存立状況等
現場診断		構成企業の診断	業種，業態，規模，生産品目，取引・流通等からみて産地の代表的企業を数企業選定し，経営意識，経営活動の実態を実証的に把握
		産地内組合等の診断	産地内の協同組合および交流グループについてその活動状況，運営課題の実態を実証的に把握

（出所）日本経営診断学会編［1994］706頁。

図表8-17　工場団地組合運営上の問題点（M・A）

N=288（%）

施　設　面		運　営　面	
① 組合員工場の狭隘化	41.7	① 組合員事業規模に格差がある	36.8
② 駐車場など共同施設用地の不足	31.9	② 組合の財政基盤が弱い	22.6
③ 組合員工場の老朽化	15.3	③ 倒産・脱退の発生	20.1
④ 公害問題	10.8	④ 組合運営のビジョンがない	19.8
⑤ 組合員設備の不足	7.3	⑤ 共同事業が低迷している	17.4
⑥ その他	6.3	⑥ 組合員の意見調整が図りにくい	14.2
		⑦ 後継者問題	12.5
		⑧ 組合事務局の人材不足	9.0
		⑨ その他	5.2

（出所）中小企業事業団［1989］51頁。

❷ 集積の高度化・多様化

　上述した産地，工場団地に典型的な工業集団は，現在，大きな転換期に遭遇している。産地，工場団地ともに，情報化，業際化，グローバル化の潮流に乗り切れているとは言い難い。

　情報化の進展によって，①広域化，②迅速化，③共有化，④統合化，⑤同期化，⑥双方化，⑦多様化，⑧組織化，⑨ソフト化，⑩自働化が進展し，これが業際化の促進要因となり，さらにグローバル化を促進するという現在の潮流の中で，産地，工場団地の多くは取り残されている。

　対応策として，集積の高度化・多様化が必要不可欠である。具体的には，①工業製品の設計，製造または修理に係わる技術のうち汎用性を有し，製造業の発展を支えるものに属する業種の集積である「基盤的技術産業集積」，②工業に関する特定の事業または関連性の高い相当数の中小企業が有機的に連携している「特定中小企業集積」，③行政機関，公設試験研究機関，大学，原材料供給企業，製造業，流通業，金融機関などが特定地域に集中し，人的ネットワークを形成している「産業クラスター」などの産業集積をより積極的に推進すべきである。

　集積には，図表8－18に示されるように[37]，技術情報の入手，分業体制の構築，原材料・部品調達の容易性，地域内での水平分業など，多くのメリットが

図表8-18 集積のメリット

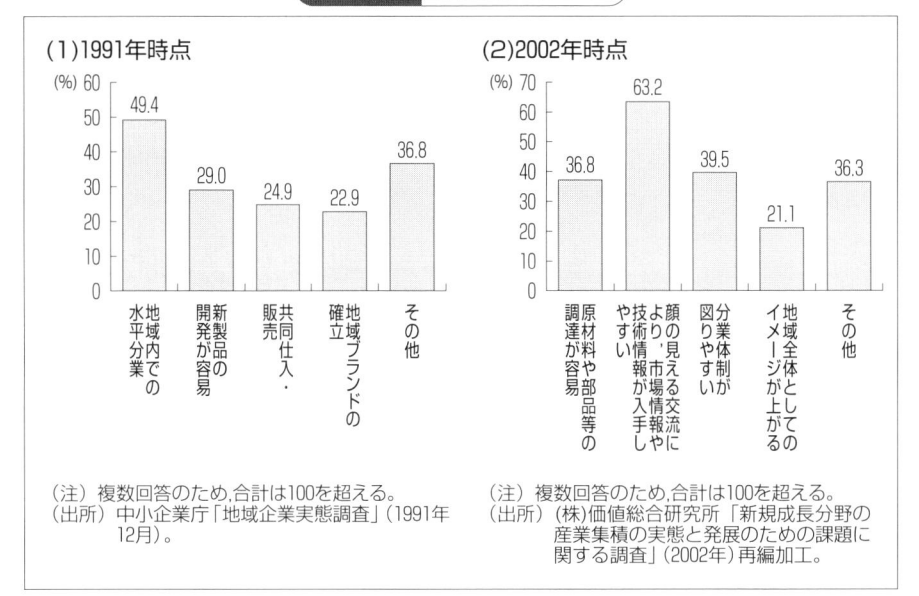

(1) 1991年時点

- 地域内での水平分業: 49.4%
- 新製品の開発が容易: 29.0%
- 共同仕入・販売: 24.9%
- 地域ブランドの確立: 22.9%
- その他: 36.8%

（注）複数回答のため,合計は100を超える。
（出所）中小企業庁「地域企業実態調査」（1991年12月）。

(2) 2002年時点

- 原材料や部品等の調達が容易: 36.8%
- より技術情報が入手しやすい: 63.2%
- 顔の'見える'市場交流しやすい: 39.5%
- 分業体制が図りやすい: 21.1%
- 地域全体としてのイメージが上がる: 36.3%
- その他: 36.3%

（注）複数回答のため,合計は100を超える。
（出所）（株）価値総合研究所「新規成長分野の産業集積の実態と発展のための課題に関する調査」（2002年）再編加工。

ある。

特に，「産業クラスター」の構築は，新たな工業集団の形態として必要不可欠である。産業クラスターを成功させるためには，図表8–19に示されるように[38]，様々な成功促進要因が考えられる。

図表8-19　欧米先進事例から抽出したクラスター成功促進要素

	項　目	内　容
1.特定地域	1-1 核地域は30分以内のアクセス	思い立って昼食をともにできる距離 いつでも会える距離
	1-2 地域としての危機意識	変革への連携意識 地域の風土・気風（例:浜松の「やらまいか」精神）
2.特定産業	2-1 地域資産を活かす産業への選択と集中	地域に根付いた特性がないと，企業は都会に逃げていく ロウテク資産が活かされる例が多い
	2-2 初期に核となる企業（Anchor Company）が数社存在する	地元企業,大企業事業部,急成長ベンチャー企業等がある これが地域での産学連携やスピンオフのスタートとなる ファーストカスタマーとなり次世代ベンチャーを育てる
3.研究開発	3-1 核となる世界レベルの研究開発力がある	世界的人材に若者が引き寄せられる 世界的人材の引き抜き等による誘致 政府等の研究開発資金がつきやすい 政府系ラボや大学,企業の研究開発部門の存在,誘致 研究開発機関の無いところからクラスターは生まれない
	3-2 産学官の連携・結合	地元企業,ベンチャー,大学,政府系ラボとの連携 同一敷地,建物内での産学官結合効果は大きい
4.ベンチャー企業	4-1 ベンチャー企業の活力	スピンオフ,レイオフ,M&A等人材のモビリティが高い 技術移転は人材移転が即効性もあり,最も効果的 クラスターとしての関連企業増加の最適手段 「スピンオフ・ツリー」が描けている地域は伸びる
	4-2 ベンチャーと大企業，大学等との連携	地域で大企業とベンチャーの連携による地域産業振興 ベンチャーの急成長は大企業との連携から
5.サポート/連携	5-1 金融，経営，技術，製造等サポートインフラ機関が地元にある	ベンチャーキャピタル,エンジェル,インキュベーションセンター,税理士,弁護士,会計士,社会労務士,試作品製造,設計,海外ビジネス支援等
	5-2 企業，大学，サポート等の連携コーディネーション機関の存在	個人ではなく専門の機関が精力的に取組む必要有り 核となるプロデューサー,トリガーメーカーが必要 市・県等の地域行政機関の総合的な取組 市長や知事の決断や直接参画 世界水準研究人材誘致で,家族の地域満足度まで考慮
6.ビジョナリー	6-1 研究者をひきつける将来の地域ビジョンを描き実現させる人	世界的業績,熱意,人望ある伝道師の存在 あのクラスターにあの人あり,と言われる存在
7.他産業との融合	7-1 その地域の他クラスターとの融合	ITクラスターとバイオクラスターの融合から新産業創出 多重クラスター化による他クラスターとの差別化
8.グローバル展開	8-1 グローバルな取組による市場拡大，イノベーション促進	全世界からの人材,企業,研究所,大学誘致 初期段階での世界展開でグローバルスタンダード化
9.IPO実績	9-1 IPO（株式公開）による信用度アップ，高成長	優秀な人材の採用が容易になる 周辺の万年低成長中小企業への刺激 社会的認知によるビジネス効果
10.全国的な認知	10-1 クラスター知名度の向上	大企業,大学,政府系ラボの誘致が容易 優秀人材の逃避から参集への転換
11.生活文化水準	11-1 世界的人材の誘致	技術者や経営者本人が移り住みたくなる文化・気候環境 その家族にとっても買い物,観劇,教育等の魅力が必要

（出所）文部科学省科学技術政策研究所第3調査研究グループ［2003］25頁。

❸ 工業集団の診断チェックリスト

```
□1  産　地
   □1  産地特性           (                              )
   □2  地域特性           (                              )
   □3  業種特性           (                              )
   □4  国・県の施策        (                              )
   □5  産地構成企業        (                              )
   □6  産地の組織         (                              )
□2  産地の企業           (                              )
   □1  経営システム（第4章参照）   (                       )
   □2  経営管理システム（第5章参照）(                       )
   □3  業務システム（第6章参照）   (                       )
   □4  業種（第7章参照）        (                       )
□3  工場団地             (                              )
   □1  団地組合          (                              )
   □2  組合員企業        (                              )
   □3  その他           (                              )
□4  基盤的技術産業集積     (                              )
□5  特定中小企業集積      (                              )
□6  産業クラスター       (                              )
   □1  コミュニティ・リソース  (                         )
   □2  産官学連携        (                              )
   □3  ベンチャー・ビジネス   (                         )
   □4  サポート体制       (                              )
□7  その他              (                              )
```

5 商業集団の診断

❶ 商業集団の意義

　従来，商業集団の診断は，日本経営診断学会編［1994］によれば，経営診断の特殊領域に含まれてきた。先行研究のレビューを兼ねて，日本経営診断学会編［1994］が提示している①商業集団の形態，②各商業集団の現況の2点について概観する[39]。

　まず，商業集団の形態についてみてみよう。日本経営診断学会編［1994］は，商業集団の形態として，①ボランタリー・チェーン（VC），②フランチャイズ・チェーン（FC），③商店街，④ショッピング・センター（SC），⑤公設市場，⑥卸団地・卸センターの6つを挙げている[40]。

　これらの商業集団は，①自然発生的に発生・成立した商業集団，②人為的に発生・成立した商業集団に大別される。上述した6つの中で，商店街を除けば，大半の商業集団は人為的に発生・成立している。商店街についても，一部人為的に発生・成立したものがある。

　次に，各商業集団の現況についてみてみよう。

① 　ボランタリー・チェーン（VC）：VCとは，任意連鎖店のことである。その本質は，「規模の経済」を獲得するために，「小規模店大規模経営」を実現しようとするものである。VCの加盟店は，自己の独立の人格を維持したまま，事業の一部あるいは相当部分を協同で運営する。同業種の加盟店のVCの場合，うまくいくことが多い。

② 　フランチャイズ・チェーン（FC）：FCとは，事業者＝フランチャイザー（franchiser）が，他の事業者＝フランチャイジー（franchisee）との間に契約を結び，同一の商標，ノウハウなどに基づいて事業を行う継続的な関係のことである。マクドナルドなどの外食業界では，FCが主力の商業集団として普及している。フランチャイザーの指導のもとに事業を行い，フランチャ

ンジーは，加入金およびロイヤリティを支払う。
③　商店街：商店街とは，消費者が歩行する道路に面して，商店が隣接して営業を行っている街の形状のことである。自然発生的に発生・成立した商店街と，新興住宅団地のなかの商店街に見られるように，人為的に発生・成立した商店街がある。対象とする商圏は，近隣型，地域型，広域型，超広域型など多種多様である。商店街の事業運営組織は，商店街振興組合，事業協同組合，株式会社など，近年，多様化しつつある。「シャッター通り」と呼ばれる商店街が全国各地で増大しつつあり，商店街の衰退が著しい。
④　ショッピング・センター（SC）：SCとは，同一棟あるいは連続性を有する建物を事業基盤として，多様な業種構成を有するテナントによって運営される商業の集積体である。人為的かつ計画的な商業集団の典型例である。建物をディベロッパーが建設し，開設後も統一的な管理・運営がなされることが多い。駐車場，アミューズメント施設など，集客に必要な施設が豊富なことも特徴として挙げられる。
⑤　公設市場：公設市場は，食料品，日用雑貨などを中心とする公設の最寄品小売店の商業集団である。公設市場の事業形態は，小規模SCに近い。建物・設備などは公設団体が保有し，ほとんどの場合，賃貸方式がとられる。公設市場の事業運営は，任意団体によるものが多い。
⑥　卸団地・卸センター：全国各地に設置されている卸団地は，高度化事業によって建設されたものが多い。協同組合を結成し，共同配送などのメリットを追求する。卸センターは，同一建物内に，多くの卸売業がショールームを持つ形態である。共同発注などのメリットがある。

　上述した各種商業集団の目的を整理すると，主として商業集積による「規模の経済」を獲得することであるといえよう。場合によっては，商業集積による「範囲の経済」や「連結の経済」を獲得することも可能であろう。

　すなわち，主として「規模の経済」，場合によっては，「範囲の経済」や「連結の経済」による競争優位性を獲得するために，自然発生的および人為的に各種商業集団が形成されるのである。

❷ 集積の高度化・多様化

　商業集団を診断する上で，商業集積の高度化・多様化は，最も重要な課題の1つである。紙幅の制約があるので，ここでは，①中心市街地活性化法，②商店街の2点に焦点を絞って考察する。

　第一に，中心市街地活性化法についてみてみよう。中心市街地活性化法とは略称であり，正確には，「中心市街地における市街地の整備改善及び商業等の活性化の一体化推進に関する法律」という。

　中心市街地活性化法は，空洞化が進展している中心市街地の活性化を図るために，地域の創意工夫を活かしつつ，「市街地の整備改善」「商業等の活性化」を柱とするもので，国土交通省，総務省，経済産業省などの関係省庁，地方公共団体，民間企業が連携して事業を推進することになっている。

　中心市街地活性化法は，中心市街地を1つのショッピングモールと見立てて，都市基盤の整備改善と商業等の活性化を柱としたハード，ソフト両面にわたる諸施策を関係省庁が連携し，重点的に中心市街地の整備を図ることを目的としている。

　中心市街地活性化法による街全体の魅力向上，商業集積の高度化・多様化を推進する機関は，TMO（Town Management Organization：街づくり推進機関）と呼ばれる。すなわち，TMOとは，中心市街地活性化法に基づき，商工会，商工会議所または第3セクターが，市町村により認定され，中心市街地の商業集積の一体的かつ計画的な整備を企画・調整・実施する機関のことである。

　TMOによる商業等の活性化の基本は，図表8-20に示されるように[41]，中心市街地における商業集積を一体として捉え，業種構成，テナント配置，基盤整備などを総合的かつ計画的に推進することである。具体的には，①キーテナント（中核商業施設）や各商店街の特徴づけ，②駐車場，ポケットパーク（小公園）などの環境整備，③域内美化，イベント，共通カードなどの関連事業，などが挙げられる。

　TMOによる商業等の活性化には，施設整備，テナントミックス，各店舗の経営基盤の強化など，TMO全体のビジネス・プロジュースに関わる高度な専

第8章 新規・拡大領域の診断

門知識が欠かせない。経営コンサルタントにとって，有望なテーマの1つであるといえよう。

図表8-20 中心市街地活性化策のイメージ

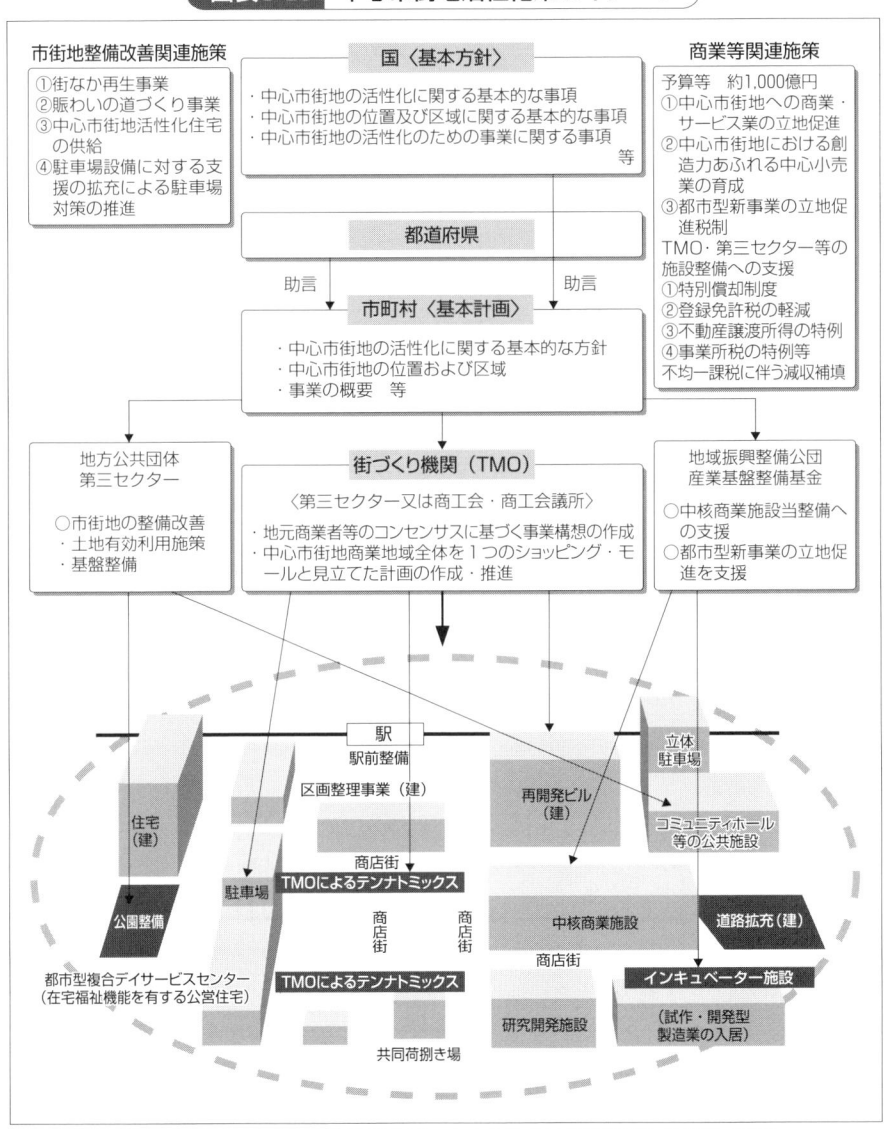

市街地整備改善関連施策
①街なか再生事業
②賑わいの道づくり事業
③中心市街地活性化住宅の供給
④駐車場設備に対する支援の拡充による駐車場対策の推進

国〈基本方針〉
・中心市街地の活性化に関する基本的な事項
・中心市街地の位置及び区域に関する基本的な事項
・中心市街地の活性化のための事業に関する事項　等

商業等関連施策
予算等　約1,000億円
①中心市街地への商業・サービス業の立地促進
②中心市街地における創造力あふれる中心小売業の育成
③都市型新事業の立地促進税制
TMO・第三セクター等の施設整備への支援
①特別償却制度
②登録免許税の軽減
③不動産譲渡所得の特例
④事業所税の特例　等
不均一課税に伴う減収補填

都道府県　→助言→

市町村〈基本計画〉
・中心市街地の活性化に関する基本的な方針
・中心市街地の位置および区域
・事業の概要　等

地方公共団体 第三セクター
○市街地の整備改善
・土地有効利用施策
・基盤整備

街づくり機関（TMO）
〈第三セクター又は商工会・商工会議所〉
・地元商業者等のコンセンサスに基づく事業構想の作成
・中心市街地商業地域全体を1つのショッピング・モールと見立てた計画の作成・推進

地域振興整備公団 産業基盤整備基金
○中核商業施設当整備への支援
○都市型新事業の立地促進を支援

駅／駅前整備／区画整理事業（建）／再開発ビル（建）／立体駐車場／住宅（建）／駐車場／商店街／TMOによるテナントミックス／コミュニティホール等の公共施設／公園整備／都市型複合デイサービスセンター（在宅福祉機能を有する公営住宅）／TMOによるテナントミックス／共同荷捌き場／中核商業施設／商店街／研究開発施設／道路拡充（建）／インキュベーター施設（試作・開発型製造業の入居）

（出所）通商産業省産業政策局中心市街地活性化室・中小企業庁小売商業課編［1998］88頁。

図表8-21　商店街の機能

機　能		ハード及びソフトの具体例
①利便性	業種の揃い，近さ，交通の便利さ	業種構成，長時間営業，駐車場，バス停，ワンストップショッピングの場
②コミュニティ性	地域との密着度 人間的なふれあい	地域住民参加型のイベント，小公園，コミュニティボード，朝市，夜店，青空市，個店のフレンドリーサービス，接客技術
③安全性	交通面での歩行安全性，防災，保安上の安全	街路灯，歩車道分離，アーケード，交通規制，歩行者天国，商品の安全性
④選択性	商品の比較，選択 業種・業態の多様化	業種構成，業種配列，店舗集積力，店舗への連続性，商品の種類と量
⑤情報性	買物に役立つ情報の提供	売出し，催事のメッセージ，ミニコミ誌，商店街案内板，BGM，伝言板，ニューメディアコーナー
⑥解放性	ショッピングの気楽さ，街のにぎやかさ	歩行者天国，コミュニティ広場，イベント（まつり），商店街のカフェテラス
⑦快適性	街の快適さ	小公園，噴水，ショッピングモール，ストリートファニチャー，フラワーボックス，街路樹，カラー舗装，美観アーチ，花壇，シンボル塔，子供の遊び場，店舗の色彩感，ファサードの向上，アーケード
⑧慰楽性（レジャー性）	飲食施設の充実 映画館等の娯楽施設	飲食店，レジャーセンター，パチンコ，ゲームセンター，映画館，演芸場，ウインドショッピング，ディスプレイ
⑨文化性	文化，教養施設 文化，伝統の活用 ファッション性	カルチャーセンター，文化祭，展覧会，講習会，文化体育祭（運動会），伝統行事にちなんだ催事

（出所）企業診断研究会編［2002］159頁。

　次に，商店街における商業集積の高度化・多様化について考察する。まず，商店街の機能についてみてみよう。商店街に要求される機能は，図表8－21に示されるように[42]，①利便性，②コミュニティ性，③安全性，④選択性，⑤情報性，⑥開放性，⑦快適性，⑧娯楽性（レジャー性），⑨文化性，などが挙げられる。

　商店街に要求される機能の内，買い物の基本的な機能は，利便性，安全性，選択性であろう。特に，これらの基本的な機能は，近隣型商店街に求められる。

第8章 新規・拡大領域の診断

図表8-22 商店街の活性化対策

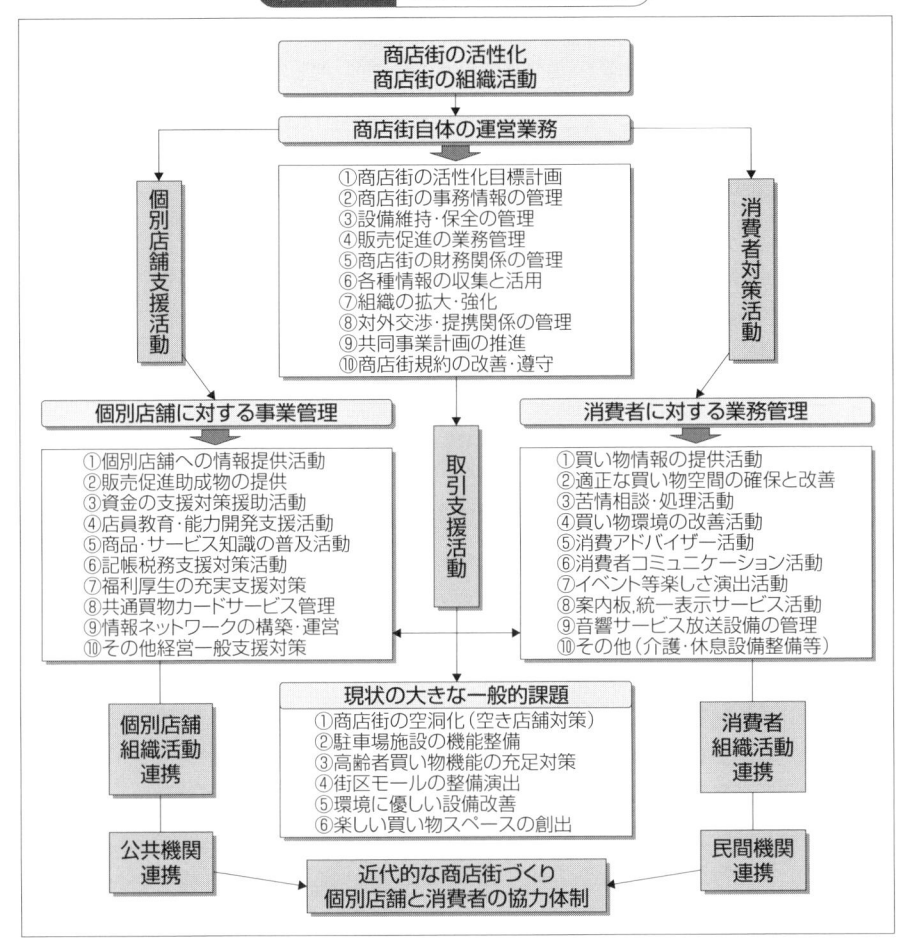

```
                    商店街の活性化
                    商店街の組織活動
                           │
                  商店街自体の運営業務
                  ①商店街の活性化目標計画
                  ②商店街の事務情報の管理
    個              ③設備維持・保全の管理               消
    別              ④販売促進の業務管理                 費
    店              ⑤商店街の財務関係の管理             者
    舗              ⑥各種情報の収集と活用               対
    支              ⑦組織の拡大・強化                   策
    援              ⑧対外交渉・提携関係の管理           活
    活              ⑨共同事業計画の推進                 動
    動              ⑩商店街規約の改善・遵守

  個別店舗に対する事業管理            消費者に対する業務管理
  ①個別店舗への情報提供活動          ①買い物情報の提供活動
  ②販売促進助成物の提供              ②適正な買い物空間の確保と改善
  ③資金の支援対策援助活動    取      ③苦情相談・処理活動
  ④店員教育・能力開発支援活動  引    ④買い物環境の改善活動
  ⑤商品・サービス知識の普及活動 支   ⑤消費アドバイザー活動
  ⑥記帳税務支援対策活動      援      ⑥消費者コミュニケーション活動
  ⑦福利厚生の充実支援対策    活      ⑦イベント等楽しさ演出活動
  ⑧共通買物カードサービス管理 動     ⑧案内板,統一表示サービス活動
  ⑨情報ネットワークの構築・運営     ⑨音響サービス放送設備の管理
  ⑩その他経営一般支援対策            ⑩その他(介護・休息設備整備等)

                  現状の大きな一般的課題
  個別店舗          ①商店街の空洞化(空き店舗対策)      消費者
  組織活動          ②駐車場施設の機能整備              組織活動
  連携              ③高齢者買い物機能の充足対策        連携
                    ④街区モールの整備演出
                    ⑤環境に優しい設備改善
  公共機関          ⑥楽しい買い物スペースの創出        民間機関
  連携                                                 連携
                   近代的な商店街づくり
                 個別店舗と消費者の協力体制
```

(出所) 中小企業診断協会編 [2004a] 274頁。

　近年,商店街は全国的に衰退しつつある。その原因は,他の商業集団と比較して,商業集積の高度化・多様化が遅れているからに他ならない。現在,多くの商店街において,街路灯,歩道分離などのハード面の整備が進展しているケースが多いが,より直接的に商店街の衰退を食い止めるためには,①商店街の特徴づけ(高齢者中心の商店街,情報化中心の商店街など),②商店街の活性化対策の2つが必要不可欠である。

商店街の活性化対策は，図表8−22に示されるように[43]，①商店街全体の対策，②消費者向け対策，③個別店舗向け対策，④取引支援対策，⑤行政体向け対策など，それぞれの対策が具体的でかつ相互関連性をもったものでなければならない。

❸ 商業集団の診断チェックリスト

```
□1  ボランタリー・チェーン（VC）（                    ）
   □1  VC契約内容             （                    ）
   □2  VC本部（機能，会費）    （                    ）
   □3  加盟店                 （                    ）
□2  フランチャイズ・チェーン（FC）（                  ）
   □1  フランチャイズ契約       （                    ）
   □2  フランチャイザー（機能，ロイヤリティ）（          ）
   □3  フランチャイジー         （                    ）
□3  商店街                    （                    ）
   □1  商圏（近隣型，地域型，広域型，超広域型）（        ）
   □2  機　能                 （                    ）
   □3  特徴（業種，品揃え）     （                    ）
   □4  活性化対策              （                    ）
   □5  商店街運営組織           （                    ）
□4  ショッピング・センター（SC）（                    ）
   □1  立　地                 （                    ）
   □2  建　物                 （                    ）
   □3  施　設                 （                    ）
   □4  テナント                （                    ）
   □5  特　徴                 （                    ）
□5  公設市場                   （                    ）
   □1  立　地                 （                    ）
   □2  特　徴                 （                    ）
□6  卸団地・卸センター          （                    ）
   □1  共同配送               （                    ）
   □2  共同発注               （                    ）
□7  その他                    （                    ）
```

第8章 新規・拡大領域の診断

1) 三宅隆之［2003］4頁。
2) 各瀨保雄=川口清史編［1999］2頁。
3) 同上書1頁。
4) 奥林康司=稲葉元吉=貫隆夫編［2002］96頁。
5) 山内直人［1999］30頁。
6) 奥林康司=稲葉元吉=貫隆夫編［2002］96頁。
7) 山内直人［1999］135頁を会社法の施行（2006年）を踏まえて，筆者が一部修正。
8) 奥林康司=稲葉元吉=貫隆夫編［2002］10頁。
9) 同上書13頁。
10) 三宅隆夫［2003］8頁。
11) Drucker,P.F.［1990］訳本11頁。
12) 奥林康司=稲葉元吉=貫隆夫編［2002］40-41頁。
13) 同上書41頁。
14) 日本経営診断学界編［1994］659頁。
15) 同上書659-660頁。
16) 同上書662-663頁の大意を筆者が要約。
17) 同上書663-665頁の大意を筆者が要約。
18) 細内信孝［1999］20頁を筆者が一部修正。
19) 同上書56頁。
20) 三井物産業務部「ニューふぁーむ21」チーム編［2000］145頁。
21) 総合研究開発機構=植田和弘共編［2000］232頁。
22) 中小企業診断協会編［2004b］152-153頁。
23) 同上書151-156頁。
24) 同上書667-668頁を参照。
25) 日本経営診断学界編［1994］681頁。
26) 同上書682頁。
27) SCM研究会［1999］51頁を筆者が一部修正。
28) 國領二郎［1995］15頁。
29) 同上書12頁。
30) 同上書21頁。
31) SCM研究会［1999］11頁を筆者が一部修正。
32) 山倉健嗣［1993］22-23頁。
33) 日本経営診断学界編［1994］701-710頁の大意を筆者が要約。

34) 清成忠男＝田中利克＝港徹雄［1996］139頁。
35) 同上書706頁。
36) 中小企業事業団［1989］51頁。
37) 中小企業庁調査報告，価値総合研究所調査報告を参照。
38) 文部科学省科学技術研究所第3調査グループ［2003］25頁。
39) 日本経営診断学界編［1994］689-701頁の大意を筆者が要約。
40) 同上書689頁。
41) 通商産業省産業政策局中心市街地活性化室・中小企業庁小売商業課編［1998］88頁。
42) 企業診断研究会編［2002］159頁。
43) 中小企業診断協会編［2004a］274頁。

第9章 経営診断の主体

　本章では，経営診断の主体について考察する。経営診断の主体は，近年，経営診断のアプローチの多様化に伴って大きく変化している。従来の「勧告書方式」に典型的な主客二元論だけの主体論では，経営診断に対する顧客満足を獲得することは難しくなりつつある。

　第一に，経営コンサルタントについて考察する。まず，経営診断の生成期における米国と日本における経営コンサルタントについて概観する。次いで，経営コンサルタントに必要なスキルについて理解を深める。さらに，経営診断の主体とアプローチとの関係性について考察する。

　第二に，中小企業診断制度について考察する。まず，中小企業診断制度の生成と発展について理解する。次いで，中小企業診断士の役割について理解を深める。さらに，中小企業診断士の活動分野について考察する。

　第三に，経営コンサルタント業界について考察する。まず，㈳全日本能率連盟について概観する。次いで，㈳中小企業診断協会について理解する。さらに，コンサルティング・ファーム，シンクタンクの実態について考察する。

　第四に，経営コンサルタントの職業倫理について考察する。まず，専門職業の要件について言及する。次いで，職業倫理の重要性について理解を深める。さらに，経営コンサルタントの行動規範について考察する。

　第五に，世界の経営コンサルタントについて考察する。まず，米国の経営コンサルタントの概況について理解を深める。次いで，欧州の経営コンサルタントの概況について言及する。さらに，アジアの経営コンサルタントについて考察する。

1 経営コンサルタント

❶ 経営診断の担い手

　本書では，第1章において，「経営診断とは，各種経営システムの目的の実現，問題解決（ソリューション）の実現，イノベーションの実現を図るために，経営システムを分析・評価し，問題点を抽出し，課題および解決策を策定・提示し，課題および解決策の実現を支援する，一連の専門的サービスのシステムである」と定義して，様々な観点から議論を進めてきた。

　この定義に基づく本書における議論は，問題解決（ソリューション）およびイノベーションの重視，支援概念の重視，経営診断のプロフェッション化，新たな主体・客体モデルとしての協働創出モデルの提示など，類書と比較すると多くの特徴を有している。

　経営診断を実施する主体は，一般に，ビジネス・ドクター[1]，アウトサイド・スペシャリスト[2]，変革代理人（チェンジ・エージェント）[3]，触媒，問題解決者（プロブレム・ソルバー），トラブル・シューター[4]，能力開発インストラクターなどと呼ばれ，様々な局面において様々な役割を担う経営コンサルタントである。

　経営診断の生成期における代表的な経営コンサルタントは，すでに第2章で考察したように，米国では，テイラー，ガント，ギルブレス，エマースンに代表される能率技師たちであった。彼らは，能率増進運動の担い手として，「米国機械技師協会（ASME）」に結集し，能率増進運動の推進母体となった。

　経営診断の生成期における米国の経営コンサルタントについては，折に触れて述べてきたので，わが国の経営診断の生成期における経営コンサルタントについて簡潔にみてみよう。

　わが国における経営コンサルタントの第1号は，テイラーの『科学的管理法』を翻訳した産業能率大学の創立者上野陽一であるとされている[5]。上野陽一は，

1920年に，ライオン歯磨本舗・小林商店において，テイラーやギルブレスの研究成果に基づいて，生産現場の作業改善を指導した。また，クラブ化粧品本舗・中山太陽堂，福助足袋などでも，独自の能率増進法に基づく指導を行った。

上野陽一の他にも，テイラーに直接師事した荒木東一郎，さらに井上好一などが生成期を代表する経営コンサルタントとして有名である。彼らの活動は，おりしも金融恐慌，世界恐慌のさなか，救国の法として，わが国の能率運動の普及に火をつけた。東京能率協会，愛知県能率研究会，大阪能率研究会など，各地に能率団体が設置され，能率団体の全国組織として，日本能率連合会が創立された。

❷ 経営コンサルタントに必要なスキル

経営コンサルタントが経営診断を行う場合，様々な局面において様々なスキルが必要である。基本的な経営診断に関する知識・技法については，すでに第3章で考察した。すなわち，中小企業診断士第1次試験（①経済学・経済政策，②財務・会計，③企業経営理論，④運営管理，⑤経営法務，⑥経営情報システム，⑦中小企業経営・中小企業政策）として課せられる各科目の専門知識は，経営コンサルタントにとって最低限必要不可欠である。

経営診断の局面（診断，指導，支援）ごとに，経営コンサルタントに必要なスキルについて考察する。

第一に，診断の局面では，問題点の抽出，課題の設定，解決策の策定に必要なスキルが欠かせない。具体的には，①財務分析，工程分析，価値分析などの各種分析技法，②IE，QC，SEなどの各種問題解決技法，③各種リサーチ技法，などを活用できる分析・評価スキルが必要不可欠である。

問題点は，あるべき姿と現状とのギャップ＝宝の山であるので，問題点の抽出には，あるべき姿を設定するスキルと現状を認識・測定するスキルが必要である。あるべき姿を設定しないと，問題解決の前提となる問題発見ができない。あるべき姿を設定するためには，経営診断の対象領域に関する理論や「一定の法則性」を十分に理解しておかねばならない。例えば，マーケティングに関する問題点の抽出を行う場合，マーケティングのあるべき姿を設定しないと，問題発

見も問題点の抽出もできない。また，現状を認識・測定する際，単に現象面に囚われるのではなく，現象から原因を究明し，さらに真因を特定するスキルが必要である。あるべき姿と現状を客観的・体系的に認識・測定することによって，はじめて問題点（あるべき姿と現状とのギャップ＝宝の山）が見えてくる。

問題点が特定できたら，次は課題（What to do）を設定しなければならない。

課題を設定するときのポイントは，問題点に対して，何をすれば問題点を解決できるかという１点である。課題をモレなくリストアップし，さらに経済性，緊急性，技術的可能性などの評価基準を用いて，課題に優先順位をつけて，絞り込むことが肝要である。総花的な課題設定は，経営診断にとって意味がない。

課題を絞り込んだら，次は解決策（How to do）を策定しなければならない。課題を目的とすれば，解決策は手段であることはいうまでもない。解決策の策定においても，複数の代替案の策定，代替案の評価というプロセスを踏んで，解決策に優先順位をつける必要がある。

第二に，指導の局面では，プロジェクト・チームの編成，解決案の実施，改善技術の教育など，実施指導に関するスキルが必要不可欠である。実施指導のスキルが不足すると，成果の実現が期待できない。

実施指導を円滑に行うためには，①管理者教育（経営管理，経営組織，経営戦略，財務戦略，マーケティング戦略，ロジスティクス戦略など），②管理技術教育（IE，QC，VE，SEなど），③問題解決教育（コストダウン，販売力強化など），④創造性工学教育（ブレーン・ストーミング，発想法など）のように，成果を実現するために必要な教育指導を，クライアントの関係者に対して実施することが重要なテーマになる。

教育指導においては，ワークショップ・セミナー（IEワークショップ・セミナー，VEワークショップ・セミナーなど）に見られるように，単なる一般論の教育指導ではなく，クライアントの実際の課題・解決策を用いた実践的なメソッドの工夫が欠かせない。

第三に，支援の局面では，クライアントの自主性，自律性を保持しつつ，実施支援を円滑に行うためのスキルが必要不可欠である。成果を実現するために

第9章 経営診断の主体

は，過度の介入よりも，①情報提供（行政情報，特許情報，提携先情報など），②カウンセリング（クライアントの行動変容，精神分析，交流分析など），③コーチング（誘導，認知，フィードバックなど），④メンタリング，⑤助言などのほうが有効な場合が多い。カウンセリング技術，コーチング技術，メンタリング技術は，今後，経営コンサルタントにとって不可欠のスキルになるであろう。

❸ 経営診断の主体と経営診断のアプローチとの関連性

　経営コンサルタントについて考察する場合，経営診断の主体と経営診断のアプローチとの関連性は，実は極めて重要なテーマである。

　経営診断のアプローチについては，すでに第3章で考察したように，①分析型アプローチ，②プロセス型アプローチの2つに類型化することができる。関連性について考察する前提として，簡潔にレビューを行うことにする。

　中小企業指導法時代の「経営診断基準」に基づいた「勧告書方式」は，分析型アプローチの典型である。すなわち，経営診断の主体としての経営コンサルタントが，主体・客体二元論と要素還元主義に準拠して，診断（現状分析）に重点を置いて，①第三者性（独立性），②客観性，③責任の二重性（診断責任=診断者，実施責任=経営者）を順守するアプローチである。官による上からの指導という色彩が強いアプローチである。シャイン［1999］は，この分析型アプローチのことを「医師−患者モデル」と呼んだ[6]。

　ところが，これも第3章で考察したように，近年，プロセス型アプローチが急激に増加しつつある。プロセス型アプローチは，ILO［1996］によれば，「コンサルタントは，専門的知識の提供や解決策の提示をするのではなく，変革の媒体として，自己のアプローチ，方法，価値観を伝達し，クライアントが自らの問題を診断し，是正を図るように支援する」ことに主眼をおく[7]。シャイン［1999］もまた，問題点および解決策を現実的に保持しているのはクライアントであるという明確な前提をもっている[8]。

　プロセス型アプローチは，第3章で述べたように，①ワークショップ型コンサルティング（IE，VEなどの問題解決技法を基軸とした問題解決），②アクション・リサーチ型コンサルティング（OD：組織開発など経営コンサルタント

による介入を伴うコンサルティング），③コンソーシアム型コンサルティング（関係性の構築，問題解決の場の構築を基軸としたコンサルティング）など，様々なバリエーションが存在する。これらはいずれも，ある程度高度な知識・情報を保有するクライアントにおいて，経営コンサルタントとクライアントが協働で問題解決に取組むという基本的なスタンスが存在する。協働・自律性・自立性を重視する支援アプローチの典型でもある。

分析型アプローチの典型である「勧告書方式」は，近年では，いくつかの例外を除いて，ほぼ消滅しつつある。他方，外資系コンサルティング・ファームやわが国を代表するシンクタンクにおいて，主体・客体二元論に基づく「勧告書方式」はほとんど採用されていない。むしろ，主客一元論ともいえるコンソーシアム・プロジェクト（協働創出プロジェクト）を創設し，主体である経営コンサルタントと客体であるクライアントが経営診断のアプローチを共有しつつ，経営システムの目的の実現，問題解決（ソリューション）の実現，イノベーションの実現のために協働する事例が増えている。プロセス型アプローチの場合，従来の主体概念とは大きく異なるといえる。

このように，理論の動向および実態を踏まえると，経営診断と医学とのアナロジー，すなわち，シャイン［1999］のいう「医師－患者モデル」による理論展開には限界がある。「医師－患者モデル」は，知識の体系的集積，事例の体系的集積，診断基準の整備など，経営診断に対して多くのヒントを与えてくれるものの，それ以上のものではあり得ない。むしろ，経営診断の主体を，問題解決（ソリューション）の実現，イノベーションの実現など，専門的なサービス業の主体と捉えるほうが，今後，実りある議論を展開できると思われる。

2 中小企業診断制度

❶ 中小企業診断制度の生成と発展

わが国の経営コンサルタントについて考察するとき，中小企業診断制度の占

める割合は極めて大きなものがある。すなわち,戦後,わが国における経営診断の歴史は,中小企業施策の一環として開始された中小企業診断制度から始まったといっても過言ではない。

図表9-1　中小企業診断の類型

区分		診断の目的・対象	診断の内容	種類
一般診断	（工場診断）個別診断	経営管理	・基本管理（経営方針,経営計画,組織） ・生産管理（工程,作業） ・販売管理（市場,販売促進,商品化計画） ・労務管理（賃金,就業,福利） ・財務管理（資本,負債,資産,利益） ・購買管理（在庫,外注）	工場診断 商店診断（卸売業） 　〃　　（小売業） 建設業診断 自動車整備業診断 〔組合診断〕
	（産地診断）集団診断	存立基盤	・産地（関連経済地域を含む）の現勢背景等その実態を全体観察 ・産地構造特性（生産,設備,流通,労働,市場等） ・産地構成企業の経営実態と管理水準,産地組織活動 ・産地集団としての発展要因,阻害要因とその背景 ・産地全般活動,全般の改善事項,近代化目標の設定	産地診断 系列診断 広域商業診断 商店街診断 小売商業共同店舗診断 共同知識集約化診断 構造改善診断 電子計算機連携利用診断
近代化促進診断	（設備近代化診断）個別診断	設備計画の妥当性	・企業体質（財務分析） ・設備計画の必要性と妥当性 ・設備計画に伴う資金調達計画の妥当性 ・経営者の能力	製造業診断 建設業・土木工事業診断 自動車分解整備業診断 運送業診断 クリーニング業診断 公衆浴場業診断 生鮮食料品小売業診断
	（工場団地診断）集団化診断	集団化計画の妥当性	・計画診断,建設診断,運営診断 集団化の背景と立地,地域経済環境条件の検討,集団化に係る長期計画,事業組合の計画の妥当性,工場集団化の配置機能の検討,集団化企業の経営実態,資金調達計画の妥当性,貸付金の償還能力	工場団地診断 共同工場診断 共同施設事業診断 中小企業合同診断 小売商業協業化診断 商業団地診断 商店街近代化診断 小売商業連鎖化診断

(注)　診断内容については代表的なものを特記した。
(出所)　中谷道達 [1968] 19-24頁。

1948年に中小企業庁が設置され，同時に，中小企業診断制度が発足した。初期（1948年）の診断は，工場診断のみで，1949年に商店診断（商店街診断を含む），組合診断が実施された。診断の内容は，生産管理，技術指導，記帳指導を含めた財務管理など，個別の経営課題が中心であった。

　1951～1952年から，産地診断，系列診断など，いわゆる集団診断が始まった。朝鮮戦争の特需を契機として，急速な経済成長が実現し，それに伴って，総合的な観点からの診断・指導が年々増加し始めた。

　中小企業診断制度には，中小企業庁方式と呼ばれる診断参考データが整備されており，『中小企業の経営指標』，『中小企業の原価指標』として公表されているなど，多くの特徴がある。

　中小企業診断の類型は，図表9－1に示されるように[9]，①一般診断（個別診断，集団診断），②近代化促進診断（設備近代化診断，工場団地診断）の2つに大別される。

❷ 中小企業診断士の役割

　中小企業診断制度における中小企業診断士の役割は，旧・中小企業指導法の時代と，新・中小企業支援法の時代では全く異なる。変更の背景として，1999年に中小企業基本法が改正され，これに伴って，2000年には中小企業指導法が中小企業支援法へと改正された。

　旧・中小企業指導法の時代における中小企業診断士の役割と，新・中小企業支援法の時代における中小企業診断士の役割は，図表9－2に示されるように[10]，①法律理念が変更になり，官による上からの「指導」から，民間活力を活用した「支援」へ，②支援体制が変更になり，指導事業から支援事業へ，③中小企業診断士の対象資格者が変更になり，公務員を対象として想定から，幅広く民間コンサルタントを対象として想定，④診断の重点が変更になり，診断（現状分析）に重点から，診断（現状分析）に加え，助言（企業の成長戦略のアドバイス）を重視へ，⑤中小企業診断士試験の根拠法令が変更になり，経済産業省の省令に基づく試験から，中小企業支援法に基づく国家試験へというように，様々な面において，中小企業診断士の診断・支援の内容は大幅に変更さ

第9章 経営診断の主体

図表9-2 中小企業への診断・支援の内容

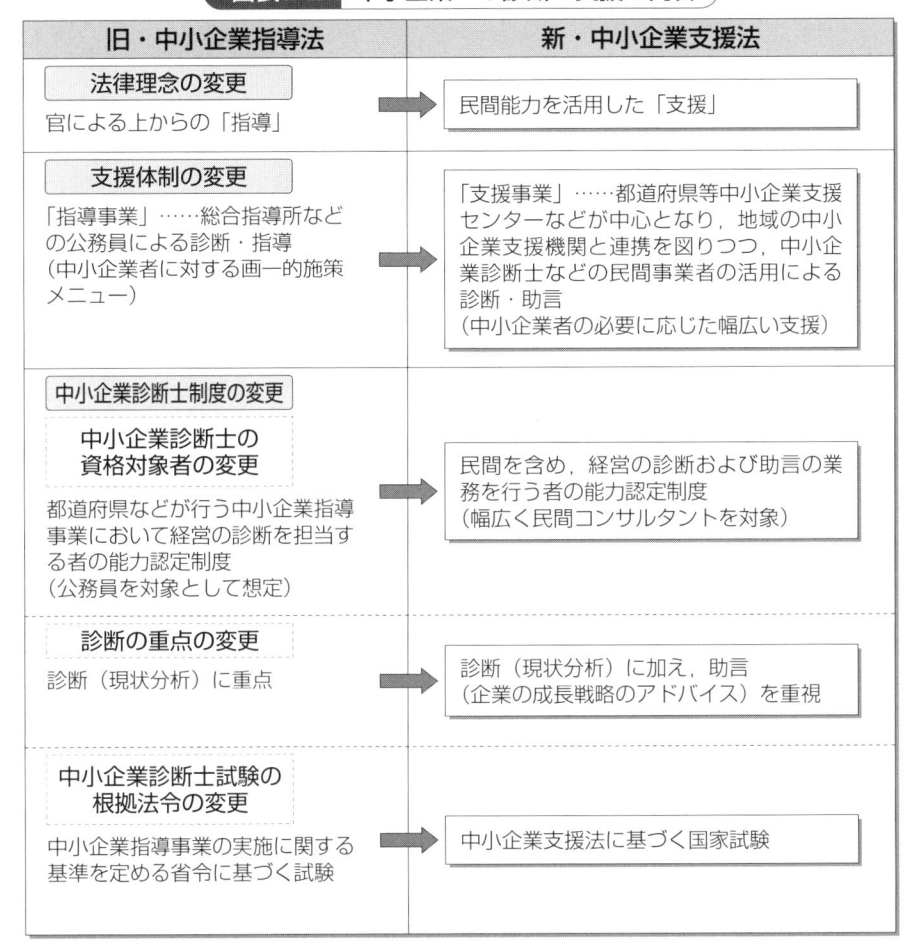

旧・中小企業指導法	新・中小企業支援法
法律理念の変更 官による上からの「指導」	民間能力を活用した「支援」
支援体制の変更 「指導事業」……総合指導所などの公務員による診断・指導 (中小企業者に対する画一的施策メニュー)	「支援事業」……都道府県等中小企業支援センターなどが中心となり,地域の中小企業支援機関と連携を図りつつ,中小企業診断士などの民間事業者の活用による診断・助言 (中小企業者の必要に応じた幅広い支援)
中小企業診断士制度の変更 **中小企業診断士の資格対象者の変更** 都道府県などが行う中小企業指導事業において経営の診断を担当する者の能力認定制度 (公務員を対象として想定)	民間を含め,経営の診断および助言の業務を行う者の能力認定制度 (幅広く民間コンサルタントを対象)
診断の重点の変更 診断(現状分析)に重点	診断(現状分析)に加え,助言 (企業の成長戦略のアドバイス)を重視
中小企業診断士試験の根拠法令の変更 中小企業指導事業の実施に関する基準を定める省令に基づく試験	中小企業支援法に基づく国家試験

(出所)中小企業診断協会編[2004a]70頁。

れた。

❸ 中小企業診断士の活動分野

　中小企業診断士の活動分野としては,①診断士事務所の開業(個別診断),講演,執筆,②全国6ケ所に設置されている中小企業総合事業団の中小企業・ベンチャー総合支援センターにおけるプロジェクト・マネジャー,コーディネーター,③都道府県等中小企業支援センターにおけるプロジェクト・マネジャ

図表9-3　クライアントから評価された内容

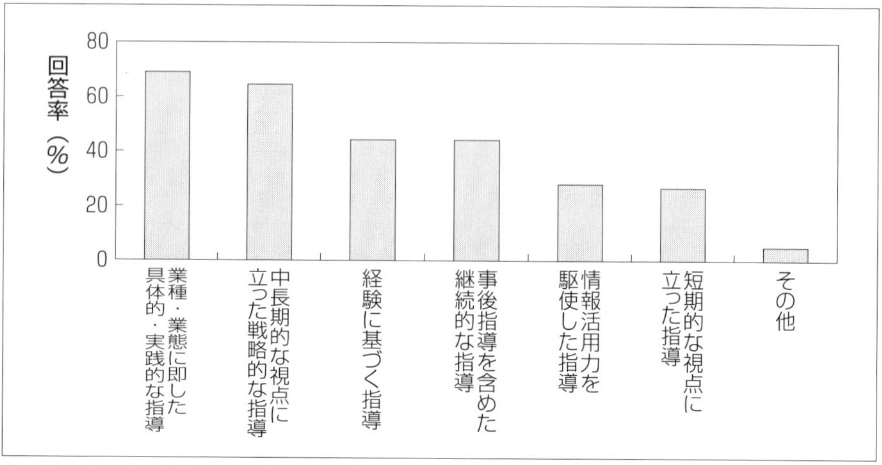
回答率（%）
80
60
40
20
0
業種・業態に即した具体的・実践的な指導
中長期的な視点に立った戦略的な指導
経験に基づく指導
事後指導を含めた継続的な指導
情報活用力を駆使した指導
短期的な視点に立った指導
その他

（出所）中小企業診断協会編［2004a］110頁。

ー，コーディネーター，④地域中小企業支援センターにおけるプロジェクト・マネジャー，コーディネーター，⑤地方公共団体の商工部門担当部局の診断，⑥中小企業支援機関（商工会議所・商工会・中小企業団体中央会など）のエキスパート・バンク，⑦業界団体に対する助成金の活用支援などが挙げられる[11]。

これらの活動分野において，図表9－3に示されるように[12]，クライアント

図表9-4　診断・支援の基本的姿勢

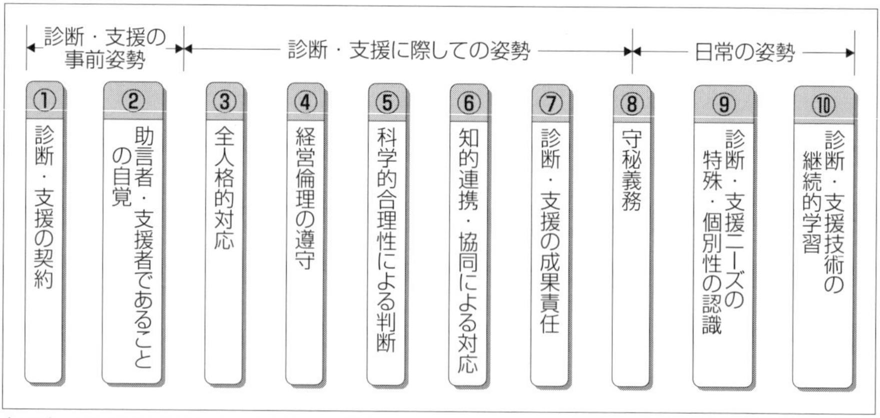
診断・支援の事前姿勢
診断・支援に際しての姿勢
日常の姿勢
①診断・支援の契約
②助言者・支援者であることの自覚
③全人格的対応
④経営倫理の遵守
⑤科学的合理性による判断
⑥知的連携・協同による対応
⑦診断・支援の成果責任
⑧守秘義務
⑨診断・支援ニーズの特殊・個別性の認識
⑩診断・支援技術の継続的学習

（出所）中小企業診断協会編［2004a］111頁。

から評価される診断・支援を実施する必要がある。

診断・支援の基本的姿勢としては，図表9－4に示されるように[13]，①助言者・支援者であることの自覚，②全人格的な対応，③経営倫理の遵守，④科学的合理性による判断，⑤知的連携・協同による対応，⑥診断・支援の成果責任，⑦守秘義務，⑧特殊性・個別性の認識，⑨診断・支援技術の継続的学習，などが必要不可欠である。

3 経営コンサルタント業界

経営コンサルタント業界は，日本標準産業分類［2002］によれば，Q－サービス業（他に分類されないもの）の中分類80－専門サービス業（他に分類されないもの）の内，小分類8093－経営コンサルタント業に該当する[14]。

経営コンサルタント業界を概観するにあたり，①全国組織である㈳全日本能率連盟（以下，全日本能率連盟），②中小企業を主としてクライアントとする中小企業診断士の会員組織である㈳中小企業診断協会（以下，中小企業診断協会），③中堅企業を主としてクライアントとするコンサルティング・ファーム（2社），大企業を主としてクライアントとするシンクタンク（3社）を取り上げる。

経営コンサルタント業界は，米国，欧州，日本などの先進諸国では，特にMBA（経営学修士）の就職先として，最も人気が高い業界である。経営コンサルタント業界の概況および課題についてみてみよう。

❶ 全日本能率連盟[15]

全日本能率連盟は，米国のAMCA（米国経営コンサルタント協会），欧州のFEACO（欧州経営コンサルタント協会）に該当する，わが国における経営コンサルタント団体の全国組織である。1949年に設立され，全国能率大会（研究論文の発表，経済産業大臣賞など経営コンサルタントの個人表彰）の開催，能率思想の普及などを行っている。

全日本能率連盟の加盟団体（順不同）は，大阪府経営合理化協会，神奈川県経営管理センター，関西生産性本部，九州生産性本部，ジェムコ日本経営，タナベ経営，中小企業診断協会，中部産業連盟，日本規格協会，日本経営協会，日本経営合理化協会，日本経営士会，日本能率協会，日本能率協会コンサルティング，日本能率協会総合研究所，日本バリュー・エンジニアリング協会，日本マンパワー，日本ロジスティクスシステム協会，野村マネジメント・スクール，ビジネス・コンサルタントなどである。いくつかの例外はあるものの，わが国における経営コンサルタント団体の大半が加盟している。

　全日本能率連盟には，いくつかの問題点が考えられる。第一の問題点として，企業活動のグローバル化が進展しているにも関わらず，海外のビッグ・コンサルティング・ファーム（マッキンゼー，ボストン・コンサルティング・グループなど）の日本法人が全く加入していないなど，オープン型運営がなされていない。経営診断のグローバル化は不可避であるので，グローバル化の対応の一環としても，グローバル会員組織の拡充が望まれる。

　第二の問題点として，産官学の連携不足の問題を挙げることができる。経営診断は，実践的な側面，政策的な側面，理論的な側面の「融合」によって，はじめてその進展が可能になる。全国組織である全日本能率連盟のイニシアティブによって，緊密な産官学の連携を実現することが課題であるといえよう。

❷ 中小企業診断協会[16)]

　中小企業診断協会は，中小企業診断士によって構成される全国会員組織である。1954年に設立された。会員組織であるので，中小企業診断士の更新研修，中小企業診断士の無料紹介など，充実した会員向けサービスを提供している。

　中小企業診断協会は，近年，会員による診断事例集，IT活用事例集，政策活用診断事例集など，診断事例の収集・蓄積に着手した。守秘義務があるために，診断事例は，コンサルティング対象企業の概要，中小企業診断士プロフィールなどにとどまっているが，診断事例の収集・蓄積は，経営診断の水準向上のためにも，クライアントの開拓のためにも，極めて有効な活動といえよう。

　中小企業診断士による経営診断は，コンサルティング・ファーム，シンクタ

ンクの経営コンサルティングと比較すると，アプローチ，方法論，主体論，技法など，様々な局面で劣位にたたされることが多い。コンサルティング・ファーム，シンクタンクの組織力に対応するためにも，中小企業診断協会のイニシアティブによるレベルアップのための諸施策が望まれる。

❸ コンサルティング・ファーム，シンクタンク

　中堅企業を主としてクライアントとするコンサルティング・ファームの事例として，㈱タナベ経営[17]（以下，タナベ経営），㈱船井総合研究所[18]（以下，船井総合研究所）の2社を取り上げ，企業概要および特徴について概観する。

　また，大企業を主としてクライアントとするシンクタンクの事例として，㈱野村総合研究所[19]（以下，野村総合研究所），㈱日本総合研究所[20]（以下，日本総合研究所），㈱三菱総合研究所[21]（以下，三菱総合研究所）の3社を取り上げ，企業概要および特徴について概観する。

＜タナベ経営＞
①企業概要
　　・創業：1957年
　　・設立：1963年
　　・資本金：17億7200万円
　　・社員：263名
　　・事業内容：
　　　－経営診断：業種別・病状別・規模別に4000社
　　　－経営協力援助（経営コンサルティング）：経営ブレーンとして業績向上・経営体質強化などを促進
　　　－スタッフ紹介：各分野のスペシャリストを紹介
　　　－中国ビジネス支援：中国進出支援・進出先経営コンサルティング
　　　－その他
② 特　徴
　　創立者田辺昇一は，クライアントの会員制組織であるイーグルクラブを組織

化し運営するなど,専門的サービス業としての企業経営を当初から目指してきた。また,経営に関する多くの著書がある。

　タナベ経営は,伝統的な業種別・機能別を機軸とした経営診断を基本としている。すなわち,業種別・企業規模別に,かつ経営戦略・経営体質強化,営業・販売,財務・経理,生産・物流,人事・労働などの機能別に,タナベ経営の用語である「病状」を蓄積し,その解決策の指導に重点を置いている。タナベ経営のクライアントは,中堅企業・中小企業が多い。後継者の承継問題など,中堅企業,中小企業に特有のテーマに強みを有している。

＜船井総合研究所＞
① 企業概要
　・設立：1970年
　・資本金：31億600万円
　・社員：545名
　・上場：東証1部・大証1部
　・事業内容：
　　－経営コンサルティング業
　　－その他（コスモ開発＝リース,ビジネス社＝出版,船井キャピタル＝投資事業組合,船井情報システムズ＝システム・コンサルティング支援,システム構築支援,船井総研ロジ＝ロジスティクスに関する情報提供サービスなど,業態ごとにグループ会社を設立）
② 特　徴
　創立者船井幸雄は,上述したタナベ経営の創立者田辺昇一と同様に,設立当初から会員制組織コスモスクラブを組織化し,さらに主要都市ごとに地域フナイクラブを組織化するなど,企業経営における顧客基盤の安定化に注力した。
　また,リース,出版,投資事業組合,システム・コンサルティングなど,業態ごとにグループ会社を設立し,事業の多角化を推進している。クライアントは,中堅企業・中小企業が多く,流通業・サービス業の経営診断に強みを有する。リースや投資事業など,中堅企業・中小企業向けの立体的なサービスメニ

ューを揃えており，専門的サービス業への脱皮を図りつつある。

＜野村総合研究所＞
① 企業概要
　・設立：1965年
　・資本金：186億円
　・社員：3426名（グループ4848名）
　・上場：東証1部
　・売上高：2529億円（2005年3月期　連結）
　・事業内容：
　　－コンサルティング（マネジメント・コンサルティング，システム・コンサルティング）
　　－ナレッジサービス
　　－システム・ソリューションサービス（IT基盤ソリューション，金融ソリューション，産業ソリューション，流通ITソリューション，公共ITソリューション，ITアウトソーシングソリューション）
② 特　徴
　野村総合研究所は，わが国を代表するシンクタンクの1つであり，トータル・ソリューションの提供を目指している。野村総合研究所のトータル・ソリューションは，①社会・産業の予測と展望，②市場分析・業務分析・経営診断，③企業経営・政策立案に関する提言，④経営・業務革新のソリューション提示，⑤システム設計・ソリューション提供，⑥アウトソーシング・システム運用，⑦ビジネスの実行支援の7つの事業分野によって構成される。
　狭義の経営診断だけでなく，情報システムの設計・運用を基盤としたソリューション，実行支援など，本書で定義した広義の経営診断・支援を推進している。

＜日本総合研究所＞
① 企業概要

・設立：1969年（1989年に日本総合研究所に社名変更）
・資本金：100億円
・社員：2962名（連結ベース）
・売上高：1305億円（連結ベース）
・事業内容
　－研究事業本部（産業・ITコンサルティング，経営・ITコンサルティング，人事・ITコンサルティング，技術・環境コンサルティング，金融・海外コンサルティング）
　－その他の事業本部（銀行システム第一事業本部，銀行システム第二事業本部，金融ソリューション事業本部，産業ソリューション事業本部，アウトソーシング事業本部，その他）

② 特　徴

　日本総合研究所は，三井住友フィナンシャルグループに属するシンクタンクであり，上述した野村総合研究所と並び，わが国を代表するシンクタンクの1つである。

　リサーチ&コンサルティング部門である研究事業本部では，企業・産業，行政・社会が抱える問題点・課題を多角的に調査・分析し，情報システム部門との協働により，戦略・政策策定フェーズからシステム設計・運用フェーズまで，一貫したソリューション・サービスを提供している。

＜三菱総合研究所＞

① 企業概要
　・設立：1970年
　・資本金：53億円
　・社員：859名
　・事業内容
　　－研究事業部門（産業・市場戦略研究本部，社会システム研究本部，エネルギー研究本部，地球環境研究本部，その他）
　　－コンサルティング事業部門（CSRコンサルティング，経営情報戦略，そ

の他）
－ソリューション事業部門（ビジネスソリューション，公共ソリューション，その他）

② 特　徴

　三菱総合研究所は，社名に見られるように，三菱グループのシンクタンクである。研究員の半分以上が理工系出身ということもあり，エネルギー，地球環境問題，安全政策などのテーマに強みを有する。コンサルティング部門ではCSR（企業の社会的責任），ITなどに伝統がある。

　三菱総合研究所は，上述した野村総合研究所，日本総合研究所とは異なり，「真正シンクタンクを堅持する」という路線を選択した。牧野昇元会長によれば，真正シンクタンクとは，その業務内容を調査研究，政策提言に限定するという意味である[22]。

　業務内容を調査研究，政策提言に限定すれば，必然的に官公需を中心としたテーマに偏重せざるを得ない。三菱総合研究所の「真正シンクタンク」路線は，他のシンクタンクとは全く路線が異なるという特徴がある。

4　経営コンサルタントの職業倫理

❶ プロフェッションの要件

　本書では，第1章第4節において，経営診断の特性として「一連の専門的サービスのシステム」であると述べた。一連の専門的サービスとは，経営診断のプロフェッション化を念頭に置いた概念規定である。

　プロフェッションとは，「特定の称号を用いて，他人の求めに応じ報酬を得て，高度の学識と熟練に基礎づけられた専門業務の提供を，しばしば独占的に行うことが社会的に認められた職業である[23]」。その反面，プロフェッションには，①学問に基づいた知識と高度な技術，②資格認定制＝ライセンス，③専門職業団体，④自己統制，自律性，⑤公共の利益，などの要件が課せられる[24]。

経営コンサルタントは，医師，弁護士，神父，公認会計士，税理士などの伝統的なプロフェッションほどではないものの，プロフェッションの要件をある程度満たしており，ビジネス・スクールの進展などに伴って，今後ますますプロフェッション化するものと思われる。

❷ 職業倫理の重要性

上述したように，経営コンサルタントがプロフェッション化すればするほど，プロフェッションとしての自己統制，自律性が要求される。すなわち，プロフェッション化するということは，それだけ専門性が高まり，知識・情報が経営コンサルタント側に偏在するようになるからである。

プロフェッションは，自らの独占的業務に関わる権益の保護を図るため，医師は医師会，弁護士は弁護士会，税理士は税理士会というように，専門職業団体を形成している。ちなみに，プロフェッションという用語は，一人一人の個人を指すのではなく，全体としての職業を意味する。

プロフェッション化すると，専門職業団体に自己統制の仕組みが設けられ，自律性を有することが要求される。具体的には，職業倫理規定，業務基準などによって，自己統制，自律性の保持を図ることが多い。

医師会，弁護士会，税理士会などの専門職業団体の職業倫理規定，業務基準などを調査すると，①知識の共通体系の開発，②新規参入者に対する最低限の資格審査基準の設定，③倫理規定・行動規定の制定・運用，④倫理規定の違反に関するクレーム処理，⑤懲戒措置の発動などが共通項として挙げられる。

❸ 行動規範

経営コンサルタント業界の職業倫理規定，業務基準について具体的にみてみよう。コンサルティング・ファームやシンクタンクに属する企業では，各社の職業倫理規定，業務基準は存在するものの，経営コンサルタント業界として統一された職業倫理規定，業務基準はまだ存在しない。

現在，公表されている経営コンサルタント業界の職業倫理規定，業務基準としては，中小企業診断協会編［2004a］の「経営診断・支援原則」と「中小企

業診断士業務遂行指針」がこれに該当するといえよう。

すでに考察したように，中小企業診断協会編［2004a］の「経営診断・支援原則」には，中小企業診断士の役割として，①経営資源の補完とその活用策，②持続可能な成長を意識した診断・支援，③経営基盤の安定，再生などの診断・支援，④部門別診断から経営システム診断・支援への重心移動，⑤診断・支援対象の拡大，⑥中小企業施策活用・提言実現化の支援の6点が述べられている。

中小企業診断協会編［2004a］の「中小企業診断士業務遂行指針」には，①中小企業診断士の活動分野，②診断・支援のあり方，③中小企業診断士に必要とされる知識・能力の3点が述べられている。

経営コンサルタント業界の統一した職業倫理規定，業務基準を策定するためには，①経営コンサルタントの全国組織である全日本能率連盟，②中小企業を主としてクライアントとする中小企業診断士の会員組織である中小企業診断協会，③中堅企業を主としてクライアントとするコンサルティング・ファーム，大企業を主としてクライアントとするシンクタンクに加えて，経営コンサルタント業界の監督官庁である経済産業省・中小企業庁，さらには日本経営診断学界などの学会が協働して，職業倫理規定，業務基準に取組むスキームを構築する必要がある。

5 世界の経営コンサルタント

❶ 米国の経営コンサルタントの概況

米国は，経営診断の生成期におけるテイラー，ガント，ギルブレス，エマースンたちに代表される能率技師以来，第二次世界大戦前まで，経営コンサルタントの分野において，理論的にも実践的にも世界をリードしてきた。

第二次世界大戦後，さらに米国における経営コンサルタントの世界を変えたのは，コンサルティング・ファーム（consulting firm）の発展であった。その

先駆けとなったのは，第二次世界大戦中，国防省でマクナマラ（McNamara, R.S.）を中心として戦略的問題の解決作業に従事していた「頭脳集団」（戦略的問題のスペシャリストたち）が，戦後独立して開業したゼネラル・コンサルティング・ファームであった。

米国のコンサルティング・ファームの特色として，①ゼネラル・コンサルティングを主体にしている，②大規模（数万人の従業員を有するコンサルティング・ファームもある）である，③グローバル化に対応している，④MBAの大量採用（有力ビジネス・スクールのMBAの大半が志望）を実施している，などを挙げることができる。

主要なコンサルティング・ファームとしては，PPM（プロダクト・ポートフォリオ・マネジメント）の開発で有名なボストン・コンサルティング・グループ，大前研一・ピーターズのように，世界的に著名な経営コンサルタントを多数輩出しているマッキンゼーなど，経営戦略コンサルティングに強みを有するコンサルティング・ファームが挙げられる。

また，旧アンダーセン・コンサルティング，プライス・ウォーターハウスクーパース，KPMGピート・アーウィックなど，監査法人系のビッグ・ファームも有名である。これらの監査法人系のビッグ・ファームは，システム・コンサルティングに強みをもっている。なお，旧アンダーセン・コンサルティングは，エンロン事件など企業不祥事の発生により，解体・再出発を余儀なくされるなど，コンサルティング・ファームの盛衰には激しいものがある。

❷ 欧州の経営コンサルタントの概況

欧州における経営コンサルタント業界の総本山である欧州経営コンサルタント協会（FEACO）は，1国につき1団体という地域連合体の性格を有している。

欧州のコンサルティング・ファームの特色として，①中小規模のコンサルティング・ファームが多い，②米国のコンサルティング・ファームが進出し，欧州支部（地域事業本部）を設置している例が多いの2点が挙げられる。

経営管理（マネジメント）のアメリカン・スタンダード化が欧州においても

第9章 経営診断の主体

進展し，アメリカン・スタンダード化がグローバル・スタンダード化しつつあるので，欧州諸国における米国のコンサルティング・ファームの影響力は極めて大きい。

❸ アジアの経営コンサルタントの概況

日本に限らず，韓国，台湾など，アジア諸国においても，米国のコンサルティング・ファームが続々と進出している。日本のコンサルティング・ファーム（船井総合研究所など），シンクタンク（野村総合研究所，日本総合研究所など）も，韓国，台湾，中国などに多数進出し始めた。

当初，米国企業や日本企業のアジア進出に伴い，米国のコンサルティング・ファームや日本のコンサルティング・ファーム，シンクタンクが進出するケースが多かったが，最近では，コンサルティング・ファーム，シンクタンク単独の進出が多く見受けられるようになった。

アジア各国においても，各種経営コンサルタント団体（能率団体，生産性向上団体，品質管理団体など）が次々に設置されつつあり，各国の大学において，経営コンサルタント志望者が急激に増加しつつある。

1）三上富三郎［1992］8頁，ILO編［1999］訳書12頁など。
2）日本経営診断学会編［1994］4頁。
3）ILO編［1999］訳書15頁。
4）同上書12頁。
5）上野陽一の業績については，斎藤毅憲［1983］，斎藤毅憲［1986］を参照。
6）Schein,E.H.［1996］訳書16頁。
7）ILO編［1999］訳書64頁
8）Schein,E.H.［1996］訳書27-29頁。
9）中谷道達［1968］19-24頁を参照。
10）中小企業診断協会編［2004a］70頁。
11）同上書71-72頁。
12）同上書110頁。
13）同上書111頁。
14）総務省［2002］（http://www.stat.go.jp/index/seido/sangyo/1.htm）を参照。

15) ㈳全日本能率連盟について，(http://www.zen-noh-ren.or.jp/) を参照。
16) ㈳中小企業診断協会について，(http://www.j-smeca.or.jp/) を参照。
17) ㈱タナベ経営について，(http://www.tanabekeiei.co.jp/) や創立者田辺昇一の著書を参照。
18) ㈱船井総合研究所について，(http://www.funaisoken.co.jp/) や創立者船井幸雄の著書を参照。
19) ㈱野村総合研究所について，(http://www.nri.co.jp/) や結城三郎［1990］を参照。
20) ㈱日本総合研究所について，(http://www.jri.co.jp/) や結城三郎［1990］を参照。
21) ㈱三菱総合研究所について，(http://www/mri.co.jp/) や結城三郎［1990］を参照。
22) 結城三郎［1990］179頁。
23) 鳥羽至英=川北博他［2001］4頁。
24) 同上書6-9頁。

第10章 経営診断論の今日的課題

本章では，経営診断論の今日的課題について考察する。近い将来，テキストの独立した章として記述されるかも知れない重要な課題を6つ選択する。

第一に，環境性の診断について考察する。まず，環境ビジネスの市場規模を確認する。次に，今後の課題として，「循環型社会形成促進基本法」および関連法への対応，ステイクホルダーに対する環境コミュニケーション努力の2点について考察する。

第二に，社会性の診断について考察する。まず，日本における企業の社会的責任の実践の経緯について理解を深める。次に，ステイクホルダーの企業評価軸を先取りすることの必要性について言及する。

第三に，人間性の診断について考察する。新古典的管理論・組織論で人間性を追求して以来，人間性の診断は極めて重要なテーマである。人間性尊重の人事制度や職業能力（エンプロイアビリティ）など，新たな課題について考察する。

第四に，革新性の診断について考察する。まず，イノベーションの定義について理解する。次いで，BPRについて理解を深める。さらに，イノベーションのプロセス・モデルについて考察する。

第五に，グローバル性の診断について考察する。まず，海外浸透戦略について理解を深める。さらに，経営と文化との関わり，リスク・マネジメントについて理解を深める。

第六に，関係性の診断について考察する。モジュール化とインターフェースについて理解を深める。さらに，様々な「関係性の診断」が今後増加するであろうことに言及する。

1 環境性の診断

❶ 現　状

　20世紀の中葉以来，カーソン［1962］の『沈黙の春』，ローマクラブ［1972］の『成長の限界』，メドウズ他［1992］の『生きるための選択－限界を超えて－』など，地球環境問題に対して，様々な観点から多くの警鐘が鳴らされた。

　1992年には，リオデジャネイロ・サミットが開催され，「環境と開発に関するリオ宣言」が採択された。1997年には，地球温暖化に向けた「京都議定書」が採択された。しかし，地球環境問題は，ますます深刻化しつつある。地球環

図表10-1　環境ビジネスの市場規模

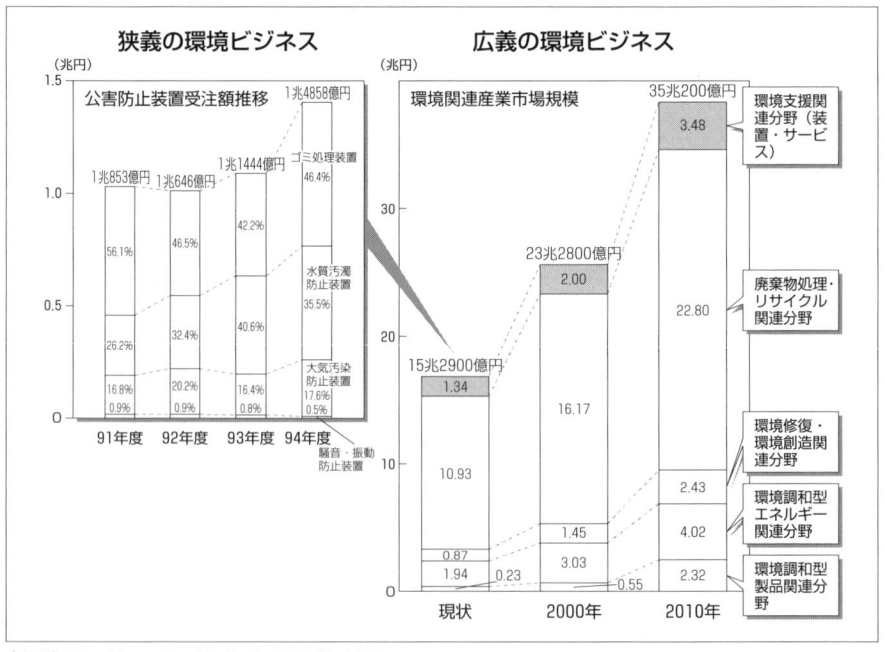

（出所）アーサー・D・リトル社［1997］15頁。

境問題は，人類の存続を賭けた喫緊の課題として，国際的な取組みが要請されている。

一方，図表10－1に示されるように[1]，環境ビジネスの市場規模は，20世紀末の予測を超える勢いで，現在急速に拡大している。わが国における環境ビジネスの市場規模は，2010年には，35兆円を超えることが見込まれている。

このような市場規模の拡大を事業機会として，多くの企業が環境ビジネスに参入している。すでに第2章第5節で考察したように，世界の環境先進企業に共通する特徴として，①厳密な環境マネジメント体制，②ステークホルダーとのコミュニケーション努力，③社会的責任項目への配慮，④環境配慮型製品・サービスの積極展開，⑤事業活動における環境負荷低減の5点が挙げられる[2]。

❷ 今後の課題

上述した世界の環境先進企業に共通する特徴でも明らかなように，「環境性の診断」には，多くの課題があるものの，ここでは紙幅の制約上，①「循環型社会形成促進基本法」およびリサイクル法など関連法への対応，②ステークホルダーとの環境コミュニケーション努力，の2点を選択して考察する。

第一に，「環境性の診断」の課題として，2001年1月に施行された「循環型社会形成促進基本法」およびリサイクル法など関連法への対応は是非とも必要である。具体的には，図表10－2に示されるように[3]，廃棄物等の発生抑制，資源の再使用，リサイクル（再生利用），グリーン購入など，分野別の関連法への対応が必要不可欠である。

廃棄物の発生を抑制するためには，長持ちする製品を設計・製造すること，製品を大事に長期間使用すること，などがポイントになる。設計面，製造面，使用面のライフサイクル全体にわたって，長持ちできる製品であるかどうか，様々な角度から診断しなければならない。

資源の再使用を促進するためには，廃棄後も再生するなどして，繰り返して利用できる仕組みづくりが欠かせない。

リサイクル（再生利用）を促進するためには，①食品の製造・販売事業者，レストランなどに，食品残渣の発生抑制やリサイクルの義務付け，②建設工事

図表10-2　循環型社会形成促進基本法および関連法

名　称	法律の概要	循環型社会への取組み	特記事項
循環型社会形成推進基本法 （2001年1月施行）	○基本原則 ○国，地方公共団体，事業者，国民の責務 ○国の施策	○社会の物質循環の確保 ○天然資源の消費抑制 ○環境負荷の低減	
改正廃棄物処理法 （2000年改正）	○廃棄物の発生抑制 ○廃棄物の適正処理 ○廃棄物処理施設の設置規制 ○廃棄物処理業者に対する規制 ○廃棄物処理基準の設定　等	○廃棄物等の発生抑制 ○再生利用の促進 ○適正処分の確保	
資源有効利用促進法 （2001年4月完全施行）	○再生部品・再生資源の利用 ○分別回収のための表示 ○使用済物品等の回収・再資源化 ○副産物の発生抑制・有効利用の促進	○廃棄物等の発生抑制 ○再使用の促進 ○再生利用の促進 ○循環資源や再生品の利用	
容器包装リサイクル法 （2000年4月完全施行）	○容器包装の市町村による収集 ○容器包装の製造・利用業者による再資源化	○再生利用の促進	家庭ゴミの約60％を占める（容積費）
家電リサイクル法 （2001年4月施行）	○消費者がリサイクル費用を負担 ○廃家電を小売店が消費者より引取り ○製造業者等による再商品化	○再生利用の促進	リサイクル率10％未満（重量比）
建設リサイクル法 （2001年5月公布）	○工事の受注者が建築物の分別解体 ○工事の受注者が建設廃材等の再資源化	○再生利用の促進	不法投棄量の約90％を占める（重量比）
食品リサイクル法 （2001年5月施行）	○食品の製造・加工・販売業者が食品廃棄物を再資源化	○廃棄物等の発生抑制 ○再生利用の促進 ○循環資源や再生品の利用	一般廃棄物の約30％（重量比）
グリーン購入法 （2001年5月施行）	○国などが，再生品などの調達を率先的に推進	○循環資源や再生品の利用	

（出所）中小企業診断協会編［2004a］12頁。

の受注者などに，建築物の分別解体や建設廃棄物のリサイクルの義務付け，③家電製品の製造・販売事業者などに，廃棄家電品の回収・リサイクルの義務付け，④包装容器の製造・販売事業者などに，分別収集された容器包装のリサイクルの義務付け，など，「拡大生産者責任」を果たす仕組みづくりが必要不可欠である。

　グリーン購入を促進するためには，再生品などの調達を推進する仕組みづく

第10章 経営診断論の今日的課題

りが欠かせない。

「循環型社会形成促進基本法」および関連法において，処理の「優先順位」を，①発生抑制，②再利用，③リサイクル（再生利用），④熱回収，⑤適正処分という順序ではじめて法定化した。最近，リサイクル（再生利用）の必要性が声高に叫ばれるが，最も有効な手段は，廃棄物を発生させないことであることは明らかである。

第二に，「環境性の診断」の課題として，ステークホルダーとの環境コミュニケーション努力について考察する。図表10-3に示されるように[4]，環境コミュニケーションの相手として，消費者，地域住民，行政，出資者，取引先など，様々なステークホルダーが存在する。これらのステークホルダーに対して，環境マネジメント・システムを基盤として，適切な環境情報を，適宜提供しているか，診断の役割は極めて大きい。

図表10-3　企業活動と環境コミュニケーション

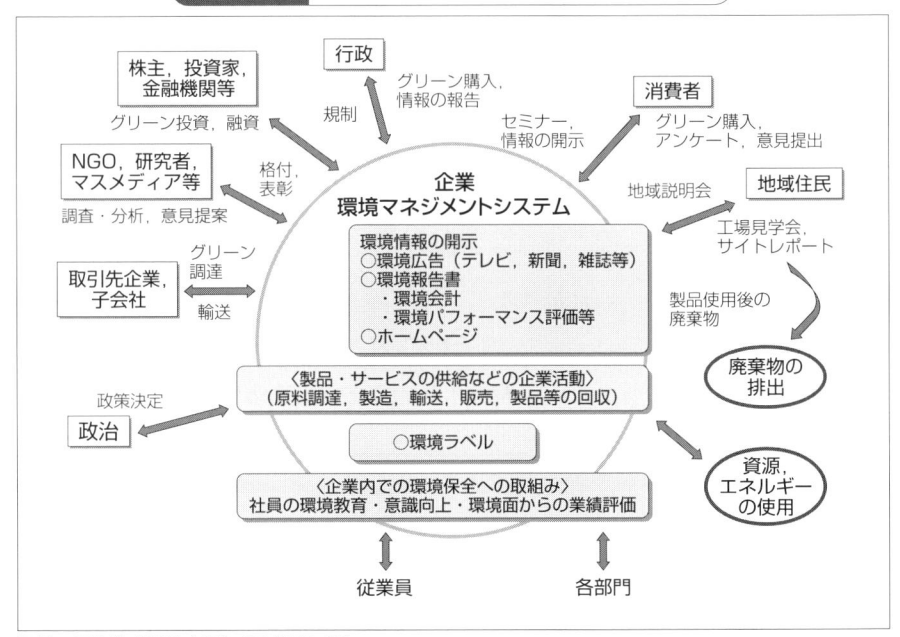

資料：環境省『環境白書』（平成13年版）
（出所）中小企業診断協会編［2004a］29頁。

2 社会性の診断

❶ 現 状

　地球環境問題や企業倫理にみられるように，近年，「企業と社会」との関係性が重要な論点になりつつある。このことは，企業システムをはじめとする各種経営システムの社会的責任の範囲が拡大しつつあることを示している。

　「企業⇒社会」という観点に加えて，「社会⇒企業」を加えることによって，第2章第5節で考察したように，狭義の社会的責任（法的責任，経済的責任，制度的責任）だけでなく，地球環境保護への協力，社会的弱者に対する配慮，製造物責任など，広く一般社会からの要請に応えることも，社会的責任に含まれるようになった。さらに，文化支援活動（メセナ）や慈善事業（フィランソロピー）など，社会貢献といわれる活動も社会的責任の一部とみなされるようになりつつある。

　わが国における企業の社会的責任について，より具体的にみてみよう。図表10－4に示されるように[5]，1950年代の第1段階は，企業の社会的責任の認識期にあたる。60年代の第2段階に入ると，公害問題の深刻化などに対応するために，個別的ではあるものの，企業行動の改善や施設の設置などが行われた。70年代の第3段階では，石油危機などにみられるように，企業の内的要因ではなく外的要因が企業行動に大きなインパクトを与えるようになり，それに対応するために担当役員の任命，担当組織の新設などが行われた。80年代の第4段階では，国際化がさらに進展し，コンプライアンス（法令遵守）の重視など，企業の社会的責任は全面化期を迎えた。さらに，90年代の第5段階に入ると，社会戦略の策定が始まり，「戦略的社会性」が追求され始めた。

　2000年代以降，「戦略的社会性」は，実務的にも理論的にも「時代の要請」として取り入れられ始めた。この背景には，社会貢献，社会満足，社徳など，「戦略的社会性」の追求が，実は「市場性」「営利性」の追求と矛盾しないとい

第10章 経営診断論の今日的課題

図表10-4　日本における企業の社会的責任の実践

	1950年頃 第1段階 認識期	1960年頃 第2段階 当初期	1970年頃 第3段階 本格化期	1980年頃 第4段階 全面化期	1990年頃 第5段階 個性化期
経営	経済同友会「決議」	経営理念表明	行動基準策定 財団設立 担当役員任命	協議会・クラブへの加盟	社会戦略策定 財界「憲章」作成
管理			担当組織新設	コンプライアンス・プログラム作成 担当組織拡充	
現場		個別行動改善 ハードウェアや施設設置			
インパクト		公害等	石油危機	国際化	企業倫理
焦　点	責　任　発　達　の　論　理 法的責任 ＋ 経済的責任 ＋ 制度的責任 ＋ 社会貢献				
実践の特徴	個別対応　部分調整的対応　全社調整的対応　戦略的対応				

（出所）森本三男［1994］319頁。

う現実がある。

　このように，わが国における企業の社会的責任の範囲は，幾多の試行錯誤を重ねながらも，法的責任，経済的責任，制度的責任，社会貢献と次第に拡大しつつある。

❷ 今後の課題

　「社会性の診断」において，ステークホルダーの企業評価軸を先取りする必要がある。「企業⇒社会」という観点に加えて，「社会⇒企業」という観点を加えることによって社会性が重視されるようになった背景を考えれば，消費者，地域住民，行政，出資者，取引先など，社会の構成員である様々なステークホルダーの企業評価軸を先取りすることの重要性はいうまでもない。

　近年，図表10−5に示されるように[6]，ステークホルダーの企業評価軸は，大きく変化しつつある。すなわち，法令遵守，効率的経営，市場主義貫徹，社

図表10-5　ステークホルダーの企業評価軸の例

評価軸Ⅰ／法令遵守の軸

（評価基準）
a) 法令を遵守している企業

評価軸Ⅱ／効率的経営の軸

（評価基準）
a) 高い生産性，収益性を実現している企業
b) 技術と知識のイノベーションを推進する企業
c) 経営意思決定のスピードと柔軟性の高さを有する企業
d) 高い社員のエンプロイアビリティを有する企業

評価軸Ⅲ／市場主義貫徹の軸

（評価基準）
a) 市場主義貫徹の障害となる慣行を排除している（公正競争を尊重する）企業
b) 取締役会，監査役による監督，監視，監査が十分機能している企業
c) 透明性（情報公開性）の確保に努めている企業
d) 顧客への対応を誠実に行っている企業

評価軸Ⅳ／社会性・人間性配慮の軸

（評価基準）
a) 従業員参加型の運営が実現している企業
b) 長時間労働を強いることのない企業
c) 社員の育児・教育・介護に配慮したファミリー・フレンドリー・エンプロイメントを実現する企業
d) 職場における男女間，障害者との差別をなくし安定した雇用を創出する企業
e) 個人の成長や自己実現を支援していく企業
f) 環境への配慮を行っている企業
g) 社会貢献活動に積極的に関与している企業
h) NPO等との積極的な連携を図る企業
i) 世界の共通利益と安定・秩序作り（貧困や飢餓，地球環境問題，地域紛争等の解決）のために積極的かつ主体的に行動していく企業

（出所）井熊均編［2003］53頁。

会性・人間性配慮というように，ステークホルダーの企業評価軸は，次第に累積的かつ重層的に高度化しつつある。

「社会性の診断」について，比較的早期にその重要性を喚起したのは，日本経営診断学会元会長の三上富三郎［1992］であった。三上富三郎［1992］は，図表10－6に示されるように[7]，社会性の大項目として，地域・文化・学術・フィランソロピー・ボランティア・その他の社会貢献を挙げた。その後の社会

第10章 経営診断論の今日的課題

図表10-6　新しい企業存立条件の枠組み

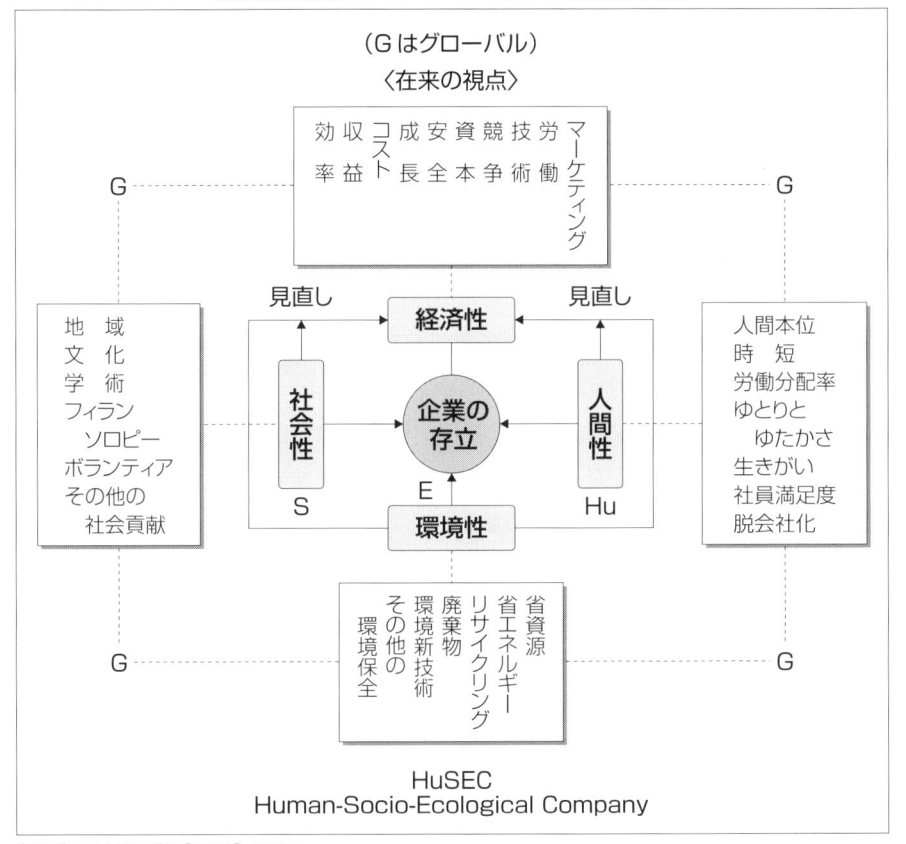

（Gはグローバル）
〈在来の視点〉

在来の視点項目：効率、収益、コスト、成長、安全、資本、競争、技術、労働、マーケティング

左側（社会性 S）：地域、文化、学術、フィランソロピー、ボランティア、その他の社会貢献

中央：経済性／社会性／人間性／環境性　→　企業の存立

右側（人間性 Hu）：人間本位、時短、労働分配率、ゆとりとゆたかさ、生きがい、社員満足度、脱会社化

下側（環境性 E）：省資源、省エネルギー、リサイクリング、廃棄物、環境新技術、その他の環境保全

見直し　見直し

HuSEC
Human-Socio-Ecological Company

（出所）三上富三郎［1992］266頁。

の進展を踏まえつつ，社会性の項目のブレークダウン（中項目・小項目）が望まれる。

　社会性の項目をモレなく抽出し，そのブレークダウンを行えば，「社会性の診断」のチェックリストを作成することができる。図表10－7に示されるように[8]，チェック項目，診断グレードがあれば，定性的な「社会性の診断」は可能である。定量化・客観化のレベルを向上するためには，チェック項目，診断グレードに加えて，評価基準を設定する必要がある。なお，社会性という特性を考えると，定量化できない項目が多いので，「代用特性」を用いた「主観の客観化」が必要になるであろう。

図表10-7 「社会性」診断のチェックリスト

分類	チェック項目	診断グレード				
		1	2	3	4	5
対消費者責任	消費者への適正な情報提供と公開					
	消費者への適切な啓蒙活動					
	迅速・的確な相談対応や苦情処理					
	消費者対応部門の制度化と整備					
	その他顧客満足のための対策・実施					
対環境責任	環境へのマイナス（公害など）の除去・低減					
	積極的な環境保全への努力					
	省資源・省エネルギーへの対策と成果					
	リサイクリングへの対策と成果					
	環境保全のための事業活動の見直し					
対労働責任	安全雇用のための対策と実績					
	高齢者雇用への努力と成果					
	身障者雇用への努力と成果					
対地域責任（社会を含む）	地域環境の保全・改善への努力					
	地域住民のための企業施設の利用・開放					
	地域行事への積極的参加と支援					
	文化・スポーツ・教育などへの支援					
	ボランティア活動の奨励と実施					
	社会貢献費の対経常利益比率					

診断グレード──1. 劣る, 2. やや劣る, 3. 普通, 4. やや優れる, 5. 優れる。
（出所）日本経営診断学会編［1994］44頁。

3 人間性の診断

❶ 現　状

　我々はすでに第2章第2節において,「人間性の診断」について考察した。すなわち,新古典的管理論・組織論として,①メイヨー＝レスリスバーガー,②リッカート,③マグレガー,④ハーズバーグ,⑤マズローの所論について概観し,新古典的管理論・組織論を,心理学,社会心理学を基礎とした学際的な行動科学に基づいて,人間行動の研究,人間性の追求を重視した学派として位置付けた。また,新古典的管理論・組織論を,合理性を追求した古典的管理論・組織論のアンチテーゼとして捉えた。

　新古典的管理論・組織論によって,人間観が大きく変化した。従来の合理的な「経済人」としての人間観から,人間関係や心理的満足を重視する「社会人」という人間観に変化した。このことは,動機付け,リーダーシップ,コミュニケーションなどの規範が変わることに他ならない。また,組織観も大きく変化した。合理的な仕事の構造や管理過程から,人間集団の側面へと組織観が変化すると,動機付け,リーダーシップ,モラールなどの規範は当然変化する。

　新古典的管理論・組織論によって人間性を追求した時代は,経営診断の転換期であった。「あるべき姿」としての規範が変われば,経営診断の重点も当然変化する。すなわち, 新古典的管理論・組織論で追求された人間性に関連して,面接実験,人事相談,モラル・サーベイなど,人的資源管理に関する診断が急増したことを指摘した。合理性を追求した能率技師と,人間性を追求した行動科学者の取組みを考察すれば,その変化は一目瞭然である。

　さらに,第5章第2節において,人的資源管理システムの診断について考察した。近年,雇用システム・労働市場の構造改革が急速に進展しつつある。雇用システム・労働市場の構造改革に伴って,経営システムの側も従業員の側も,従来の人事・労務管理の考え方や取組み姿勢では,マッチしない状況が多発す

るようになった。

　これらの問題点を踏まえて，近年では，ヒトという経営資源に関する経営管理のパラダイムが大きく変化しつつある。具体的には，①ヒトを活用する目標（収益極大化から価値の極大化へ），②経営資源としての特性（コストから財産へ），③期待されること（効率性から効果性へ），④役割（変化への対応，スムーズな運営から課題の形成と解決へ），⑤重要性（カネ，モノなどの下か同列から最重要へ），の5点が従来の人事・労務管理の考え方や取組み姿勢とは大きく異なることを指摘した[9]。

　さらに，図表5-6の「人間性尊重の人事制度の内容」で考察したように，人的資源管理では，人間性尊重の人事制度が重要な位置付けを占めていることを確認した。

❷ 今後の課題

　従来，「人間性」診断の主なポイントは，図表10-8に示されるように[10]，①労働時間，②雇用制度，③給与・収入，④ゆとりと豊かさ，⑤福利厚生，の5点であった。人間が人間として生きがいを持てる生活を享受できる企業であることが要請された。確かに，「人間性」診断の基本的なポイントは，この5点であると思われる。しかし，上述したように，雇用システム・労働市場の構造変化が急激に進展しつつあり，新たな課題が生まれつつある。

　中小企業診断協会編[2004b]は，「人間性の診断」に関する今後の重点課題として，①職業能力（エンプロイアビリティ）の診断・支援，②キャリア・ディベロップメントの診断・支援，③自己実現・脱報酬コミットメントの診断・支援，④モラルハザード（企業倫理の崩壊）の診断・支援，の4点を挙げている[11]。いずれも，新たな課題として妥当性があると思われる。

① 　職業能力（エンプロイアビリティ）の診断・支援：労働市場の流動化と新たな雇用関係に対応するために，教育・訓練システムの近代化によるスキル・ギャップの解消，若年失業問題への対応，積極的な就業能力の獲得など。
② 　キャリア・ディベロップメントの診断・支援：「自己デザイン組織」における適切な自己の業績基準の決定，組織コミットメントだけでなく仕事への

第10章 経営診断論の今日的課題

図表10-8 「人間性」診断のチェックリスト

分類	チェック項目	診断グレード 1	2	3	4	5
労働時間	年間労働時間					
	年間休日日数					
	所定外労働時間（残業とその管理）					
	有給休暇取得日数					
	有給休暇取得率					
	※労働時間に対する社員満足度					
雇用制度	弾力的雇用制度（フレックスタイムなど）					
	選択的自由度（職種の選択）					
	〃 （転勤の選択）					
	女性待遇状況					
	休暇制度					
	※雇用制度に対する社員満足度					
給与・収入	モデル従業員の年間給与額					
	年間賞与					
	時間外割増賃金率					
	労働分配率					
	※給与・収入に対する社員満足度					
ゆとりと豊かさ	従業員個人住宅の取得率					
	個人住宅の平均面積					
	通勤時間と通勤疲労度					
	自由時間とその活用					
	文化・スポーツ・ボランティア奨励度					
	※ゆとりと豊かさに対する社員満足度					
福利厚生	定期健康診断，保健制度					
	介護・育児休暇制度					
	退職準備，企業年金制度					
	福利厚生施設					
	個人尊重の福利厚生のレベル					
	※福利厚生に対する社員満足度					

※印の社員満足度は，別に実施するモラール・サーベイにより判定する。
診断グレード（5段階評価）──1. 劣る，2. やや劣る，3. 普通，4. やや優れる，5. 優れる。
（出所）日本経営診断学会編［1994］42頁。

コミットメント，個人と組織のキャリアネゴシエーションなど。
③ 自己実現・脱報酬コミットメントの診断・支援：成果主義に基づく報酬制度（年俸制，インセンティブボーナス制度，ペイバック制度など），成果認定制度などの報酬マネジメントだけでなく，自己実現の支援，人間性尊重の人事制度など，脱金銭型の報酬マネジメント・システムの構築など。
④ モラルハザード（企業倫理の崩壊）の診断・支援：企業倫理規範の制定，企業倫理教育の実施，モニタリング，インセンティブ（金銭的，非金銭的）など。

4 革新性の診断

❶ 現　状

　新事業，新製品・新サービス，新市場，新ビジネス・モデルなど，企業システムを始めとする各種経営システムにとって，イノベーションの実現は極めて重要な課題である。本書では，イノベーションの重要性に鑑みて，経営診断の3つの目的の内の1つとして，イノベーションの支援を挙げている。まさに，「革新性の診断」に他ならない。

　イノベーションは，経済学者のシュンペーター（Schmpeter,J.A.）［1926］，経営学者のドラッカー（Drucker,P.F.）［1974］，さらに，社会学者のロジャーズ（Rogers,E.M.）［1982］など，様々な学問領域において，様々なアプローチがなされている極めて学際的な領域である。

　イノベーションは，岸川善光編［2004b］によれば，「知識創造による新価値の創出」と定義される[12)]。すなわち，知識創造と新価値（新製品，新生産方法，新市場，新供給源，新組織，新ビジネス・モデル，新ビジネス・プロセスなど）の創出の2つがイノベーションの鍵概念である。

　イノベーションのタイプは，①プロダクト・イノベーション，②プロセス・イノベーションの2つに大別することができる。

　プロセス・イノベーションの事例の1つとして，ビジネス・プロセス・リエン

第10章 経営診断論の今日的課題

図表10-9　BPRの対象領域

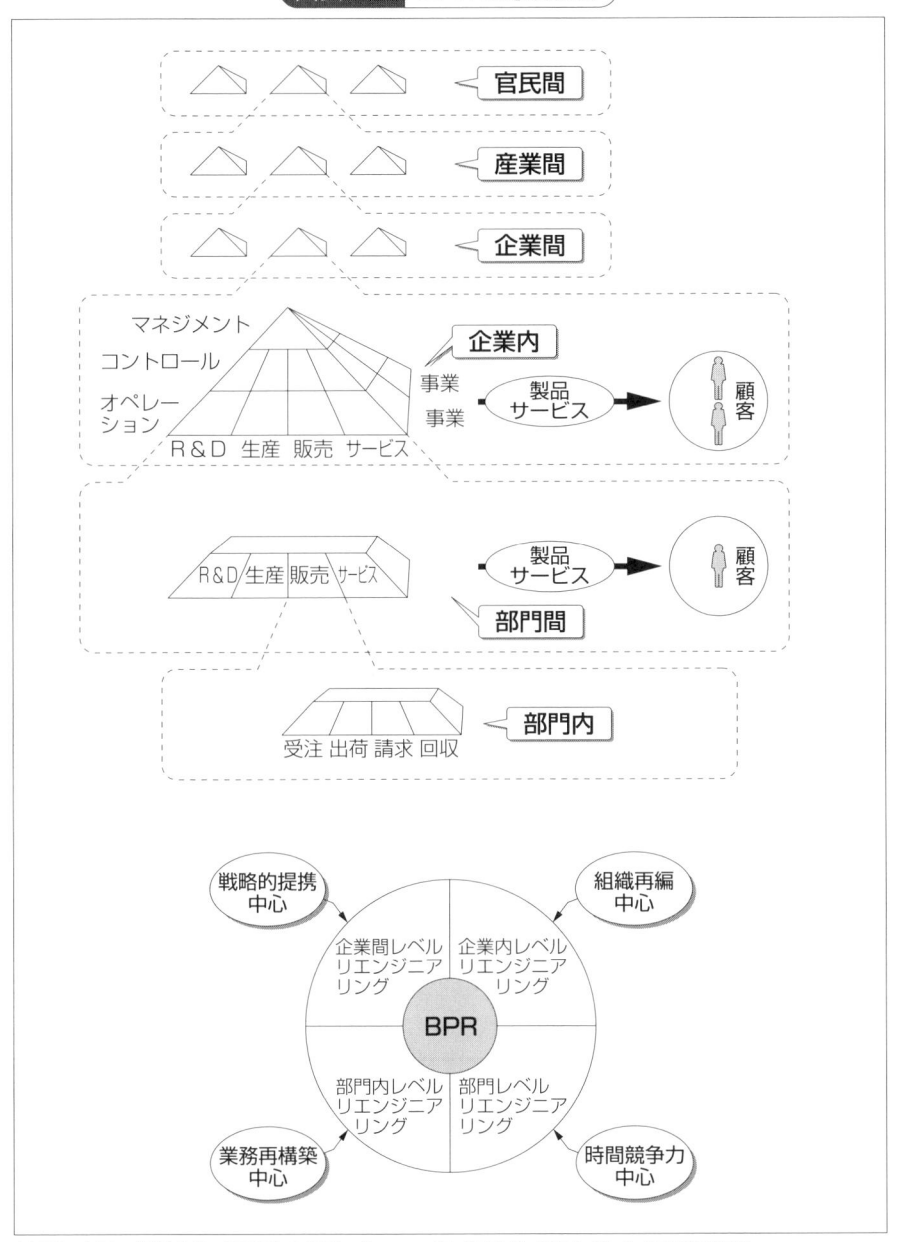

(出所) 上図：岸川善光［1999］249頁。(トーマツ編［1994］29頁に基づいて加筆修正)
　　　下図：トーマツ編［1994］29頁。

ジニアリング（BPR）についてみてみよう。BPRとは，ハマー＝チャンピー（Hammer,M.= Champy,J.）[1993] によれば，「コスト，品質，サービス，スピードにような，重大で現代的なパフォーマンス基準を改善するために，ビジネス・プロセスを根本的に考え直し，抜本的にそれをデザインし直すこと」である[13]。

BPRは，図表10-9に示されるように[14]，対象領域の広狭によって，①部門内BPR，②部門間BPR，③企業内BPR，④企業間BPR，⑤産業間BPR，⑥官民間BPR，の6つに分類することができる。産業間BPRや官民間BPRのように，対象領域が広くなるにつれて，イノベーションの難易度は高まるが，その効果もまた大きい。

BPRには，様々な光と影がある。BPRの光の面としては，新産業分野の創出，新産業の創造，雇用機会の創出，貿易摩擦の回避，市場メカニズムの回復，国際競争力の強化，内外価格の是正などが挙げられる。他方，既存産業の没落，既得権の消滅，雇用の不安定さなど，影の面も数多く指摘されている。

❷ 今後の課題

「革新性の診断」を行い，イノベーションを支援するためには，イノベーションの全体的な見取り図を準備する必要がある。イノベーションの全体的な見取り図を作成するための観点としていくつか考えられるものの，ここでは，谷井良 [2004b] に準拠して[15]，①イノベーションの企業内的過程，②イノベーションの企業外的過程，に大別してイノベーションの見取り図を作成する。

従来，イノベーションのプロセス・モデルの中には，企業内過程にのみ注目している研究が多い。しかし，イノベーションのプロセスには，必然的に企業外部の様々な問題が関わってくる。

イノベーションの企業内的過程は，図表10-10に示されるように[16]，イノベーションのプロセスにおいて，発生段階，調整段階，遂行段階に相当する。発生段階では，パラダイムの転換が重要な課題になる。また，調整段階では，組織文化の変革が重要な課題になる。さらに，遂行段階では，技術革新と経営革新が重要な課題になる。

イノベーションの企業外的過程は，図表10-11に示されるように[17]，イノベ

第10章 経営診断論の今日的課題

図表10-10 イノベーションの企業内的過程

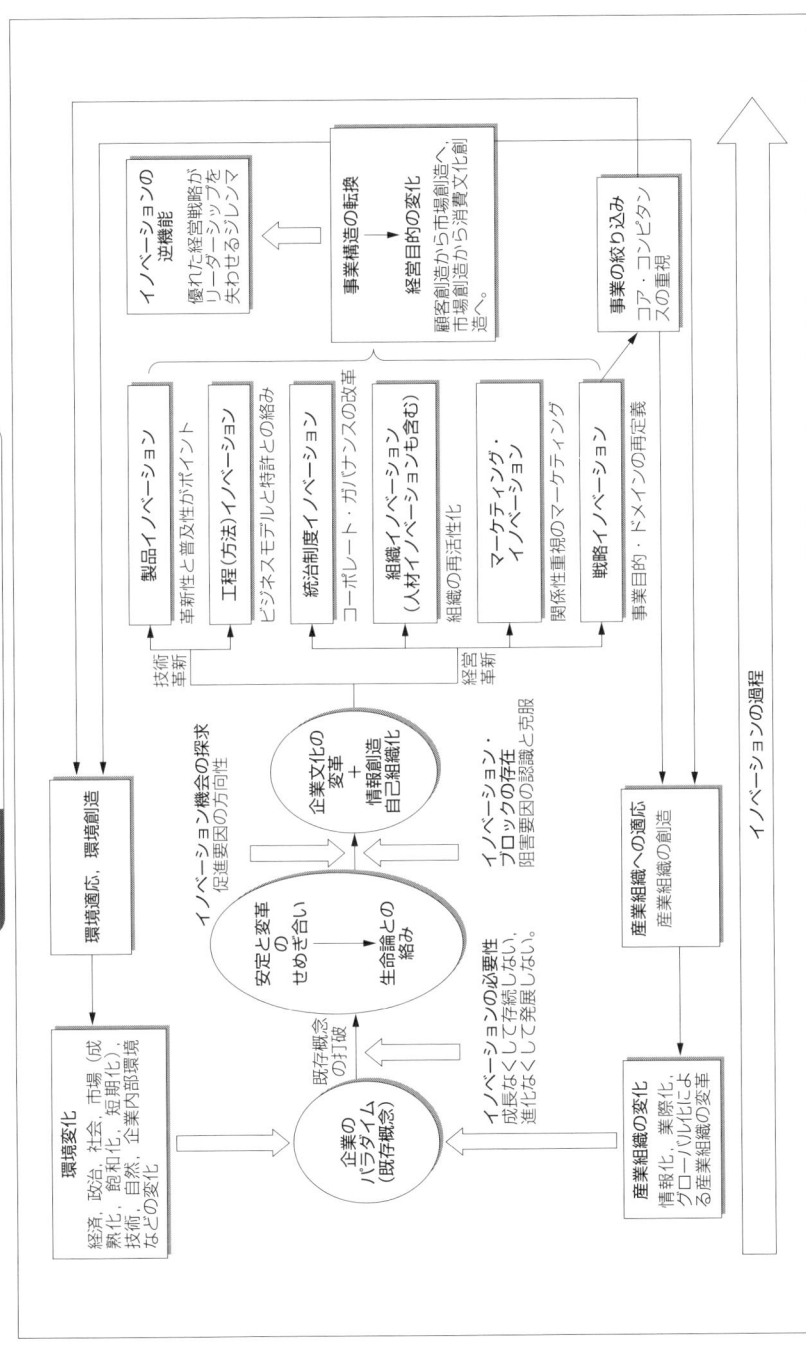

(出所) 合井良 [2004b] 61頁。(岸川善光編 [2004b], 所収)

図表10-11 イノベーションの企業外的過程

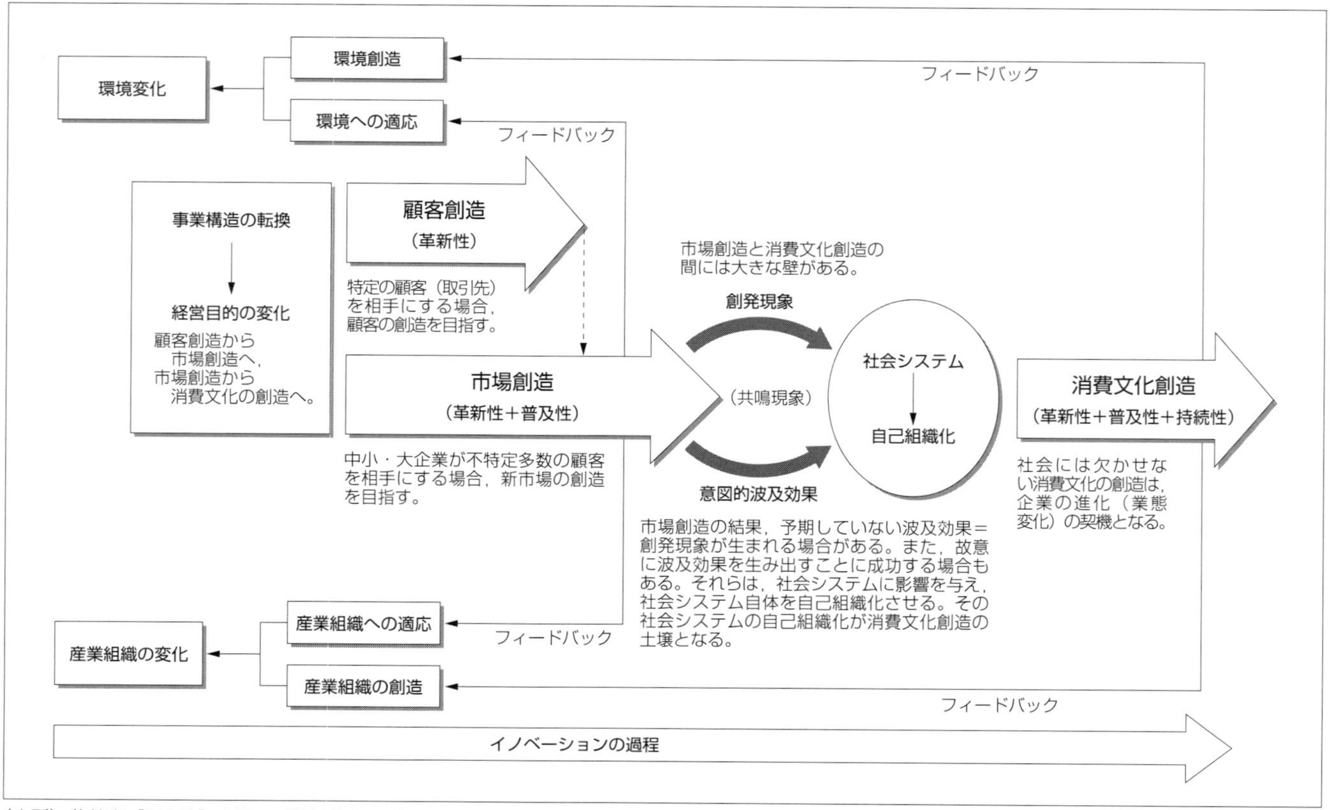

環境変化
環境創造
環境への適応
フィードバック
フィードバック
事業構造の転換
経営目的の変化
顧客創造から
市場創造へ，
市場創造から
消費文化の創造へ。
顧客創造
（革新性）
特定の顧客（取引先）を相手にする場合，顧客の創造を目指す。
市場創造
（革新性＋普及性）
中小・大企業が不特定多数の顧客を相手にする場合，新市場の創造を目指す。
市場創造と消費文化創造の間には大きな壁がある。
創発現象
（共鳴現象）
意図的波及効果
社会システム
自己組織化
消費文化創造
（革新性＋普及性＋持続性）
社会には欠かせない消費文化の創造は，企業の進化（業態変化）の契機となる。
市場創造の結果，予期していない波及効果＝創発現象が生まれる場合がある。また，故意に波及効果を生み出すことに成功する場合もある。それらは，社会システムに影響を与え，社会システム自体を自己組織化させる。その社会システムの自己組織化が消費文化創造の土壌となる。
産業組織の変化
産業組織への適応
産業組織の創造
フィードバック
フィードバック
イノベーションの過程

（出所）谷井良［2004b］62頁。（岸川善光編［2004b］，所収）

ーションのプロセスにおいて，普及段階，進化段階に相当する。イノベーションの普及段階，進化段階においては，社会や産業が大きな影響力を有している。具体的には，普及段階，進化段階では，社会の構成員のコミュニケーションの中でイノベーションは普及するので，イノベーションが普及し進化するための場の構築が重要な課題になる。また，組織への適応，産業組織の創造など，産業の成熟度とイノベーションとの相関関係に留意すべきである。

5 グローバル性の診断

❶ 現　状

　情報ネットワーク化の進展により，企業行動における「時間の制約」の克服，「空間の制約」の克服，「組織の制約」の克服が可能になり，わが国の企業行動のグローバル化が著しく進展している。グローバル化とは，文字通り，企業が

図表10-12　国際市場浸透度

	本　国		現地国			
	製造段階	輸出段階	輸入段階	卸売段階	小売段階	
第1段階	◎	⬡	○	○	○	〔前史〕
第2段階	◎	→	○	○	○	
第3段階	◎	→	○	○	○	〔本格化期〕
第4段階	◎	→	○	○	○	
第5段階	◎	→	◻		○	国〜境
第6段階	◎	→	◻	○	○	国〜境

◎本社　●国内流通業者　○外国流通業者　○販売子会社　□工場　○研究所
⎯⎯ 製品・技術・サービス・対価　―― 資金・要員・資材・製品・情報　······ 原材料・部品・技術・ノウハウ

（出所）山崎清＝竹田志郎編［1993］65頁。

図表10-13　海外展開の採択時における直接投資と業務提携のメリット・デメリット

	直接投資	業務提携
メリット	・（独資の場合）コントロールが容易 ・企業ポリシーや企業理念に適合した事業展開が可能である ・経営トップの判断のもとで事業展開が図れる	・期待する成果がある程度確実に見込める ・投入コストが低い ・環境変化に対するリスク回避がしやすい
デメリット	・期待する成果が確実ではない ・投入コストが高い／実務レベルの責任者が必要である ・環境変化に対するリスク回避が難しい	・提携相手のコントロールが難しい ・適切な提携相手がいなければ成果が出ない

（出所）中小企業診断協会編［2004a］81頁。

国境（ボーダー）を意識することなく，世界的（地球的）な視野のもとで企業行動を展開することである。

「グローバル性の診断」において，海外進出戦略，海外所有戦略，海外撤退戦略は，いずれも重要なテーマである。ここでは，現地進出戦略に絞ってみてみよう。海外進出戦略は，多国籍企業の進出面に関する戦略であり，具体的には，海外市場浸透戦略と海外企業配置戦略によって構成される。

海外浸透戦略とは，山崎清＝竹田志郎編［1993］によれば，図表10－12に示されるように[18]，①輸出商社への依存，②直接輸出，③現地販売，④現地販売子会社の設立，⑤現地生産，⑥現地研究開発による事業活動の自己完結化の6段階に区分することができる。

海外浸透戦略の診断において，それぞれの段階で問題点や課題が大きく異なるので，クライアントの海外浸透戦略がどの段階にあるのかを見極める必要がある。

次に，海外浸透戦略を実行する上で，直接投資と業務提携を比較してみよう。図表10－13に示されるように[19]，直接投資と業務提携のメリットとデメリットは，大きく異なることが分かる。

❷ 今後の課題

　グローバル戦略を展開する上で，経営と文化との関わり方はますます重要度を増している。経営と文化との関わりの内，異文化インターフェースと異文化シナジーの診断は，極めて重要なテーマになりつつある。

　異文化インターフェースとは，異なる文化と文化が接する場のことである。異なる文化的背景をもつ人間同士の相互作用が重要な意味をもつ海外子会社などは，まさに文化と文化が接する場である。日本企業の海外子会社や在日外資系企業における異文化インターフェースでは，日本人のアナログ指向（感性による全体的なバランスで判断するアプローチ）と欧米人のデジタル指向（定義を明確にし，分析・論理を重視したアプローチ）の間の知覚ギャップが，組織化原理や経営管理プロセスの中に反映し，各種の問題点の発生原因となっている。

　異文化シナジーとは，文化間の異質性を前提として，組織内に異質な複数の文化を内包することによって得られるシナジー（相乗効果）のことである。異文化シナジーの概念は，異文化を同一組織に内包することは，組織の効率性を疎外するのではなく，むしろイノベーションを誘発する多様性のメリットがあることを強調したものである。

　しかし，現実的には，異文化インターフェースでは，異文化シナジーだけでなく，しばしば誤解と対立をもたらすので，異文化シナジーを得るためには，文化の違いを踏まえたきめ細かなマネジメントが必要不可欠である。診断においても，ホフステッド（Hofsted,G.）の4次元モデルのような，異文化経営論で開発されたモデルなどを用いて，体系的な分析・評価が必要不可欠である。

　グローバル化には，国内における企業行動では経験することの少ない次のようなリスクがある。

① 経済的リスク：為替レート，金利，経済圏，外資政策，インフラストラクチャー，資本市場，消費性向，購買力，経済成長率，投資などに関わるリスク。
② 政治的リスク：暴動，テロ，革命，戦争，人権，人種差別，地域主義，ブロック化，官僚支配，民族，領土などに関わるリスク。

③ 技術的リスク：基礎技術，製造技術，管理技術，科学技術水準，技術者などに関わるリスク。

④ その他のリスク：人口，環境問題などに関わるリスク。

グローバル化は，リスクの観点からみれば，上述した様々なリスクとの戦いであるといえよう。したがって，これらのリスクに効果的に対応するために，リスクの分析・評価，リスク・マネジメントのノウハウの蓄積などが「グローバル性の診断」において必須課題となる。

6 関係性の診断

❶ 現　状

すでに第8章第3節で考察したように，近年，「連合」「提携」「事業基盤の共有」「統合」「合併」など，企業間関係が大きく変化しつつある。この背景として，クローズド型経営からオープン型経営への転換を挙げた。

さらに，オープン型経営を採用すると，情報ネットワークによって企業間関係をオープンにせざるを得ないことも述べた。なぜならば，ネットワークによる外部資源の活用がオープン型経営の最大のポイントになるからである。これらの外部資源の活用を実現するための戦略をオープン・アーキテクチャ戦略という。

オープン・アーキテクチャ戦略は，「関係性」を経営資源として活用する戦略であるので，関係性を様々な形態で構築するためには，モジュール化とインターフェースの2つがその前提となる。モジュールとは，独立性の高い単位（部品，構成要素など）のことであり，そのモジュールを社会的に共有されたルールで結合させることによって汎用性を持たせることをインターフェース（要素間のやりとりの取り決め）という。

例えば，企業間関係の形態の1つである提携（アライアンス）についてみてみよう。図表10-14に示されるように[20]，一般的なアライアンス・モデルでは，

第10章 経営診断論の今日的課題

図表10-14　アライアンス・モデル

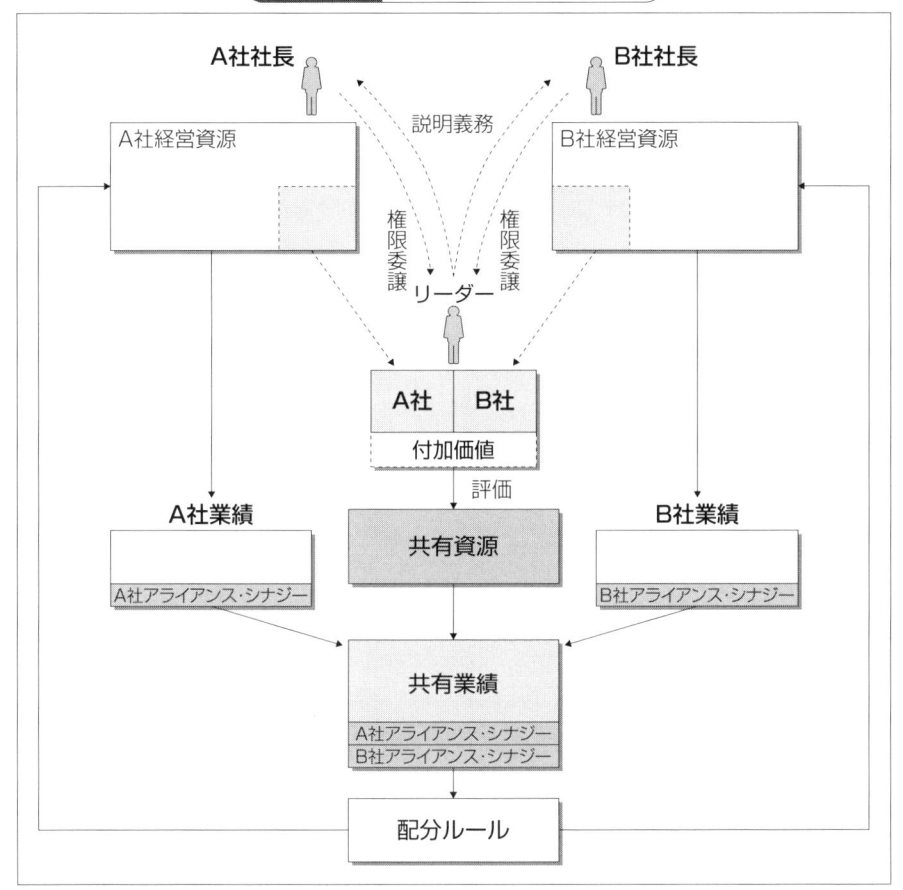

(出所) 中小企業診断協会編 [2004b] 338頁。

共有する経営資源を明確にし，その価値評価を共同で行う。

次に，共有資源の1つの要素であるヒトの中からリーダーを選出する。そして，A社とB社は，共有資源の配分，実行，指揮・命令など，アライアンスに関するすべての権限をこのリーダーに委譲する。

さらに，共有資源を活用して共有業績を測定する。通常，アライアンスによって，「規模の経済」「範囲の経済」「連結の経済」を獲得することができるので，A社とB社は，アライアンス・シナジーを得ることができる。そのアライアンス・シナジーは，配分ルールによってA社とB社に配分する。

❷ 今後の課題

　上述したモジュール概念，インターフェース概念は，製品レベル，工程レベル，機能レベル，部門レベル，企業レベル，産業レベルなど，様々な次元において適用可能である。したがって，「関係性の診断」も，製品レベル，工程レベル，機能レベル，部門レベル，企業レベル，産業レベルなど，様々な次元において存在することになる。

　さらに，①リアルとバーチャルとの関係性（例えば，実店舗とバーチャル・モール），②過去・現在・未来の関係性（例えば，伝統的工芸品にハイテクノロジーを活用），③性や年齢を超えた関係性（例えば，ユニセックスの衣服），④営利組織と非営利組織との関係性（例えば，病院系列の企業と病院）など，今後，「関係性の診断」は急激に増加するものと思われる。

---

1) アーサー・D・リトル社［1997］15頁。
2) 井熊均編［2003］30頁。
3) 中小企業診断協会編［2004a］12頁。
4) 同上書29頁。
5) 森本三男［1994］319頁。
6) 井熊均編［2003］53頁。
7) 三上富三郎［1992］266頁。
8) 日本経営診断学会編［1994］44頁。
9) 中小企業診断協会編［2004b］471頁。
10) 日本経営診断学会編［1994］42頁。
11) 中小企業診断協会編［2004b］484-552頁の大意を筆者が要約。
12) 岸川善光編［2004b］6頁。
13) Hammer,M.= Champy,J.［1993］訳書57頁。
14) 岸川善光［1999］249頁。（トーマツ編［1994］29頁に基づいて加筆修正）
15) 谷井良［2004b］60-63頁。（岸川善光編［2004b］，所収）
16) 同上書61頁。
17) 同上書62頁。
18) 山崎清=竹田志郎編［1993］65頁。
19) 中小企業診断協会編［2004a］81頁。
20) 中小企業診断協会編［2004b］338頁。

参考文献

Aaker, D.A. [1991], *Managing Brand Equity*, The Free Press.(陶山他訳［1994］『ブランド・エクイティ戦略』ダイヤモンド社）

Aaker, D.A. [1996], *Building Strong Brands*, The Free Press.(陶山他訳［1997］『ブランド優位の戦略』ダイヤモンド社）

Aaker, D.A. [2001], *Developing Business Strategies*, 6th ed. John-Wiley & Sons.(今枝昌宏訳［2002］『戦略立案ハンドブック』東洋経済新報社）

Abell, D.F. = Hammond,J.S. [1979], *Strategic Market Planning*, Prentice-Hall.(片岡一郎＝古川公成＝滝沢茂＝嶋口充揮＝和田充夫訳［1982］『戦略市場計画』ダイヤモンド社）

Abell, D.F. [1980], *Defining the Business : The Starting Point of Strategic Planning*, Prentice-Hall.(石井淳蔵訳［1984］『事業の定義』千倉書房）

ACME (Association of Consulting Management Engineers) [1976], *Common Body of Knowledge for Management Consultants*, ACME.(日本能率協会コンサルティング事業本部訳［1979］『マネジメントの基礎知識』日本能率協会）

Anderson,J.W.Jr. [1989], *Corporate Social Responsibility*, Greenwood Publishing Group.(百瀬恵夫監訳［1994］『企業の社会的責任』白桃書房）

Andrews,K.R. [1971], *The Concept of Corporate Strategy*, Dow Jones Irwin.(山田一郎訳［1976］『経営戦略論』産能大出版部）

Ansoff,H.I. [1965], *Corporate Strategy : An Analytic Approach to Business Policy for Growth and Expansion*, McGraw-Hill.(広田寿亮［1969］『企業戦略論』産能大出版部）

Ansoff,H.I. [1979], *Strategic Management*, The Macmillan Press.(中村元一訳［1980］『戦略経営論』産能大学出版部）

Ansoff,H.I. [1988], *The New Corporate Strategy*,John-Wiley & Sons.(中村元一＝黒田哲彦訳［1990］『最新・経営戦略』産能大出版部）

Barnard,C.I. [1938], *The Functions of the Executive*, Harvard University Press.(山本安二郎＝田杉競＝飯野春樹訳［1968］『新訳 経営者の役割』ダイヤモンド社）

Berle,A.A.=Means,G.C. [1932], *The Modern Corporation and Private Property*, Macmillan.(北島忠男訳［1958］『近代株式会社と私的財産』文雅堂書店）

Bernstein,P.L. [1996], *Against The Gods*, John-Wiley & Sons.(青山護訳［1998］『リスク－神々への反逆－』日本経済新聞社）

Blake,R.R.=Mouton,J.S. [1978], *The New Management Grid*, Gulf Publishing Campany.(田中敏夫＝小宮山澄子訳［1979］『新・期待される管理者像』産業能率大学出版部）

Bowersox,D.J. [1996], *Logistics Management : The Integrated Supply Chain Process*,

McGraw-Hill.

Bressand,A.［1990］, *Networld*, Promethee.（会津泉訳［1991］『ネットワールド』東洋経済新報社）

Burnham,J.［1941］, *The Managerial Revolution*, The John Day Company.（武山泰雄訳［1965］『経営者革命論』東洋経済新報社）

Burns,T. = Stalker,G.M.［1968］, *The Management of Innovation*, 2nd ed. Tavistock.

Buzzel,R.A. = Gale,B.T.［1987］, *The PIMS Principles*, The Free Press.（和田充夫他訳［1988］『新PIMSの競争原理』ダイヤモンド社）

Cannon,J.T.［1968］, *Business Strategy and Policy*, Brace and World Inc.

Chandler,A.D.Jr.［1962］, *Strategy and Structure*, The MIT Press.（有賀裕子訳［2004］『組織は戦略に従う』ダイヤモンド社）

Chandler,A.D.Jr.［1964］, *Giant Enterprise*, Brace & World Inc.（内田忠夫=風間禎三郎訳［1970］『競争の戦略』ダイヤモンド社）

Chandler,A.D.Jr.［1977］, *The Visible Hand : The Managerial Revolution*, The Belknap Press of Harvard University Press.（鳥羽欽一郎=小林袈裟治訳［1979］『経営者の時代』東洋経済新報社）

Christensen,C.M.［1997］, *The Innovator's Dilemma*, The President and Fellows of Harvard College.（伊豆原弓訳［2000］『イノベーションのジレンマ』翔泳社）

Coase,R.H.［1988］, *The Firm, The Market, The Law*, The University of Chicago Press.（宮沢健一=後藤晃=藤垣芳彦訳［1992］『企業・市場・法』東洋経済新報社）

Collins,J. = Porras,J.［1994］, *Built to Last*, Curtis Brown Ltd.（山岡洋一訳［1995］『ビジョナリーカンパニー』日経ＢＰ出版センター）

Crainer,S.［2000］, *The Management Century*, Booz-Allen & Hamilton Inc.（嶋口充輝監訳［2000］『マネジメントの世紀1991～2000』東洋経済新報社）

Cyert,R.M. = March,J.G.［1963］, *A Behavioral Theory of the Firm*, Prentice-Hall.（松田武彦=井上恒夫訳［1967］『企業の行動理論』ダイヤモンド社）

Davenport,T.H.［1993］, *Process Innovation : Reengineering Work through Information Technology*, Harvard Business School Press.（卜部正夫=杉野周=松島桂樹訳［1994］『プロセス・イノベーション』日経ＢＰ出版センター）

Davidow,W.H.= Malone,M.S.［1992］, *The Virtual Corporation*, Harper Collins Publishers.（牧野昇監訳［1993］『バーチャル・コーポレーション』徳間書房）

Davis,S.M.［1984］, *Managing Corporate Culture*, Harper & Row.（河野豊弘=浜田幸雄訳［1985］『企業文化の変革』ダイヤモンド社）

Deal,T.E. = Kennedy,A.A.［1982］, *Corporate Cultures*, Addison-Wesley.（城山三郎訳［1983］『シンボリック・マネジャー』新潮社）

参考文献

Donovan,J.= Tully,R.=Wortman,R.［1998］, *The Value Enterprise*, McGraw-Hill.（デロイト・トーマツ・コンサルティング戦略事業本部訳［1999］『価値創造企業』日本経済新聞社）

Dos,Y.L. = Hamel,G.［1998］, *Alliance Advantage*, Harvard Business School Press.（志太勤一＝柳孝一監訳，和田正春訳［2001］『競争優位のアライアンス戦略』ダイヤモンド社）

Drucker,P.F.［1954］, *The Practice of Management*, Harper & Brothers.（野田一夫監修［1965］『現代の経営　上・下』ダイヤモンド社）

Drucker,P.F.［1974］, *Management*, Harper & Row.（野田一夫＝村上恒夫監訳［1974］『マネジメント　上・下』ダイヤモンド社）

Drucker,P.F.［1990］, *Managing The Nonprofit Organization*, Harper Collins Publishers.（上田惇生＝田代正美訳［1991］『非営利組織の経営』ダイヤモンド社）

Drucker,P.F.［1996］, *Peter Drucker on the Profession of Management*, Harvard Business School Press.（上田惇生訳［1998］『P.F.ドラッカー経営論集』ダイヤモンド社）

Epstain,M.E.［1989］, "Business Ethics, Corporate Good Citizenship and the Corporate Social Policy Process", *Journal of Business Ethics*, August.（中村瑞穂他訳［1996］『企業倫理と経営社会政策過程』文眞堂）

Fayol,H.［1916］, *Administration Industrielle et Générale*, Paris.（山本安二郎訳［1985］『産業ならびに一般の管理』ダイヤモンド社）

Ford,H.［1926］, *Today and Tomorrow*, William Heinemann.（稲葉襄監訳［1968］『フォード経営』東洋経済新報社）

Foster,R.N. = Kaplan,S.［2001］, *Creative Destruction*, McKinsey & Company,Inc.（柏木亮二訳［2002］『創造的破壊』翔泳社）

Galbraith,J.R.= Nathanson,D.A.［1978］, *Strategy Implementation : The Role of Structure and Process*, West Publishing.（岸田民樹訳［1989］『経営戦略と組織デザイン』白桃書房）

Glaser,B.G. = Strauss,A.L.［1967］, *The Discovery of Grounded Theory : Strategies for Qualitative Research*, Alidine Publishing Company.（後藤隆＝大出春江＝水野節夫訳［1996］『データ対話型理論の発見－調査からいかに理論をうみだすか』新曜社）

Hamel,P. = Prahalad,C.K.［1994］, *Competing for the Future*, Harvard Business School Press.（一條和生訳［1995］『コア・コンピタンス経営』日本経済新聞社）

Hammer,M. = Champy,J.［1993］, *Reengineering the Corporation : A Manifest for Business Revolution*, Harper Business.（野中郁次郎監訳［1993］『リエンジニアリング革命』日本経済新聞社）

Henderson,B.D.［1979］, *Henderson on Corporate Strategy*, Abt Associates Inc.（土岐坤

訳［1977］『経営戦略の核心』ダイヤモンド社）

Hersey,P. = Blanchard,K.H.［1977］, *Management of Organizational Behavior*, 3rd. ed., Prentice-Hall,Inc.（山本成二＝水野恭＝成田攻訳［1978］『行動科学の展開：人的資源の活用：入門から活用へ』日本生産性本部）

Hersey,P.=Blanchard,K.H.=Johnson,D.E.［2000］, *Management of Organizational Behavior*, Prentice-Hall,Inc.（山本成二＝山本あづさ訳［2000］『行動科学の展開（新版）』生産性出版）

Herzberg,F.［1966］, *Work and the Nature of Man*, The World Publishing Co.（北野利信訳［1977］『仕事と人間性』東洋経済新報社）

Hofer,C.W.= Shendel,D.E.［1978］, *Strategy Formulation : Analytical Concept*, West Publishing.（奥村昭博＝榊原清則＝野中郁次郎訳［1981］『戦略策定』千倉書房）

ILO Kubr,M.［1996］, *Management Consulting* : A Guide to the Profession 3rd.ILO.（水谷英二監訳［1999］『経営コンサルティング第3版』生産性出版）

Kaplan,R. = Norton,D.［1996］, *The Balanced Scorecard*, Harvard Business School Press.（吉川武男訳［1997］『バランス・スコアカード』生産性出版）

Kaplan,R. = Norton,D.［2001］, *The Strategy-Focused Organization*, Harvard Business School Press.（櫻井通晴監訳［2001］『キャプランとノートンの戦略バランスト・スコアカード』東洋経済新報社）

Kauffman,S.［1995］, *At Home in the Universe : The Search for Law of Self-Organization and Complexity*, Oxford University Press,Inc.（米沢富美子監訳［1999］『自己組織化と進化の論理』日本経済新聞社）

Katz,R.L.［1955］,"Skills of an Effective Administrator", *Harvard Business Review*, Jan.-Feb.,pp.33-42,1955.

Kline,S.J.［1985］,"Innovation is not a liner process", *Research Management*, Vol.24, No.4.

Koestler,A.=Smythies,L.R. ed.［1998］, *Beyond Reductionism*, The Hutchinson Publishing Group Ltd.（池田善昭監訳［1984］『還元主義を超えて』工作社）

Koonts,H.［1961］,"Management Theory Jungle", *Journal of the Academy of Management*, Vol.3.

Kotler,P.［1984］, *Marketing Management Analysis, Planning,and Control*, 5th ed.,Prentice-Hall.

Kotler,P.［1989a］, *Social Marketing*, Free Press.（井関利明［1995］『ソーシャル・マーケティング』ダイヤモンド社）

Kotler,P.［1989b］, *Principles of Marketing*, 4th ed.,Prentice-Hall.（和田充夫＝青井倫一訳［1995］『新版マーケティング原理』ダイヤモンド社）。

Kram,K.E.［1988］, *Mentoring at Work : Developmental Relationships in Organizational Life*, University Press of America.（渡辺直登・伊藤知子訳［2003］『メンタリング－会

社の中の発達支援関係 - 』白桃書房）

Krogh,G. = Ichijo,K. = Nonaka,I.［2000］, *Enabling Knowledge Creation: How to Unlock The Mystery of Knowledge and Release The Power of Innovation*, Oxford University Press,Inc.（ゲオルク・フォン・クロー=一條和生=野中郁次郎［2001］『ナレッジ・イネーブリング』東洋経済新報社）

Kuhn,T.［1962］, *The Structure of Scientific Revolution*, University of Chicago.（中山茂訳［1971］『科学革命の構造』みすず書房）

Lawrence,P.R.=Lorsch,J.W.［1967］, *Organization and Environment : Managing Differentiation and Integration*, Harvard University Press.（吉田博訳［1977］『組織の条件適応理論』産業能率短期大学出版部）

Levitt,T.［1960］,"Marketing Myopia", *Harvard Business Review*, July-Aug.,1960.

Levitt,T.［1969］, *The Marketing Mode : Pathway to Corporate Growth*, McGraw-Hill.（土岐坤［1971］『マーケティング発想法』ダイヤモンド社）

Levitt,T.［1974］, *Marketing for Business Growth*, McGraw-Hill.（土岐坤訳［1975］『発展のマーケティング』ダイヤモンド社）

Likert,R.［1961］, *New Patterns of Management*, McGraw-Hill.（三隅二不二訳［1964］『経営の行動科学』ダイヤモンド社）

Likert,R.［1967］, *The Human Organization*, McGraw-Hill.（三隅二不二訳［1971］『組織の行動科学』ダイヤモンド社）

Lincolin,Y.S.［1985］, *Organizational Theory and Inquiry* : The Paradigm Evolution, Sage Publications, Inc.（寺本義也他訳［1990］『組織理論のパラダイム革命』白桃書房）

Lovelock,C.H. = Weinberg,C.B.［1989］, *Public & Nonprofit Marketing*, 2nd ed.,Scientific Press.（渡辺好章=梅沢昌太郎監訳［1991］『公共・非営利組織のマーケティング』白桃書房）

Lovelock,C.H. = Wright,L.K.［1999］, *Principles of Service and Management*, Prentice-Hall.（小宮路雅博監訳［2002］『サービス・マーケティング原理』白桃書房）

March,J.G. = Simon,H.A.［1958］, *Organizations*, John Wiley & Sons.（土屋守章訳［1977］『オーガニゼーションズ』ダイヤモンド社）

Maslow,A.H.［1970］, *Motivation and Personality*, 2nd ed.,Harper & Row.（小口忠彦監訳［1981］『人間性の心理学』産業能率大学出版部）

Mayo,E.［1933］, *The Human Problems of an Industrial Civilization*, The Macmillan Company.（村本栄一訳［1967］『産業文明における人間問題』日本能率協会）

Mcgregor,D.［1960］, *The Human Site of Enterprise*, McGraw-Hill.（高橋達男訳［1971］『新版・企業の人間的側面』産業能率大学出版部）

Merrill,H.F.［1966］, *Classics in Management*, AMA Press.（上野一郎監訳［1968］『経営

思想変遷史』産業能率大学出版部)

Miles,R.E.＝Snow,C.C.[1978], *Organizational Strategy, Structure, and Process*, McGraw-Hill. (土屋守章他訳[1983]『戦略型経営』ダイヤモンド社)

Milgram,P.＝Roberts,J.[1992], *Economics,Organization & Management*, Prentice-Hall. (奥野他訳[1997]『組織の経済学』ＮＴＴ出版)

Penrose,E.T.[1959,1980], *The Theory of the Growth of the Firm*, Basil Glackwell. (末松玄六訳[1980]『企業成長の理論　第2版』ダイヤモンド社)

Peppers,D.＝Rogers,M.[1993], *The One to One Future*, Doubleyday. (井関利明監訳[1995]『One to One マーケティング－顧客リレーションシップ戦略－』ダイヤモンド社)

Peppers,D.＝Rogers,M.[1997], *Enterprise One to One*, Doubleyday. (井関利明監訳[1997]『One to One 企業戦略』ダイヤモンド社)

Peters,T.J.＝Waterman,R.H.[1982], *In Search of Excellence*, Harper & Row. (大前研一訳[1983]『エクセレント・カンパニー』講談社)

Porter,M.E.[1980], *Competitive Strategy*, The Free Press. (土岐坤＝中辻萬治＝服部照夫訳[1982]『競争の戦略』ダイヤモンド社)

Porter,M.E.[1985], *Competitive Advantage*, The Free Press. (土岐坤＝中辻萬治＝小野寺武夫訳[1985]『競争優位の戦略』ダイヤモンド社)

Porter,M.E.[1990], *The Competitive Advantage of Nations*, The Free Press. (土岐坤＝中辻萬治・小野寺武夫＝戸成富美子訳[1992]『国の競争優位』ダイヤモンド社)

Porter,M.E.[1998a], *On Competition*, Harvard Business School Press. (竹内弘高訳[1999]『競争戦略論　Ⅰ』ダイヤモンド社)

Porter,M.E.[1998b], *On Competition*, Harvard Business School Press. (竹内弘高訳[1999]『競争戦略論　Ⅱ』ダイヤモンド社)

Price Waterhouse Financial & Cost Management Team[1997], *CFO*, Barlow Lyde & Gilbert. (中沢恵監訳[1998]『事業価値創造のマネジメント－企業の未来を設計する－』ダイヤモンド社)。

Roethlisberger,F.J.[1952], *Management and Morale*, Harvard University Press. (野田一夫＝川村欣也訳[1954]『経営と勤労意欲』ダイヤモンド社)

Rogers,E.M.[1983], *Diffusion of Innovations*, 3rd ed.,The Free Press. (青池慎一＝宇野善康監訳[1990]『イノベーション普及学』産能大出版部)

Rumelt,R.P.[1974], *Strategy, Structure, and Economic Performance*, Harvard University Press. (鳥羽欣一郎＝山田正喜子＝川辺信雄＝熊沢孝訳[1977]『多角化戦略と経済成果』東洋経済新報社)。

Salamon,L.M.＝Anheier,H.K.[1996], *The Emerging Sector*, The Johns Hopkins

University.（今田忠監訳［1996］『台頭する非営利セクター』ダイヤモンド社）
Saloner,G.= Shepard,A.= Podolny,J.［2001］, *Strategic Management*, John Wiley & Sons.（石倉洋子訳［2002］『戦略経営論』東洋経済新報社）
Schein,E.H.［1985］, *Organizational Culture and Leadership*, Jossey-Bass.（清水紀彦訳［1989］『組織文化とリーダーシップ』ダイヤモンド社）
Schein,E.H.［1999］, *Process Consultation Revisited : Building the Helping Relationship*, Addison-Wesley Publishing Company,Inc.（稲葉元吉＝尾川丈一訳［2002］『プロセス・コンサルテーション－援助関係を築くこと－』白桃書房）
Schumpeter,J.A.［1912,1926］, *Theories Der Wirtschaftlichen Entwicklung*, 2,Virtue of the authorization of Elizabeth Schumpeter.（塩野谷祐一＝中山伊知郎＝東畑精一郎訳［1977］『経済成長の理論　上・下』岩波書店）
Simon,H.A.［1947/1976］, *Administrative Behavior : A Study of Decision Making Process in Administrative Organization*, 3rd ed., Macmillan.（松田武彦＝高柳暁＝二村敏子訳［1989］『経営行動』ダイヤモンド社）
Simon,H.A.［1961/1981］, *The Science of the Artificial*, 2nd ed.,MIT Press.（稲葉元吉＝吉原英樹訳［1887］『新版システムの科学』パーソナルメディア）
Simon,H.A.［1977］, *The New Science of Management Decision*, Revised ed., Prentice-Hall.（稲葉元吉＝倉井武夫訳［1979］『意思決定の科学』産業能率大学出版部）
Steiner,G.A.［1969］, *Top Management Planning*, Macmillan.
Steiner,G.A.［1977a］, *Strategic Managerial Planning*, The Planning Executives Institute.（河野豊弘訳［1978］『戦略経営計画』ダイヤモンド社）
Steiner,G.A.［1979］, *Strategic Planning*, The Free Press.
Stuart,C.［2000］, *The Management Century : A Critical Review of 20th Century Thought and Practice*, Jossey-Bass.（嶋口充輝監訳［2000］『マネジメントの世紀』東洋経済新報社）
Taylor,F.W.［1895］, *A Piece Rate System*, Harper & Brothers.（上野陽一訳編［1984］『科学的管理法』産業能率大学出版部）
Taylor,F.W.［1903］, *Shop Management*, Harper & Brothers.（上野陽一訳編［1984］『科学的管理法』産業能率大学出版部）
Taylor,F.W.［1911］, *Principles of Scientific Management*, Harper & Brothers.（上野陽一訳編［1984］『科学的管理法』産業能率大学出版部）
Teece,D.J.（ed.）［1987］, *The Competitive Challenge : Strategies for Industrial Innovation and Renewal*, Ballinger Publishing Company.（石井淳蔵他訳［1988］『競争への挑戦』白桃書房）
Terry,G.R. = Fanclin,S.G.［1982］, *Principles of Management*, 8th ed., Richard Irwin.

Vernon,R.［1971］, *Sovereignty at Bay*, Basic Books.（霍見芳浩訳［1973］『多国籍企業の新展開』ダイヤモンド社）

Vroom,V.H.［1964］, *Work and Mitivation*, John Wiley.（坂下他訳［1982］『仕事とモチベーション』千倉書房）

Wayland,R.E. = Cole,P.M.［1997］, *Customer Connections : New Strategies for Growth*, Harvard Business School Press.（入江仁之監訳［1999］『ディマンドチェーン・マネジメント』ダイヤモンド社）

Weber,M.［1920］, *Die Protestantische Ethik Und Der Geist Des Kapitalismus*.（梶山力=大塚久雄訳［1955,1962］『プロテスタンティズムの倫理と資本主義の精神（上・下巻）』岩波書店）

Weber,M.［1922］, *Wirtschft und Gesellschft*, Mohr.（世良晃士郎訳［1960］『支配の社会学 。』創文社）

Weizer,N., et. al.［1991］, *The Arther D. Little Forecast on Information Technology &Productivity Making the Integrated Enterprise Work*, John Wiley & Sons.（梅田望夫訳［1992］『情報技術の進化とその生産性』ダイヤモンド社）

Williamson, O.E.［1975］, *Market and Hierarchies*, The Free Press.（浅沼萬里=岩崎晃訳［1980］『市場と企業組織』日本評論社）

Win,R.K.［1994］, *Case Study Research*, 2nd. Sage Publication.（近藤公彦訳［1996］『ケース・スタディの方法』千倉書房）

Wiseman,C.［1988］, *Strategic Information Systems*, Richard D. Irwin. Inc.（土屋守章=辻新六訳［1989］『戦略的情報システム』ダイヤモンド社）

Woodward,J.［1965］, *Industrial Organization : Theory and Practice*, Oxford University Press.（矢島鈞次=中村嘉雄訳［1970］『新しい企業組織』日本能率協会）

Woodward,J.［1970］, *Industrial Organization : Behavior and Control* (ed.), Oxford University Press.（都築栄=風間禎三郎=宮城弘裕訳［1971］『技術と組織行動』日本能率協会）

Wren,D.A.［1994］, *The Evolution of Management Thought*, 4th ed.,John Wiley & Sons.（佐々木恒男監訳［2003］『マネジメントの進化（第4版）』文眞堂）

青木昌彦［1989］『日本企業の組織と情報』東洋経済新報社。
青木昌彦=ロナルド・ドーア編［1995］『国際・学際研究システムとしての日本企業』NTT出版。
青木昌彦=安藤晴彦編［2002］『モジュール化』東洋経済新報社。
浅羽茂［1995］『競争と協力の戦略』有斐閣。
アーサー・アンダーセン［2000］『図解eビジネス』東洋経済新報社。

参考文献

アーサー・D・リトル社環境ビジネス・プラクティス［1997］『環境ビジネスの成長戦略』ダイヤモンド社。
アベグレン＝ボストン・コンサルティング・グループ編［1977］『ポートフォリオ戦略』プレジデント社。
アーバン・インスティテュート編［1994］『政策形成と日本型シンクタンク』東洋経済新報社。
新井信裕［2001］『マネジリアル・コンサルテーション』同友館。
井熊均編［2003］『図解　企業のための環境問題（第2版）』東洋経済新報社。
石井淳蔵＝奥村昭博＝加護野忠男＝野中郁次郎［1996］『経営戦略論』有斐閣。
石名坂邦昭［1994］『リスク・マネジメントの理論』白桃書房。
石原勝吉他［1980］『やさしいＱＣ七つ道具』日本規格協会。
伊丹敬之［1984］『新・経営戦略の論理』日本経済新聞社。
伊丹敬之＝加護野忠男＝伊藤元重編［1993a］『日本の企業システム2　組織と戦略』有斐閣。
伊丹敬之＝加護野忠男＝伊藤元重編［1993b］『日本の企業システム4　企業と市場』有斐閣。
伊丹敬之［1999］『場のマネジメント』ＮＴＴ出版。
伊丹敬之＝西口敏弘＝野中郁次郎編［2000］『場のダイナミズムと企業』東洋経済新報社。
伊丹敬之［2003］『経営戦略の論理・第3版』日本経済新聞社。
伊丹敬之＝西野和美［2004］『ケースブック経営戦略の論理』日本経済新聞社。
今井賢一編［1986］『イノベーションと組織』東洋経済新報社。
今井賢一＝金子郁容［1988］『ネットワーク組織論』岩波書店。
今田高俊［1986］『自己組織性－社会理論の復活－』創文社。
上田泰［2003］『組織行動研究の展開』白桃書房。
上野正男［1994］『経営分析の発展と課題』白桃書房。
植竹晃久＝仲田正機編［1999］『現代企業の所有・土配・管理－コーポレート・ガバナンスと企業管理システム－』ミネルヴァ書房。
臼井秀彰＝加藤弘樹＝寺島正尚［2001］『卸売業のロジスティクス戦略－サプライチェーン時代の新たな中間流通の方向性－』同文舘。
宇角英樹［2002］『経営力診断の方法』中央経済社。
牛島正［1999］『現代の都市経営』有斐閣。
内山力［2003］『コンサルティングセオリー』同友館。
ＳＣＭ研究会［1999］『サプライチェーン・マネジメント』日本実業出版社。
江夏健一＝桑野義晴編［2001］『理論とケースで学ぶ国際ビジネス』同文舘出版。
海老澤栄一［1992］『組織進化論』白桃書房。

遠藤勝美［1978］『ホーソン実験と人間関係論』産業能率大学出版部。
遠藤宏［1984］『工業診断の考え方』泉文堂。
大澤信一［2000］『新・アグリビジネス』東洋経済新報社。
大滝精一＝金井一頼＝山田英夫＝岩田智［1997］『経営戦略』有斐閣。
大前研一［1976］『企業参謀』ダイヤモンド－タイム社。
大前研一［1984］『ストラテジック・マインド』プレジデント社。
奥林康司＝稲葉元吉＝貫隆夫編［2002］『ＮＰＯと経営学』中央経済社。
小椋康宏編［2001］『経営環境論』学文社。
小樽商科大学ビジネススクール編［2004］『ＭＢＡのためのケース分析』同文舘出版。
越知克吉［2002］『公認会計士物語－公認会計士の仕事と生活－』白桃書房。
飫冨順久他［2006］『コーポレート・ガバナンスとＣＳＲ』中央経済社。
角瀬保雄＝川口清史編［1999］『非営利・協同組織の経営』ミネルヴァ書房。
加護野忠男［1980］『経営組織の環境適応』白桃書房。
加護野忠男＝野中郁次郎＝榊原清則＝奥村昭博［1983］『日米企業の経営比較－戦略的環境適応の理論－』日本経済新聞社。
加護野忠男［1988a］『組織認識論－組織における創造と革新－』千倉書房。
加護野忠男［1988b］『企業のパラダイム革命』講談社。
加護野忠男［1999］『＜競争優位＞のシステム』ＰＨＰ研究所。
加護野忠男＝井上達彦［2004］『事業システム戦略』有斐閣。
可児島俊雄［1970］『経営監査論』同文舘出版。
唐沢豊［1989］『物流概論』有斐閣。
企業診断研究会編［2002a］『中小企業診断士合格のポイント(1)経済学・経済政策』税務経理協会。
企業診断研究会編［2002b］『中小企業診断士合格のポイント(2)財務・会計』税務経理協会。
企業診断研究会編［2002c］『中小企業診断士合格のポイント(3)企業経営理論』税務経理協会。
企業診断研究会編［2002d］『中小企業診断士合格のポイント(4)運営管理』税務経理協会。
企業診断研究会編［2002e］『中小企業診断士合格のポイント(5)経営法務』税務経理協会。
企業診断研究会編［2002f］『中小企業診断士合格のポイント(6)新規事業開発』税務経理協会。
企業診断研究会編［2002g］『中小企業診断士合格のポイント(7)経営情報システム』税務経理協会。
企業診断研究会編［2002h］『中小企業診断士合格のポイント(8)中小企業経営・中小企業政策・助言理論』税務経理協会。

参考文献

岸川善光［1990］『ロジスティクス戦略と情報システム』産能大学。
岸川善光［1999］『経営管理入門』同文舘出版。
岸川善光［2000］「ビジネス・ロジスティクスの現状およびその企業業績に及ぼす効果に関する研究 – SCM（Supply Chain Management）の進展を踏まえて – 」東京大学。
岸川善光［2002］『図説経営学演習』同文舘出版。
岸川善光他［2003］『環境問題と経営診断』同友館。
岸川善光編［2004a］『ベンチャー・ビジネス要論』同文舘出版。
岸川善光編［2004b］『イノベーション要論』同文舘出版。
岸川善光［2006］『経営戦略要論』同文舘出版。
岸川善光編［2007］『ケースブック経営診断要論』同文舘出版。
岸田雅雄［2006］『ゼミナール会社法入門　第6版』日本経済新聞社。
北野利信［1977］『経営学説史入門』有斐閣。
清成忠男＝中村秀一郎＝平尾光司［1971］『ベンチャー・ビジネス – 頭脳を売る小さな大企業』日本経済新聞社。
清成忠男＝田中俊見＝港徹雄［1996］『中小企業論』有斐閣。
ＱＣ手法開発部会編［1979］『管理者・スタッフの新ＱＣ七つ道具』日科技連出版社。
車戸實編［1987］『新版経営管理の思想家たち』早稲田大学出版部。
黒瀬公啓＝寺田治広［2006］『最速180時間の勉強で受かる！中小企業診断士』かんき出版。
グロービス編［1995］『ＭＢＡマネジメント・ブック』ダイヤモンド社。
グロービス編［1996］『ＭＢＡアカウンティング』ダイヤモンド社。
グロービス編［1997］『ＭＢＡマーケティング』ダイヤモンド社。
グロービス編［1998］『ＭＢＡビジネスプラン』ダイヤモンド社。
グロービス編［1999a］『ＭＢＡ経営戦略』ダイヤモンド社。
グロービス編［1999b］『ＭＢＡファイナンス』ダイヤモンド社。
グロービス編［1999c］『ＭＢＡゲーム理論』ダイヤモンド社。
グロービス・マネジメント・インスティテュート［2005］『（新版）ＭＢＡクリティカル・シンキング』ダイヤモンド社。
桑田秀夫［1998］『生産管理概論（第2版）』日刊工業新聞社。
経済産業省［2001］『新成長政策部会報告書』経済産業省。
経済産業省［2002］『産業競争力と知的財産を考える研究会　報告書』経済産業省。
経済産業省＝厚生労働省＝文部科学省［2002］［2007］『製造基盤白書』経済産業省。
㈳経済同友会［1985］『1990年代の企業経営のあり方に関する提言』㈳経済同友会。
神戸大学大学院経営学研究室編［1999］『経営学大辞典　第２版』中央経済社。
小久保厚郎［2001］『研究開発のマネジメント』東洋経済新報社。

國領二郎［1995］『オープン・ネットワーク経営』日本経済新聞社。
國領二郎［1999］『オープン・アーキテクチャ戦略－ネットワーク時代の協働モデル－』ダイヤモンド社。
國領二郎=野中郁次郎=片岡雅憲［2003］『ネットワーク社会の知識』ＮＴＴ出版。
近藤修司［1985］『新版　技術マトリクスによる新製品・新事業探索法』日本能率協会。
近藤文雄=陶山計介=青木俊明編［2001］『21世紀のマーケティング戦略』ミネルヴァ書房。
斎藤毅憲［1983］『上野陽一－人と業績』産業能率大学。
斎藤毅憲［1986］『上野陽一と経営学のパイオニア』産業能率大学。
齋藤嘉則［1997］『問題解決プロフェッショナル「思考と技術」』ダイヤモンド社。
榊原清則［1992］『企業ドメインの戦略論』中央公論社。
坂下昭宣［1985］『組織行動研究』白桃書房。
佐竹弘章［1995］『「消費完結型」生産方式』白桃書房。
柴川林也編［1992］『経営用語辞典　第3版』東洋経済新報社。
島弘編［2000］『人的資源管理理論』ミネルヴァ書房。
嶋口充輝他編［1998］『マーケティング革新の時代　(1)　顧客創造』有斐閣。
嶋口充輝他編［1999a］『マーケティング革新の時代　(2)　製品開発革新』有斐閣。
嶋口充輝他編［1999b］『マーケティング革新の時代　(3)　ブランド構築』有斐閣。
島田達巳=海老澤栄一編［1989］『戦略的情報システム』日科技連出版社。
清水透［2005］『中小企業白書・施策総覧』同友館。
新ＱＣ七つ道具研究会編［1981］『新ＱＣ七つ道具の企業への展開』日本科技連盟出版社。
進藤勝美［1978］『ホーソン・リサーチと人間関係論』産業能率大学出版部。
鈴木辰治=角野信夫編［2000］『企業倫理の経営学』ミネルヴァ書房。
清家彰敏［1995］『日本型組織間関係のマネジメント』白桃書房。
総合研究開発機構=植田和弘編［2000］『循環型社会の先進空間－新しい日本を示唆する中山間地域－』農村漁村文化協会。
高巌=Donaldson,T.［2003］『新版・ビジネス・エシックス』文眞堂。
高田馨［1974］『経営者の社会的責任』千倉書房。
高田馨［1989］『経営の倫理と責任』千倉書房。
高野太門［1974］『増補　経営診断の理論と実際』中央経済社。
高橋輝男=ネオ・ロジスティクス共同研究会［1997］『ロジスティクス　理論と実践』白桃書房。
高柳暁=飯野春樹編［1991］『新版経営学(2)』有斐閣。
高柳暁=飯野春樹編［1992］『新版経営学(1)』有斐閣。
瀧田輝己［1992］『監査機能論』千倉書房。

参考文献

武井勲［1987］『リスク・マネジメント総論』中央経済社。
武井勲［1998］『リスク・マネジメントと危機管理』中央経済社。
田中照純［1998］『経営学の方法と歴史』ミネルヴァ書房。
田中義久編［1996］『関係の社会学』弘文堂。
田辺昇一［1978］『経営コンサルタント入門』ダイヤモンド社。
玉井正寿［1981］『ＶＥと標準化』日本規格協会。
丹下博文［1992］『検証日米ビジネススクール』同文舘出版。
中国国務院発展研究センター編［1993］『中国経済』中国社会科学院。（小島麗逸他訳［1996］『中国経済』総合法令）。
中小企業事業団［1989］『高度化調査報告書・工場集団化事業』中小企業事業団。
中小企業総合研究機構訳編［2003］『ヨーロッパ中小企業白書（第7次年次報告）』同友館。
中小企業総合研究機構訳編［2001］［2003］『アメリカ中小企業白書』同友館。
中小企業診断協会編［1972］『新版　企業診断ハンドブック（商業編）』同友館。
中小企業診断協会編［1975］『新版　企業診断ハンドブック（工業編）』同友館。
中小企業診断協会編［2001a］『コンサルティング・コーチング』同友館。
中小企業診断協会編［2001b］『中小企業のＩＴ活用診断』同友館。
中小企業診断協会編［2002］『経営革新・創業時代の中小企業経営』同友館。
中小企業診断協会編［2004a］『中小企業診断士の「経営診断・支援原則」と「業務遂行指針」』同友館。
中小企業診断協会編［2004b］『コンサルティング・イノベーション』同友館。
中小企業庁［1989］『流通合理化と情報ネットワークの構築』中小企業診断協会。
中小企業庁編［2000］『中小企業の新しいものづくり－ＩＴ時代の中小製造業の展望－』経済産業調査会。
中小企業庁編［2000］［2001］［2002］［2003］［2004］［2005］［2006］『中小企業白書』ぎょうせい。
中小企業庁編［2000］［2001］［2002］［2003］［2004］［2005］［2006］『中小企業の経営指標』同友館。
中小企業庁編［2000］［2001］［2002］［2003］［2004］［2005］［2006］『中小企業の原価指標』同友館。
中小企業庁編［2003］『中小企業施策総覧』中小企業総合研究機構。
通商産業省産業政策局・中小企業庁編［1995］『21世紀に向けた流通ビジョン－わが国流通の現状と課題－』通商産業調査会出版部。
通商産業省産業政策局中心市街地活性化室・中小企業庁小売商業課編［1998］『Q&Aわかりやすい中心市街地活性化対策の実務－その仕組みと自治体等の役割』ぎょうせい。

土屋守章［1974］『ハーバード・ビジネス・スクールにて』中央公論社。
電気通信産業連盟編［1994］『コンピュートピア　1994-1996』電気通信産業連盟。
寺本義也＝山本尚利［2004］『ＭＯＴアドバンスト新事業戦略』日本能率協会マネジメントセンター。
東北大学経営学グループ［1998］『ケースに学ぶ経営学』有斐閣。
遠山暁［1998］『現代経営情報システムの研究』日科技連盟出版社。
遠山暁＝村田清＝岸眞理子［2003］『経営情報論』有斐閣。
トーマツ編［1994］『ビジネス・プロセス・リエンジニアリング』中央経済社。
鳥羽至英［1994］『監査基準の基礎（第2版）』白桃書房。
鳥羽至英＝川北博［2001］『公認会計士の外見的独立性の測定－その理論的枠組みと実証研究－』白桃書房。
中川美佐子［1991］『ＥＣ5カ国の会計および監査制度』千倉書房。
中田信哉［2001］『ロジスティクス・ネットワークシステム』白桃書房。
中谷道達［1968］『企業診断の手ほどき』日本経済新聞社。
中野一新［1998］『アグリビジネス論』有斐閣。
中村雄二郎［1992］『臨床の知とは何か』岩波書店。
並木高矣［1970］『生産管理』日刊工業新聞社。
並木高矣［1971a］『生産管理の分析と診断』日刊工業新聞社。
並木高矣［1971b］『資材管理』日刊工業新聞社。
並木高矣［1975］『工場診断のすすめ方』同友館。
西澤脩［1976］『財務管理』産業能率短期大学通信教育部。
日通総合研究所編［1991］『最新物流ハンドブック』白桃書房。
日本経営診断学会編［1994］『現代経営診断事典』同友館。
日本経営診断学会編［2001］『新しい経営スタイルを求めて－経営診断の役割を問う－』同友館。
日本経営診断学会編［2002］『経営パラダイムシフトの診断－新経営システムの提言－』同友館。
日本経営診断学会編［2003］『経営診断の社会性を考える－資源・環境を意識して－』同友館。
日本経営診断学会編［2003］『経営診断の社会性を考える－資源・環境を意識して－』同友館。
日本経営診断学会編［2004］『コミュニティ・ビジネスモデルの診断－公共性・共同性を意識して－』同友館。
日本経営診断学会編［2006］『経営診断のニューフロンティア』同友館。
日本情報処理開発協会編［1991］『わが国の情報化』日本情報処理開発協会。

日本生産管理学会編［1999］『生産管理ハンドブック』日刊工業新聞社。
日本総合研究所編［1993］『生命論パラダイムの時代』ダイヤモンド社。
日本総合研究所ＳＣＭ研究グループ［1999］『図解サプライチェーンマネジメント早わかり』中経出版。
日本内部監査協会編［2003］『実践的内部監査の実務（新訂版）』同文舘出版。
丹羽清＝山田肇編［1999］『技術経営戦略』生産性出版。
野中郁次郎＝竹内弘高［1996］『知識創造企業』東洋経済新報社。
野中郁次郎［2002］『企業進化論』日本経済新聞社。
野中郁次郎＝紺野登［2003］『知識創造の方法論』東洋経済新報社。
野村清［1983］『サービス産業の発想と戦略』電通。
八田進二＝町田祥弘［2007］『内部統制基準を考える』同文舘出版。
バッツァー＝ラウマー＝鈴木武［1992］『現代流通の構造・競争・政策』東洋経済新報社。
浜口恵俊編［1993］『日本型モデルとは何か』新曜社。
原征士［1989］『わが国職業的監査人制度発達史』白桃書房。
原征士［2003］『株式会社監査論（第2版）』白桃書房。
原田實＝安井恒則＝黒田兼一編［2000］『新・日本的経営と労務管理』ミネルヴァ書房。
林紘一郎［1989］『ネットワーキングの経済学』ＮＴＴ出版。
林信二［2000］『組織心理学』白桃書房。
林正樹＝井上照幸＝小阪隆秀編［2001］『情報ネットワーク経営』ミネルヴァ書房。
ＢＭＰ研究会編［2000］『図解でわかるビジネスモデル特許』日本能率協会マネジメントセンター。
一橋大学イノベーション研究センター編［2001a］『知識とイノベーション』東洋経済新報社。
一橋大学イノベーション研究センター編［2001b］『イノベーショ・マネジメント入門』日本経済新聞社。
福永文美夫［2007］『経営学の進化－進化論的経営学の提唱－』文眞堂。
藤田彰久編［1969］『ＩＥの基礎』好学社。
藤本隆宏［1997］『生産システムの進化論』有斐閣。
藤本隆弘＝武石彰＝青島矢一編［2001］『ビジネス・アーキテクチャ』有斐閣。
藤本光夫＝大西勝明編［1999］『グローバル企業の経営戦略』ミネルヴァ書房。
藤芳誠一編［1989］『経営管理学事典』泉文社。
古川一郎［1999］『出会いの「場」の構想力』有斐閣。
細内信孝［1999］『コミュニティ・ビジネス』中央大学出版部。
堀公俊［2004］『ファシリテーション入門』日本経済新聞社。
本田勝嗣［2000］『メンタリングの技術』オーエス出版。

本間正人＝松瀬理保［2006］『コーチング入門』日本経済新聞社。
牧野二郎＝亀松太郎［2006］『内部統制システムのしくみと実務対策』日本実業出版社。
三上富三郎［1992］『新版　現代経営診断論』同友館。
三国英実［2000］『地域づくりと農協改革－新たな協同の世紀を求めて－』農村漁村文化協会。
三井物産業務部「ニューふぁーむ21」チーム編［2000］『町おこしの経営学』東洋経済新報社。
水谷雅一［1995］『経営倫理学の実践と課題』白桃書房。
三菱総合研究所産業動向研究会［1996］『2001年の新成長産業』東洋経済新報社。
宮川公男［1994］『政策科学の基礎』東洋経済新報社。
宮川公男［2004］『経営情報システム第3版』中央経済社。
三宅隆之［2003］『非営利組織のマーケティング』白桃書房。
宮澤健一［1986］『高度情報社会の流通機構』東洋経済新報社。
宮澤健一［1987］『産業の経済学』東洋経済新報社。
宮澤健一［1988］『業際化と情報化』有斐閣。
宮澤健一＝高丘季昭編［1991］『流通の再構築』有斐閣。
宮下淳［1999］『中小企業の協同組織行動』白桃書房。
宮下淳＝江原淳［2000］『販売・流通情報システムと診断（増補版）』同友館。
宮田矢八郎［2001］『経営学100年の思想－マネジメントの本質を読む』ダイヤモンド社。
宮本憲一＝遠藤宏一編［1998］『地域経営と内発的発展－農村と都市の共生をもとめて－』農村漁村文化協会。
三輪芳朗［1990］『日本の企業と産業組織』東京大学出版会。
盛岡正憲＝森谷正規編［1989］『シンクタンクビジネス』有斐閣。
森本三男［1994］『企業社会責任の経営学的研究』白桃書房。
森本三男［1995］『経営学入門（三訂版）』同文舘出版。
森本三男［2006］『現代経営組織論（第三版）』学文社。
文部科学省科学技術研究所第3調査研究グループ［2003］『地域イノベーションの成功要因および促進政策に関する調査研究』非売品。
柳孝一［1992］『流通産業革命の構図』東洋経済新報社。
山倉健嗣［1993］『組織間関係－企業間ネットワークの変革に向けて』有斐閣。
山田英夫［1993］『競争優位の規格戦略』ダイヤモンド社。
山之内昭夫［1992］『新・技術経営論』日本経済新聞社。
山内直人［1999］『ＮＰＯ入門』日本経済新聞社。
結城三郎［1990］『日本の５大シンクタンク』ＰＨＰ研究所。
横山恵子［2003］『企業の社会戦略とＮＰＯ』白桃書房。

参考文献

吉田和男［1993］『日本型経営システムの功罪』東洋経済新報社。
吉田民人［1990a］『情報と自己組織性の理論』東京大学出版会。
吉田民人［1990b］『自己組織性の情報科学』新曜社。
吉田民人［1991］『主体性と所有構造の理論』東京大学出版会。
吉田民人=鈴木正仁［1995］『自己組織性とは何か』ミネルヴァ書房。
吉原賢治［1995］『情報型ロジスティクス構築論』ＮＴＴ出版。
吉原英樹=佐久間昭光=伊丹敬之=加護野忠男［1981］『日本企業の多角化戦略』日本経済新聞社。
吉原英樹=林吉郎=安室憲一［1988］『日本企業のグローバル経営』東洋経済新報社。
林野庁［2003］［2006］『森林・林業白書』林野庁。
和田充夫［1991］『ＭＢＡ　アメリカのビジネス・エリート』講談社。
渡辺三枝子=平田史昭［2006］『メンタリング入門』日本経済新聞社。

▼索引▲

―――― あ 行 ――――

アーキテクチャ……………………182
IE……………………………31,32,187,189
アウトソーシング…………………233
アクション・リサーチ型コンサルティング
　………………………………82,85,285
アナロジー（比喩）………………9,22
あるべき姿…………………………17,47
アンゾフ……………………………60,114
EE………………………………187,189
eビジネス…………………………156
医師－患者モデル………84,285,286
意思決定……………………………48,50
　　――の技法……………………53,54
　　――の種類………………………53
意思決定プロセス………………50-53
移動組立法……………………………33
イノベーション………13,18,66,135,194,
　　　　　　　　　　282,316,319,320
異文化インターフェース…………323
異文化シナジー……………………323
因果的アプローチ……………………83
インターネット………………156,195
インターフェース…………………324
インターフェース適合……………121
インフォーマル組織…………………40
ウェーバー……………………………35
上野陽一……………………………282
ウッドワード…………………………56
衛生要因………………………………43
SE………………………………187,190

SCM……………………………201
X理論－Y理論…………………………41
NPO……………………………244
OR………………………………187,189
OD………………………………187,189
オープン・アーキテクチャ戦略…261,324
オープン型経営……………260,262,324
卸売業……………………………212,213
卸無用論…………………………213,214

―――― か 行 ――――

解決策………………………………284
会社法………………………………160,162
カウンセリング……………………103,285
科学的管理……………………………32
課業管理……………………………31,32
学際的アプローチ……………………83
革新性………………………………316
課　題………………………………284
価　値………13,108,116,124,135,170-172
価値システム………………………63,172
価値連鎖……………………………63,64
株式会社……………………………162,163
環境性………………………………6,7,304
環境－戦略－組織適合……………110
環境創造………………………………2,3
環境対応………………………………3
環境適応………………………………2,3
環境ビジネス………………………304
関係性………………………………324
　　――のマネジメント……157,158
関係性マーケティング…………195-197

344

索引

勧　告 ……………………………… 25
勧告書方式 ………… 80-82,84,89,90,285,286
監督者 ……………………………… 137
管理過程 …………………………… 139
管理過程学派 ……………………… 35
管理機能 …………………………… 34
管理システム ……………………… 41
管理者 ……………………………… 137
管理者教育 ………………………… 284
管理的意思決定 …………………… 53,61
官僚制組織 ………………………… 35
機　会 ……………………………… 113
機械的システム …………………… 56,115
機械論パラダイム ………………… 91
機関設計 …………………………… 166,167
企業⇒社会 ………………………… 68,70,72,308
企業間関係 ………………………… 259,262,263,324
企業と社会 ………………………… 308
企業の社会的責任 ………………… 68,69
企業倫理 …………………………… 68
技術開発 …………………………… 178
技術が組織構造を規定する ……… 57,115
機能的定義 ………………………… 14,252
機能別管理 ………………………… 136
キャッシュ・フロー ……………… 127,149
キャリア・ディベロップメント・プログラム
　………………………………… 145
QC ………………………………… 187-189
QCD ……………………………… 185
QC七つ道具 ……………………… 103
脅　威 ……………………………… 113
業界細分化 ………………………… 118
供給連鎖 ………… 172,173,201,202,262,263
業　種 ……………………………… 207
競争適合 …………………………… 119

競争の基本戦略 …………………… 63,120
競争優位 …………………………… 155
業　態 ……………………………… 218
共的セクター ……………………… 246-248
協同一貫輸送 ……………………… 231
協働システム ……………………… 48
協働創出モデル …………………… 13,282
業務システム適合 ………………… 124,170
業務的意思決定 …………………… 53,61
クライアント ……………………… 11
クローズド型経営 ………………… 260,262,324
グローバル性 ……………………… 321
経営管理：
　——の階層 ……………………… 136
　——の体系 ……………………… 136
　——の対象領域 ………………… 136
　——のプロセス ………………… 136,139
　——システム …………………… 134
経営コンサルタント ……………… 25,78,282
経営コンサルティング …………… 10
経営資源 …………………………… 125,126,173
経営資源適合 ……………………… 125
経営システム ……………………… 13,16,106,107
　——の基本構造 ………………… 109
　——の体系 ……………………… 108
経営者 ……………………………… 137
経営情報システム ………………… 152
経営人 ……………………………… 51
経営診断：
　——のアプローチ ……………… 82
　——の原則 ……………………… 23
　——の主体 ……………………… 78
　——の対象 ……………………… 78
　——の対象領域 ………………… 92
　——の定義 ……………………… 9,12

345

──の特性 …………………………19
──のフレームワーク ………………76
──のプロセス ……………………80,87
──の目的 …………………………13,78
経営診断・支援原則 …………26,27,298
経営診断基準 ……………………78,79,84
経営診断原則 ……………………23,24
経営戦略 …………………………65,112
経営分析 …………………………151
経営法務 …………………………160
計画設定 …………………………139
経験曲線 …………………………66,126
経済価値 …………………………5,6
経済人 ……………………………40,47
経済性 ……………………………8
系　列 ……………………………259
原　因 ……………………………284
限界収穫逓減 ……………………128,146
限界収穫逓増 ……………………128,146,152
研究開発 …………………………175
現　状 ……………………………17
限定された合理性 ………………51
効果性 ……………………………155
工業集団 …………………………265
工場団地 …………………………266
工程管理 …………………………185,186
公的セクター ……………………246-248
合同会社 …………………………162,163
行動科学 …………………………44,313
行動科学者 ………………………45
行動規範 …………………………298
小売業 ……………………………217
合理性 ……………………………36,47
効率性 ……………………………155,174
コーチング ………………………11,103,285

コーポレート・ガバナンス …159,160,166
顧　客 ……………………………173
──の創造 …………………………18,115
顧客機能 …………………13,14,108,116,178
顧客適合 …………………………115
コスト・リーダーシップ戦略 ……63,120
コスト管理 ………………………185
個別性 ……………………………59,236
コミュニティ ……………………251
──・ビジネス ……………………253
──・リソース ……………………256,257
雇用システム ……………………142
コラボレーション ………………262
コンサルティング・ファーム …78,293,299
コンセプチュアル・スキル ………138
コンソーシアム・プロジェクト ……81,286
コンソーシアム型コンサルティング …85,286
コンティンジェンシー理論 ……58,59,115
コントロール ……………………140
コンプライアンス（法令遵守）……70,160,308

━━━━━ さ　行 ━━━━━

サード・パーティ・ロジスティクス
　………………………………215,233
サービス・マネジメント ………227
サービス業 ………………………222
サイアート＝マーチ ……………52
サイモン …………………………50
サウス・エセックス研究 ………56
作業研究 …………………………31
サプライ・チェーン・マネジメント …201
差別化戦略 ………………………63,120
差別出来高給制度 ………………32
産業クラスター …………………256,268,269
産業集積 …………………………256

索引

産　地 …………………………………265,266
CIM ……………………………………190,191
JIT（ジャスト・イン・タイム）………181
支　援 ……………11,13,90,282,284,286,288
時間研究 ………………………………31,37,38
資金運用管理 …………………………146,147
資金調達管理 …………………………146,147
自己実現の欲求 ……………………………44
自己組織化 …………………………………65
市場細分化 ………………………………118
市場の失敗 ………………………………248
システムズ・アプローチ …………………83
システム性 ……………………………47,53
持続可能な成長 ………………………5,6,26
私的セクター ………………………246-248
指　導 ……………………………………284
シナジー ……………………………62,323
使　命 …………………………………249,250
シャイン ………………………84,285,286
社会⇒企業 ………………………68,70,72,308
社会・生態的アプローチ …………………83
社会価値 …………………………………5,6
社会貢献 …………………………………308
社会人 ………………………………40,47
社会性 ……………………………6,7,66,67,312
社会的責任 ……………………15,108,308
集成（コングロマリット）型多角化 …62
集　積 …………………………………268,269
集中型多角化 ……………………………62
集中戦略 ……………………………63,120
主観の客観化 ……………………………311
需要の3要素 ……………………………185
需要連鎖 …………………………172,173,201
循環型社会形成促進基本法 ……………306
シュンペーター ……………………………18

商業集団 …………………………………271
状況的アプローチ …………………………83
条件適応性 ……………………………55,58
商店街 …………………………273,276,277
情　報 ……………………………………230
情報開示 …………………………………160
情報創造 …………………………………65
職業倫理 ………………………………297,298
助　言 ……………………………………285
新QC七つ道具 …………………………103,188
真　因 ……………………………………284
シンクタンク …………………………11,78,293
人事・労務管理 …………………………141
人事制度 …………………………………144
新製品開発 ……………………………176,177
診　断 ……………………………………9,10,21
診断倫理 ……………………………………80
人的資源管理 ………………………………45
人的資源フローマネジメント …………143
水産業 ……………………………………239
垂直型多角化 ………………………………62
垂直的分業 ………………………………209
水平型多角化 ………………………………62
水平的分業 ………………………………209
SWOT分析 …………………………………66,113
スキル ……………………………………138,283
3PL（サード・パーティ・ロジスティクス）
　………………………………………215,232
成果主義 …………………………………143
生　産 ……………………………………184
生産管理技術 ……………………………186,187
製造業 ……………………………………207
成長ベクトル ……………………………61
製品・市場適合 …………………………117
製品開発戦略 ……………………………61

347

製品差別化	118	知的財産権	164,165
政府の失敗	248	チャンドラー	60,114
生命論パラダイム	91	中小企業支援法	288,289
セグメンテッド・マーケティング	195	中小企業指導法	289
セグメント	118	中小企業診断協会	292
是正措置	140	中小企業診断業務遂行指針	298
選択と集中	129	中小企業診断士	288
全日本能率連盟	291	中小企業診断士試験第1次試験科目	97,98
戦略性	59,65	中小企業診断制度	9,286
戦略的意思決定	53,60	中小企業庁方式	151
戦略的社会性	5,71,72,308	中小企業の経営指標	150,288
戦略的情報システム（SIS）	155,156	中小企業の原価指標	288
戦略的適合	58,111	中範囲理論	58,59
戦略は組織によって規定される	114	徴候的アプローチ	83
総合経営管理	136	調達	180,181
創造的破壊	18	調達コスト	180-182
組織	48	強み	113
組織構造は戦略に従う	60,130	TMO	274
組織適合	130	TQM	185
組織編成	139	TQC	185
損益分岐点	149	提携	324

━━━ た 行 ━━━

		テイラー	30,37
貸借対照表	148	適合	58,59,111
代替案	50	適合パラダイム	58,111
代用特性	101,129,311	テクニカル・スキル	138
多角化	61	店舗オペレーション	218,221
多角化戦略	61	動機付け	42,43,139,140
——のタイプ	62	動機付け要因	43
地域資産	256	統制	139,140
地域振興	253	特殊性	59,236
地域診断	251	トップ・マネジメント	136
地域づくり	251,252	ドメイン	14,121,122
地球環境問題	67	ドラッカー	18
知識創造	18,19,316	取引コスト	214

な 行

- 内外作区分 …………………………182
- 内部適合 ……………………………125
- 内部統制システム …………160,165,166
- 中抜き論 …………………………213,214
- ニッチ・メディア ……………………195
- 日本標準産業分類 …………………206
- 人間関係論 ……………………………44
- 人間性 ……………6,7,39,44,47,313,315
- 能率 …………………………………38,49
- 能率技師 …………………30,36,186,282
- 能率増進運動 …………………186,282
- 能率団体 ……………………………283
- 農林水産業 …………………………235

は 行

- ハーズバーグ …………………………42
- バーナード ……………………………48
- バーンズ＝ストーカー ………………55
- PIMS …………………………………66
- ピーターズ＝ウォーターマン ………114
- B-to-C ……………………………156,157,182
- B-to-B ……………………………156,157,182
- ビジネス・システム ………124,171,172
- ビジネス・ドクター ………………22,81
- ビジネス・プラットフォーム ………157
- ビジネス・プロセス …………………171
- ビジネス・プロセス・リエンジニアリング
  ……………………………………316
- ビジネス・モデル …………123,158,171
- ビジネス・ロジスティクス …………199
- ヒューマン・スキル …………………138
- 標準化 …………………………………33
- 平井泰太郎 …………………………9,23

- 品質管理 ……………………………185
- ファヨール ……………………………34
- フィードバック …………………134,135
- ──・コントロール ……134,135,140
- フィードフォワード ……………134,135
- VA/VE …………………………187,190
- フィランソロピー ……………………16,69
- フォード ………………………………33
- ──・システム ………………………33
- 複合一貫輸送 ………………………231
- 物理的定義 …………………………14,252
- 物流 ……………………………192,201,229
- 物流業 ………………………………229
- フランチャイズ・チェーン …………272
- プロセス・イノベーション …………316
- プロセス・コンサルティング ………82
- プロセス型アプローチ …………84,285
- プロダクト・イノベーション ………316
- プロダクト・ポートフォリオ・マネジメント
  ……………………………………66
- プロダクト・ライフ・サイクル …127,178
- プロフェッション ……13,19,21,282,297,298
- 文化支援活動（メセナ）……………16,69
- 分析型アプローチ ………………84,285
- 分析技法 ……………………………283
- 米国機械技師協会 ………………187,282
- 方法研究 ………………………………38
- 法務管理 ……………………………160
- 法令遵守 ………………………………70
- ホーソン実験 …………………………39
- ポーター ………………………………62
- ボランタリーの失敗 ………………248

ま 行

- マーケティング ……………………192

マーケティング・ミックス …………193
マーケティング情報システム …………194
マーチャンダイジング …………193
マグレガー …………41
マス・マーケティング …………195
マズロー …………43
マッカーシー …………193
見えざる資産 …………152
ミドル・マネジメント …………136
無形財 …………224
無店舗小売業 …………217
メイヨー＝レスリスバーガー …………39
メンタリング …………12,103,285
モーダル・シフト …………231
目標による管理 …………42
モジュール化 …………182,324
持分会社 …………162,163
ものづくり …………209
模倣困難性 …………174
問題解決 …………13,16,25,53,86,282
問題解決技法 …………283
問題解決教育 …………284
問題点 …………284
問題発見 …………86

━━━ や 行 ━━━

やさしいＱＣ七つ道具 …………188
唯一最善の方法 …………38
有機的システム …………56,115
有形財 …………224
有効性 …………49,174

有店舗小売業 …………217
ユビキタス …………4
欲求5階層説 …………43
弱み …………113
4Ｐ …………193

━━━ ら 行 ━━━

リーダーシップ …………40,45,46
利益管理 …………146,147,149
利害関係者 …………15
リサーチ …………11
リサーチ技法 …………283
リッカート …………40
流通 …………193,212
流通系列 …………259
臨床医学 …………9
臨床経営学 …………21
累積生産量 …………126,127
労働市場 …………142
ローレンス＝ローシュ …………57
ロジスティクス …………172,198,201
ロジックツリー …………102
ロワー・マネジメント …………136

━━━ わ 行 ━━━

ワークショップ・セミナー …………284
ワークショップ型コンサルティング
　　　　　　　　　…………82,85,285
ワン・トゥ・ワン・マーケティング
　　　　　　　　　…………157,195,196
ワンストップ・ショッピング機能 …………219

〈著者略歴〉

岸川善光（KISHIKAWA, Zenko）：

- 学歴：東京大学大学院工学系研究科博士課程（先端学際工学専攻）修了。博士（学術）。
- 職歴：産業能率大学経営コンサルティングセンター主幹研究員，日本総合研究所経営システム研究部長，同理事，東亜大学大学院教授，久留米大学教授（商学部・大学院ビジネス研究科），横浜市立大学教授（国際総合科学部・大学院国際マネジメント研究科），同副学長を経て，現在，横浜市立大学名誉教授。その間，通商産業省（現経済産業省）監修『情報サービス産業白書』白書部会長を歴任。1981年，経営コンサルタント・オブ・ザ・イヤーとして「通商産業大臣賞」受賞。
- 主要著書：『ロジスティクス戦略と情報システム』産業能率大学，『ゼロベース計画と予算編成（共訳）産能大学出版部，『経営管理入門』同文舘出版，『図説経営学演習（改訂版）』同文舘出版，『環境問題と経営診断』（共著）同友館（日本経営診断学会・学会賞受賞），『ベンチャー・ビジネス要論（改訂版）』（編著）同文舘出版，『イノベーション要論』（編著）同文舘出版，『ビジネス研究のニューフロンティア』（共著）五弦社，『経営戦略要論』同文舘出版，『経営診断要論』同文舘出版（日本経営診断学会・学会賞（優秀賞）受賞），『ケースブック経営診断要論』（編著）同文舘出版，『ケースブック経営管理要論』（編著）同文舘出版，『エコビジネス特論』（編著）学文社，『アグリビジネス特論』（編著）学文社，『コンテンツビジネス特論』（編著）学文社，『サービス・ビジネス特論』（編著）学文社，『スポーツビジネス特論』（編著）学文社，『経営環境要論』（編著）同文舘出版，『経営管理要論』（編著）同文舘出版，『経営組織要論』（編著）同文舘出版，『グローバル経営要論』（編著）同文舘出版，『経営情報要論』（編著）同文舘出版，『経営学要論』同文舘出版，など多数。

平成19年10月10日	初版発行	（検印省略）
令和3年3月15日	初版6刷発行	略称：経営診断要論

経営診断要論

著　者	岸　川　善　光	
発行者	中　島　治　久	

発行所　**同文舘出版株式会社**
東京都千代田区神田神保町1-41　〒101-0051
営業（03）3294-1801　編集（03）3294-1803
振替00100-8-42935　http://www.dobunkan.co.jp

© Z. KISHIKAWA　　　　　　　　　　　製版　一企画
Printed in Japan 2007　　　　　　　　印刷・製本　三美印刷

ISBN 978-4-495-37721-2

JCOPY 〈出版者著作権管理機構 委託出版物〉
本書の無断複製は著作権法上での例外を除き禁じられています。複製される場合は，そのつど事前に，出版者著作権管理機構（電話 03-5244-5088，FAX 03-5244-5089, e-mail: info@jcopy.or.jp）の許諾を得てください。

経営学要論シリーズ

●岸川善光 (編)著

1 経営学要論
2 経営管理要論
　ケースブック　経営管理要論
3 経営戦略要論
4 経営組織要論
5 経営情報要論
6 イノベーション要論
7 グローバル経営要論
8 経営診断要論
　ケースブック　経営診断要論
9 経営環境要論
10 ベンチャー・ビジネス要論